本书出版得到

国家重点文物保护专项补助经费资助

中国田野考古报告集

考 古 学 专 刊

丁种第八十五号

哈 克 遗 址

——2003~2008 年考古发掘报告

中 国 社 会 科 学 院 考 古 研 究 所
内 蒙 古 自 治 区 文 物 考 古 研 究 所
内 蒙 古 自 治 区 呼 伦 贝 尔 民 族 博 物 馆　　编著
内 蒙 古 自 治 区 呼 伦 贝 尔 市 海 拉 尔 博 物 馆

文物出版社

北京·2010

封面设计：周小玮
特邀编辑：张　静
　　　　　杨　毅
责任编辑：李媛媛
责任印制：张道奇

图书在版编目（CIP）数据

哈克遗址：2003~2008年考古发掘报告/中国社会科学
院考古研究所等编著. —北京：文物出版社，2010.10
　　ISBN 978-7-5010-3048-4

　　Ⅰ.①哈…　Ⅱ.①中…　Ⅲ.①新石器时代文化—文化
遗址—发掘报告—呼伦贝尔市　Ⅳ.①K878.05
　　中国版本图书馆 CIP 数据核字（2010）第 196786 号

哈　克　遗　址
——2003~2008年考古发掘报告
中 国 社 会 科 学 院 考 古 研 究 所
内 蒙 古 自 治 区 文 物 考 古 研 究 所
内蒙古自治区呼伦贝尔民族博物馆　　编著
内蒙古自治区呼伦贝尔市海拉尔博物馆
*
文 物 出 版 社 出 版 发 行
（北京市东直门内北小街 2 号楼）
http://www.wenwu.com
E-mail:web@wenwu.com
北 京 君 升 印 刷 有 限 公 司 印 刷
新 华 书 店 经 销
889×1194　1/16　印张：18.5　插页：1
2010 年 10 月第 1 版　2010 年 10 月第 1 次印刷
ISBN 978-7-5010-3048-4　定价：198.00 元

Hag Site

Report of the Archaeological Excavations in 2003—2008

(With an English Abstract)

Compiled by

Institute of Archaeology, Chinese Academy of Social Sciences

Inner Mongolian Institute of Cultural Relics and Archaeology

Ethnic Museum of Hulun Buir

Hailar Museum

Cultural Relics Press

Beijing · 2010

内 容 简 介

　　本书是内蒙古呼伦贝尔哈克遗址的发掘和研究报告。报告集 2003～2008 年发掘资料及多学科研究成果，全面系统地阐述了哈克遗址的地质地理背景，发掘清理的房址、灰坑、蚌堆、墓葬和祭祀遗迹，以及细石器、陶器、骨角器、玉器和青铜器等文化遗物，同时进行了人骨遗骸、动物遗骸研究，孢粉分析和年代测定等。经过从遗址出土陶片中提取炭进行测年，得知遗址最早年代为距今 8000～7000 年。遗址还包含有汉代前后、隋唐时期及其之后的文化遗存。哈克遗址是呼伦贝尔草原地区难得的一处新石器时代先民及古代游牧民族的聚落遗址。该遗址对研究北方草原地区早期文化和古代游牧民族的形成发展，以及呼伦贝尔地区与周边地区的文化关系具有重要的学术价值。

　　本书可作为国内外科研机构、大专院校、博物馆从事考古学、历史学、人类学、动物考古学、环境地质学等学科的研究和教学人员，以及从事科学普及的科学工作者的参考资料。

序 言 一

内蒙古呼伦贝尔哈克遗址的正式发掘和研究，揭示出北方草原地区细石器传统文化的丰富内涵，引起了学术界对研究该遗址和这一地区细石器传统文化的关注和重视。

2003～2008 年，中国社会科学院考古研究所、内蒙古自治区文物考古研究所、内蒙古呼伦贝尔民族博物馆和海拉尔博物馆等单位合作，在刘景芝领队的带领下，对哈克遗址进行了考古发掘。发掘工作对地层进行了详细的划分，区分出四个文化层并进一步划分为三个时期；对出土的以细石器、陶片、骨角器和动物骨骼为主的大量文化遗物，进行详细登记、照相、编号和绘图，获得了一批可贵的第一手考古资料。尤其重要的是采用严谨的科学发掘方法，首次在遗址中发掘清理出房址、墓葬、灰坑、蚌堆和祭祀遗迹等，为了解这处细石器遗址的文化内涵提供了多方面的视角和宝贵资料。

以上单位以科学发掘工作为基础，汇集多年来对该遗址的调查和发掘资料，通过多学科的综合研究，完成了考古报告专刊。首先，通过对文化堆积、文化遗迹和遗物的分析和研究，并配合年代测定等，确定哈克遗址从新石器时代开始就是一处相对稳定并具有一定规模的聚落遗址，并一直延续到汉代及其之后的时期。第二，对遗址出土的大量细石器材料进行了详细分类、测量和描述，并在此基础上进行了细石器类型学的探讨，以及细石器工艺技术流程的复原。第三，通过对遗址中不同文化层出土陶片的分类和研究，结合测年结果将遗址分为三个阶段：第一阶段遗存的年代不晚于兴隆洼文化，初步推定在距今 8000～7000 年前后；第二阶段遗存所处时间应约略相当于完工和北玛尼吐墓地代表的年代，亦即大体相当于汉代前后；第三阶段遗存的年代应大约相当于公元 8～10 世纪前后。第四，通过对墓葬以及出土人骨的研究，不仅了解了这一地区早期人类的埋葬习俗，更进一步了解了当时人类的体质特征和人种特征。第五，通过对出土的大量动物骨骼和孢粉分析研究，揭示了这一地区人类赖以生存的独特自然生态环境。

哈克考古报告的出版凝聚了方方面面工作人员的辛勤劳作。特别想提到的是一直坚持遗址发掘工作的刘景芝同志，她于 1986 年完成"石叶直接打制技术的研究"硕士论文以后，始终专注细石器的研究。20 世纪 90 年代，她在山西、西藏和青海做过细石器的调查、发掘和研究工作。2003 年她开始在呼伦贝尔地区作细石器的调查、发掘与研究，调查和发掘了哈克与辉河水坝细石器遗址。在经费十分紧缺的情况下，还调查了呼伦贝尔新巴尔虎左旗的呼和诺尔细石器遗址，并在新巴尔虎左旗发现了一处新的铜钵庙细石器遗址。没有她的坚持和努力，这些工作不可能较好地得以完成。

呼伦贝尔早在 20 世纪 20 年代就发现了著名的扎赍诺尔人头骨，它的时代应该在旧石器时代之末和新石器时代之初。1962 年以来，在海拉尔松山不仅发现所谓中石器时代的细石器遗存，还在扎赍诺尔矿区蘑菇山一带首次发现属于旧石器时代晚期的遗址。与此同时，在地方文物考古工作人员的努力下，在呼伦贝尔已发现新石器时代细石器遗址 240 多处。特殊的地理环境使得这里的细石器传统文化延续的时间很长。因此，对于这一地区细石器遗址进一步深入地调查、发掘与研究应该全面规划并加以实施。

呼伦贝尔草原的早期文化对于这一地区民族文化的兴起有着至关重要的作用。而这一地区的文化对于中华文化的影响和作用是丝毫不能低估的。加之呼伦贝尔特殊的地理位置，使得这一地区与蒙古国和俄罗斯的西伯利亚早期文化间的关系值得今后深入探讨和研究。这一地区的考古调查、发掘与研究工作应该加强并给予应有的重视。

哈克遗址是 1985 年调查发现的，到 1999 年前后进行过多次调查，又有不少重要发现。然而多年来这一地区的正式考古发掘和研究工作没有引起学术界的重视，对这一地区早期人类及其文化，缺乏系统研究，致使这一重要的遗址淹没于地下。直到 2004 年刘景芝同志才率队来这里进行了第一次正式发掘，从而使这淹没地下的宝藏能见天日。从发现到正式发掘已过了二十多个春秋，令人欣慰的是哈克遗址的报告即将付梓，因此对以刘景芝为首的发掘人员和工作单位，致以考古老兵的敬意。

哈克遗址的发掘和研究，提高了有关草原文明时期考古学研究的学术水平，成为弘扬中华古代文明不可或缺的重要内容。值得庆幸的是哈克遗址博物馆已经在哈克遗址落成，并同时在此设立了细石器和玉器研究基地。愿呼伦贝尔细石器传统文化的研究再结硕果。

吕遵谔

2010 年 3 月 30 日于燕园

序 言 二

　　翻阅历史典籍你会发现，我国古代的游牧民族几乎都在呼伦贝尔这片广袤的土地上留下过历史的印记，鲜卑、蒙古和后金更是以此为基地，创造出辉煌灿烂的民族文化。历史如此垂青呼伦贝尔，呼伦贝尔更应铭记历史、激活历史。

　　哈克遗址的发现将人类在呼伦贝尔活动的时间猛然推进到石器时代，成为呼伦贝尔人灵魂的根系。哈克遗址是 1985 年在第二次全国文物普查中被发现的，从那时起，哈克这个小小的村镇就成了呼伦贝尔人和考古工作者关注的地方。这些年来，经呼伦贝尔民族博物馆、海拉尔文物管理所以及中国社会科学院考古研究所的专家、学者多次现场发掘和共同研究，特别是中国社会科学院考古研究所石器考古专家刘景芝的多次指导发掘，使哈克遗址研究取得了重大成果。调查报告在 2001 年《考古》杂志第 5 期上发表；"哈克文化"这一考古学概念在 2002 年夏季内蒙古自治区文物考古研究所主办的"中国北方游牧民族历史摇篮学术研讨会"上得到与会专家的赞同；2003 年、2004 年的发掘收获在《华南及东南亚地区史前考古——纪念甑皮岩遗址发掘 30 周年国际学术研讨会论文集》中做了初步报道，并在电视上进行过学术报告。

　　经济的大发展必然需要有文化的助推。《哈克遗址——2003～2008 年考古发掘报告》的正式出版，是呼伦贝尔文化建设的又一重大成果，对于弘扬海拉尔悠久的历史文化，促进各民族的团结，推动经济的发展都具有重要的现实意义和深远的历史意义。

　　我们要感谢中国社会科学院考古研究所，感谢刘景芝老师，感谢所有致力于哈克遗址研究的专家、学者，为我们找到了史前哈克人的居住遗址，解开了史前的千古之谜，为呼伦贝尔人追寻到距今 7700 年前的根和魂。

　　在本书出版发行之际，我们谨代表中共呼伦贝尔市海拉尔区委员会、呼伦贝尔市海拉尔区人民政府，向为研究哈克文化给予帮助、关怀的各位领导，向为此书编辑出版付出辛勤努力的作者和编辑同志们表示衷心的感谢！

中共呼伦贝尔市市委常委、海拉尔区委书记：赵志强

中共呼伦贝尔市市长助理、海拉尔区委副书记、区长：张丽辉

2010 年 2 月 16 日

目　　录

插 图 目 录

彩 版 目 录

图 版 目 录

前　言

　　呼伦贝尔位于我国内蒙古东北部，被著名历史学家翦伯赞称为"自古以来就是一个最好的草原，这个草原一直是游牧民族的历史摇篮"。

　　多年以来，经过文物考古工作者艰苦卓绝的努力，在这一地区发现了重要的旧石器时代晚期、中石器时代和新石器时代文化遗存，以及不同历史时期少数民族文化遗存。特别是近年来，中国社会科学院考古研究所、内蒙古自治区文物考古研究所、呼伦贝尔民族博物馆和海拉尔区文物管理所等单位对这一地区的考古发掘，进一步揭示出这里早期人类文化的独特性与重要性。发掘出土的材料首先带到北京大学考古文博学院，请吕遵谔和严文明教授审查并指导。之后，又请考古学家张忠培先生审查并指导。他们认为：呼伦贝尔草原地区的早期文化，与东北地区的红山文化、中原地区的仰韶文化和龙山文化同样重要，它们共同塑造了中华大地上的早期人类文明。

　　20世纪20年代以来，中外考古学者在呼伦贝尔草原上，发现了许多重要的早期人类遗骸及其文化遗存。从1927年至今在扎赉诺尔矿区先后发现19具早期人类头骨等。1928年和1938年俄国和日本学者分别在呼伦贝尔的松山等地发现细石器遗存等。1951年内蒙古自治区博物馆汪宇平先生到此调查细石器，并于1980年和1990年先后两次对扎赉诺尔矿区蘑菇山进行调查，首次发现旧石器时代晚期的遗址或地点。1962年，中国科学院考古研究所安志敏先生在海拉尔松山进行细石器调查，确认这里存有中石器遗存。1978年中国科学院古脊椎动物与古人类研究所裴文中和盖培两位先生来呼伦贝尔调查细石器。1984年以来，中国社会科学院考古研究所佟柱臣先生和内蒙古自治区文物考古研究所田广金等先生也先后在这里进行细石器调查和试掘。1996年，内蒙古自治区文物考古研究所在塔拉所长的带领下对辉河水坝细石器遗址进行第一次正式发掘。1999年，中国社会科学院考古研究所内蒙古考古队队长刘国祥来海拉尔调查哈克细石器遗址。呼伦贝尔文物管理和研究机构从1978年成立之后，也在这一地区调查发现新石器时代细石器遗址或地点240多处。以上发现是研究中国北方草原地区早期人类及其文明的宝贵资料。然而，多年来，这一地区的考古研究工作一直没能引起学术界的足够重视，对这一地区早期人类及其文化缺乏系统和多学科的综合研究。

　　哈克遗址是呼伦贝尔地区细石器文化遗址的典型代表。遗址位于现呼伦贝尔市海拉尔区哈克镇哈克村一组（原团结村一五窑）海拉尔河左岸。过去，该遗址或称哈克遗址，或称团结遗址，为了避免混乱，加之"哈克"地貌特征明显，而且遗址第一地点所在的自然村目前已由原来的团结村一五窑更名为哈克村一组，因此，本报告将此遗址称为"哈克遗址"。

　　该遗址1985年调查发现，1985年至1999年进行过多次调查，先后发现三处地点，2001年进行第一次试掘。对遗址的调查和试掘显示出该遗址重要的学术价值。2003年，当中国社会科学院考古研究所和内蒙古自治区文物考古研究所合作发掘这一地区辉河水坝细石器遗址时，以赵越馆长为首的呼伦贝尔民族博物馆的领导和同仁希望发掘哈克遗址。经过调查和研究，确认辉河水坝遗址是一处典型的细石器制造场，而哈克遗址是以细石器为主要文化内涵的聚落遗址。因此，在结束辉河水坝遗址的发掘后，我们对哈克遗址进行了为期一周的试掘，在仅18平方米的范围内清理出墓葬一座、灰坑二处，出土细石器、陶片和动物遗骸等文化遗物2000多件。

2004年经国家文物局批准，中国社会科学院考古研究所、内蒙古自治区文物考古研究所、呼伦贝尔民族博物馆和海拉尔文物管理所合作对哈克遗址进行了第一次发掘。发掘由中国社会科学院考古研究所史前考古研究室副研究员刘景芝领队，邀请中国社会科学院考古研究所史前考古研究室陈超先生作指导，呼伦贝尔民族博物馆敖卫东、苏顺义、赵艳芳、哈达和王连行等参加了发掘。呼伦贝尔民族博物馆赵越、白劲松、陈凤山等领导，以及海拉尔文物管理所李明忠所长多次到发掘工地指导。

哈克遗址2003年的试掘和2004年的发掘，总面积为252平方米，清理出文化遗迹21处，包括房址、墓葬、灰坑、蚌堆和残灶坑等。出土文化遗物11000多件，包括大量制作精美的细石器、骨角器、陶片和装饰品，以及大型哺乳动物和水生动物的遗骸等。根据遗址发掘的地层关系，以及出土遗物的分析，哈克遗址包括了新石器时代、汉代前后、隋唐及其之后的文化堆积。遗址地层保存完好，分布面积大，文化内涵十分丰富，成为研究呼伦贝尔地区早期文化的重要遗址。

2007年，中国社会科学院考古研究所邀请吉林大学边疆考古研究中心人类学专家来到哈克遗址，在人类学家朱泓教授的指导下，博士生张敬雷清理出遗址墓葬中的人骨，并在第三座墓葬一号人头骨下颌骨内发现了一件珍贵的玉饰。随后，博士生原海兵对人骨进行了测量、观察与研究。与此同时，请中国社会科学院考古研究所科技中心研究员齐乌云来遗址采孢粉样品。

2008年，为配合海拉尔区政府建设哈克遗址博物馆，中国社会科学院考古研究所在内蒙古呼伦贝尔市海拉尔区政府、区文体局和哈克镇政府，以及呼伦贝尔民族博物馆、海拉尔区博物馆和海拉尔区档案史志局的支持和配合下，对哈克遗址进行补充发掘。此次发掘继续由刘景芝领队，并邀请中国社会科学院考古研究所副研究员贾笑冰对遗址地形地貌，以及地层和出土遗物进行全站仪测量、记录、照相和绘图。参加工作的有呼伦贝尔民族博物馆原馆长赵越、王连行，海拉尔区博物馆馆长邢锐、书记裴彦以及工作人员赵艳红、马奎生、侯正维和于世芹等。值得提到的是，以阎果镇长为首的海拉尔区哈克镇的现任领导班子对哈克遗址的发掘给予了极大的支持和帮助。海拉尔区档案史志局白福君局长请来升降吊车，亲自拍下精彩的工地发掘探方和遗迹全景。至此哈克遗址的发掘圆满地完成了第一阶段的工作。

哈克遗址的发掘采用了GPS定位系统，在重要的文化层位对每件出土标本进行三维测量和记录。同时，采取多学科同步协作的方式，在发掘现场采集文化遗物、人骨和动物骨骼，以及与地质、地层、年代和环境等相关的样品，以供体质人类学、动物考古学、地质地理学、环境考古学和年代考古学等学科的分析和测试。中国社会科学院考古研究所考古科技与实验研究中心研究员张雪莲对遗址新石器时代文化层出土的动物骨骼进行了碳十四年代测定（7131±27BP，实验室编号ZK-3363，原标本编号04NHHT2D⑦Z：295）；北京大学考古文博学院黄蕴平教授研究了遗址出土的大量动物骨骼；该院第四纪地质与考古年代学实验室吴小红教授对年代标本进行了测试；中国社会科学院考古研究所考古科技与实验研究中心研究员齐乌云进行了孢粉分析和古环境研究；内蒙古自治区博物馆研究员郭殿勇多次来呼伦贝尔进行地质环境考察。室内研究和撰写报告的过程中，请中国社会科学院考古研究所的朱延平研究员分析遗址的出土陶片，为遗址的分期找到依据，并通过从陶片中取炭测年的方法，测得最底部文化层的年代为距今8000～7000年前；请北京科技大学冶金与材料史研究所李延祥、杜宁对遗址出土和征集的青铜器和铁器进行了测试分析；并请北京大学考古文博学院科技考古实验室杨颖亮对遗址出土的玉饰进行了测试分析。本报告即是对哈克遗址2003～2008年发掘收获的全面报道。

中国社会科学院考古研究所的领导十分重视和关注哈克遗址的发掘与研究工作，积极争取《哈克遗址——2003～2008年考古发掘报告》成为中国社会科学院的重点研究课题。史前考古研究室的领导和同志们从各个方面给予关心和支持。没有各级领导的支持，以及地方上领导的关心和支持及地方上同行的协作，这项研究工作不可能得以完成。

第一章　呼伦贝尔的自然环境和历史沿革

　　呼伦贝尔市位于内蒙古自治区的东北端，在东经 115°31′～126°04′ 和北纬 47°05′～53°20′ 之间。北和西北以额尔古纳河为界，与俄罗斯相望，西和西南与蒙古国接壤，东、南邻分别是黑龙江省和内蒙古自治区的兴安盟。呼伦贝尔市面积 25.3 万平方公里，辖 13 个县级行政区（旗、市、区），市府所在地海拉尔区（图一）。

第一节　自　然　环　境

　　呼伦贝尔市并非一个封闭的地理单元，大兴安岭纵贯南北，岭西是呼伦贝尔草原，和蒙古国东部的草原相接，岭东为低矮的丘陵向嫩江西侧平原的过渡地带。在太古代至元古代时期，大兴安岭属中亚—蒙古地槽的一部分，古生代仍是凹陷之地，中生代之时，与中国北方其他地段一样，逐渐抬升隆

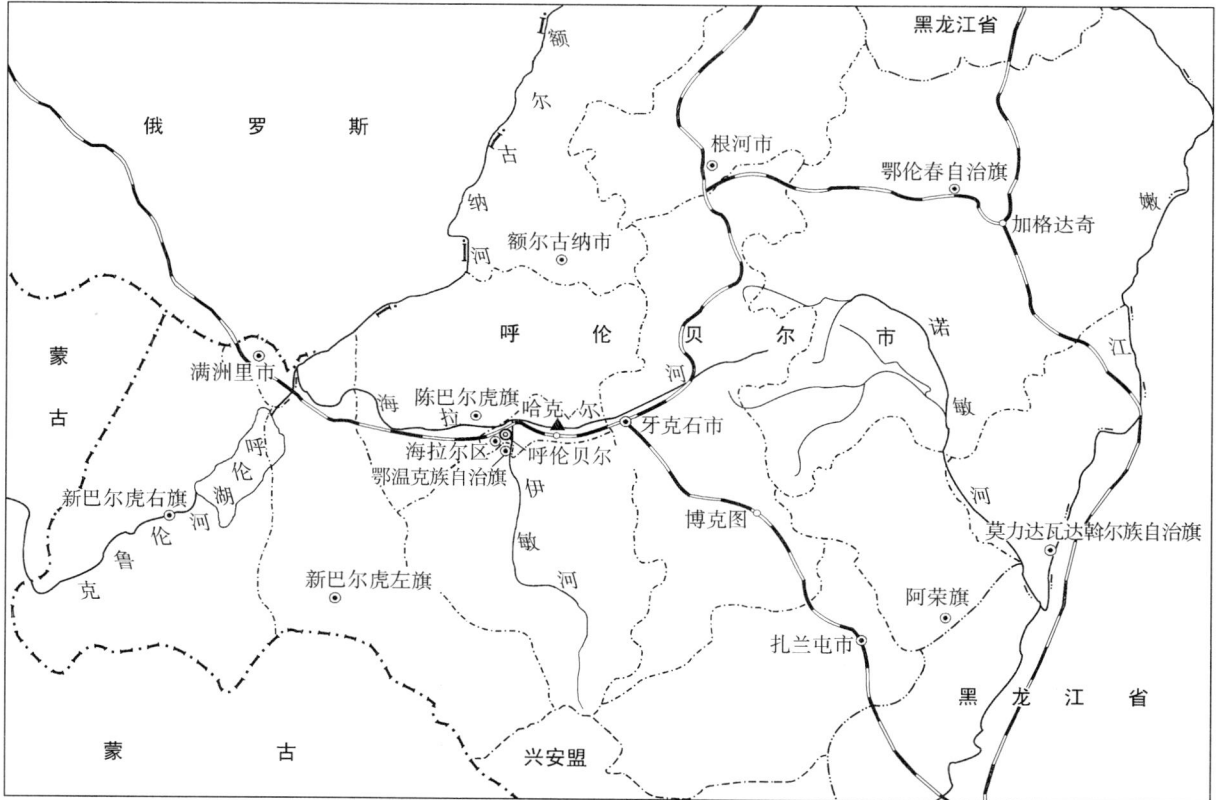

图一　呼伦贝尔市行政区划示意图

起而形成陆地。新生代时期，与喜马拉雅地质运动有关，大兴安岭地带因受北北东向断裂活动的差异性之影响，形成不对称隆起的山体，西坡缓倾，东坡陡峻[1]。

呼伦贝尔境内的大兴安岭即指一般意义上的大兴安岭山脉北半段，其特点是山体不高，坡势迟缓。此段大兴安岭北低南高，海拔 1000 余米的山体居多，制高点在南部扎兰屯市绰尔河上游的山顶，海拔约 1700 米。此间大兴安岭东、西两侧河流众多，沼泡富集。大体而言，发源于东坡的河流多朝南或东南流，汇入嫩江，如甘河、诺敏河、阿伦河、雅鲁河和绰尔河，西坡的河水则多西流，注入流向东北的额尔古纳河，较重要者自北而南依次有激流河、根河和海拉尔河。岭西的草原地带明显高于岭东的嫩江平原。接纳克鲁伦河的呼伦湖地处市境西部，是内蒙古最大的湖泊，同南侧的贝尔湖一起，被视为呼伦贝尔草原的标志，两湖周边系呼伦贝尔草原最低的地方，低至海拔 530 米，诺敏河与嫩江汇合处附近一带则是市境最低处，海拔 200 米左右[2]。

呼伦贝尔属寒温带湿润区和中温带半湿润、半干旱区，大陆性季风气候。大兴安岭东西两侧气候有着一定的差异，西侧的呼伦贝尔草原年均气温在-1℃～1℃左右，年降水量 200～400 毫米，无霜期90～110 天[3]。

呼伦贝尔植被覆盖率较高。大兴安岭西坡以白桦、落叶松为主，东坡主要是落叶松、黑桦、蒙古栎，形成大兴安岭山地特有的针阔叶混交森林植被带。呼伦贝尔草原则发育了森林草甸和典型草原。前者为森林向草原过渡的地带，土层较厚，土壤肥沃，结构性良好，腐殖质含量高，以中旱生和广旱生草本植物为主，形成以偃松、柴桦、胡枝子等为优势种或建群种的灌木组合和以羊草、贝加尔针茅、线叶菊等为优势种或建群种的草本组合植物群落。后者典型草原地带，土层较薄，土壤肥力较差，以旱生的大针茅、长芒草、针茅、羊草、黄花苜蓿等禾草和蒿草类为主构成植物群落。丰富的植被和相对湿润的环境为野生动物的栖息和繁殖提供了良好的条件。据统计，呼伦贝尔的禽类多达 18 目 50 科300 多种，两栖类、爬行类和哺乳类动物则有 10 目 27 科 100 多种[4]。

呼伦贝尔草原和地质时期泥沙的沉积有着很大的关系，这里集中分布着深厚的海相或湖相砂质沉积物，在风力作用下，极易形成流沙堆积，在这个广袤的区域内，相对较薄的腐殖土下普遍存在的砂层即是实证。温润的环境和草原的植被孕育了天然牧场，但这里的植被却具有不可忽视的脆弱性，动物和人类的活动稍有过度，便会产生地表沙化的现象。

第二节　历史沿革

在中国历史长卷中，呼伦贝尔草原被描绘成"古代游牧民族的历史摇篮"，翦伯赞先生称："假如呼伦贝

[1]　A. 内蒙古自治区地质矿产局：《内蒙古自治区区域地质》，地质出版社，1991 年。
　　B. 南润善、朱慈英、郑月娟、李文国、贺希格：《内蒙古——兴安区奥陶纪生物组合和地理某些特征》，《内蒙古—东北地区古生代生物地层及古地理》，地质出版社，1992 年。
[2]　马玉明总主编：《内蒙古资源大辞典》第 315～432 页，内蒙古人民出版社，1999 年。
[3]　马玉明总主编：《内蒙古资源大辞典》第 196～204 页，内蒙古人民出版社，1999 年。
[4]　马玉明总主编：《内蒙古资源大辞典》第 433～934 页，内蒙古人民出版社，1999 年。

尔在中国历史上是一个闹市，那么大兴安岭则是中国历史上的一个幽静后院"[1]。它们共同缔造了中国历史上许多优秀的民族。同时，这里也是古人类长期生存之地，早期先民创造出了具有鲜明特色的早期地区文化。

早在20世纪20年代，呼伦贝尔地区就发现过旧石器时代的遗存，当初一些考古学者到扎赉诺尔进行了考古调查，到1933年在扎赉诺尔发现了一具人头骨化石，后被日本学者称为"扎赉诺尔人"。之后又陆续发现10多个人类头骨化石。目前看来，尽管化石所属的年代尚存争议，但部分化石确有可能早于1万年[2]。

1980年，内蒙古自治区博物馆的汪宇平亦曾在扎赉诺尔的蘑菇山采集到带有人工打击痕迹的石制品，随即试掘了蘑菇山旧石器第一地点。1990年，汪宇平又在扎赉诺尔的蘑菇山进行调查，不仅在蘑菇山旧石器第一地点附近发现了第二地点和第三地点，而且还在扎赉诺尔的小孤山采集到可能属于旧石器时代晚期的石制品[3]。

海拉尔区的松山遗址早在1928年就发现有八处石器地点[4]。1962年中国科学院考古研究所的安志敏先生又在这一带发现了若干细石器地点，曾被认为属于中石器时代[5]。

近年的考古工作进一步确认了呼伦贝尔的新石器时代遗存。据报道，呼伦贝尔目前已发现240多处细石器遗址或地点（图二），其中有不少属于新石器时代，较为重要的有哈克、辉河水坝、塔头山、呼和诺尔、铜钵好赉遗址[6]，还有陈巴尔虎旗东乌珠尔墓葬[7]和海拉尔区哈克镇的几处墓葬[8]。辉河水坝遗址可能是一处细石器制造场[9]。

及至汉代，呼伦贝尔出现了鲜卑这个狩猎游牧民族。因其原来深居大兴安岭北部的山林而鲜为人知。鄂伦春自治旗嘎仙洞鲜卑石室的发现，证实了《魏书》记载的真实性，说明鲜卑发源地就在这一地区。近20年来，考古工作者在呼伦贝尔草原上已发现很多此时的遗存。

北朝至隋，居住在呼伦贝尔地区的主要是室韦诸部。室韦之名始见于北魏，即《魏书·失韦传》。北朝时，室韦人至少于嫩江流域有所分布，其中心地或在今雅鲁河和阿伦河之间。及至隋时，室韦的活动范围拓展到大兴安岭以西的草原地带。

7～8世纪，突厥和回纥先后进入呼伦贝尔岭西地区，这里一度成为突厥和回纥的东部边地。9～10世纪初，岭东渐入契丹势力范围。其后，呼伦贝尔先后隶属辽、金。

蒙古汗国建立后，成吉思汗将呼伦贝尔及其周围作为其兄弟的封地，从而加强了对呼伦贝尔地域的控制。

明代的呼伦贝尔，民族分布已发生较大变化，经各部的迁徙、兼并和扩张，原来在草原普遍推行

〔1〕翦伯赞：《内蒙访古》第13、20页，文物出版社，1963年。
〔2〕裴文中：《中国史前时期之研究》，商务印书馆，1948年。
〔3〕汪宇平：扎赉诺尔蘑菇山旧石器时代晚期遗址》，《内蒙古文物考古文集》（第一辑），中国大百科全书出版社，1994年。
〔4〕安志敏：《海拉尔的中石器遗存——兼论细石器的起源和传统》，《考古学报》1978年第3期。
〔5〕安志敏：《海拉尔的中石器遗存——兼论细石器的起源和传统》，《考古学报》1978年第3期。
〔6〕赵越：《论哈克文化》，《内蒙古文物考古》2001年第1期。
〔7〕王成：《呼伦贝尔东乌珠尔细石器墓清理简报》，《辽海文物学刊》1988年第1期。
〔8〕中国社会科学院考古研究所内蒙古工作队、内蒙古自治区文物考古研究所、呼伦贝尔盟民族博物馆：《内蒙古海拉尔市团结遗址的调查》，《考古》2001年第5期。
〔9〕中国社会科学院考古研究所细石器课题组、内蒙古自治区文物考古研究所、内蒙古自治区呼伦贝尔市民族博物馆：《内蒙古呼伦贝尔辉河水坝细石器遗址发掘报告》，《考古学报》2008年第1期。

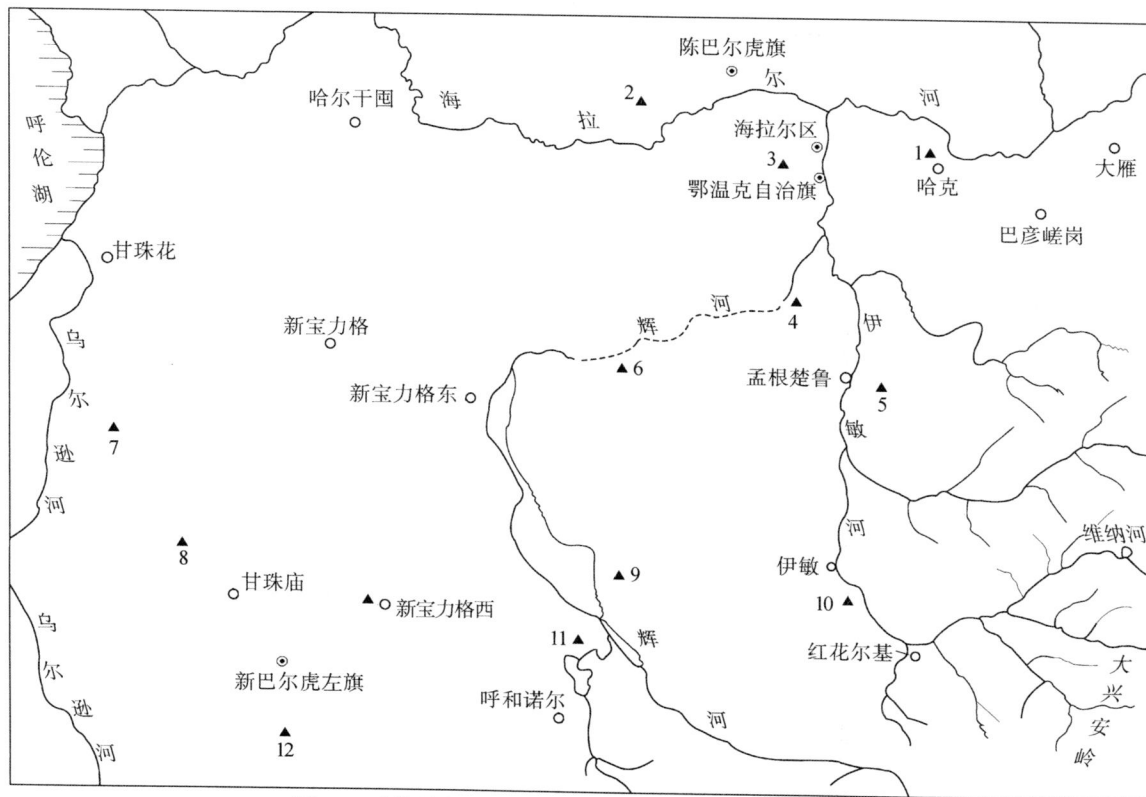

图二　呼伦贝尔海拉尔河等流域细石器遗址分布示意图

1.哈克遗址　2.东乌珠尔遗址　3.海拉尔西山遗址　4.辉河水坝遗址　5.塔头山遗址　6.二道河子遗址　7.铜钵好赉遗址　8.铜钵庙遗址　9.道宝遗址　10.伊敏遗址　11.呼和诺尔遗址　12.沃布德格遗址

的千户制已经消失，而代之以地域和行政相结合的爱马克（或鄂托克），在呼伦贝尔地区的蒙古族中逐渐形成了喀尔喀部、科尔沁部等新的社会集团。

清朝期间，沙俄不断进行领土扩张，清政府遂加强了对这一地区的统辖管理，"呼伦贝尔"（得名于呼伦湖和贝尔湖）作为一级行政区划的称谓，始于清雍正十年（1732 年）。清政府在呼伦贝尔设副都统衙门，与大兴安岭南侧的布特哈总管衙门同归黑龙江将军领属，所辖地域与今之呼伦贝尔市大致相当。此间，于今之海拉尔区正阳街一带修筑了"呼伦贝尔城"，成为呼伦贝尔的政治、商贸和文化中心。

20 世纪初，俄国人修筑中东铁路，在呼伦贝尔城附近建一车站，因濒临海拉尔河而取名"海浪"（海拉尔的译音），随着车站周围商埠的日益活跃，海拉尔这一新兴的街市名声远播，昔日的"呼伦贝尔城"逐渐为"海拉尔"这一新名所取代。

民国初期，今之呼伦贝尔辖境西部为黑龙江省的呼伦道，东部属该省之龙江道。日军侵占东北期间，呼伦贝尔沦陷。

抗战胜利后，1945 年岭西地区建立呼伦贝尔自治省政府，1948 年改作内蒙古自治区的呼伦贝尔市。岭东地区于 1945 年设纳文慕仁省，1946 年改为兴安省的纳文慕仁盟，1947 年亦归内蒙古自治区。1949 年，呼伦贝尔市和纳文慕仁盟合并，称呼伦贝尔纳文慕仁盟，简称呼纳盟。自 1954 年起称呼伦贝尔盟，盟公署驻地海拉尔市。1969 年，呼伦贝尔盟大部分地域划归黑龙江省管辖，1979 年，重归内蒙古自治区。

2001 年，撤呼伦贝尔盟而设呼伦贝尔市，原海拉尔市改为海拉尔区。

第二章　遗址概况

　　海拉尔河源出大兴安岭北段的吉利牙（吉勒奇克）山西麓，蜿蜒西流，在满洲里东侧的阿巴盖图伊附近折向东北，汇入额尔古纳河主干（在成为内陆湖之前，呼伦湖与额尔古纳河之间有河相通，而今此河断流，以致在时下的概念里，将海拉尔河视作额尔古纳河上游）。在海拉尔河的中游，汇合了南来的伊敏河，海拉尔区就坐落在这两河交汇处的草原地带。哈克遗址位于海拉尔河西岸（彩版一），西距海拉尔区中心一带约 26 公里。该地属海拉尔区哈克镇，南距哈克镇的哈克村 3 公里，北距该镇的团结村 1.5 公里，地理坐标北纬 49°13′00″，东经 120°04′41″。滨洲铁路和 301 国道在遗址西南侧通过。海拉尔河从遗址东南侧而来，绕过遗址北边向西流去。遗址东西长 5、南北宽 0.5～2 公里，海拔高度 617～692 米。

　　2004 年呼伦贝尔市政府将哈克遗址公布为市级重点文物保护单位。2006 年升为内蒙古自治区重点文物保护单位。保护区的面积 10 平方公里，涉及三个地点（图三、四）。2003～2008 年发掘工作主要在第一地点进行。海拉尔河东、北、南三面环绕该地点，筑大坝与河水相隔，形成一个半岛。半岛上现除居民房舍外，均已辟为农田。此次发掘的地点在一片农田中。该地点剖面各层岩性特征基本一致，

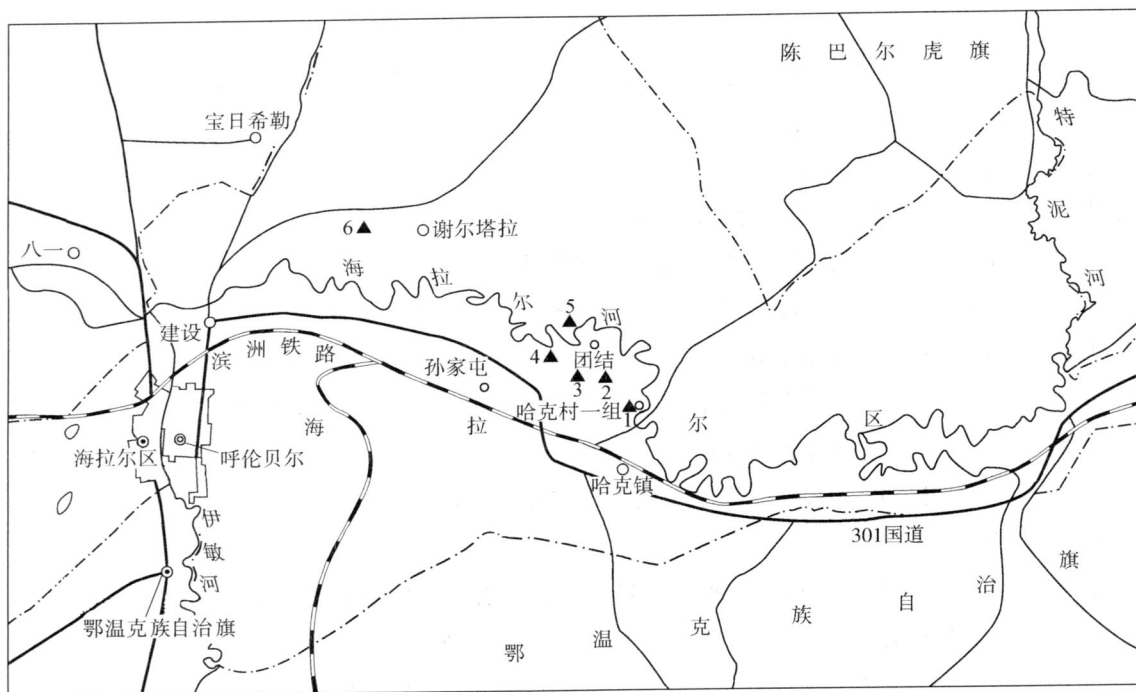

图三　哈克遗址位置示意图

1.哈克遗址第一地点　2.哈克遗址第二地点　3.哈克遗址第三地点　4、5.鲜卑古墓群　6.室韦古墓群

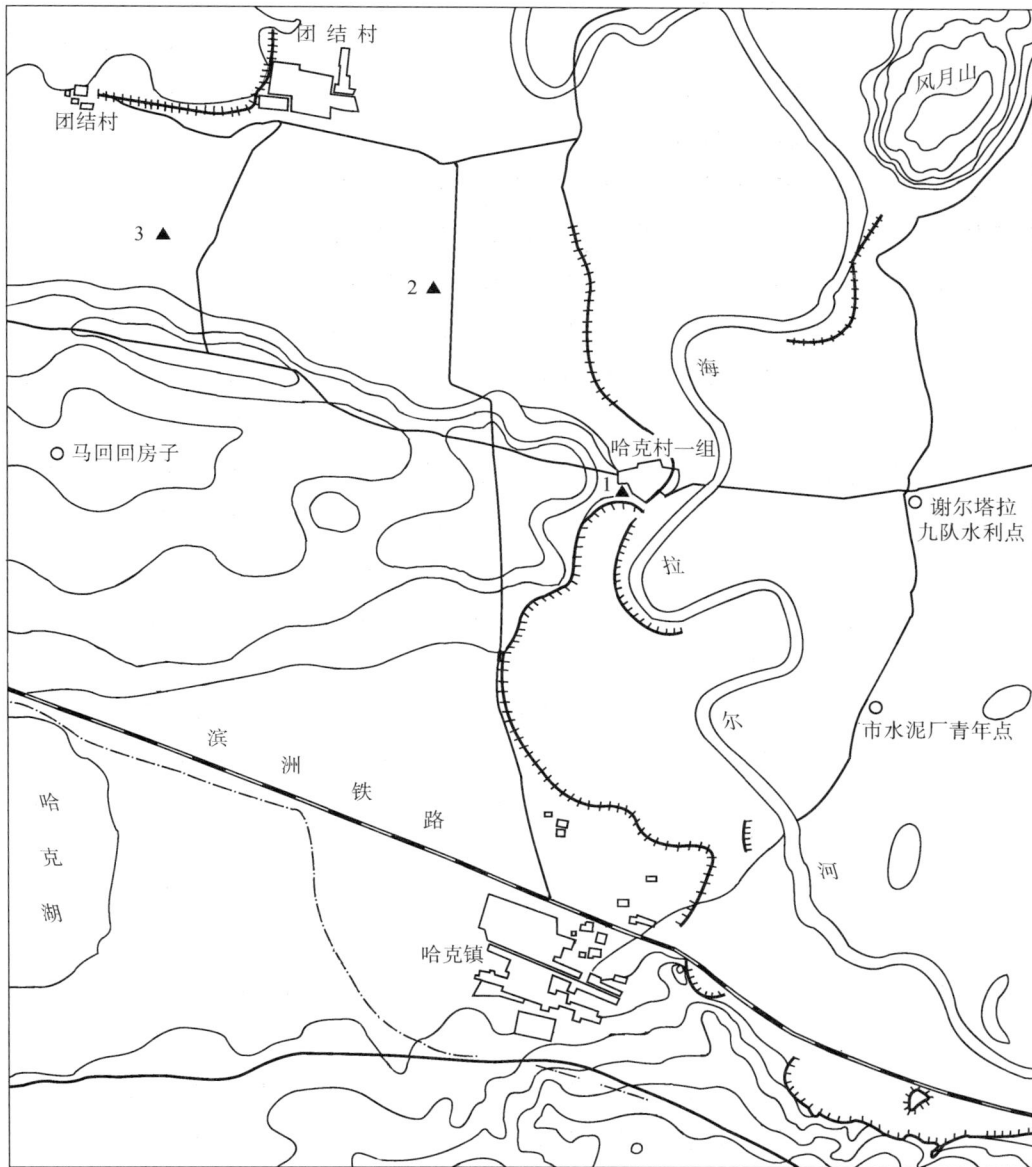

图四　哈克遗址地形和分布示意图

1.哈克遗址第一地点　2.哈克遗址第二地点　3.哈克遗址第三地点

沉积物均以石英质粉砂岩类型为主，从下而上基本呈现出，含砾细砂→粉砂质细砂→粉砂→泥质粉砂的逐渐过渡演变特征，这种特征说明沉积物不仅来源于同一区域，而且沉积速率也相差不大，呈现出由急湍向和缓过渡的趋势，总体上属河流三角洲沉积类型。

第一节　调查与发掘经过

1985 年，内蒙古呼伦贝尔盟文物管理站在文物普查中于哈克乡北约 3 公里的团结村一五窑（即今哈克村一组），海拉尔河左岸台地上发现一些细石器和少量陶片，这里后来称为哈克遗址第一地点。

1986 年春，经哈克镇团结村村民高俊杰报告，呼伦贝尔盟文物管理站米文平、白劲松和内蒙古自治区文物考古研究所郭治中等，在团结村学校东南约 1.5 公里的风蚀沙坑中，发现一处随葬品以细石器为主的墓葬。这里成为哈克遗址的第二地点。

1999 年 8 月 10 日，海拉尔市哈克乡团结村村民沙金山，带着犁地时拾到的几件奇怪的石头，找到呼伦贝尔民族博物馆，要求鉴定。当得知这些石头都是出土文物时，他同意上交给国家，并详细介绍了出土经过。随后博物馆向内蒙古文化厅报告，申请清理该遗址。8 月 18 日，呼伦贝尔民族博物馆派五名专业人员到现场调查。他们在沙金山带领下来到农田中，经 6 小时的调查清理，在 25 平方米的探方内出土了残碎陶罐 2 件、玉器 1 件、数十件细石器和部分人骨残块，这里成为哈克遗址的第三地点。

1999 年 10 月 21 日，中国社会科学院考古研究所内蒙古考古队刘国祥等三人在呼伦贝尔民族博物馆专业人员陪同下来到遗址第三地点调查，在已清理过的遗址上，又采集到 20 多件细石器、玉器和陶片；并在地层中清理出玉锛 1 件。从采集到的陶片中，首次发现了彩陶。遗物多出自耕土层，集中分布在 5 米×10 米的范围内。根据采集到的人骨分析，当为一处墓葬。

2000 年春，呼伦贝尔民族博物馆又派人前往以上地点，对原清理的土方进行过筛，筛出细石器和陶片多件。经过对这一地点的多次调查清理出的文化遗物相当丰富，有细石器、玉器、陶器、骨器和牙器等。随后中国社会科学院考古研究所乌恩和刘国祥，以及呼伦贝尔民族博物馆赵越、赵玉明等对这处遗存进行报道[1]。以上调查简报中将这一考古学文化称为"团结文化"，这一命名与吉林大学林沄教授 1985 年前命名黑龙江省东宁大城子团结遗址的"团结文化"[2] 重名。所以，内蒙古呼伦贝尔民族博物馆赵越称该遗址为哈克遗址，并撰文《论哈克文化》[3]。

2001 年 9 月，呼伦贝尔民族博物馆对哈克细石器遗址第一地点进行深入调查，并进行 1 米×2 米小面积的试掘[4]。

2002 年，遗址第一地点所在地原团结村一五窑划归哈克镇哈克村管辖。发现的三处地点相距不远，故统一称之为"哈克遗址"为宜。

2003 年 8～9 月，中国社会科学院考古研究所史前研究室和边疆考古研究中心合作组建了"中国细石器研究"课题组，在各级领导和地方文物考古单位的支持和配合下，对分布于内蒙古呼伦贝尔地区的辉河水坝细石器遗址进行发掘。发掘工作结束后，又对哈克遗址进行了第二次试掘，时间为期 8 天，试掘面积 2 米×9 米。田野工作的领队是刘景芝，参加工作的有陈超、敖卫东、王连行和哈达等。通过调查和试掘得知，遗址埋藏在海拉尔河左岸由沙丘构成的第二级阶地内，堆积物由不同颜色的细沙所组成，清理地层最厚 2.85 米。文化遗物分布在阶地堆积物灰褐色和灰黑色细砂层中，文化层距地表 20～30 厘米，最厚可达 1.1 米。试掘清理文化遗迹 3 处，出土文化遗物 2154 件。经北京大学考古文

〔1〕中国社会科学院考古研究所内蒙古工作队、内蒙古自治区文物考古研究所、呼伦贝尔盟民族博物馆：《内蒙古海拉尔市团结遗址的调查》，《考古》2001 年第 5 期。

〔2〕林沄：《论团结文化》，《北方文物》1985 年第 1 期。

〔3〕赵越：《论哈克文化》，《内蒙古文物考古》2001 年第 1 期。

〔4〕赵越：《呼伦贝尔市哈克遗址试掘简报》，《呼伦贝尔文物》总第 7 期，2002 年。

博学院科技考古与文物保护实验室对哈克遗址文化层底部动物骨骼进行加速器质谱（AMS）碳十四测试，年代距今 7015±40 年（实验室编号 BA04481，样品原编号 2004NHHT2）。

2004 年 7～9 月，经国家文物局批准，中国社会科学院考古研究所与内蒙古自治区文物考古研究所合作，在内蒙古自治区文化厅、海拉尔区政府、区文体局和哈克镇政府，以及呼伦贝尔市民族博物馆和海拉尔区文物管理所的支持和配合下，对哈克遗址进行了为期 62 天的第一次正式发掘。发掘领队刘景芝，参加工作的有陈超、敖卫东、赵艳芳、哈达、苏顺义、王连行、侯正维和于世芹等。共挖 5 米×5 米探方 9 个，加上 2003 年试掘的面积，发掘总面积为 252 平方米（包括扩方 27 平方米）。通过发掘和 2003 年的试掘，共清理文化遗迹 21 处，出土文化遗物 11000 多件。

2007 年 9～10 月，中国社会科学院考古研究所与吉林大学边疆考古研究中心合作，在内蒙古呼伦贝尔民族博物馆和海拉尔博物馆的配合下，对哈克遗址进行了一次补充性发掘。主要是将遗址 2003 和 2004 年回填的三座墓葬揭开，对其人骨进行人种和体质特征等方面研究；同时对遗址发掘地层进行细致的孢粉取样和碳十四取样，以供环境分析和年代测定。此次发掘领队刘景芝，参加工作的有齐乌云、张敬雷、原海兵、王连行、邢锐、裴彦、赵艳红、马奎生、于世芹和侯正维等。

2008 年 8～9 月，为配合海拉尔区政府建设哈克遗址博物馆，中国社会科学院考古研究所在内蒙古呼伦贝尔市海拉尔区政府、区文体局和哈克镇政府，以及呼伦贝尔民族博物馆、海拉尔区博物馆和海拉尔区档案局的支持和配合下，对哈克遗址进行补充性发掘。此次工作主要揭开了 2004 年在哈克遗址第一地点 T5-T6 发现的房址。由于当年时间紧，经费缺乏，扩方后仍未找到东、西、北部房址的部分边缘，所以此次工作继续扩方，将房址全部清理出土。此外，还将 2004 年发掘的 T1～T4 清理出来，与 T5 和 T6 一起，采用升降机拍摄发掘工地主要探方全景照片。这项工作由海拉尔区档案局局长白福君亲自组织并亲临工地拍摄完成。此次发掘领队刘景芝，参加工作的有赵越、贾笑冰、王连行、邢锐、马奎生、丁昌峰、郑晓燕、于世芹和侯正维等。

第二节　调查概述

1978 年呼伦贝尔盟文物管理站成立以来，特别是在 1984 年全国第二次文物普查之际，呼伦贝尔盟文物站及海拉尔市文物管理所于 1985 年在文物普查中发现了哈克遗址，并对遗址进行过多次调查，本节概述 2003 年前对哈克遗址的调查和试掘情况。

一　哈克遗址第一地点

哈克遗址第一地点位于哈克镇哈克村一组（即原团结村一五窑），该遗址原属于哈克镇团结村所管辖，为团结村一五窑，所以在文物普查登记时称之为"哈克团结村遗址"，简称"团结遗址"，其文化遗存被称为"团结文化"。2002 年，团结村一五窑划归哈克镇，更名为哈克镇哈克村一组，故现将该遗址称为"哈克遗址"。

哈克遗址第一地点位于保护区的东端，紧靠海拉尔河左岸。该遗址三面环水，常年被河水冲刷，形成高出河面 6 米的河崖。在河水的冲刷下，河崖形成剖面，暴露出遗物。1985 年第二次文物普查时普查人员在河滩上采集到许多细石器、陶片、动物骨骼等文化遗物。参加文物普查工作的有呼伦贝尔盟文物管理站米文平、赵玉明、王成、白劲松等。

2001 年 9 月，呼伦贝尔民族博物馆赵越等人对哈克遗址进行第一次试掘。在第一地点临河的断崖处，布 1 米×2 米探方一个。试掘距地表深 42 厘米以下即发现文化层，厚达 108 厘米。探方内发现一圆形灰坑，直径 75 厘米，出土动物骨骼 120 多件和残石钻 1 件。探方内出土大量文化遗物，有石器和细石器 89 件，陶片 27 件，以及许多的动物骨骼。此外，这次试掘，对遗址的地层关系有了初步了解[1]。

二　哈克遗址第二地点

哈克遗址第二地点，位于哈克镇团结学校附近。1986 年春，经哈克镇团结村村民高俊杰报告，呼伦贝尔盟文物管理站米文平和白劲松，以及内蒙古文物考古研究所郭志中在海拉尔市哈克乡团结学校东南约 1.5 公里的风蚀沙坑中，发现一古墓葬。由于长期受风蚀破坏，墓葬已全部暴露，肢骨大多散失，葬式已无法考证，头骨埋在沙坑中，保存尚好。根据头骨初步判断，墓主人为男性，其下颌骨已长出第三臼齿，为三十多岁的成年人，未发现葬具及墓坑迹象。在人骨附近采集双刃骨刀 1 件和细石器近百件。其中完好石镞 79 件，还有一些破碎的黑褐色夹砂陶片。

清理后未及时发表简报，出土器物分别存入内蒙古自治区博物馆和呼伦贝尔盟文物管理站。有关内容可参见《伊敏河下游及海拉尔地区细石器遗存调查》[2] 一文。根据作者王成的描述，此墓位于沙丘上，距哈克遗址第一地点很近，约 1 公里左右，同处于海拉尔河左岸的一条沙带上，且在此沙丘上有许多风蚀沙坑，仍可在每个沙坑中采集到细石器、陶片、碎骨等遗物。为此，将其归入哈克遗址第二地点。这里是哈克遗址从东向西排的中部，包括沙丘中若干沙坑，全部列入遗址的绝对保护区内。

三　哈克遗址第三地点

哈克遗址第三地点，位于哈克遗址第二地点西北 2 公里处，与哈克遗址第一地点、第二地点同处于海拉尔河左岸的沙丘台地上。遗址北距海拉尔河谷 1.5 公里，东距哈克村一组（即原团结村一五窑）哈克遗址第一地点约 4 公里，地势平坦，处于沙丘东北侧二级台地上，海拔高度 617 米。由于文化内涵相同，将其归入哈克遗址第三地点。处于哈克遗址绝对保护区的西端。遗址北、东、西三面平坦开阔，只有南面临沙丘台地，现为牧场，遗址坐落在已开垦的农田里。这里的土质较为纯净，均为灰黄色砂土层。1999 年春，古墓葬在犁地过程中被暴露出来。呼伦贝尔民族博物馆先后与中国社会科学院考古研究所、内蒙古自治区文物考古研究所、海拉尔文物管理所等单位联合调查清理四次，采集并清理出土一批珍贵的文化遗物，可分为石器、玉器、陶器、骨器、牙器五大类。

哈克遗址第三地点的多次调查和深入研究，具有极其重要的学术价值，尤其是通过中国社会科学院考古研究所乌恩的亲自指导，刘国祥的深入研究[3]，引起学术界的广泛关注，使呼伦贝尔新石器时

---

[1] 赵越：《呼伦贝尔市哈克遗址试掘简报》，《呼伦贝尔文物》总第 7 期，2002 年。

[2] 王成：《伊敏河下游及海拉尔地区细石器遗存调查》，《呼伦贝尔文物》总第 4 期，1997 年。

[3] 中国社会科学院考古研究所内蒙古工作队、内蒙古自治区文物考古研究所、呼伦贝尔盟民族博物馆：《内蒙古海拉尔市团结遗址的调查》，《考古》2001 年第 5 期。

代考古研究工作开拓出新的局面。

（1）通过多次调查，丰富了对哈克遗址文化内涵的深入认识，从而填补了呼伦贝尔地区早期考古学文化的缺环。

（2）哈克遗址彩陶的发现具有重要的学术意义。它是在呼伦贝尔草原上首次发现的彩陶，是中国新石器时代彩陶分布最北的一个遗址点，为研究新石器时代彩陶分布地域增添了新的内容。

（3）在文物普查中，呼伦贝尔地区发现 240 余处新石器时代遗址或地点，但都是地表采集，没有成形的陶器出现，更没有器物组合系列，通过对哈克遗址第三地点的陶片修复，确定出 8 件陶器，为呼伦贝尔新石器考古学文化的内涵提供了难得的物证。

（4）哈克遗址第三地点出土的细石器加工精良，用玛瑙加工的石镞和石刃等，代表了呼伦贝尔地区细石器工艺制作水平的顶峰。细石器的集中出土，在东北地区乃至全国新石器遗址中，尚属首例，为研究我国细石器制作传统，及其与蒙古共和国和俄罗斯国西伯利亚细石器的关系提供了珍贵资料。

（5）哈克遗址是迄今所知呼伦贝尔地区新石器时代出土玉器数量最多的一个遗址，两端有刃的玉锛弥足珍贵，是继沈阳新乐遗址[1]和黑龙江尚志县亚布力遗址[2]之后东北地区发现的第 4 件两端刃玉器。这批玉器的发现为研究中国东北地区史前玉器的起源及其文化的传播提供了重要线索。

（6）呼伦贝尔地区新石器时代考古工作非常薄弱，虽然发现数百处新石器时代遗物出土地点，但均为地表采集，器物没有成套的组合，比较零散。呼伦贝尔长期以来没有确立新石器时期考古学文化，哈克遗址出土遗物的种类较多，无论陶器、石器、玉器、骨器都有成套系列的器物组合，特征鲜明，年代范围比较明确，为"哈克文化"的正式命名准备了条件。

哈克遗址自 1985 年发现以来，到 2003 年中国社会科学院考古研究所刘景芝来遗址进行考古发掘，经历了 18 年的调查和试掘工作，先后参加的工作人员有：呼伦贝尔盟文物管理站米文平、王成、赵玉明，内蒙古自治区文物考古研究所郭治中，呼伦贝尔民族博物馆赵越、白劲松、陈凤山、肖海昕、敖卫东、苏顺义、苗国祥、奥奇、陈桂婷、包红涛，海拉尔文物管理所沙宝帅、夏德兴，中国社会科学院考古研究所刘国祥、王瑞昌、刘海文等。哈克遗址的发现、调查、保护和考古发掘，把呼伦贝尔的史前文明史追溯到 7000 年前，为中国史前文化的研究提供了重要的科学资料，为苏秉琦先生中国文明起源"满天星斗"说又找到了一颗新星，为苏先生的考古区系类型学"多元一体论"的确立和中华文明的起源，又找到了珍贵的佐证[3]。

第三节　发掘概述

哈克遗址的发掘地点位于海拉尔河左岸台地上，即遗址的第一地点（图五；彩版二，1）。2003 年 9 月 18 日，对选点进行试掘，地点选在 2001 年第一次试掘点的北面，布 2 米×9 米的探沟一条。此次试掘出土文化遗物 2154 件，包括以细石器为主的石制品 1085 件，骨角制品 13 件，其中有罕见的象牙

[1]　沈阳市文物管理办公室、沈阳故宫博物馆：《沈阳新乐遗址第二次发掘报告》，《考古学报》1985 年第 2 期。
[2]　黑龙江省文物考古研究所：《黑龙江尚志县亚布力新石器时代遗址清理简报》，《北方文物》1988 年第 1 期。
[3]　苏秉琦：《中国文明起源新探》，三联书店，1999 年。

人面雕像和刻纹骨雕，陶片514件，穿孔装饰品2件，动物骨骼540件。试掘发现文化遗迹3处，有墓葬1座、灰坑2座[1]。

通过这次试掘了解到哈克遗址地貌部位明确，地层清楚，遗物保存新鲜，无分选现象，遗址应属于原地埋藏类型。首次试掘发现墓葬1座，出土大量细石器，陶片分布较为密集。令人瞩目的骨角制品，尤其是象牙人面雕像和刻纹骨雕，反映出当时人类文化生活水平的提高，工艺技术的发展。它们的发现不仅仅体现出这一地区早期人类的工艺技术，更为重要的是映射出人们意识形态领域的内容。通过调查和试掘可知，遗址的分布面积相当大，文化内涵也相当丰富。初步分析认为，该遗址应是一处相对稳定并具有一定规模的聚落遗址，值得大面积发掘，并进行深入研究。

2004年的发掘是在2003年试掘部分的东侧布3米×10米的探沟，与2003年的试掘部分合并构成T1-T2（出土遗迹和遗物编号2003年试掘部分冠以03NHHT1-T2X，以下行文中简称为03T1-T2；2004年发掘部分冠以04NHHT1-T2D，以下行文中简称为04T1-T2）。紧挨着这两个探方的西侧布T3和T4。在T1～T4的东北布T5，由于在T5第7层发现重要遗迹现象以及制作骨器的骨料堆和骨角器等，故沿着T5的北部布T6，在发掘工作接近第7层时，对T5-T6同时进行发掘（出土遗迹和遗物编号冠以04NHHT5-T6）。当清理工作进行到第7层下部后，一座房址显露出来，但房址的四周边缘仅

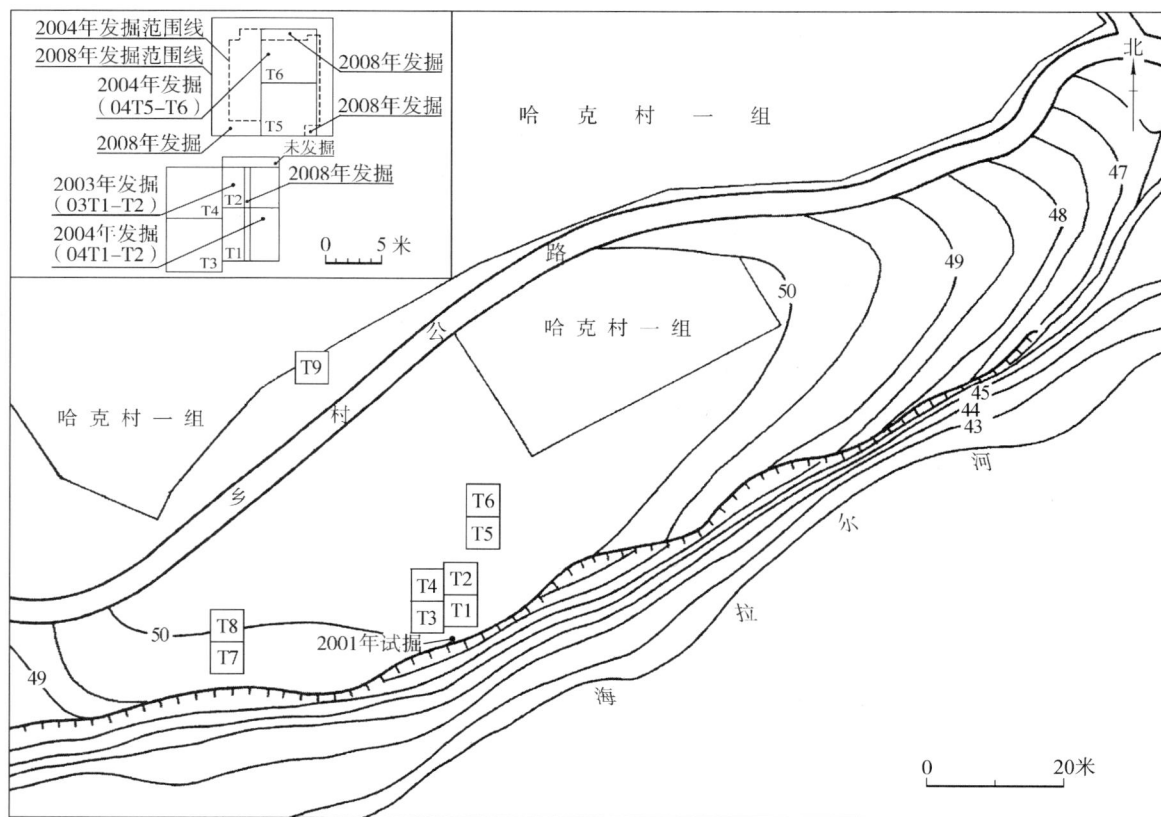

图五　哈克遗址第一地点2003～2008年发掘范围平面图

[1] 刘景芝：《内蒙古呼伦贝尔辉河水坝和哈克—团结细石器遗址》，《华南及东南亚地区史前考古——纪念甑皮岩遗址发掘30周年国际学术研讨会论文集》，文物出版社，2005年。

南部出露，其他边缘压在 T5-T6 的东、西和北壁之外。因此，首先在 T5-T6 的东、西壁分别扩方。与此同时，为了解遗址较大范围内的地层堆积情况和遗址文化遗迹和遗物的分布情况，在 T1～T6 的西南布 T7 和 T8，西北布 T9。2003 和 2004 年总共挖掘 25 平方米探方 9 个，发掘面积 252 平方米（包括 T5-T6 的东、西部扩方 27 平方米）。

通过对哈克遗址的第一次正式发掘，不仅获得了上万件的细石器、骨角器、陶片和装饰品，以及大型哺乳动物和水生动物的遗骸等，还首次发现房址 1 座，以及墓葬、灰坑、蚌堆、祭祀遗迹和残灶坑等。根据地层堆积和文化遗物的分析研究，认识到哈克遗址是一处从新石器时代一直延续到历史时期的重要聚落遗址。由于考虑到今后需要在这里建遗址博物馆，所以将发掘出土的墓葬回填。

2007 年秋季，对该遗址进行补充性发掘，由中国社会科学院考古研究所与吉林大学边疆考古研究中心合作，将遗址 2003 年和 2004 年回填的 M1、M2 和 M3 揭开，对其人骨进行人种和体质特征等方面研究。在清理墓葬 M3 人骨时，于第 1 具头骨之下发现 1 件玉饰，是该遗址发掘出土的有明确地层关系的第一件玉器。同时对遗址发掘地层进行细致的孢粉取样和碳十四取样，以便进行环境分析和年代测定。

2008 年秋季，对该遗址进行补充性发掘，主要是对 2004 年在 T5-T6 发现的房址，继续清理东、西、北部边缘部分。此次工作继续扩方，将房址全部清理完毕。扩方面积在 2004 年 T5-T6 发掘面积的基础上扩至 121 平方米。故遗址发掘的总面积从 252 平方米增至 296 平方米。并采用全站仪对遗址的地形地貌进行测量和绘图。至此较圆满地完成了哈克遗址第一阶段的发掘工作。

第三章　地层堆积与遗迹

第一节　地层堆积

哈克遗址 2003～2008 年的发掘共挖 5 米×5 米探方 9 个（编号 T1～T9），并在 T5-T6 探方四周进行扩方。其中探方 T7、T8 未发现重要遗迹现象，故其地层堆积不在此进行介绍。以下分别对 T1-T2、T3、T4、T5-T6 和 T9 地层进行介绍。

一　探方 03、04、08T1-T2 地层堆积

探方 03、04、08T1-T2 位于遗址第一地点 2001 年试掘探方的北部，接近河岸断崖处（图五）。2003 年发掘了 T1-T2 西半部，面积 9 米×2 米，编号 03T1-T2；2004 年发掘了 T1-T2 东半部，面积 9 米×2.5 米，编号 04T1-T2。03T1-T2 西半部与 04T1-T2 东半部之间有一条 0.5 米的隔梁，2008 年清理了这条隔梁。3 个年度发掘发现的文化遗迹包括墓葬 1 座（03T1-T2M1），灰坑 4 处（03T1-T2H1、03T1-T2H2，04T1-T2H3、04T1-T2H4），残灶坑 1 处（04T1-T2Z1），祭祀遗迹 2 处（04T1-T2JS1、04T1-T2JS2），同时出土了大量的细石器、骨角器、陶片和动物骨骼等文化遗物。

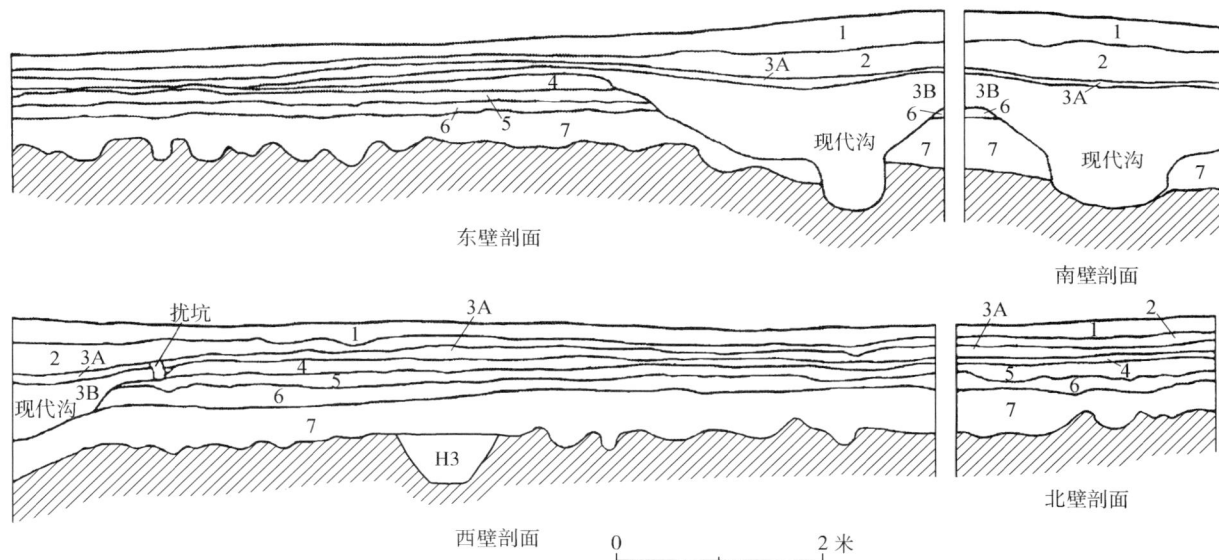

图六　探方 04T1-T2（9 米×2.5 米）地层剖面图

1. 浅褐色泥质粉砂层　2. 灰褐色粉砂层　3A. 棕褐色马粪层　3B. 灰黄色粉砂层　4. 浅黑褐色泥质粉砂层

5. 黑褐色泥质粉砂层　6. 浅黑褐色粉砂层　7. 黑褐色泥质粉砂层

04T1-T2 四壁地层堆积有 7 层（图六）。

第 1 层：浅褐色泥质粉砂层，厚 10～35 厘米。含许多植物根系及少量扰动的文化遗物，为耕土层。

第 2 层：灰褐色粉砂层，厚 6～40 厘米。土质松散，含一些植物根系，以及少量扰动的文化遗物。

第 3 层：现代马圈堆积，可分为二小层。

第 3A 层：棕褐色马粪层，厚 0～14 厘米。断续出露，含少量的文化遗物及近现代的铁器。

第 3B 层：灰黄色粉砂层，厚 0～60 厘米。砂质较纯净，为铺垫马圈的堆积。南部边缘下延为一条现代沟，圈马挖成，打破生土层。开口宽约 350、底部宽 40～60、深 125 厘米。

第 4 层：浅黑褐色泥质粉砂层，厚 0～15 厘米。含腐殖质团块，植物根系中等，土质结构松散，含细石器、陶片及动物骨骼等文化遗物。此层之下有祭祀遗迹 04T1-T2JS1。

第 5 层：黑褐色泥质粉砂层，厚 0～20 厘米。含腐殖质团块，植物根系较上层含量高，土质松散，含细石器、陶片及动物骨骼等文化遗物。此层之下有祭祀遗迹 04T1-T2JS2。

第 6 层：浅黑褐色粉砂层，厚 0～24 厘米。含少量腐殖质及植物根系，土质松散，含早期青铜时代文化遗物。

第 7 层：黑褐色泥质粉砂层，厚 0～58 厘米。含腐殖质及植物根系少，土质松散。含新石器时代细石器、陶片及动物骨骼等文化遗物。此层之下开口灰坑 03T1-T2H1、03T1-T2H2、04T1-T2H3、04T1-T2H4，还有灶坑 04T1-T2Z1 和墓葬 03T1-T2M1。

第 7 层以下为生土，黄色粉砂质细砂，松散，含有 5～10 毫米不等砾粒。

二 探方 04T3 地层堆积

04T3 位于 03、04、08T1-T2 的西部和 04T4 的南部（图五）。发现的文化遗迹有蚌堆 1 处（04T3BD1）、灰坑 1 处（04T3H5），同时出土大量的细石器、陶片和动物骨骼等文化遗物。

地层堆积有 7 层（图七）。

第 1 层：浅褐色泥质粉砂层，厚 8～30 厘米。含较多植物根系及少量扰动的文化遗物，为耕土层。

第 2 层：灰褐色粉砂层，厚 3～17 厘米。含一些植物根系及少量扰动的文化遗物，土质

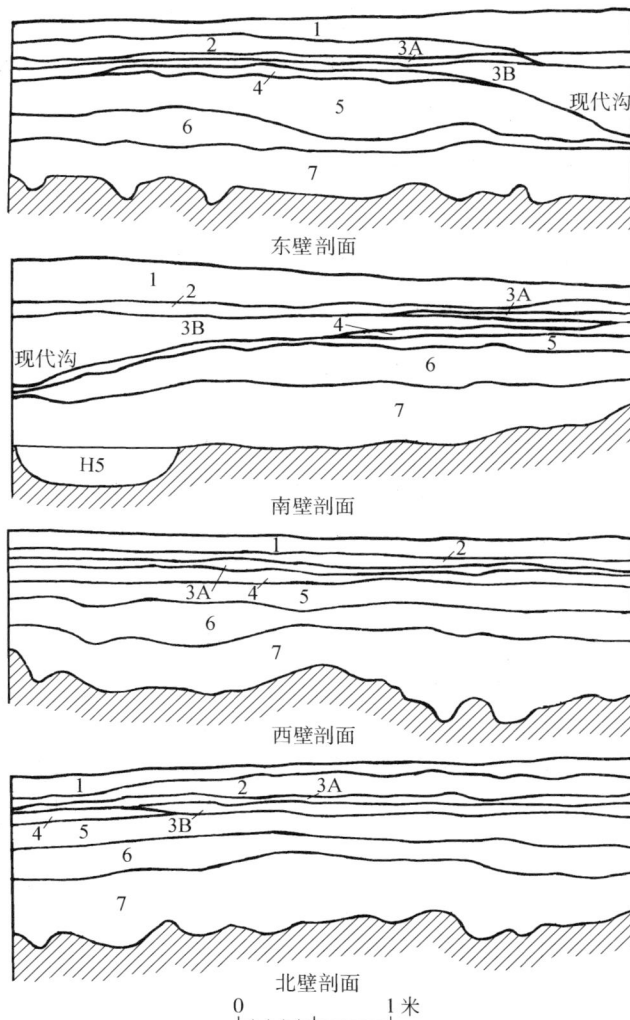

图七 探方 04T3（4 米×4 米）地层剖面图

1. 浅褐色泥质粉砂层 2. 灰褐色粉砂层 3A. 棕褐色马粪层 3B. 灰黄色粉砂层 4. 浅黑褐色泥质粉砂层 5. 黑褐色泥质粉砂层 6. 浅黑褐色粉砂层 7. 黑褐色泥质粉砂层

结构松散。

第 3 层：现代马圈堆积，可分为二小层。

第 3A 层：棕褐色马粪层，厚 0～7 厘米。断续出露，夹杂少量扰动的文化遗物。

第 3B 层：灰黄色粉砂层，厚 0～45 厘米。较纯净，为铺垫马圈的堆积，东壁剖面南端与南壁剖面东端该层下延为现代沟，为圈马挖成。

第 4 层：浅黑褐色泥质粉砂层，厚 0～10 厘米。含腐殖质团块，植物根系中等，土质结构松散，含细石器、陶片等文化遗物。

第 5 层：黑褐色泥质粉砂层，厚 3～37 厘米。含腐殖质团块，植物根系较上层含量高，土质结构松散，含细石器、陶片等文化遗物。

第 6 层：浅黑褐色粉砂层，厚 5～31 厘米。含少量腐殖质及植物根系，土质结构松散，含早期青铜时期文化遗物。此层之下有蚌堆 04T3BD1。

第 7 层：黑褐色泥质粉砂层，厚 13～58厘米。含腐殖质及植物根系少，土质结构松散，含新石器时代细石器等文化遗物。此层之下开口灰坑 04T3H5。

第 7 层以下为生土，由黄色粉砂质细砂所组成，结构松散，含有 5～10 毫米不等砾粒。

三　探方 04T4 地层堆积

04T4 位于 03、04、08T1-T2 的西部和04T3 探方的北部（图五）。发掘出土文化遗迹有篝火遗迹 1 处（04T4GH1）、蚌堆 1 处（04T4BD2）和墓葬 1 座（04T4M5），以及大量的细石器、陶片和动物骨骼等文化遗物。

地层堆积有 7 层（图八）。

第 1 层：浅褐色泥质粉砂层，厚 10～25厘米。含较多植物根系及少量扰动的文化遗物，为耕土层。

第 2 层：灰褐色粉砂层，厚 0～9 厘米。含一些植物根系及少量扰动的文化遗物，土质结构松散。

第 3 层：现代马圈堆积，可分为二小层。

第 3A 层：棕褐色马粪层，厚 5～12 厘米。杂有少量的近现代铁具及扰动的文化遗物。

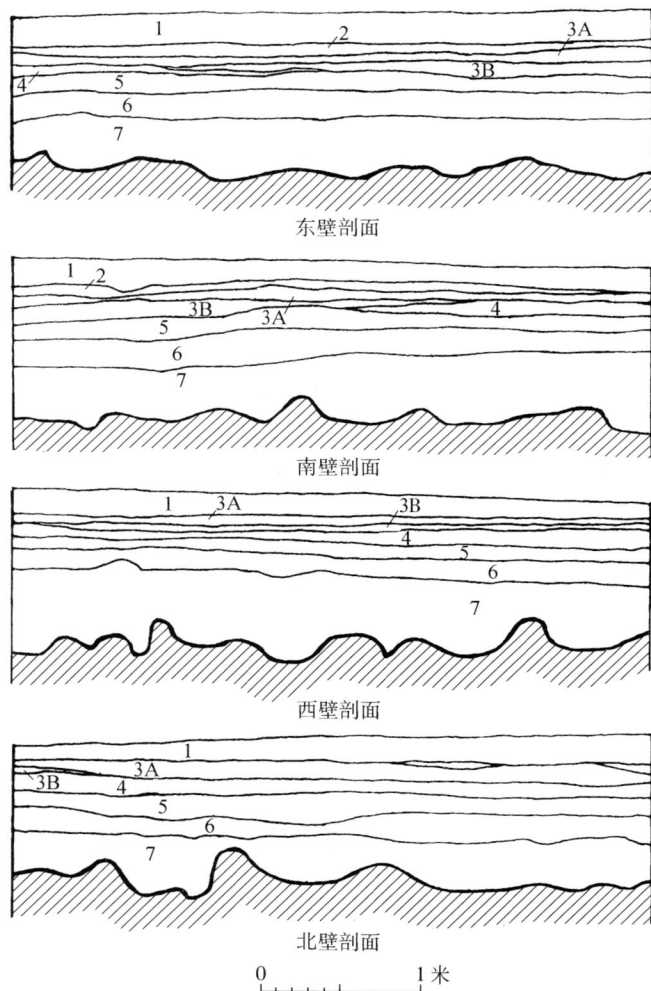

东壁剖面

南壁剖面

西壁剖面

北壁剖面

0　　　　　　1 米

图八　探方 04T4（4 米×4 米）地层剖面图
1. 浅褐色泥质粉砂层　2. 灰褐色粉砂层　3A. 棕褐色马粪层　3B. 灰黄色粉砂层　4. 浅黑褐色泥质粉砂层　5. 黑褐色泥质粉砂层　6. 浅黑褐色粉砂层　7. 黑褐色泥质粉砂层

第3B层：灰黄色粉砂层，厚0～10厘米，较纯净，为铺垫马圈的堆积。

第4层：浅黑褐色泥质粉砂层，厚0～14厘米。含腐殖质团块，植物根系中等，土质结构松散，含细石器、陶片等文化遗物。

第5层：黑褐色泥质粉砂层，厚5～20厘米。含腐殖质团块，植物根系较上层含量高，土质结构松散，含细石器和陶片等文化遗物。此层之下有篝火遗迹04T4GH1。

第6层：浅黑褐色粉砂层，厚7～24厘米。含少量腐殖质及植物根系，土质松散，含早期青铜时期文化遗物。

第7层：黑褐色泥质粉砂层，厚7～58厘米。含腐殖质及植物根系少，土质松散，含新石器时代细石器等文化遗物。此层之下有蚌堆04T4BD2和墓葬04T4M5。

第7层以下为生土，由黄色粉砂质细砂所组成，结构松散，含有5～10毫米不等砾粒。

四　探方04、07、08T5-T6地层堆积

04、07、08T5-T6位于03、04、08T1-T2的东北部。发现的文化遗迹包括房址1座（04、08T5-T6F1），墓葬2座（04、07T5-T6M2和04、07T5-T6M3），灰坑9处（04T5H6、04T6H7、08T5-T6H8、08T5-T6H9、08T5-T6H10、08T5-T6H11、08T5-T6H12、08T5-T16H13、08T5-T6H14），祭祀遗迹1处（08T5-T6JS3）等，同时出土大量的细石器，一些骨角器，许多陶片和动物骨骼等文化遗物。

地层堆积有7层（图九；彩版三，1），不见以上探方的第3A层。

第1层：浅褐色泥质粉砂层，厚10～23厘米。含许多植物根系及少量扰动的文化遗物，为耕土层。

第2层：灰褐色粉砂层，厚0～20厘米。含植物根系及少量扰动的文化遗物，土质结构松散。

第3B层：灰黄色粉砂层，厚0～15厘米。断续杂有棕褐色马粪，其中含着少量的文化遗物及近现代铁器，该层为马圈堆积和为其铺垫的沙子。

第4层：浅黑褐色泥质粉砂层，厚0～12厘米。含腐殖质团块，植物根系中等，土质结构松散，含细石器和陶片等文化遗物。此层之下开口灰坑08T5-T6H8。

第5层：黑褐色泥质粉砂层，厚0～24厘米。含腐殖质团块，植物根系较上层含量高，土质结构松散，含细石器和陶片等文化遗物。

第6层：浅黑褐色粉砂层，厚0～20厘米。含少量腐殖质及植物根系，土质结构松散，含早期青铜时期文化遗物。此层之下开口灰坑04T6H7。

第7层：泥质粉砂层，根据不同颜色分为二小层。

第7A层：黑褐色泥质粉砂层，厚5～19厘米。含腐殖质及植物根系少，土质结构松散，含新石器时代晚期文化遗物。此层之下开口灰坑08T5-T6H9、08T5-T6H12，还有墓葬04、07T5-T6M2和04、07T5-T6M3。

第7B层：浅褐色泥质粉砂层，厚5～22厘米。含植物根系少，结构松散，含新石器时代早期文化遗物。此层之下开口房址04、08T5-T6F1，灰坑04T5H6、08T5-T6H10、08T5-T6H11、08T5-T6H13、08T5-T6H14，还有祭祀遗迹08T5-T6JS3。

第7层以下为生土，由黄色粉砂质细砂所组成，结构松散，含有5～10毫米不等砾粒。

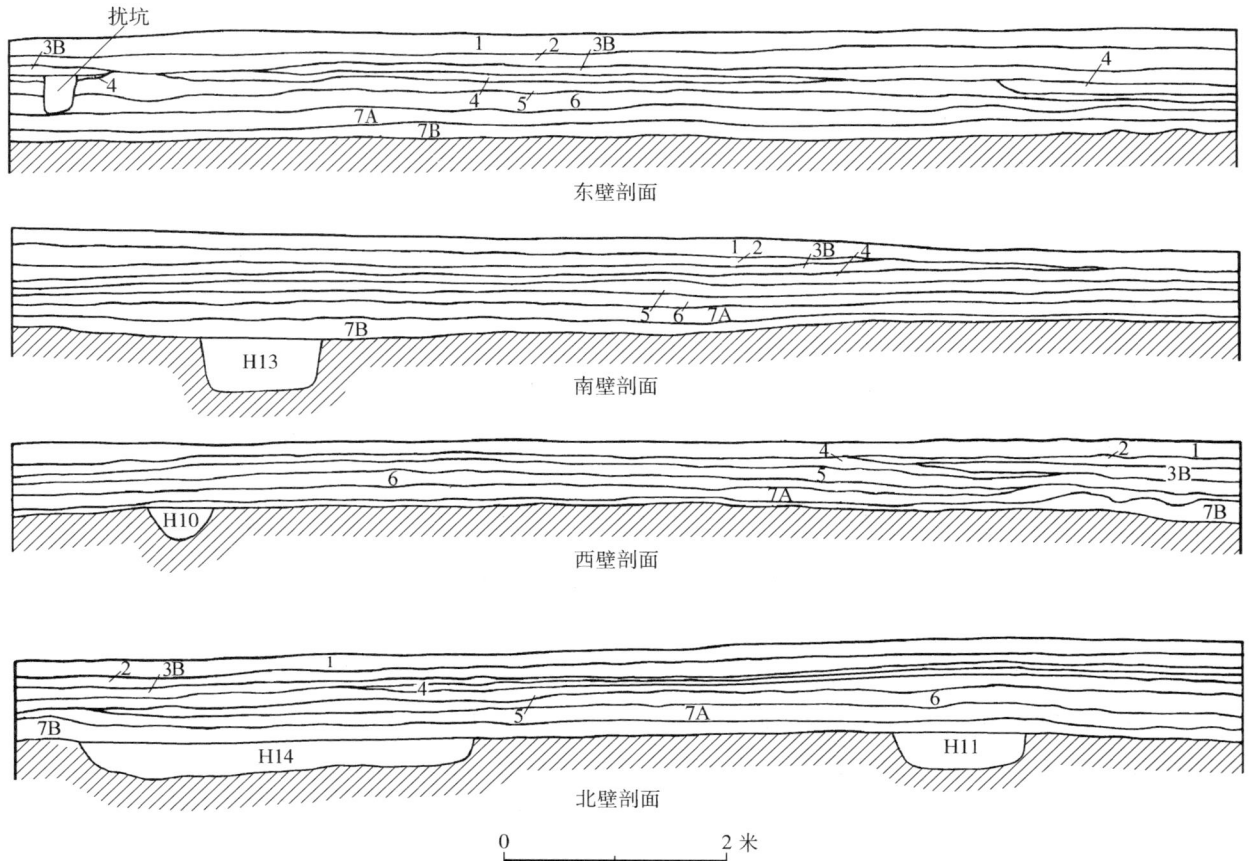

图九　探方 08T5-T6 扩方后（11 米×11 米）地层剖面图

1. 浅褐色泥质粉砂层　2. 灰褐色粉砂层　3B. 灰黄色粉砂层　4. 浅黑褐色泥质粉砂层　5. 黑褐色泥质粉砂层

6. 浅黑褐色粉砂层　7A. 黑褐色粉砂层　7B. 浅褐色泥质粉砂层

五　探方 04T9 地层堆积

04T9 位于 04、07、08T5-T6 的西北部。发现的文化遗迹仅有墓葬 1 座（04T9M4），同时出土大量的细石器、较多陶片和动物骨骼等文化遗物。

地层堆积不见以上探方的第 2 层和第 3B 层堆积（图一〇）。西壁地层堆积如下。

第 1 层：浅褐色泥质粉砂层，厚 5～15 厘米。含许多植物根系及少量扰动的文化遗物，为耕土层。

第 3A 层：棕褐色马粪层，厚 0～10 厘米。断续出露，杂有少量扰动的文化遗物，为现代圈马的堆积。

第 4 层：浅黑褐色泥质粉砂层，厚 0～16 厘米。含腐殖质团块，含少量植物根系，含细石器陶片等文化遗物。

第 5 层：黑褐色泥质粉砂层，厚 0～25 厘米。含腐殖质团块，植物根系较上层含量高，土质结构松散，含细石器陶片等文化遗物。

第 6 层：浅黑褐色粉砂层，厚 0～28 厘米。含少量腐殖质及植物根系，土质结构松散，含早期青铜时期文化遗物。

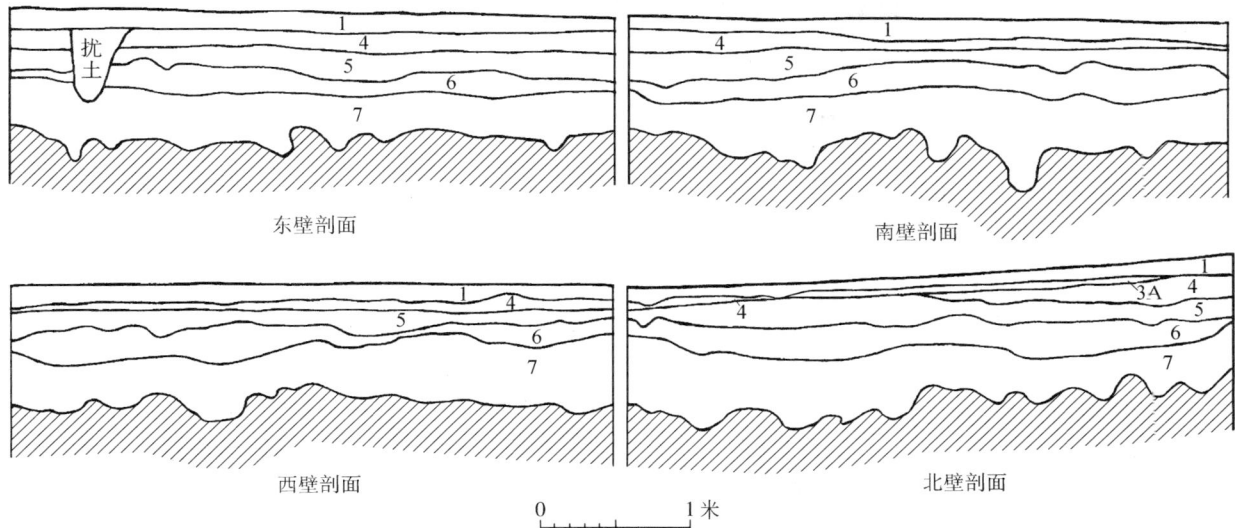

扰土

东壁剖面

南壁剖面

西壁剖面

北壁剖面

0　　　　　　　　1 米

图一〇　探方 04T9（4 米×4 米）地层剖面图

1. 浅褐色泥质粉砂层　3A. 棕褐色马粪层　4. 浅黑褐色泥质粉砂层　5. 黑褐色泥质粉砂层　6. 浅黑褐色粉砂层　7. 黑褐色泥质粉砂层

第 7 层：黑褐色泥质粉砂层，厚 17～66 厘米。含腐殖质及植物根系少，土质结构松散，含新石器时代细石器等文化遗物。此层之下有 04T9M4。

第 7 层以下为生土，由黄色粉砂质细砂所组成，结构松散，含有 5～10 毫米不等砾粒。

第二节　遗　　迹

哈克遗址发掘清理出较为丰富的文化遗迹，有罕见的大型房址，多处灰坑和用火遗迹，以及蚌堆、祭祀遗迹和墓葬等（表一）。这些遗迹为了解先民当时的生产和生活，以及聚落状况提供了极好的证据。

一　房　　址

哈克遗址的 04、07、08T5-T6 是发掘重点之一，在第 7B 层之下发现罕见的大型房址（04、08T5-T6F1），为了全面揭露该房址，在 T5-T6 四周进行了扩方（图一一）。清理 F1 内部发现了一些遗迹现象（HD1、SHD1、TT1 和 H6 等，图一二），并出土了许多遗物（图一三）。同时清理 F1 外围地层时也发现与 F1 同期的多处灰坑（08T5-T6H10、08T5-T6H11、08T5-T6H13、08T5-T6H14）和祭祀遗迹（08T5-T6JS3）。

F1 平面呈不甚规则的椭圆形（彩版二，2），南北 7.6、东西 9.4 米，面积为 56.08 平方米。2008 年于房址偏西南部布长 180、宽 50、深 16 厘米解剖沟一条（PG1），出土成层的蚌壳和少量陶片。

（1）柱洞

沿 F1 周边发掘清理出柱洞 13 个（D1～D13）。

表一　　　　　　　　　　　　　　　　　　哈克遗址遗迹一览表

遗迹名称	编号	位置	形状	包含物	时代
房址	F1	04、07、08T5-T6⑦B	近于椭圆形	石制品、陶片、骨角器、动物骨骼	新石器时代
灰坑	H1	03T1-T2⑦	不规则形	石制品、陶片、动物骨骼	新石器时代
	H2	03T1-T2⑦	近于椭圆形	石板	新石器时代
	H3	04T1-T2⑦	不规则形	石制品、陶片、骨器、动物骨骼	新石器时代
	H4	04T1-T2⑦	近于椭圆形	石制品、陶片、骨器、动物骨骼	新石器时代
	H5	04T3⑦	不详	石制品、陶片、骨器、动物骨骼	新石器时代
	H6	04T5⑦B	椭圆形	砺石、动物骨骼	新石器时代
	H7	04T6⑥	略呈圆形	石制品、陶片、动物骨骼	汉代前后
	H8	08T5-T6④	椭圆形	石制品、陶片	公元8～10世纪前后
	H9	08T5-T6⑦A	不规则形	石制品、陶片	新石器时代
	H10	08T5-T6⑦B	椭圆形	石制品、陶片、动物骨骼	新石器时代
	H11	08T5-T6⑦B	圆形（?）	石片、动物骨骼	新石器时代
	H12	08T5-T6⑦A	椭圆形	石制品、陶片、动物骨骼	新石器时代
	H13	08T5-T6⑦B	圆形（?）	石制品、动物骨骼	新石器时代
	H14	08T5-T6⑦B	椭圆形（?）	石制品、陶片、骨器、动物骨骼	新石器时代
灶坑	Z1	04T1-T2⑦	残	石制品、陶片、动物骨骼	新石器时代
篝火遗迹	GH1	04T4⑤	近于椭圆形	石制品、陶片、动物骨骼	汉代前后
	GH2	04T8④	半圆形	石制品、陶片	公元8～10世纪前后
蚌堆	BD1	04T3⑥	椭圆形	蚌堆、陶片、动物骨骼	汉代前后
	BD2	04T4⑦	圆形	蚌堆、鱼骨、陶片	新石器时代
祭祀遗迹	JS1	04T1-T2④	长椭圆形	陶片、动物骨骼	公元8～10世纪前后
	JS2	04T1-T2⑤	近于椭圆形	石块、动物骨骼	汉代前后
	JS3	08T5-T6⑦B	椭圆形	石块、动物骨骼	新石器时代
墓葬	M1	03T1-T2⑦	不规则形		新石器时代
	M2	04、07T5-T6⑦A	不规则形		新石器时代
	M3	04、07T5-T6⑦A	不规则形	玉饰、陶片	新石器时代
	M4	04T9⑦	不规则形	石片、小砾石、动物骨骼	新石器时代
	M5	04T4⑦	不规则形	动物骨骼	新石器时代

　　房址东部柱洞2个（D1和D2）。柱洞1（D1）平面呈椭圆形，南北长轴92、东西短轴85、深18厘米。柱洞2（D2）平面呈椭圆形，南北长轴116、东西短轴105、深20厘米。以上两个柱洞分布在F1的东部边缘，间距较大，尺寸在13个柱洞中也最大，可能是F1的左右两个门柱。

　　房址南部柱洞4个（D3～D6）。柱洞3（D3）分布在F1的外围，东南角处，靠近柱洞2（D2），平面呈椭圆形，南北长轴38、东西短轴30、深19厘米。柱洞4（D4）平面呈椭圆形 南北长轴65、东

D13

D12

D11

D9

D8

D7

D6

D5

D4

D3

D1

西短轴 55、深 17 厘米。柱洞 5（D5）平面呈椭圆形，东西长轴 31、南北短径 24、深 28 厘米。柱洞 6（D6）平面呈椭圆形，南北长轴 40、东西短轴 28、深 14 厘米。

　　房址西部柱洞 4 个（D7～D10）。柱洞 7（D7）平面呈椭圆形，南北长轴 43、东西短轴 36、深 22 厘米。柱洞 8（D8）平面呈椭圆形，南北长轴 44、东西短轴 37、深 16 厘米。柱洞 9（D9）平面呈椭圆形，东西长轴 92、南北短轴 84、深 27 厘米。柱洞 10（D10）平面略呈圆形，直径 68、深 21 厘米。

　　房址北部柱洞 3 个（D11～D13）。柱洞 11（D11）平面呈椭圆形，东西长径 44、南北短径 36、深 26 厘米。柱洞 12（D12）平面呈椭圆形，东西长轴 40、南北短轴 36、深 26 厘米。柱洞 13（D13）平面略呈圆形，直径 46、深 25 厘米。

　　（2）灰烬堆积

　　HD1 位于 F1 东部中间偏南处，平面略呈圆形。直径 89、厚 21 厘米。清理灰烬堆积时未发现任何遗物，也没有任何炭粒。分析可能燃烧的是杂草类物质。

　　（3）沙堆

　　SHD1 位于 F1 中心部位的圆形凹坑内堆沙而成。凹坑平面略呈圆形，直径 140 厘米左右，自居住面下凹 33 厘米，坑内沙堆高 74 厘米，系由纯净的黄沙构成。

　　（4）土台

　　TT1 位于 F1 的西部，较东部居住面高出 12～22 厘米。该土台南北最长 740、东西最宽 346 厘米。柱洞 D6～D11 皆分布于土台范围内。

　　（5）文化遗物

　　F1 出土的文化遗物包括有以细石器为主的石制品、陶片、骨角器等，以及各类动物的骨骼。由于清理 F1 是逐步发现并揭露，所以文化遗物的清理出土分为四个部分。第Ⅰ部分，T5F1，遗物编号 T5F1：A1～A60 和 T5F1：1～17；第Ⅱ部分，T5 北部隔梁和 T6F1，遗物编号 T5-T6F1：18～132；第Ⅲ部分，T5-T6 东部隔梁和扩方部分，遗物编号 T5-T6DF1：133～153；第Ⅳ部分，T5-T6 西部扩方部分，遗物编号 T5-T6XF1：154～195。

二　灰　坑

　　遗址中发现的灰坑数量最多，共 14 座（H1～H14）。主要发现于 T1-T2 和 T5-T6，T3 仅发现 1 座。灰坑形状呈圆形、椭圆形或不规则形，大小和深度不尽相同。其中出土文化遗物较少，有细石器、陶片和动物骨骼等。

　　03T1-T2H1　位于探方 03T1-T2 中部（图一四），开口于第 7 层下，打破生土，坑口距地表深 99 厘米。面积较大，口部平面呈不规则形，长轴 156、短轴 122 厘米；底部呈椭圆形，长轴 95、短轴 72 厘米。剖面呈不规则形，深 80 厘米（图一五）。一次堆积而成，填土松软，为灰色粉砂土。包含较多的文化遗物，出土有石制品 20 件、陶片 21 件、动物骨骼 45 件（包括一些鱼骨）。

　　03T1-T2H2　位于探方 03T1-T2 北部（图一四），开口于第 7 层下，打破生土，坑口距地表深 102

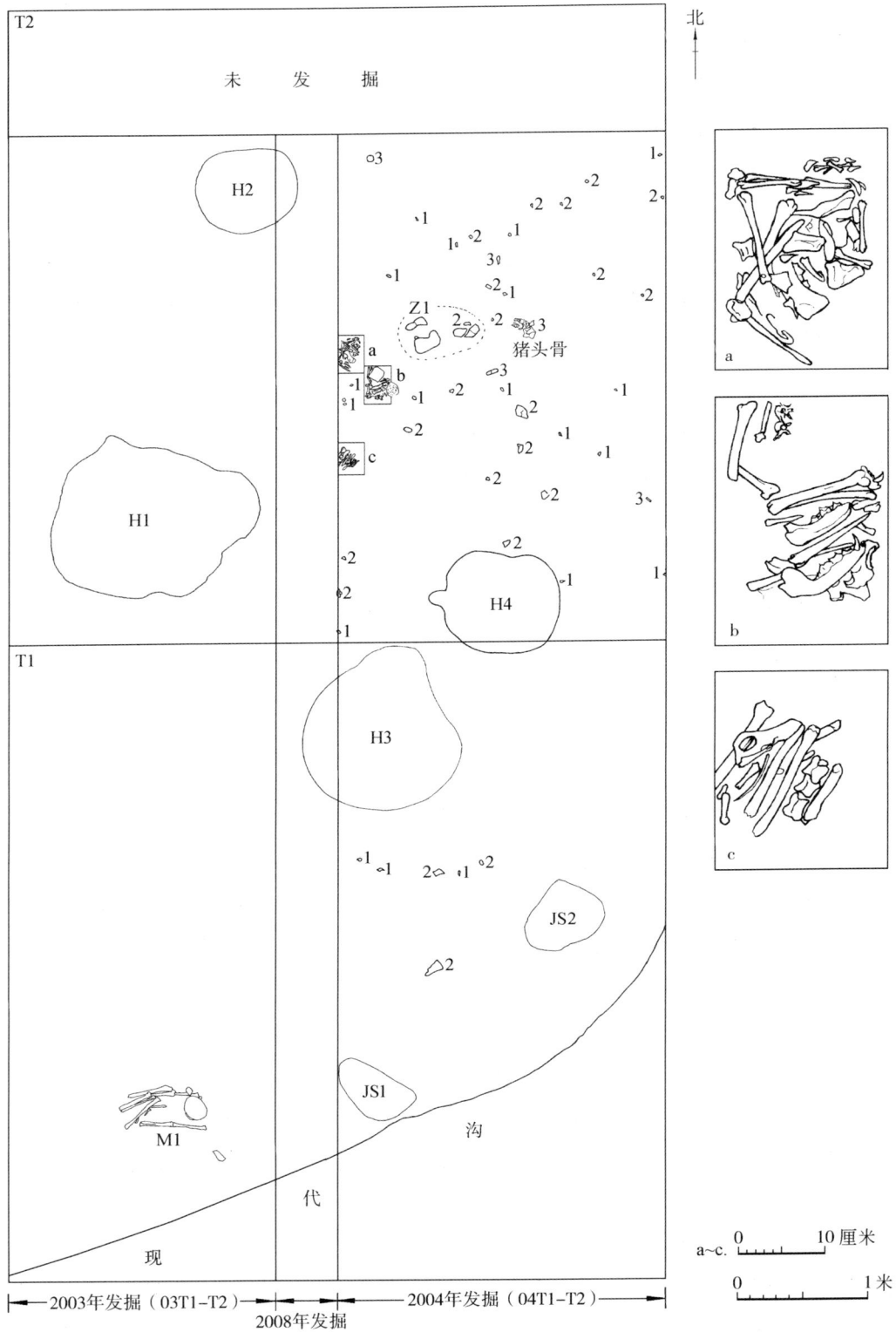

图一四　探方03、04、08T1-T2及所出遗迹平面图

H1～H4.灰坑　JS1、JS2.祭祀遗迹　M1.墓葬　Z1.灶坑　a～c.第一堆至第三堆动物骨骼　1.石制品　2.陶片　3.动物骨骼

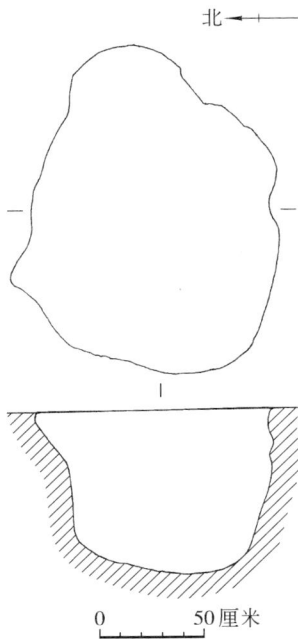

图一五 灰坑 03T1-T2H1
平面、剖视图

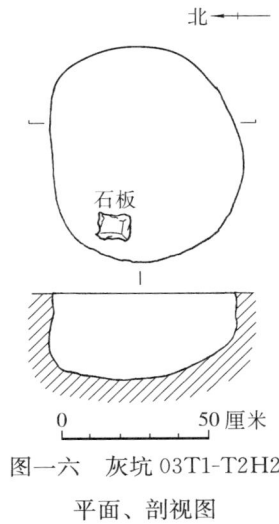

图一六 灰坑 03T1-T2H2
平面、剖视图

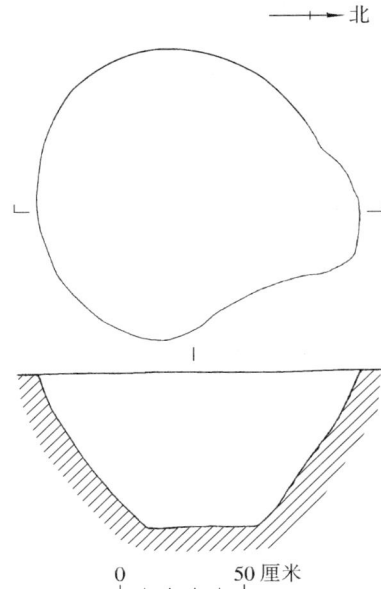

图一七 灰坑 04T1-T2H3
平面、剖视图

厘米。该灰坑面积较小,口部平面近于椭圆形,长轴76、短轴64厘米;底部呈圆形,直径45厘米。口大底小近于袋状,深31厘米(图一六)。一次堆积而成,填土松软,为灰色粉砂土。不包含任何文化遗物,仅在灰坑底部发现一块较大的石板,推测该灰坑为储藏东西的地方,石板可能是为隔潮而铺垫的。

04T1-T2H3 位于探方04T1-T2中部(图一四),开口于第7层下,打破生土,坑口距地表深101厘米。该灰坑面积较大,口部平面呈不规则形,长轴130、短轴121厘米;底部呈椭圆形,长轴45、短轴32厘米。口大底小呈盆状,深65厘米(图一七)。一次堆积而成,填土松软,为灰色粉砂土。出土石片5件、石叶3件、石器4件、陶片9件、骨器1件,以及动物骨骼16件。

04T1-T2H4 位于探方04T1-T2中部(图一四),开口于第7层下,打破生土,坑口距地表深97厘米。该灰坑面积较大,口部平面近于椭圆形。长轴88、短轴78厘米;底部呈椭圆形,长轴52、短轴29厘米。口大底小呈盆状,深26.5厘米。灰坑西侧中部清理出一个柱洞,突出于灰坑西侧边缘之外,略呈半圆形,半径10~12厘米(图一八)。一次堆积而成,填土松软,为灰色粉砂土。包含有较多的动物骨骼,其中有少量蚌片。出土较少石制品、骨制品和陶片。有石叶2件、石器1件、陶片7件、骨器和骨饰各1件,以及动物骨骼46件(包括蚌片6件)。

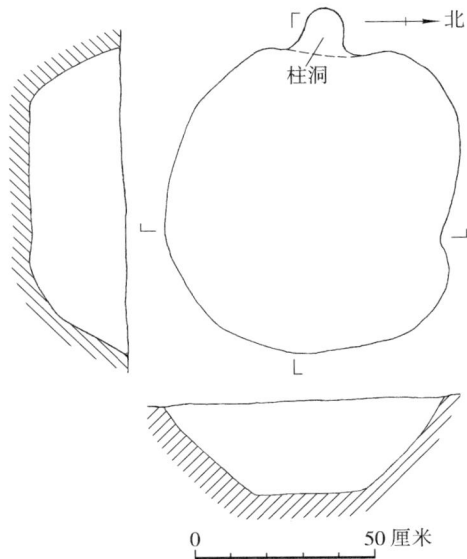

04T3H5 位于探方04T3南部,一部分被压在探方

图一八 灰坑 04T1-T2H4 平面、剖视图

南壁以外（图一九），开口于第 7 层下，打破生土，坑口距地表深 96 厘米。从显露的部分来看，该灰坑面积较大，口部平面形状不详。口部最大直径 106 厘米，底部最大直径 75 厘米。口大底小呈盆状，深 26 厘米。一次堆积而成，填土松软，为灰色粉砂土。包含有石制品 11 件、陶片 3 件、骨器和骨饰各 1 件，以及动物骨骼 1 件。

04T5H6　位于探方 04T5 东部，在房址 F1 内东南角（图一一）。开口于第 7B 层下，打破生土，坑口距地表深 95 厘米。该灰坑面积较大，口部平面呈椭圆形，长轴 102、短轴 78 厘米；底部呈圆形，直径 35 厘米。口大底小呈盆状，深 47 厘米（图二○）。一次堆积而成，填土松软，为灰色粉砂土。出土完整蚌 2 件、蚌片 11 件、鱼鳃 4 件，以及砺石 1 件。

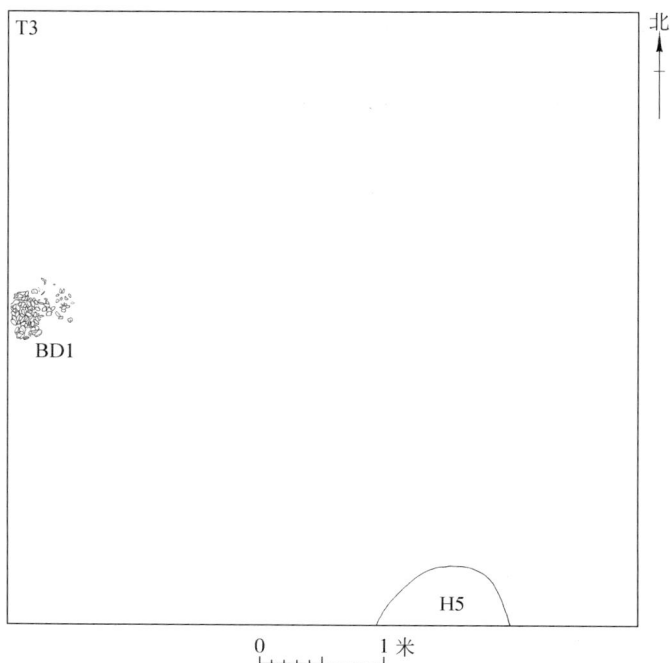

图一九　探方 04T3 及所出遗迹平面图

BD1. 蚌堆（第 6 层下）　H5. 灰坑（第 7 层下）

04T6H7　位于探方 04T6 近中部偏东（图一一），开口于第 6 层下，打破第 7 层，坑口距地表深 32 厘米。该灰坑面积较小，口部平面略呈圆形，直径 72 厘米左右；底部呈圆形，直径 32 厘米；口大底小呈盆状，深 20 厘米（图二一）。一次堆积而成，填土松软，为灰色粉砂土。包含少量文化遗物，有石核 1 件、石片 2 件、石叶 3 件、陶片 2 件，以及动物骨骼 5 件，包括有猪椎骨、鱼骨和蚌片等。

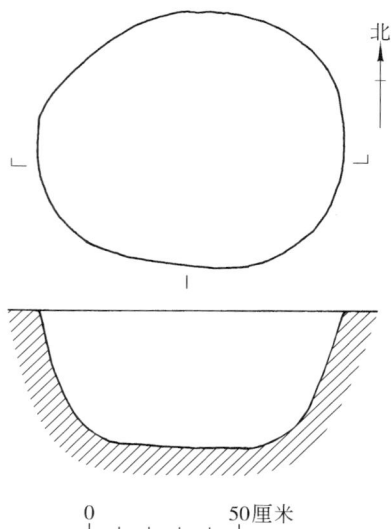

图二○　灰坑 04T5H6 平面、剖视图

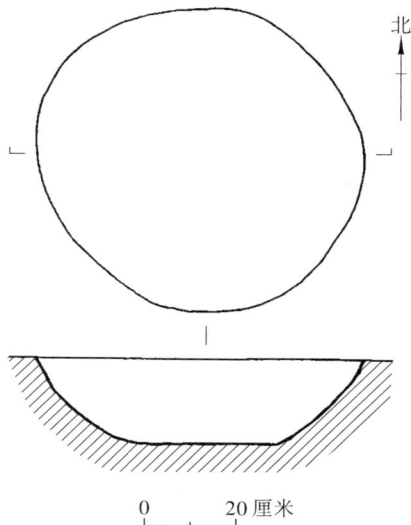

图二一　灰坑 04T6H7 平面、剖视图

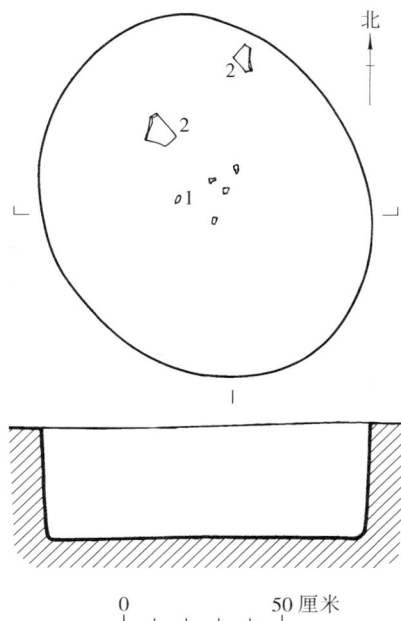

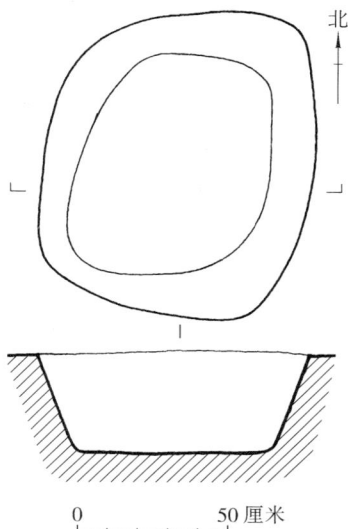

图二三　灰坑 08T5-T6H9 平面、剖视图

图二二　灰坑 08T5-T6H8 平面、剖视图

1. 石制品　2. 陶片

　　08T5-T6H8　位于探方 08T5-T6 北部扩方中间偏东部位（图一一），开口于第 4 层下，打破第 5 层，坑口距地表深 25 厘米。该灰坑面积较大，口部平面呈椭圆形，长轴 116、短轴 104 厘米；底部亦呈椭圆形，长轴 106、短轴 98 厘米；口至底近于直筒状，深 38 厘米（图二二）。一次堆积而成，填土松软，为灰色粉砂土。出土石片 3 件、石器 2 件、陶片 2 件。

　　08T5-T6H9　位于探方 08T5-T6 西部扩方偏南部位（图一一），开口于第 7A 层下，打破第 7B 层和生土，坑口距地表深 43 厘米。该灰坑面积较大，口部平面呈不规则形，长轴 104、短轴 90 厘米；底部略呈椭圆形，长轴 75、短轴 64 厘米；口大底小呈盆状，深 36 厘米（图二三）。一次堆积而成，填土松软，为灰色粉砂土。出土石制品 8 件、陶片 5 件。

　　08T5-T6H10　位于探方 08T5-T6 西部扩方靠南部位（图一一），开口于第 7B 层下，打破生土，坑口距地表深 52 厘米。该灰坑面积较大，西部边缘压在西壁以外。口部平面略呈圆形，直径 150 厘米；底部呈圆形，直径 91 厘米；口大底小呈袋状，深 78 厘米（图二四）。一次堆积而成，填土松软，为灰色粉砂土。出土石制品 9 件、陶片 6 件，以及动物骨骼 7 件。

　　08T5-T6H11　位于探方 08T5-T6 北部扩方靠东部位，灰坑的一半压在北壁剖面以外（图一一），开口于第 7B 层下，打破生土，坑口距地表深 76 厘米。口部平面可能呈圆形，直径 122 厘米；底部平面可能呈圆形，直径 118 厘米（图二五）。口部和底部大小相近，似直筒状，深 45 厘米。一次堆积而成，填土松软，为灰色粉砂土。含

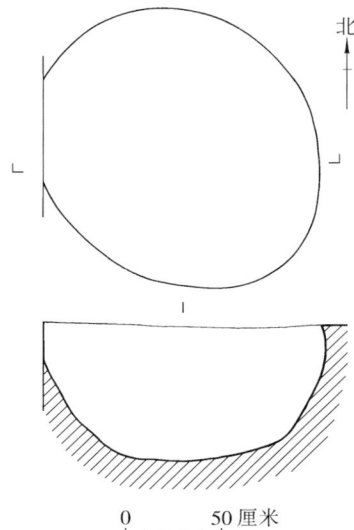

图二四　灰坑 08T5-T6H10 平面、剖视图

有少量的文化遗物，出土石片2件、动物骨骼3件。

08T5-T6H12　位于探方08T6北部隔梁靠东部位（图一一），开口于第7A层下，打破第7B层和生土，坑口距地表深62厘米。该灰坑面积较小，口部平面呈椭圆形，长轴90、短轴82厘米；底部亦呈椭圆形，长轴82、短轴56厘米；口大底小呈盆状，深26厘米（图二六）。一次堆积而成，填土松软，为灰色粉砂土。包含有少量文化遗物，出土石制品4件、陶片2件，以及动物骨骼3件。

08T5-T6H13　位于探方08T5-T6南部扩方靠东部位，灰坑的大部分压在南壁剖面以外（图一一），开口于第7B层下，打破生土，坑口距地表深81厘米。该灰坑口部平面可能呈圆形（?），直径大于110厘米，底部估计亦呈圆形，直径大于96厘米；口部和底部尺寸相近，似直筒状，深50厘米（图二七）。一次堆积而成，填土松软，为灰色粉砂土。包含有少量的文化遗物，石制品3件、动物骨骼2件。

08T5-T6H14　位于探方08T5-T6北部扩方靠西部位，灰坑的一部分压在北壁剖面以外（图一一），开口于第7B层下，打破生土，坑口距地表深65厘米。该灰坑面积很大，口部平面可能呈椭圆形，口部显露部分长轴369、短轴155厘米；底部可能呈椭圆形，显露部分长轴330、短轴140厘米；口大底小呈池状，深38厘米（图二八）。多次堆积而成，填土较硬并含有油脂，为灰黑色粉砂质黏土。包含有较多的动物骨骼，其中有大量的碎鱼骨。发掘时分为三小层清理：第1小层清理出土石制品35

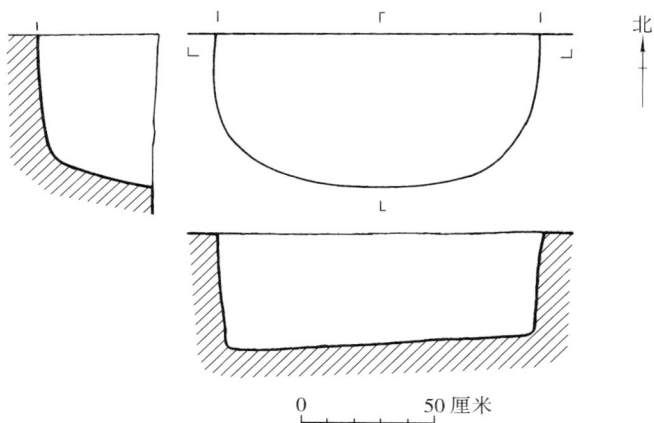

图二五　灰坑08T5-T6H11平面、剖视图

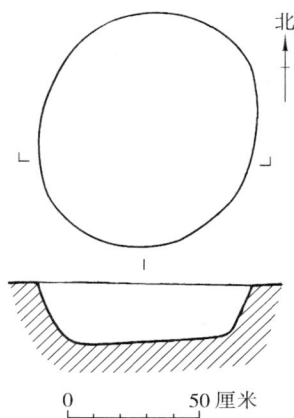

图二六　灰坑08T5-T6H12平面、剖视图

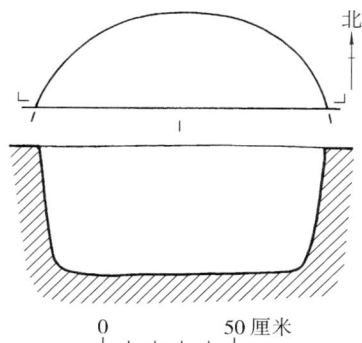

图二七　灰坑08T5-T6H13平面、剖视图

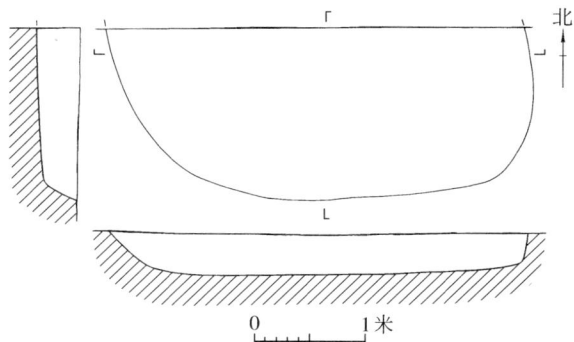

图二八　灰坑08T5-T6H14平面、剖视图

件、陶片 42 件、骨器和骨饰各 1 件，动物骨骼 45 件（包括蚌片和鱼骨）以及碎鱼骨一袋；第 2 小层清理出土石制品 55 件、陶片 57 件、骨器 1 件，动物骨骼 205 件（包括蚌片和鱼骨）以及碎鱼骨一袋；第 3 小层清理出土石制品 10 件、陶片 23 件、骨器和骨饰各 1 件，动物骨骼 65 件（包括蚌片和鱼骨）以及碎鱼骨 1 袋。该灰坑在房址 F1 外西北角。

三　用火遗迹

遗址中发现的用火遗迹除房址内有一处外，在 T1-T2 还发现一处残灶坑，在 T4 和 T8 各发现一处篝火遗迹。三处用火遗迹与房址内的灰烬堆积不同，无论是在遗迹堆积中还是在其周围分布有石制品、陶片或动物骨骼等文化遗物。

灶坑 04T1-T2Z1　位于探方 04T1-T2 偏北中部（图一四），于第 7 层下发现，打破生土，口距地表深 86 厘米，底距地表 116 厘米，红烧土分布范围直径大约 30 厘米。该灶残破已不成形，红烧土残存厚 15 厘米，之下灰层厚 15 厘米。取红烧土块装袋后，被挤压成红烧土粉末。

清理该遗迹时在其周围发现许多遗物，在灶的东侧，分布有夹砂陶片 4 件，在灶的西侧和西南侧，分布动物骨骼三堆，在夹砂陶片的东侧还发现了一具猪头骨，以及零星的石片、细石叶和碎骨等。清理残灶坑周围未发现居住遗迹现象。经测量和统计，第一堆动物骨骼距地表深 97 厘米，动物骨骼包含有 248 件（图一四 a）。第二堆动物骨骼距地表深 113 厘米，动物骨骼包含有 135 件（图一四 b）。第三堆动物骨骼距地表深 112 厘米，动物骨骼包含有 50 件（图一四 c）。初步观察主要是小型食肉类动物的骨骼。

灶坑位于第 7 层文化堆积的底部，应该是遗址的最早的文化遗存。以上遗迹和遗物现象，生动形象地表现出哈克先民的生活场景。

篝火遗迹 04T4GH1　分布在探方 04T4 的西南部（图二九），距地表深 45 厘米。于第 5 层之下发现。分布范围东西长约 110、南北宽约 56 厘米，厚 12 厘米。堆积为灰黑色粉砂质黏土，清理出以细石器为主的石制品、陶片，以及动物骨骼，其中包括蚌壳。在其西侧多发现蚌壳，在其北侧多散布有石制品，在其东侧分布着一些羊牙和动物的破碎肢骨等。

篝火遗迹 04T8GH2　位于探方 04T8 中心偏北处（图三〇）。中心部位为发红的烧土，周围为黑色硬面。发现于第 4 层下，距地表深 70 厘米。中心部位约呈半圆形，直径 32、厚约 9 厘米。遗迹中心范围内发现陶片，周围发现石制品、陶片。

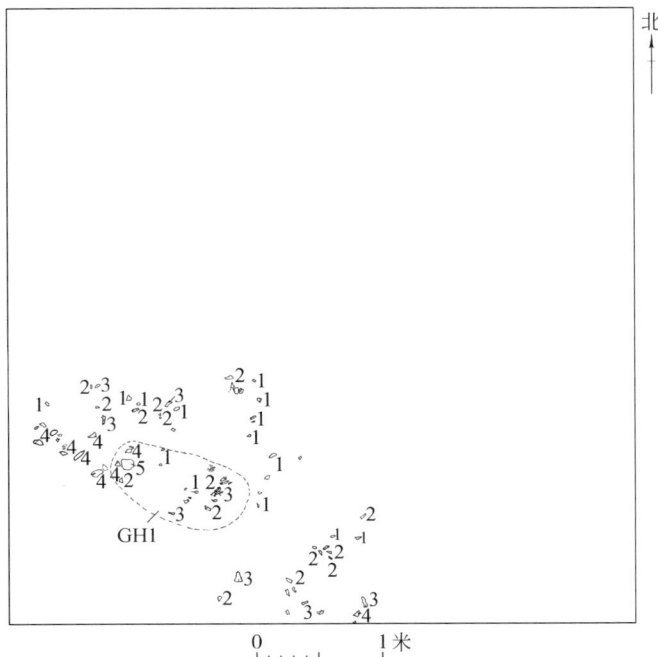

图二九　探方 04T4 第 5 层及所出遗迹平面图

GH1. 篝火遗迹　1. 石制品　2. 陶片　3. 动物骨骼　4. 蚌壳

四　蚌　堆

遗址中发掘清理出蚌堆 2 处（04T3BD1、04T4BD2）。是人们有意堆积而成，由此可知，渔捞是当时人类很普遍的生产活动。这种生产活动在遗址中从早期一直延续到晚期，从未间断。

04T3BD1　位于探方 04T3 靠近西壁中部（图一九），发现于第 6 层下，顶部距地表深 87 厘米。呈椭圆形，南北短轴 48、东西长轴 52、厚 15 厘米（图三一）。从这处蚌堆中清理出完整河蚌 60 件、蚌片 25 件、陶片 2 件、动物骨骼 22 件、鱼骨刺 7 个。

04T4BD2　位于探方 04T4 靠南壁中部（图三二），部分被压在南壁之下，发现于第 7 层下，顶部距地表深 92 厘米，堆积范围长 35、宽 33、厚 7 厘米（图三三）。从蚌堆中清理出河蚌片 32 件、陶片 1 件、鱼刺 4 个、鱼鳃 5 个、鱼牙床 1 个。在蚌堆的东侧清理出 2 件较大的石块，类似现象在其他遗迹中也有发现。

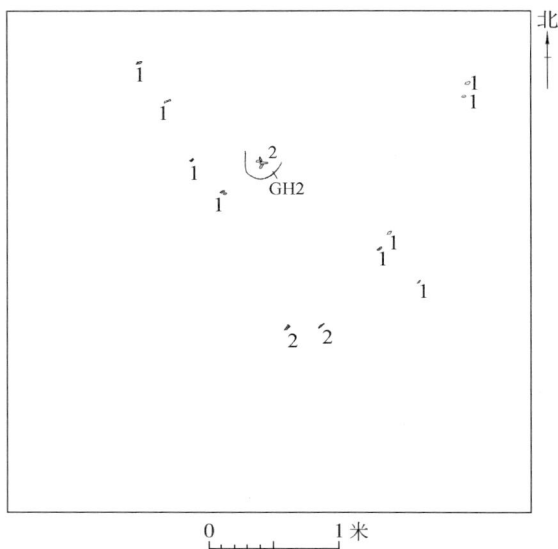

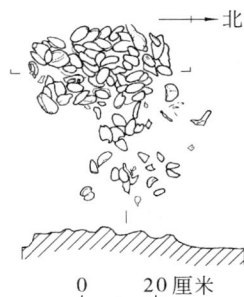

图三一　蚌堆 04T3BD1 平面、剖视图

图三〇　探方 04T8 第 4 层及所出遗迹平面图
GH2. 篝火遗迹　1. 石制品　2. 陶片

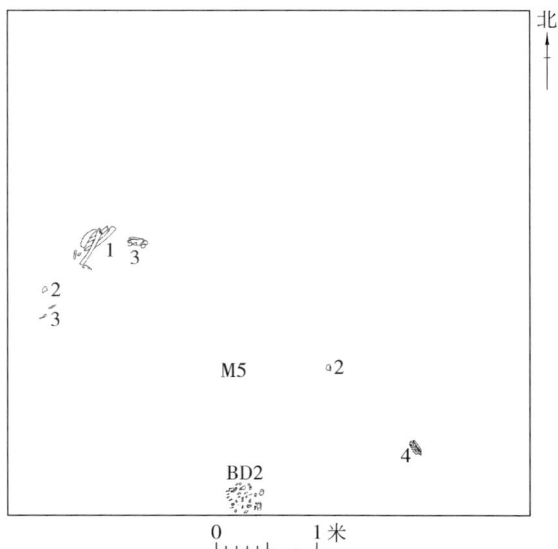

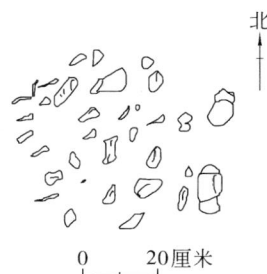

图三三　蚌堆 04T4BD2 平面图

图三二　探方 04T4 及所出遗迹平面图
BD2. 蚌堆　M5. 墓葬　1. 人骨
2. 陶片　3. 动物骨骼　4. 骨料

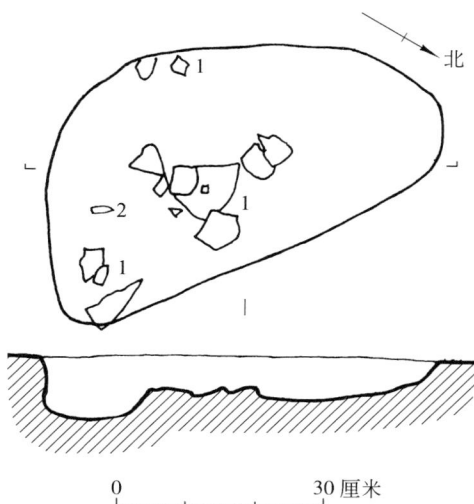

图三四　祭祀遗迹 04T1-T2JS1 平面、剖视图
1. 陶片　2. 动物骨骼

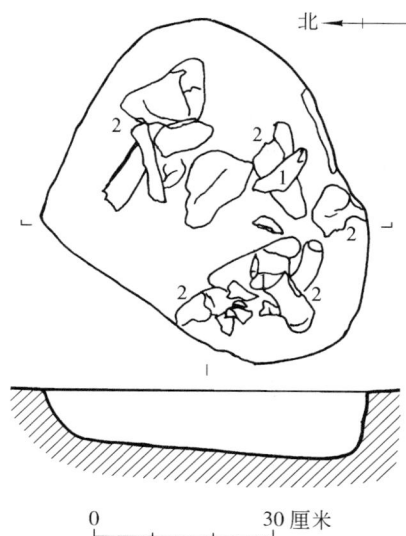

图三五　祭祀遗迹 04T1-T2JS2 平面、剖视图
1. 石块　2. 动物骨骼

五　祭祀遗迹

发掘清理出 3 处动物遗骨堆或陶片组成的堆积，本报告暂称此类遗迹为祭祀遗迹（04T1-T2JS1、04T1-T2JS2，08T5-T6DJS3）。

04T1-T2JS1　分布在探方 04T1-T2 南部靠近西壁（图一四），发现于第 4 层下，上端距地表深 60、底部距地表深 70 厘米。面积不大，表面近长椭圆形，长轴 56、短轴 37 厘米；底部亦呈长椭圆形，长轴 52、短轴 33 厘米（图三四）。遗迹内堆积为深灰色粉砂质黏土，包含有陶片 14 件，动物骨骼 1 件。

04T1-T2JS2　分布在探方 04T1-T2 南部（图一四），发现于第 5 层下，上端距地表深 72 厘米，底部距地表深 84 厘米。面积不大，略呈椭圆形，长轴 63、短轴 54 厘米；底部亦呈椭圆形，长轴 54、短轴 46 厘米（图三五）。灰色粉砂，清理出动物骨骼 35 件，在这些动物骨骼之上压有 2 块石块。

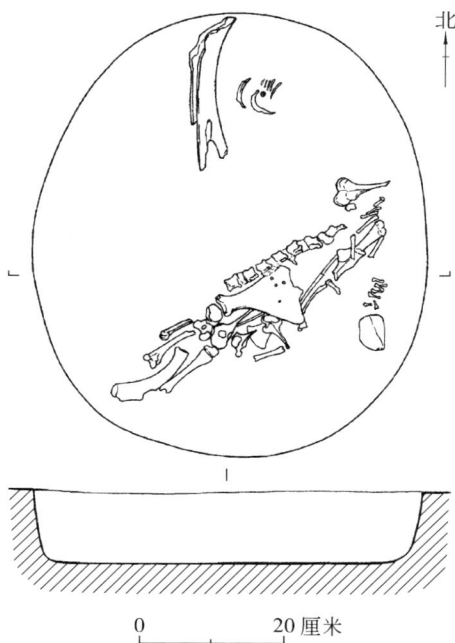

图三六　祭祀遗迹 08T5-T6DJS3
平面、剖视图

08T5-T6DJS3　分布于探方 08T5-T6 东部扩方部分的南部（图一一），发现于第 7B 层下，堆于生土面上，顶部距地表深 83 厘米，此堆积高 10 厘米，分布范围长轴 62、短轴 53 厘米（图三六，彩版三，2）。动物骨骼摆放整齐，有肩胛骨（其上有四个人为的小钻孔）、椎骨和肢骨等，在骨堆的东南侧清理出 1 件较大的石块。

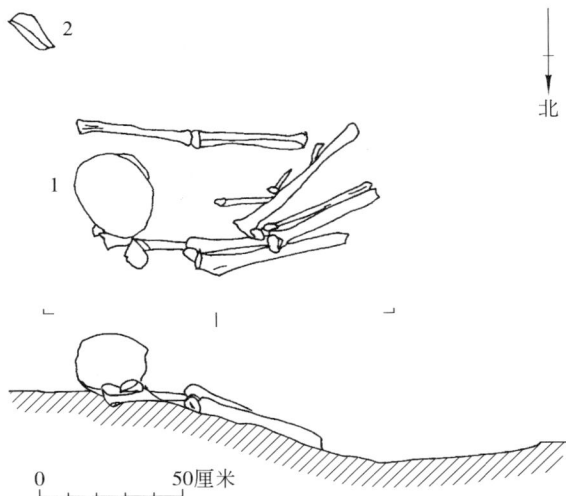

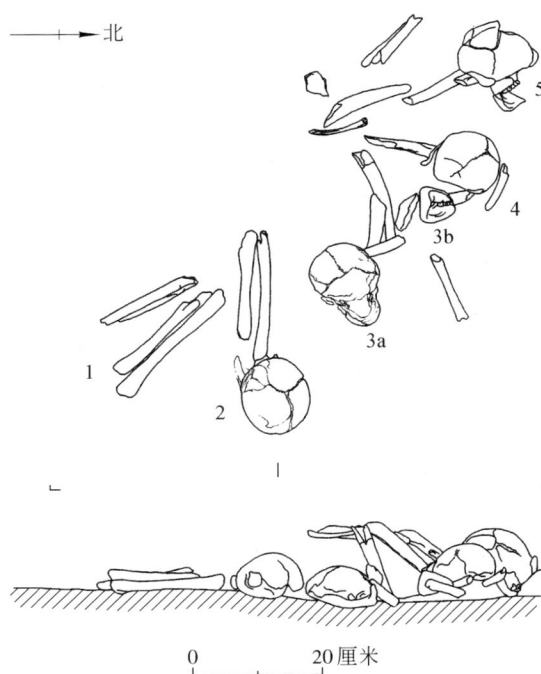

图三七　墓葬03、07T1-T2M1平面、剖视图

1. 人骨　2. 石块

图三八　墓葬04、07T5-T6M2平面、剖视图

1～5.1～5号人骨

六　墓　葬

墓葬5座（M1～M5），发现于探方T1-T2、T4、T5-T6和T9内。为平地掩埋，未发现有明显的墓穴痕迹，墓葬图版所示边框为墓葬的发掘范围。墓葬中基本上不见随葬品，仅在04、07T5-T6XM3发现1件玉饰和少量的陶片，04T9M4和04T4M5有些祭祀的动物骨骼。此外，遗骨皆不完整，由此推测它们皆为二次葬。

03、07T1-T2M1　分布于探方03T1-T2的南部（图一四），发现于第7层下，呈东—西向，分布范围长105、宽50～58厘米，上部距地表深90、底部距地表深120厘米（图三七；彩版四，1）。填土为花土，无葬具和随葬品。单人二次屈肢葬，头骨缺失面部，其他部位保存较好，头部向东，面向西北，左右肱骨错落，右股骨屈于右尺骨和桡骨之上，右胫骨和腓骨斜压在股骨的中部，左股骨斜向右股骨的中部。在左股骨近旁有少量指骨。墓主人为35岁左右的男性。墓底除头部及肱骨部位较平齐外，其余部位墓底往下倾斜。从清理时的情况分析，墓葬为平地掩埋。

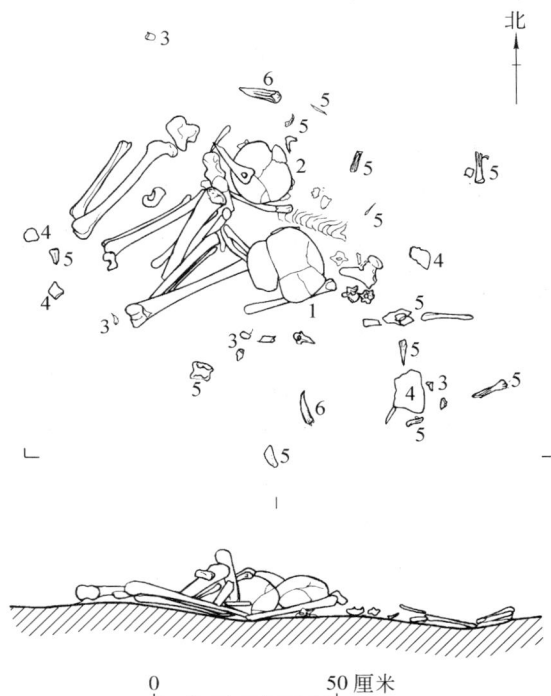

图三九　墓葬04、07T5-T6XM3平面、剖视图

1.1号人骨　2.2号人骨　3. 石制品　4. 陶片

5. 动物骨骼　6. 残骨器或废骨料

04、07T5-T6M2　分布于探方 04T5-T6 的东北部
（图一一），发现于第 7A 层下，发现时由于墓葬的北部
和东部压在北壁和东壁外，故进行扩方清理。墓葬呈东
北—西南向，分布范围长 130、宽 112 厘米，上部距地
表深 64、底部距地表深 84 厘米（图三八；彩版四，
2）。填土为花土，无葬具，有少量的石制品、陶片和动
物骨骼，由于分布散乱，故不能确定是随葬品。墓葬保
存状况一般，为五人二次合葬墓。1 号墓主人头骨缺
失，仅有肢骨等部分。2～5 号墓主人头骨保存，但比
较破碎，并分别保留有部分肢骨等。此外，3 号头骨处
还发现一件属于另一个体的残破上颌骨以及数颗上颌牙
齿，故将其编号为 3b，推测其可能是 1 号墓主人缺失
的头骨残部。这些头部向东或东北，面向不一。1 号墓
主人如与 3b 为同一个体，从牙齿的磨耗程度来看，大
致为 20 岁左右，性别不明；2 号墓主人仅保留较少的

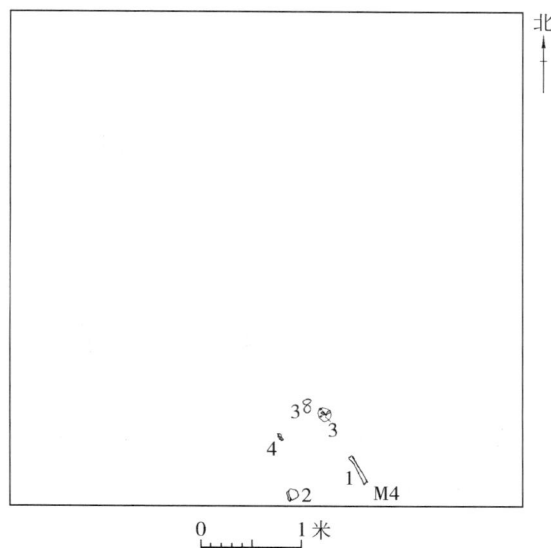

图四〇　探方 04T9 及所出遗迹平面图

M4. 墓葬　1. 人骨　2. 石块　3. 陶片　4. 动物骨骼

头骨碎片故也未能进行性别和年龄的测定；3a 个体可能为 20 岁左右的男性；4 号个体可能为女性，年
龄在 35 岁左右；5 号个体可能为男性，年龄在 20 岁左右。从清理时的情况分析，墓葬应为平地掩埋。
该墓葬压在 F1 东北角之上，时代应稍晚于后者。

04、07T5-T6XM3　分布于探方 04T5-T6 西部扩方的近中间部位（图一一），发现于第 7A 层下，
呈东南—西北向，分布范围长 138、宽 132 厘米，上部距地表深 64、底部距地表深 86 厘米（图三九；
彩版五）。墓葬保存状况一般，为二人二次合葬墓。墓主人头骨都保存较好，并有部分椎骨、肩胛骨和
肢骨等。两具头骨头部向东偏北，面向朝下倾。1 号墓主人为 20 岁左右的男性。2 号墓主人为 20 岁左
右的女性。从清理时的情况分析，墓葬应为平地掩埋。填土为花土，无葬具，有少量的石制品、陶片
和动物骨骼，由于分布散乱，故不能确定是随葬品。2007 年取该墓葬人骨时，从 1 号墓主人头骨下发
现一件玉饰（彩版五，2），应是随葬之物。该墓葬在 F1 土台之上，时代应稍晚于后者。

04T9M4　分布于探方 04T9 的南部（图四〇），发现于第 7 层下，呈东南—西北向，墓葬分为两
部分，一部分是一段人的股骨，另一部分是为这段人骨设置的祭祀坑，位于人股骨的西北部，形状近
于圆形，直径 15、深 5 厘米。祭祀坑内放置有小动物的下颌，以及石片和小砾石等。人骨与小祭祀坑
范围长 90、宽 12 厘米，股骨上部距地表深 65、底部距地表深 69 厘米。从清理时的情况分析，人骨应为
平地掩埋。

04T4M5　分布于探方 04T4 内（图三二），发现于第 7 层下，首先在探方的东南角清理发现摆放
规整的一把狍的跖骨，共有 9 根，皆有人工修理痕迹。紧接着在探方的西部发现了人的肱骨、股骨、
胫骨和距骨等，以及动物的头骨一具，已残缺，由于头骨保存极差，未能取回。遗迹顶部距地表深 93
厘米，人骨排列基本有序，应该是人为摆放而成，所以视为一处墓葬遗迹。经过人工修理的 9 根狍的
跖骨应该是这处墓葬的随葬品。清理该遗迹可知，以上人骨和随葬的物品皆平地放置，没有挖坑。

第四章 遗 物

第一节 第 7 层及相关遗迹出土遗物

第 7 层文化遗物包括有以细石器为主的石制品 1466 件，陶片 985 件，骨角制品 67 件，玉器 1 件，还有穿孔装饰品 3 件，小砾石 15 件。

一 石 制 品

石制品 1466 件。观察的标本 1011 件，包括石核 17 件，石片 354 件，石条 15 件，石叶 392 件，石器 233 件，其中细石器 151 件，较大型石器 82 件。

（一）石核

17 件。按其制作工序可分为预制石核和剥离石叶形成的细石核两大类。

1. 预制石核

7 件。预制石核是生产石叶之前对选用的原材料进行修理，以产生出适宜剥离石叶的台面和侧面的石制品类型。从台面边缘石片疤打击点和打击泡等特征分析，采用技术主要为硬锤或软锤直接打击所形成。依照其形态可进一步分为舌形和窄楔形预制石核，以及残缺预制石核等。

（1）舌形预制石核

2 件。近舌形。核身一侧或两侧保留有一面或两面打击形成的边刃，有利于下一步进行石叶的生产。台面打制或修理。

04T3⑦:583，白云岩。扁形。高 2.5、宽 2.6、厚 1.9 厘米，重 13.5 克。台面修理，长轴 2.8、短轴 1.5 厘米，台面角 75°。

（2）窄楔形预制石核

2 件。窄长形。核身一侧或两侧保留有一面或两面打击形成的有利于固定的楔形刃，台面打制或修理。

04T1-T2⑦:1286，白云岩。窄长形。高 5.3、宽 2.7、厚 2.1 厘米，重 29 克。台面打制，长轴 1.4、短轴 0.9 厘米，台面角 90°。

（3）残预制石核

3 件。是在预制过程中由于不甚将其打断或打残而不宜再进行预制成形者。

2. 细石核

10 件。是生产石叶后形成的石制品类型。从台面边缘石片疤打击点和打击泡等特征分析，采用

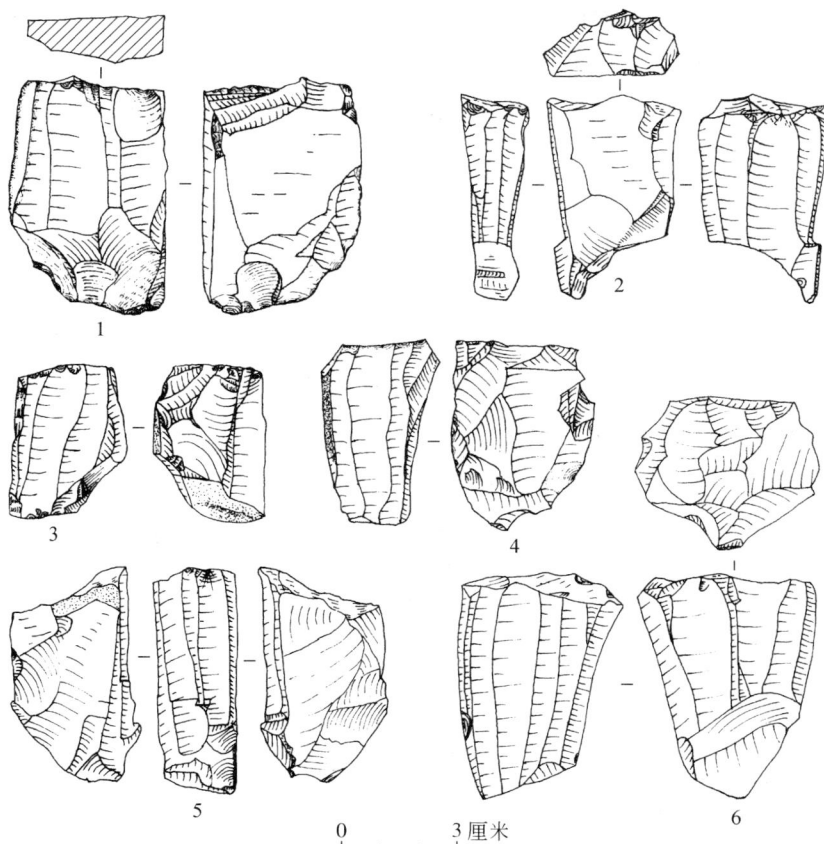

图四一 第 7 层出土细石核

1、4、5. 窄楔形细石核（04T3⑦:717、04T5-T6⑦:226、04T4⑦:663）

2、3、6. 残细石核（04T4⑦:662、04T4⑦:664、04T5-T6H9:1）

技术主要为间接打击技术，也存在有压制技术，个别标本采用了砸击技术。值得注意的是，这种砸击技术生产的细石核选用原料主要为体型较小的燧石或黑曜石。依照其形态可进一步分为窄楔形、锥状和两极细石核等，以及残缺细石核。

（1）窄楔形细石核

3件。窄长形。石核的一侧保留了预制石核时，采用一面或两面打击修出的楔形刃，另一侧保留有剥离石叶形成的疤痕。台面多经过仔细地修理，从台面边缘观察，石叶疤打击点较为明显，打击泡阴痕较凹等特征分析，剥离石叶主要采用间接打击技术。

04T3⑦:717，白云岩。窄长形。高 6.1、宽 4.05、厚 1.3 厘米，重 58.1 克。台面修理，长条形，长 3.7、宽 1.95 厘米，台面角 76°。核身保留石叶疤 5 个，完整 2 个（图四一，1；彩版六，1）。

04T4⑦:663，白云岩。窄长形。高 5.7、宽 3.1、厚 2.0 厘米，重 47.5 克。台面修理，近长条形，长 3.1、宽 1.9 厘米，台面角 86°。核身保留石叶疤 4 个，完整 2 个（图四一，5；彩版六，2）。

04T5-T6⑦:226，燧石。窄长形。高 5、宽 3.5、厚 3.1 厘米，重 74.9 克。台面修理，近椭圆形，长轴 3.3、短轴 2.9 厘米，台面角 83°。核身保留石叶疤 5 个，完整 3 个（图四一，4；彩版六，3）。

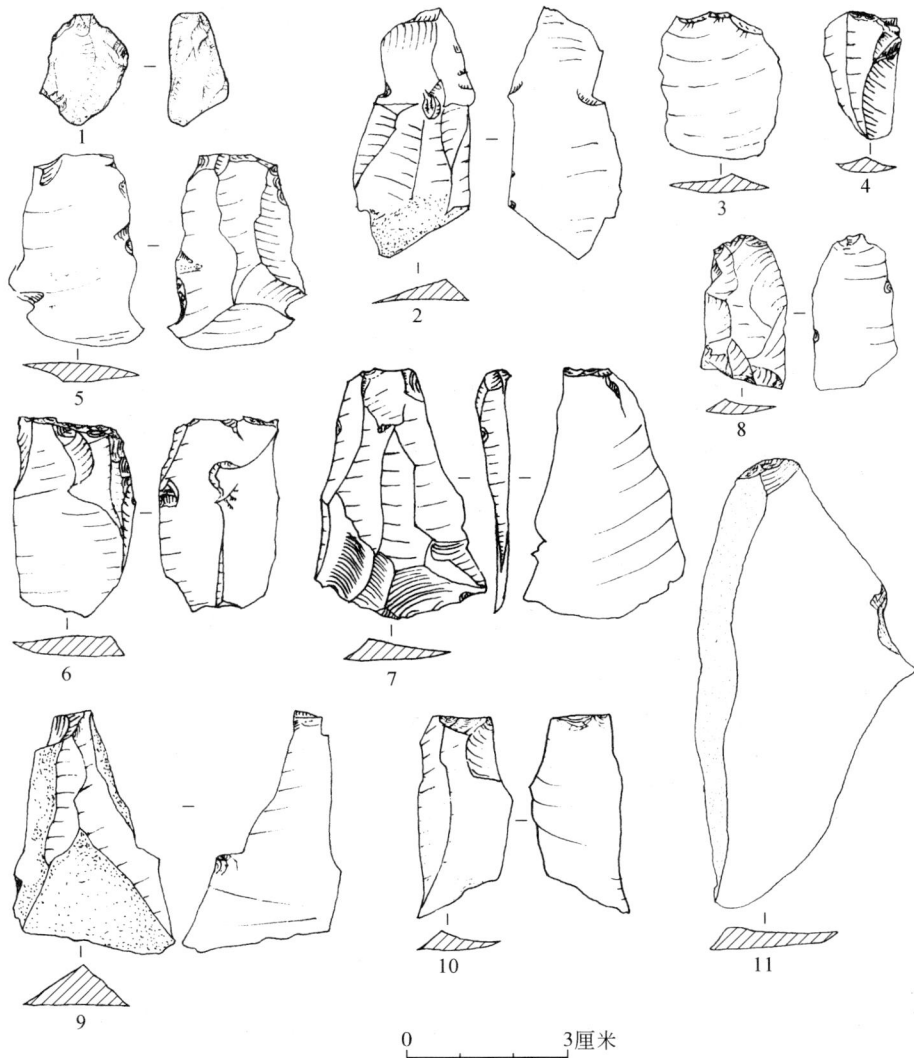

图四二　第7层出土两极细石核和预制石核侧面剥片

1. 两极细石核（04T1-T2⑦：1430）　2～11. 预制石核侧面剥片（2.03T1-T2⑦：1456、3.03T1-T2⑦：1463、

4.04T3⑦：591、5.03T1-T2⑦：1455、6.04T3⑦：588、7.04T4⑦：665、8.04T9⑦：89、9.04T9⑦：88、10.04T5-

T6⑦：216、11.04T5⑦：845）

（2）两极细石核

1件。不规则形。采用砸击技术所形成，石叶疤痕浅平，近端台面边缘破碎，远端受反作用力底部有明显的破碎痕迹，故形成两极细石核。采用这种砸击技术生产的细石核在遗址中发现的数量很少。

04T1-T2⑦：1430，燧石。近扁椭圆形。高2.1、宽1.5、厚1.0厘米，重3.15克。台面呈线状，长1.1厘米，台面角89°。核身保留细石叶疤5个，完整3个（图四二，1；彩版六，4）。

（3）残细石核

6件。文化层中残缺的细石核较多，正由于残断已不利于剥离石叶故将其废弃。这些废弃的残细石核，有的纵向断裂，有的横向断裂，还有的是不规则断裂。从保留的台面边缘观察，石叶疤打击点较为明显，打击泡阴痕较凹等特征分析，这些细石核主要采用间接打击技术所生产。

04T4⑦:662，白云岩。不规则形。残高 5.2、宽 3.4、厚 1.4 厘米，重 35.8 克。台面修理，保留有一些小片疤。台面近椭圆形，长轴 3.4、短轴 1.9 厘米，台面角 87°。核身保留石叶疤 8 个，完整 2 个（图四一，2；彩版六，6）。

04T4⑦:664，白云岩。近柱状。远端部分残缺。高 4.1、宽 3.5、厚 2.1 厘米，重 34.6 克。台面修理，保留有一些小片疤。台面近长条形，长 1.5、宽 0.8 厘米，台面角 84°。核身保留石叶疤 3 个，完整 2 个（图四一，3；彩版六，5）。

04T5-T6H9:1，白云岩。近锥形。残高 6.1、宽 5.55、厚 4.0 厘米，重 122.9 克。台面修理，保留有一些小片疤。台面近椭圆形，长轴 5.1、短轴 3.9 厘米，台面角 95°。核身保留石叶疤 11 个，完整 5 个（图四一，6；彩版六，8）。

（二）石片

354 件。是预制石核及修理石器等产生的剥片。按照其制作工序，可分为预制石核侧面剥片和预制石核台面剥片，以及不确定部位剥片。

1. 预制石核侧面剥片

106 件。是剥离石叶之前修理石核侧面的产物，形状一般长大于宽，也有少量长宽相近或宽大于长者。多数破裂面台面边缘整齐，与破裂面连接成唇状，打击点和半锥体不明显，应采用软锤直接打击技术所生产；少数破裂面台面边缘打击点和半锥体明显，应是采用硬锤直接打击技术所生产。

03T1-T2⑦:1455，白云岩。长 3.6、宽 2.4、厚 0.4 厘米，重 3.5 克。修理台面，近长条形。台面长 0.4、宽 0.2 厘米，石片角 92°。石片背面两侧保留部分加工和使用痕迹（图四二，5；图版一，1）。

03T1-T2⑦:1456，白云岩。长 4.8、宽 2.2、厚 0.7 厘米，重 7.0 克。点状台面（图四二，2；图版一，2）。

03T1-T2⑦:1463，白云岩。长 2.7、宽 2.2、厚 0.4 厘米，重 2.4 克。修理台面，近半圆形，台面长轴 0.5、短轴 0.3 厘米，石片角 99°（图四二，3；图版一，3）。

04T3⑦:588，白云岩。长 3.6、宽 2.2、厚 0.4 厘米，重 4.9 克。修理台面，近长条形，台面长 1.9、宽 0.6 厘米，石片角 77°（图四二，6；图版一，4）。

04T3⑦:591，燧石。长 2.5、宽 1.4、厚 0.4 厘米，重 1.1 克。修理台面，近长条形，台面长 0.8、宽 0.3 厘米，石片角 76°。打击点和半锥体较为明显，推测采用了硬锤直接打击技术所生产（图四二，4；图版一，5）。

04T4⑦:665，白云岩。长 4.75、宽 2.9、厚 0.5 厘米，重 2.9 克。修理台面，近长条形，台面长 1.2、宽 0.4 厘米，石片角 113°。打击点和半锥体较为明显，推测采用了硬锤直接打击技术所生产（图四二，7；图版一，6）。

04T9⑦:88，白云岩。长 4.5、宽 2.8、厚 0.8 厘米，重 11.5 克。修理台面，近三角形，高 0.6、底宽 0.4 厘米，石片角 113°（图四二，9；图版一，10）。

04T9⑦:89，白云岩。长 3.05、宽 1.5、厚 0.3 厘米，重 1.3 克。线状台面（图四二，8）。

04T5-T6⑦:216，燧石。长 3.8、宽 1.7、厚 0.5 厘米，重 3.5 克。打制台面，近椭圆形，长轴 1.0、短轴 0.5 厘米，石片角 113°。打击点明显和半锥体突出，推测采用了硬锤直接打击技术所生产

（图四二，10；图版一，8）。

04T5⑦:845，白云岩。长8.5、宽3.8、厚0.8厘米，重21.85克。台面打破，石片背面左侧保留有部分自然面，破裂面一侧保留有使用痕迹（图四二，11；图版一，7）。

2. 预制石核台面剥片

127件。是生产石叶之前及生产当中不断调整细石核台面的产物，一般形状多宽大于长，少数长宽相近或长大于宽。可进一步细分为预制石核初期台面剥片和中期台面剥片。

（1）初期台面剥片

120件。剥离石叶之前修理台面的产物。有的背面部分或全部为自然面，有的经过简单的打制或修理，其中显著的特征是剥片从近端向远端逐渐变薄。多数其破裂面台面边缘较为整齐，与破裂面连接成唇状，打击点和半锥体不甚明显，应采用软锤直接打击技术所生产。因此，以下这类标本，不再一一赘述。少数为间接打击技术和硬锤直接打击技术所生产，分别加以叙述。

03T1-T2⑦:1464，燧石。长2.9、宽2、厚0.3厘米，重2.5克。打制台面，近半圆形，长轴0.3、半径0.2厘米，石片角104°。背面经过修理，破裂面打击点明显，半锥体小而突出，推测采用间接打击技术所生产（图四三，1；图版二，1）。

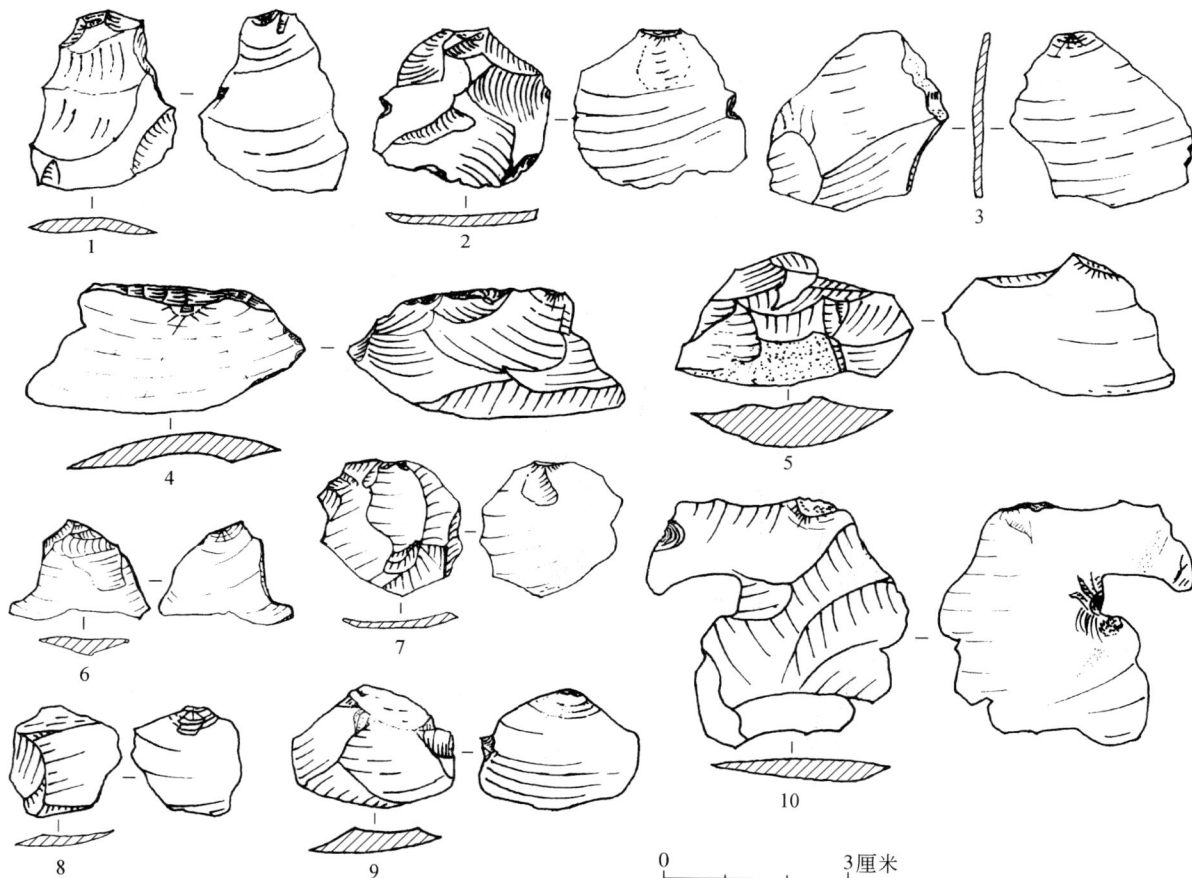

图四三　第7层出土预制石核初期台面剥片

1.03T1-T2⑦:1464　2.03T1-T2⑦:1465　3.03T1-T2⑦:1466　4.04T1-T2⑦:1156　5.04T1-T2⑦:1260　6.04T1-T2⑦:1166
7.04T1-T2⑦:1275　8.04T1-T2⑦:1289　9.04T1-T2⑦:1431　10.04T1-T2⑦:1179

03T1-T2⑦:1465，白云岩。长2.6、宽2.7、厚0.25厘米，重2.3克。打制台面，不规则形，长、宽0.2厘米，石片角89°。背面经过修理（图四三，2；图版二，2）。

03T1-T2⑦:1466，白云岩。长2.3、宽2.4、厚0.3厘米，重2.5克。打制台面，长椭圆形，长轴0.6、短轴0.1厘米，石片角105°。背面经过修理，破裂面打击点明显，半锥体小而突出，推测采用间接打击技术所生产（图四三，3；图版二，3）。

04T1-T2⑦:1156，白云岩。长2.1、宽4.4、厚0.5厘米，重4.0克。修理台面，近长条形，长2.6、宽0.5厘米，石片角121°。背面经过修理，破裂面打击点和半锥体较为明显，推测采用了硬锤直接打击技术所生产（图四三，4；图版二，4）。

04T1-T2⑦:1166，燧石。长1.7、宽2.1、厚0.3厘米，重0.6克。线状台面。石片背面经过修理，破裂面打击点明显，半锥体小而突出，推测采用了间接打击技术所生产（图四三，6；图版二，5）。

04T1-T2⑦:1179，白云岩。长4.2、宽4.2、厚0.4厘米，重4.7克。打制台面，不规则形，长1.4、宽0.3厘米，石片角121°。背面经过修理（图四三，10；图版二，8）。

04T1-T2⑦:1260，白云岩。长2.25、宽3.75、厚0.9厘米，重5.5克。修理台面，不规则形，长0.9、宽0.3厘米，石片角112°。背面经过修理（图四三，5；图版二，7）。

04T1-T2⑦:1275，白云岩。长1.8、宽1.7、厚0.3厘米，重0.7克。修理台面，近长条形，长0.9、宽0.2厘米，石片角83°。石片背面经过打制（图四三，7；图版二，6）。

04T1-T2⑦:1289，白云岩。长2.1、宽2.35、厚0.3厘米，重1.2克。打制台面，不规则形，长1.1、宽0.2厘米。石片角104°。背面经过修理（图四三，8；图版二，10）。

04T1-T2⑦:1431，白云岩。长2.0、宽2.6、厚0.4厘米，重4.7克。线状台面，石片背面经过修理，破裂面打击点和半锥体较为明显，推测采用了硬锤直接打击技术所生产（图四三，9；图版二，11）。

04T3⑦:587，白云岩。长6.2、宽5.1、厚0.9厘米，重27.4克。修理台面，不规则形，长2.1、宽0.8厘米，石片角97°。背面经过修理（图四四，1；图版二，9）。

04T3⑦:589，燧石。长3.5、宽2.6、厚0.4厘米，重6.1克。打制台面，近长条形，长1.2、宽

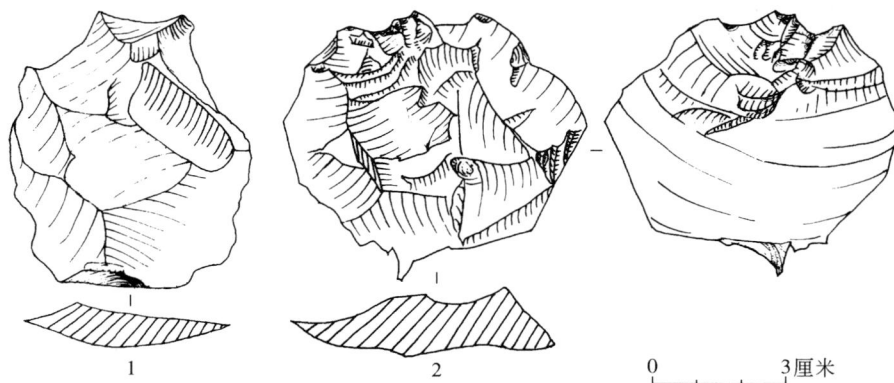

图四四　第7层出土预制石核初期台面剥片

1.04T3⑦:587　2.04T5⑦:848

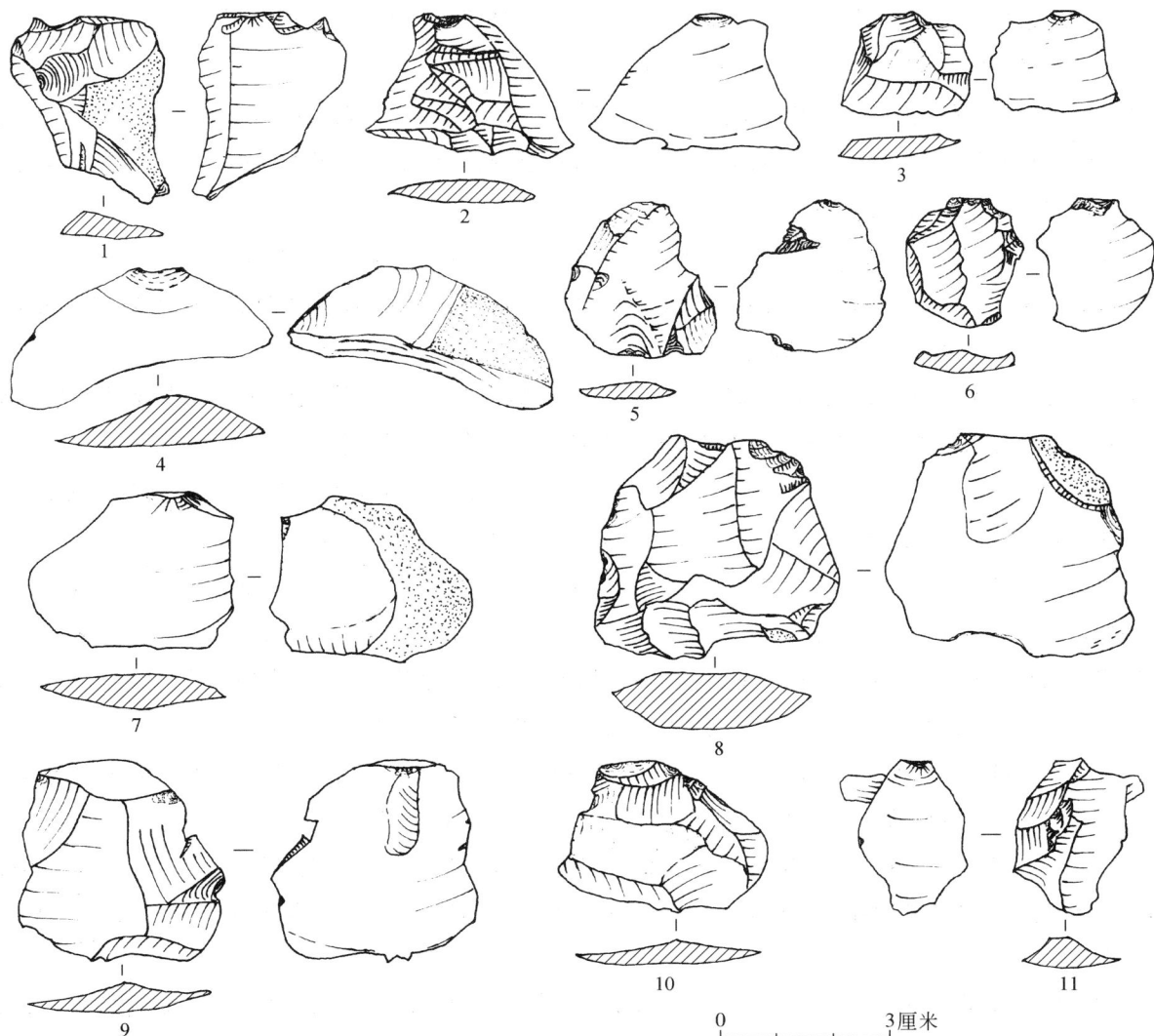

图四五　第7层出土预制石核初期台面剥片

1.04T3⑦:589　2.04T3⑦:592　3.04T5⑦:851　4.04T3⑦:593　5.04T3⑦:594　6.04T5-T6⑦:172　7.04T5-T6⑦:187
8.04T3⑦:597　9.04T5-T6⑦:230　10.04T5-T6⑦:208　11.04T5-T6⑦:132

0.35厘米，石片角90°。背面经过简单修理，破裂面打击点和半锥体较为明显，推测采用了硬锤直接打击技术所生产（图四五，1；图版二，12）。

04T3⑦:592，白云岩。长2.4、宽3.7、厚0.4厘米，重4.1克。打制台面，不规则形，长0.7、宽0.2厘米，石片角105°。背面经过修理（图四五，2；图版二，13）。

04T3⑦:593，白云岩。长1.9、宽4.75、厚0.9厘米，重6.0克。打制台面，半圆形，长轴0.8、半径0.4厘米，石片角110°。背面经过打制并保留部分自然面（图四五，4；图版二，15）。

04T3⑦:594，燧石。长2.85、宽2.7、厚0.3厘米，重3.8克。打制台面，不规则形，长0.5、宽0.1厘米，石片角102°。背面经过修理，破裂面打击点和半锥体较为明显，推测采用了硬锤直接打击技术所生产（图四五，5；图版二，14）。

04T3⑦:597,白云岩。长 4.1、宽 4.3、厚 1.1 厘米,重 17.2 克。打制台面,半圆形,长轴 0.9、半径 0.4 厘米,石片角 109°。背面经过修理,破裂面打击点和半锥体较为明显,半锥体上保留有崩落的小片疤,推测采用了硬锤直接打击技术所生产(图四五,8;图版二,16)。

04T5⑦:848,燧石。长 6.2、宽 6.7、厚 1.7 厘米,重 53.6 克。背面经过修理,台面破碎,破裂面打击点和半锥体已经缺失,难以确定采用了那种打击技术所生产(图四四,2;图版二,17)。

04T5⑦:851,燧石。长 1.8、宽 2.1、厚 0.6 厘米,重 2.7 克。打制台面,不规则形,长 0.8、宽 0.1 厘米,石片角 112°。背面经过简单修理(图四五,3;图版二,18)。

04T5-T6⑦:132,白云岩。长 2.8、宽 1.8、厚 0.6 厘米,重 3.3 克。打制台面,不规则形,长 0.6、宽 0.2 厘米,石片角 95°。背面经过修理,破裂面打击点和半锥体较为明显,推测采用了硬锤直接打击技术所生产(图四五,11;图版二,19)。

04T5-T6⑦:172,燧石。长 2.3、宽 2.0、厚 0.4 厘米,重 2.0 克。修理台面,近菱形,长 0.7、宽 0.3 厘米,石片角 116°。背面经过修理(图四五,6;图版二,20)。

04T5-T6⑦:187,燧石。长 2.8、宽 3.5、厚 0.9 厘米,重 8.2 克。带脊台面,近菱形,长 2.1、宽 0.9 厘米,石片角 117°。背面经过打制并保留有部分自然面,破裂面打击点和半锥体较为明显,推测采用了硬锤直接打击技术所生产(图四五,7)。

04T5-T6⑦:208,白云岩。长 2.6、宽 3.4、厚 0.4 厘米,重 3.9 克。打制台面,不规则形,长 1.4、宽 0.2 厘米,石片角 104°。背面经过修理(图四五,10;图版二,21)。

04T5-T6⑦:230,白云岩。长 3.7、宽 3.5、厚 0.6 厘米,重 9.0 克。打制台面,不规则形,长 1.2、宽 0.5 厘米,石片角 99°。背面经过打制(图四五,9;图版二,23)。

04T5-T6H9:2,白云岩。长 1.65、宽 2.2、厚 0.3 厘米,重 1.1 克。修理台面,长椭圆形,长轴 0.8、短轴 0.3 厘米,石片角 99°。背面原自然面(图四六,1;图版二,22)。

04T5-T6H9:3,燧石。长 1.8、宽 1.25、厚 0.3 厘米,重 0.6 克。线状台面,长 0.5 厘米。背面经过修理(图版二,24)。

04T5-T6H9:4,白云岩。长 1.2、宽 2.3、厚 0.3 厘米,重 0.9 克。修理台面,长条形,长 1.8、宽 0.2 厘米,石片角 109°。背面原自然面(图版二,27)。

04T9⑦:87,白云岩。长 4.1、宽 2.7、厚 0.5 厘米,重 5.6 克。修理台面,不规则形,长 1.6、宽 0.6 厘米,石片角 101°。背面经过打制,破裂面打击点和半锥体较为明显,推测采用了硬锤直接打击技术所生产(图四六,3;图版二,25)。

04T9⑦:89,白云岩。长 3.05、宽 1.5、厚 0.3 厘米,重 1.3 克。点状台面。背面经过修理,破裂面打击点和半锥体较为明显,推测采用了硬锤直接打击技术所生产(图版二,26)。

04T9⑦:90,玉髓。长 1.9、宽 1.6、厚 0.4 厘米,重 1.1 克。修理台面,不规则形,长 0.7、宽 0.3 厘米,石片角 115°。背面经过修理(图四六,2;图版二,28)。

07T1-T2M1:3,白云岩。长 1.8、宽 3.1、厚 0.6 厘米,重 1.9 克。自然台面,近长条形,长 1.1、宽 0.2 厘米,石片角 95°。背面经过打制(图四六,4;图版二,29)。

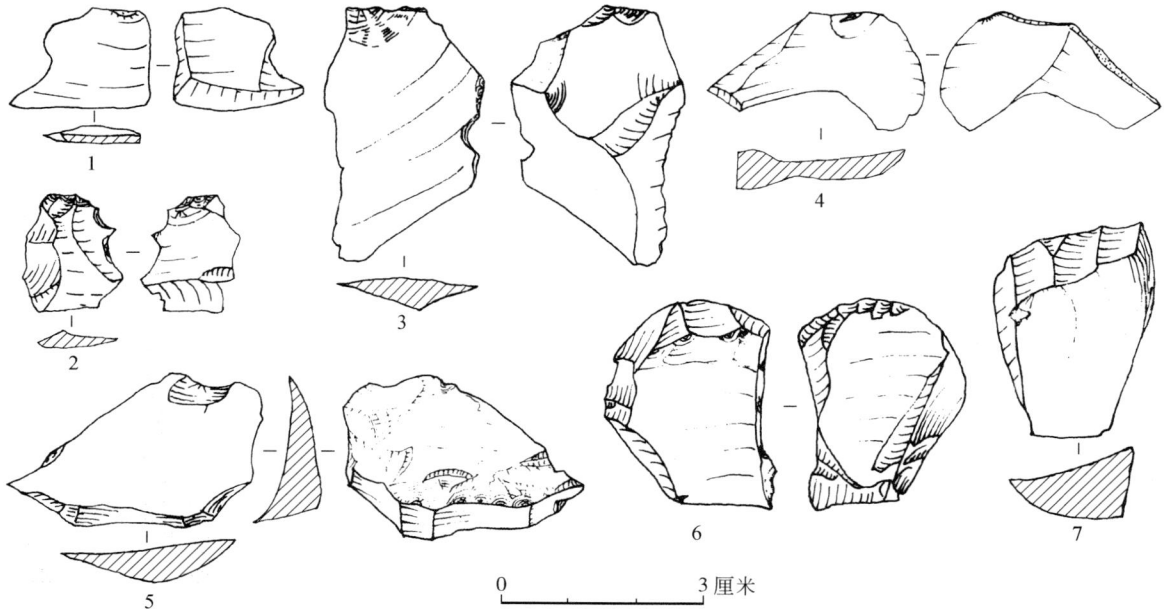

图四六　第 7 层出土预制石核初期台面剥片、中期台面剥片

1～4. 初期台面剥片（1.04T5-T6H9:2、2.04T9⑦:90、3.04T9⑦:87、4.07T1-T2M1:3）　5～7. 中期台面剥片
（03T1-T2⑦:1462、04T4⑦:682、04T4⑦:683）

（2）中期台面剥片

7 件。是生产石叶过程中重新调整细石核台面，进行再次修理打下的台面剥片。剥片边缘较厚，侧面保留有细石核剥离石叶的条痕。背面即原细石核的台面，保留了经过修理的多个小片疤。

03T1-T2⑦:1462，白云岩。长 2.4、宽 4.0、厚 1.0 厘米，重 8.6 克。台面破碎，因此难以推测所采用的打片技术（图四六，5；图版三，1）。

04T4⑦:682，白云岩。长 3.4、宽 2.6、厚 0.3 厘米，重 8.5 克。台面破碎，破裂面打击点和半锥体已经缺失，难以确定采用了那种打击技术所生产（图四六，6；图版三，2）。

04T4⑦:683，燧石。长 3.5、宽 2.5、厚 1.1 厘米，重 12.7 克。台面破碎，破裂面打击点和半锥体已经缺失，难以确定采用了那种打击技术所生产（图四六，7；图版三，3）。

3. 不确定部位剥片

121 件。这类剥片在文化层中占有一定比例，其中包括预制石核和剥离石叶时崩落的小石片，加工石器修理刃缘时打下来的副产品，以及不宜确定部位和残断的石片等。

04T1-T2H4:1，蛋白石。长 1.55、宽 1.8、厚 1.7 厘米，重 0.25 克。线状台面，长 0.5 厘米。破裂面打击点和半锥体较为明显，推测采用了硬锤直接打击技术所生产。

（三）石条

15 件。预制石核后生产石叶之前剥离的第一件制品。显著特征是背面保留有一条交互打击或一侧打击形成的纵脊。制作过程是石核预制好后，在石核的侧面用交互法或一侧打击修理出一条纵刃，然后顺着这条刃脊剥下第一件产品，于是石核的侧面又出现了两条纵脊，接着便可以利用这两条纵脊继

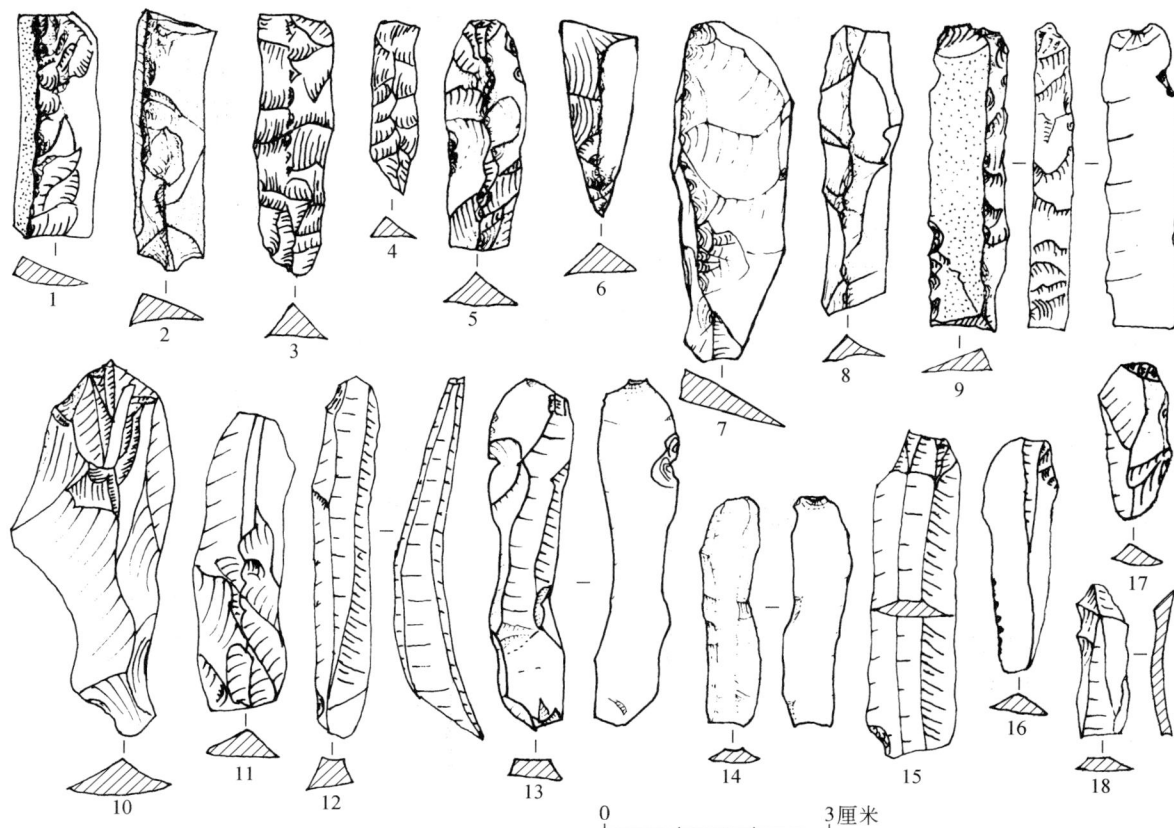

图四七 第 7 层出土石条、完整石叶

1~11. 石条（1.03T1-T2⑦:1533、2.03T1-T2⑦:1579、3.03T1-T2⑦:1580、4.03T1-T2⑦:1589、5.04T3⑦:666、

6.04T5-T6⑦:241、7.04T3H5:2、8.04T5-T6⑦:156、9.04T9⑦:91、10.04T5-T6F1:99、11.07T5-T6XM3:5）

12~18. 完整石叶（12.03T1-T2⑦:1489、13.04T1-T2⑦:1436、14.04T1-T2⑦:1208、15.03T1-T2⑦:1490、

16.04T3⑦:645、17.04T3⑦:646、18.04T3⑦:647）

续剥离石叶[1]。有的石条近端已经缺失，故不能判断所采用的剥离技术。有的石条保留完整，从破裂面台面边缘打击点明显、半锥体小而突出，可知应采用间接打击技术所生产。同时，从个别标本特征分析，存在软锤直接打击技术生产者。

03T1-T2⑦:1533，白云岩。近端和远端皆折断，仅剩中间部分。残长 3.0、宽 1.0、厚 0.3 厘米，重 2.0 克。背面保留一侧打击形成的纵脊，另一侧保留了原自然面（图四七，1；图版三，5）。

03T1-T2⑦:1579，白云岩。近端折断。残长 3.4、宽 0.9、厚 0.4 厘米，重 2.5 克。背面保留一侧打击形成的纵脊（图四七，2；图版三，4）。

03T1-T2⑦:1580，白云岩。近端折断。残长 3.45、宽 1.0、厚 0.6 厘米，重 2.2 克。背面保留两侧交互打击形成的纵脊（图四七，3；图版三，6）。

03T1-T2⑦:1589，玉髓。近端折断。残长 2.2、宽 0.55、厚 0.3 厘米，重 1.0 克。背面保留有两侧交互打击形成的纵脊（图四七，4；图版三，7）。

---

〔1〕 刘景芝：《石叶直接打制技术的研究》，《史前研究》辑刊，1990~1991 年。

04T3⑦:666，白云岩。近端折断。残长3.1、宽1.1、厚0.7厘米，重2.2克。背面保留两侧交互打击形成的纵脊（图四七，5；图版三，10）。

04T3H5:2，燧石。完整，中间略鼓，略呈弓形。长4.6、宽1.6、厚0.6厘米，重4.7克。台面小，有疤，菱形，长0.3、宽0.15厘米，石叶角96°。背面保留两侧交互打击形成的纵脊，一侧保留有部分清晰的使用痕迹（图四七，7；图版三，8）。

04T5-T6⑦:156，白云岩。近端已折断。残长3.9、宽1.1、厚0.5厘米，重2.3克。背面保留两侧交互打击形成的纵脊（图四七，8；图版三，11）。

04T5-T6⑦:241，白云岩。近端折断。残长2.7、宽0.9、厚为0.45厘米，重1.0克。背面保留两侧交互打击形成的纵脊（图四七，6；图版三，12）。

04T5-T6F1:99，白云岩。完整。长5.1、宽1.9、厚为0.6厘米，重6.2克。台面较小，打制形成，菱形，长0.8、宽0.4厘米，石叶角108°。背面保留两侧交互打击形成的纵脊（图四七，10；图版三，9）。

04T9⑦:91，白云岩。完整。长4.1、宽0.9、厚0.3厘米，重2.6克。台面较小，修理形成，三角形，长0.7、宽0.4厘米，石叶角85°。背面保留一侧打击形成的纵脊，另一侧保留了原自然面。石条一侧保留部分第二步加工痕迹（图四七，9；图版三，13）。

07T5-T6XM3:5，燧石。背面保留有两侧交互打击形成的纵脊，远端折断一部分。长4、宽1.1、厚0.5厘米，重2.5克。台面较小，修理形成，不规则形，长0.4、宽0.3厘米，石叶角103°（图四七，11；图版三，14）。

07T5-T6XM3:8，白云岩。长3.9、宽2.1、厚1.25厘米，重10.3克。台面打制形成，近半圆形，长轴0.5、半轴0.2厘米，石叶角104°。背面保留两侧交互打击形成纵脊，破裂面台面边缘整齐，与破裂面连接成唇状，打击点和半锥体不甚明显，推测采用了软锤直接打击技术所生产（图版三，15）。

（四）石叶

392件。石叶实际上是一些特定类型的长石片，长度至少是宽度的两倍，两侧边缘平行或大致平行。按照石叶的尺寸可以分为石叶和细石叶。前者长5厘米以上，宽1.2厘米以上；后者长5厘米以下，宽1.2厘米以下。本报告未将石叶按尺寸细分。根据标本保存的形态，将其分为完整者和不完整者两类。

1. 完整石叶

28件。遗址中发现的石叶数量很多，但完整者数量较少。有的远端稍有缺失，也归入此类。根据其破裂面台面边缘打击点明显集中、半锥体小而突出等特征，分析应采用间接打击技术所生产。此外，有的破裂面与台面边缘连接为弧形，打击点和半锥体皆不明显，推测采用了压制技术所生产。以下采用间接打击技术所生产者不再赘述。

03T1-T2⑦:1489，白云岩。长4.9、宽0.9、厚0.6厘米，重2.7克。修理台面，近三角形，底长0.5、高0.3厘米，石叶角95°。压制技术所生产，背面带有双脊（图四七，12；图版三，17）。

03T1-T2⑦:1490，白云岩。长4.5、宽1.2、厚0.3厘米，重2.3克。修理台面，近菱形，长0.6、宽0.3厘米，石叶角95°。背面带有双脊，远端少许缺失。半锥体上保留有崩落的小片疤，压制技术所生产。

两侧边缘保留有使用痕迹，一侧保留在破裂面边缘，另一侧保留在背面边缘（图四七，15；图版三，18）。

04T1-T2⑦:1208，玉髓。长3.1、宽0.7、厚0.2厘米，重0.65克。修理台面，近长条形，长0.4、宽0.1厘米，石叶角108°。背面带有双脊，远端少许缺失（图四七，14；图版三，19）。

04T1-T2⑦:1436，燧石。长4.75、宽1.1、厚0.4厘米，重1.5克。修理台面，近长条形，长0.5、宽0.1厘米，石叶角98°。背面带有双脊（图四七，13；图版三，20）。

04T3⑦:645，白云岩。长3.15、宽1.0、厚0.4厘米，重0.8克。修理台面，近长条形，长0.6、宽0.2厘米，石叶角109°。压制技术所生产，背面带有分岔脊，一侧边缘部分保留有使用痕迹（图四七，16；图版三，23）。

04T3⑦:646，白云岩。长2.1、宽0.9、厚0.2厘米，重0.4克。修理台面，近长条形，长0.6、宽0.1厘米，石叶角86°。背面带有分岔脊，压制技术所生产（图四七，17；图版三，24）。

04T3⑦:647，黑曜石。长2.1、宽0.7、厚0.2厘米，重0.5克。修理台面，近长条形，长0.7、宽0.2厘米，石叶角92°。背面带有分岔脊，压制技术所生产（图四七，18；图版三，25）。

04T5-T6⑦:14，燧石。长3.3、宽1.15、厚0.4厘米，重1.0克。修理台面，不规则形，长0.5、宽0.2厘米，石叶角107°。背面带有分岔脊，压制技术所生产（图版三，26）。

04T5-T6⑦:176，白云岩。长5.1、宽0.9、厚0.25厘米，重1.4克。打制台面，近梯形，长0.7、宽0.3厘米，石叶角93°。背面带有双脊，压制技术所生产（图四八，3；图版三，21）。

04T5-T6⑦:195，白云岩。长3.7、宽0.8、厚0.2厘米，重0.6克。修理台面，近梯形，长0.3、宽0.2厘米，石叶角82°。背面带有多条纵脊（图四八，2；图版三，22）。

04T5-T6⑦:219，白云岩。长6.1、宽0.9、厚0.4厘米，重3.5克。修理台面，近梯形，长0.4、宽0.25厘米，石叶角100°。压制技术所生产。背面带有分岔脊，一侧保留有部分修理痕迹（图四八，4；图版三，27）。

07T5-T6XM3:6，白云岩。长4.25、宽1.45、厚0.5厘米，重1.6克。修理台面，不规则形，长0.4、宽0.2厘米，石叶角82°。压制技术所生产。背面带有分岔脊，一侧边缘保留有部分修理痕迹（图四八，5；图版三，28）。

2. 不完整石叶

364件。这类标本由于细长而薄，所以很容易被折断，它们中可能有一定数量是人为所形成。本报告将这些不完整石叶细分为近端段、中间段和远端段三小类。

（1）近端段石叶

127件。保留台面一端的不完整石叶。根据这类标本保留的破裂面台面边缘打击点明显集中、半锥体小而突出等特征，分析应采用间接打击技术所生产。有的标本破裂面与台面边缘连接为弧形，打击点和半锥体皆不明显，推测采用了压制技术所生产。此外，还有个别标本破裂面与台面边缘连接为唇状，打击点和半锥体皆不明显，推测采用了软锤直接打击技术所生产。以下采用间接打击技术所生产者不再赘述。

03T1-T2⑦:1491，白云岩。残长4.5、宽1.4、厚0.3厘米，重2.4克。修理台面，近三角形，长0.8、宽0.3厘米，石叶角85°。背面带有双脊（图四八，6；图版四，1）。

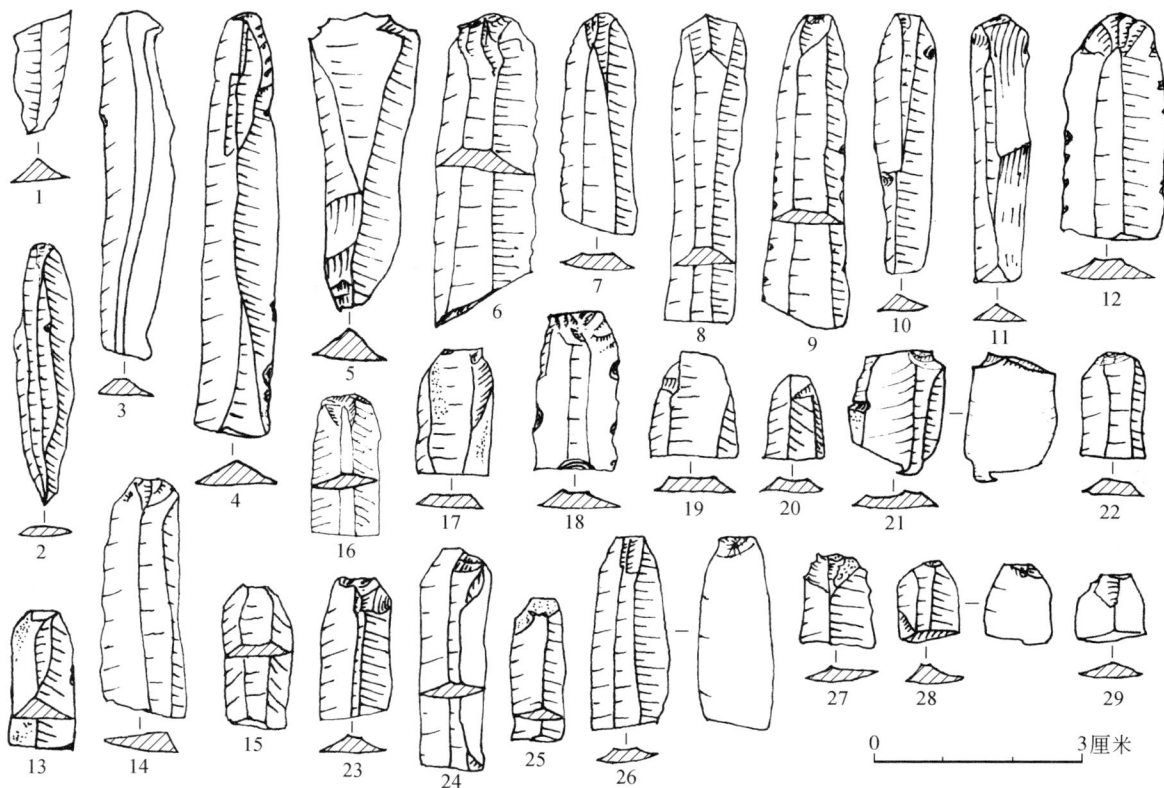

图四八　第7层出土远端段石叶、完整石叶、近端段石叶

1. 远端段石叶（04T1-T2⑦:1273） 2～5. 完整石叶（2.04T5-T6⑦:195、3.04T5-T6⑦:176、4.04T5-T6⑦:219、5.07T5-T6XM3:6）
6～29. 近端段石叶（6.03T1-T2⑦:1491、7.03T1-T2⑦:1492、8.03T1-T2⑦:1493、9.03T1-T2⑦:1494、10.03T1-T2⑦:1495、
11.03T1-T2⑦:1496、12.03T1-T2⑦:1497、13.03T1-T2⑦:1499、14.03T1-T2⑦:1498、15.03T1-T2⑦:1500、16.03T1-T2⑦:
1501、17.03T1-T2⑦:1503、18.03T1-T2⑦:1502、19.03T1-T2⑦:1504、20.03T1-T2⑦:1505、21.04T1-T2⑦:1135、22.04T1-T2
⑦:1163、23.04T1-T2⑦:1219、24.04T1-T2⑦:1229、25.04T1-T2⑦:1255、26.04T1-T2⑦:1437、27.04T1-T2⑦:1187、28.04T1-
T2⑦:1271、29.04T1-T2⑦:1272）

03T1-T2⑦:1492，燧石。残长3.2、宽1.0、厚0.3厘米，重1.3克。线状台面，长0.5厘米。背面带有分岔脊。石叶两侧边缘保留有使用痕迹，一侧保留在破裂面边缘，另一侧保留在背面边缘（图四八，7；图版四，2）。

03T1-T2⑦:1493，白云岩。背面带有双脊。残长4.5、宽1.0、厚0.2厘米，重1.8克。修理台面，近三角形，长0.3、宽0.2厘米，石叶角99°。背面带有分岔脊，一侧边缘保留有使用痕迹（图四八，8；图版四，3）。

03T1-T2⑦:1494，白云岩。残长4.5、宽1.2、厚0.3厘米，重1.5克。修理台面，近三角形，长0.4、宽0.2厘米，石叶角98°。背面带有双脊。石叶两侧边缘保留有使用痕迹，一侧保留在破裂面边缘，另一侧保留在背面边缘（图四八，9；图版四，4）。

03T1-T2⑦:1495，白云岩。残长3.7、宽0.8、厚0.2厘米，重0.8克。修理台面，近三角形，长0.3、宽0.1厘米，石叶角88°。背面带有分岔脊。破裂面与台面边缘连接为弧形，打击点和半锥体皆不明显，推测采用了压制技术所生产（图四八，10；图版四，5）。

03T1-T2⑦:1496，白云岩。残长3.8、宽0.8、厚0.3厘米，重1.1克。修理台面，不规则形，长0.5、宽0.2厘米，石叶角97°。背面带有不规则形脊（图四八，11；图版四，6）。

03T1-T2⑦:1497，燧石。背面带有双脊。残长3.2、宽1.4、厚0.3厘米，重2.1克。打制台面，形状近于椭圆形，长轴0.5、短轴0.2厘米，石叶角101°。背面带有不规则形脊。两侧边缘保留有使用痕迹，一侧保留在破裂面边缘，另一侧保留在背面边缘（图四八，12；图版四，7）。

03T1-T2⑦:1498，燧石。残长3.5、宽1.2、厚0.2厘米，重1.6克。修理台面，近椭圆形，长轴0.6、短轴0.3厘米，石叶角99°。背面带有双脊，破裂面一侧边缘保留有使用痕迹（图四八，14；图版四，8）。

03T1-T2⑦:1499，白云岩。残长2.0、宽0.9、厚0.3厘米，重0.7克。打制台面，椭圆形，长轴0.4、短轴0.2厘米，石叶角98°。背面带有分岔脊（图四八，13；图版四，9）。

03T1-T2⑦:1500，白云岩。残长2.1、宽1.0、厚0.3厘米，重0.8克。修理台面，椭圆形，长轴0.4、短轴0.2厘米，石叶角96°。背面带有双脊，破裂面半锥体上保留有崩落的小片疤，推测采用了压制技术所生产（图四八，15；图版四，10）。

03T1-T2⑦:1501，白云岩。残长2.0、宽0.95、厚0.3厘米，重0.6克。线状台面，长0.6厘米。背面带有双脊（图四八，16；图版四，11）。

03T1-T2⑦:1502，白云岩。残长2.25、宽1.15、厚0.3厘米，重1.3克。修理台面，长条形，长0.5、宽0.1厘米，石叶角100°。背面带有双脊，两侧边缘保留有使用痕迹（图四八，18；图版四，12）。

03T1-T2⑦:1503，燧石。残长1.8、宽1.05、厚0.2厘米，重0.7克。修理台面，椭圆形，长轴0.5、短轴0.25厘米，石叶角84°。背面带有双脊，破裂面半锥体上保留有崩落的小片疤，采用压制技术所生产（图四八，17；图版四，13）。

03T1-T2⑦:1504，白云岩。残长1.5、宽1.2、厚0.2厘米，重0.6克。修理台面，近三角形，长0.5、宽0.2厘米，石叶角91°。其背面带有双脊（图四八，19；图版四，14）。

03T1-T2⑦:1505，白云岩。残长1.15、宽0.8、厚0.2厘米，重0.3克。修理台面，近椭圆形，长轴0.3、短轴0.1厘米，石叶角90°。背面带有双脊，采用压制技术所生产（图四八，20；图版四，15）。

04T1-T2⑦:1135，白云岩。残长1.8、宽1.3、厚0.3厘米，重0.8克。打制台面，不规则形，长1.0、宽0.3厘米，石叶角99°。背面带有多条纵脊，采用压制技术所生产（图四八，21；图版四，16）。

04T1-T2⑦:1163，白云岩。残长1.5、宽0.7、厚0.3厘米，重0.5克。修理台面，近长条形，长0.4、宽0.1厘米，石叶角95°。背面带有双脊，破裂面半锥体上保留有崩落的小片疤，采用压制技术所生产（图四八，22；图版四，17）。

04T1-T2⑦:1187，白云岩。残长1.3、宽1.2、厚0.2厘米，重0.3克。修理台面，近三角形，长0.3、宽0.2厘米，石叶角99°。背面带有分岔脊，破裂面半锥体上保留有崩落的小片疤，采用压制技术所生产（图四八，27；图版四，18）。

04T1-T2⑦:1219，白云岩。残长2.0、宽1.0、厚0.25厘米，重0.6克。修理台面，近长条形，长 0.6、宽 0.2 厘米，石叶角 70°。背面带有双脊（图四八，23；图版四，19）。

04T1-T2⑦:1229，白云岩。残长、宽、厚为 3.1、1.0 和 0.3 厘米，重 1.1 克。修理台面，近菱形，长 0.4、宽 0.25 厘米，石叶角 89°。背面带有双脊，采用压制技术所生产（图四八，24；图版四，21）。

04T1-T2⑦:1255，白云岩。残长 2.0、宽 0.7、厚 0.2 厘米，重 0.4 克。修理台面，近长条形，长 0.4、宽 0.15 厘米，石叶角 89°。背面带有单脊（图四八，25；图版四，20）。

04T1-T2⑦:1271，白云岩。残长 1.15、宽 0.9、厚 0.35 厘米，重 0.4 克。修理台面，近菱形，长 0.8、宽 0.35 厘米，石叶角 112°。背面带有双脊，采用压制技术所生产（图四八，28；图版四，22）。

04T1-T2⑦:1272，白云岩。残长 0.95、宽 0.9、厚 0.3 厘米，重 0.3 克。打制台面，近菱形，长 0.5、宽 0.25 厘米，石叶角 110°。背面带有分岔脊，采用压制技术所生产（图四八，29；图版四，23）。

04T1-T2⑦:1280，白云岩。残长 2.7、宽 3.0、厚 0.6 厘米，重 4.6 克。台面破碎，故无法观察其特征，以及测量其尺寸。背面带有双脊（图四九，1；图版四，24）。

04T1-T2⑦:1437，白云岩。残长 2.8、宽 1.1、厚 0.2 厘米，重 0.9 克。修理台面，近长条形，长 0.3、宽 0.1 厘米，石叶角 89°。背面带有双脊，采用压制技术所生产（图四八，26；图版四，25）。

04T1-T2⑦:1438，白云岩。残长 1.6、宽 1.1、厚 0.3 厘米，重 0.6 克。打制台面，近菱形，长 0.6、宽 0.3 厘米，石叶角 115°。其背面带有单脊，破裂面半锥体上保留有崩落的小片疤，采用压制技术所生产（图四九，2；图版四，26）。

04T3⑦:648，白云岩。残长 4.85、宽 1.7、厚 0.4 厘米，重 3.6 克。修理台面，近长椭圆形，长轴 0.9、短轴 0.3 厘米，石叶角 106°。破裂面半锥体上保留有崩落的小片疤，采用压制技术所生产。背面带有双脊，一侧边缘保留有使用痕迹（图四九，3；图版四，27）。

04T3⑦:649，白云岩。残长 4.25、宽 1.35、厚 0.4 厘米，重 3.2 克。修理台面，不规则形，长 0.6、宽 0.35 厘米，石叶角 103°。背面带有双脊，一侧边缘保留有部分使用痕迹（图四九，4；图版四，31）。

04T3⑦:650，白云岩。残长 3.8、宽 1.45、厚 0.3 厘米，重 2.0 克。修理台面，不规则形，长 0.8、宽 0.3 厘米，石叶角 102°。背面带有单脊，破裂面半锥体上保留有崩落的小片疤，采用压制技术所生产（图四九，5；图版四，30）。

04T3⑦:651，白云岩。残长 3.9、宽 0.9、厚 0.3 厘米，重 1.4 克。修理台面，近半圆形，长轴 0.5、半径 0.2 厘米，石叶角 109°。背面带有分岔脊，两侧边缘保留有使用痕迹，一侧保留在破裂面边缘，另一侧保留在背面边缘（图四九，6；图版四，28）。

04T3⑦:652，白云岩。残长 2.8、宽 1.0、厚 0.25 厘米，重 0.9 克。修理台面，近长椭圆形，长轴 0.6、短轴 0.2 厘米，石叶角 108°。背面带有双脊，破裂面半锥体上保留有崩落的小片疤，采用压制技术所生产（图四九，7；图版四，29）。

04T3⑦:653，白云岩。残长 2.5、宽 2.25、厚 0.4 厘米，重 2.3 克。修理台面，不规则形，长 1.0、宽 0.3 厘米，石叶角 112°。背面带有单脊，采用压制技术所生产（图四九，8；图版四，32）。

04T3⑦:654，燧石。残长 1.6、宽 1.15、厚 0.25 厘米，重 0.6 克。打制台面，近长椭圆形，长轴 0.6、短轴 0.25 厘米，石叶角 110°。背面带有双脊（图四九，9；图版四，33）。

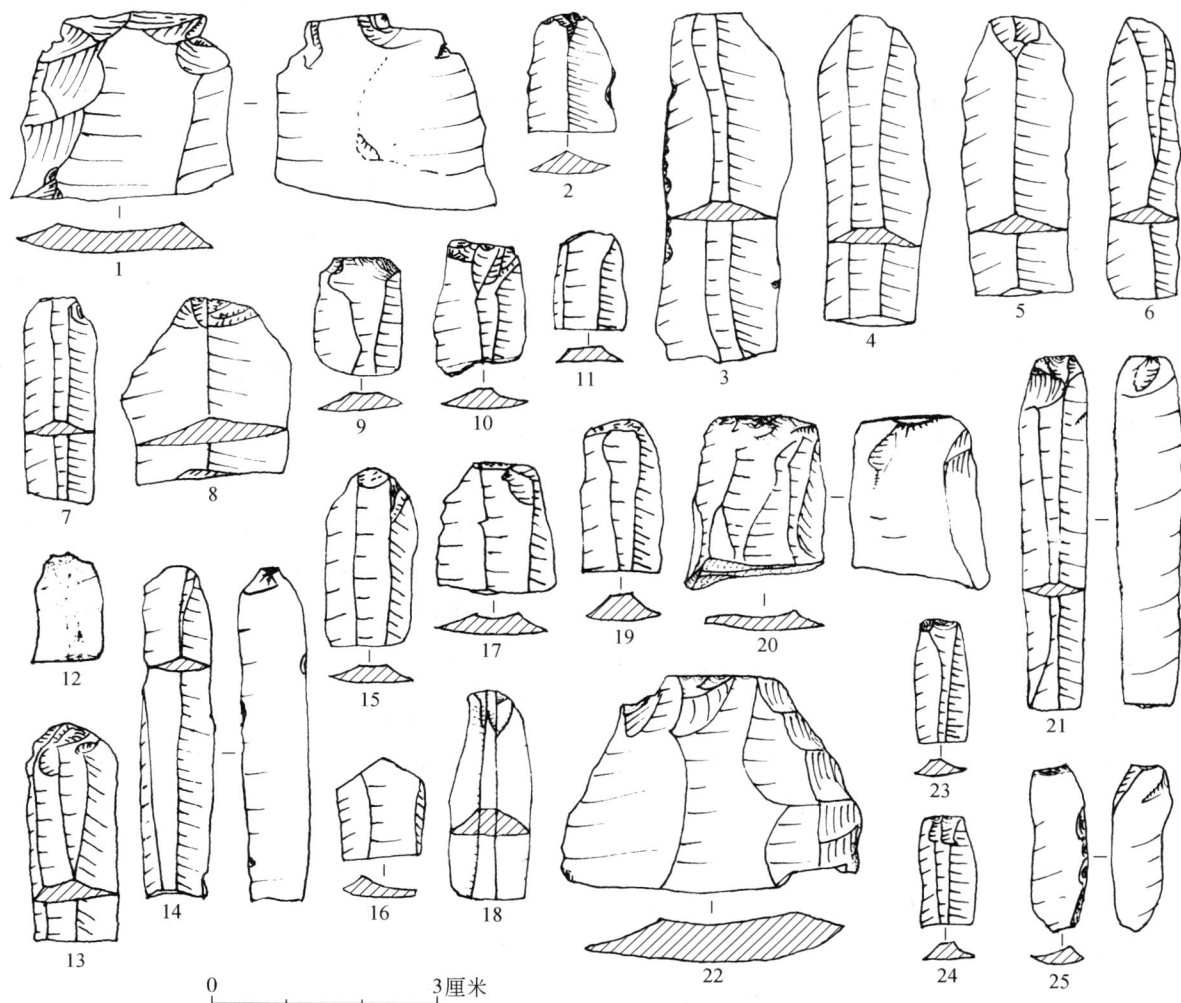

图四九 第7层出土近端段石叶

1.04T1-T2⑦:1280 2.04T1-T2⑦:1438 3.04T3⑦:648 4.04T3⑦:649 5.04T3⑦:650 6.04T3⑦:651 7.04T3⑦:652
8.04T3⑦:653 9.04T3⑦:654 10.04T3⑦:655 11.04T3⑦:656 12.04T3⑦:664 13.04T4⑦:684 14.04T3H5:7
15.04T4⑦:685 16.04T3⑦:657 17.04T4⑦:686 18.04T3⑦:658 19.04T4⑦:687 20.04T3⑦:661 21.04T5⑦:854
22.04T5F1:A4 23.04T5F1:A17 24.04T5F1:A49 25.04T5F1:72

04T3⑦:655，白云岩。残长1.8、宽1.2、厚0.2厘米，重0.6克。打制台面，不规则形，长0.8、宽0.3厘米，石叶角109°。背面带有双脊（图四九，10；图版四，34）。

04T3⑦:656，燧石。残长1.35、宽1.0、厚0.15厘米，重0.3克。修理台面，近长椭圆形，长轴0.5、短轴0.1厘米，石叶角105°。背面带有双脊（图四九，11；图版五，1）。

04T3⑦:657，白云岩。残长1.4、宽1.1、厚0.2厘米，重0.5克。点状台面，背面带有双脊（图四九，16；图版五，2）。

04T3⑦:658，白云岩。残长3.0、宽1.1、厚0.3厘米，重1.1克。打制台面，不规则形，长0.6、宽0.4厘米，石叶角91°。背面带有双脊，采用压制技术所生产（图四九，18；图版五，3）。

04T3⑦:661，白云岩。残长2.2、宽1.75、厚0.45厘米，重2.5克。修理台面，近长条形，长1.5、宽0.4厘米，石叶角100°。背面带有多条纵脊，采用压制技术所生产（图四九，20；图版五，4）。

04T3⑦:664，白云岩。残长1.4、宽0.9、厚0.3厘米，重0.5克。点状台面，背面带有分岔脊（图四九，12；图版五，5）。

04T3H5:7，白云岩。残长4.6、宽0.8、厚0.25厘米，重1.3克。修理台面，近椭圆形，长轴0.2、短轴0.1厘米，石叶角92°。背面带有双脊，采用压制技术所生产（图四九，14；图版五，6）。

04T4⑦:684，白云岩。残长3.0、宽1.2、厚0.3厘米，重1.5克。点状台面，背面带有分岔脊（图四九，13；图版五，7）。

04T4⑦:685，白云岩。残长2.3、宽1.1、厚0.2厘米，重1.0克。修理台面，近长椭圆形，长轴0.6、短轴0.2厘米，石叶角102°。背面带有双脊，破裂面与台面边缘连接为唇状，打击点和半锥体皆不明显，推测采用了软锤直接打击技术所生产（图四九，15；图版五，8）。

04T4⑦:686，白云岩。残长1.7、宽1.6、厚0.3厘米，重1.1克。修理台面，近长椭圆形，长轴0.9、短轴0.3厘米，石叶角99°。背面带有双脊，破裂面与台面边缘连接为唇状，打击点和半锥体皆不明显，推测采用了软锤直接打击技术所生产（图四九，17；图版五，9）。

04T4⑦:687，白云岩。残长2.0、宽1.0、厚0.3厘米，重0.8克。修理台面，近椭圆形，长轴0.5、短轴0.3厘米，石叶角100°。背面带有双脊（图四九，19；图版五，10）。

04T5⑦:854，白云岩。残长4.85、宽0.85、厚0.2厘米，重1.2克。修理台面，近长条形，长0.6、宽0.15厘米，石叶角77°。背面带有分岔脊（图四九，21；图版五，11）。

04T5F1:A4，白云岩。残长3.0、宽4、厚0.8厘米，重10.9克。修理台面，不规则形，长、宽0.5厘米，石叶角114°。背面带有双脊（图四九，22；图版五，12）。

04T5F1:A17，白云岩。残长1.7、宽0.75、厚0.2厘米，重0.4克。修理台面，不规则形，长0.5、宽0.15厘米，石叶角92°。背面带有双脊（图四九，23；图版五，13）。

04T5F1:A49，白云岩。残长1.45、宽0.8、厚0.25厘米，重0.4克。修理台面，不规则形，长0.5、宽0.25厘米，石叶角89°。背面带有双脊（图四九，24；图版五，14）。

04T5F1:72，白云岩。残长2.2、宽0.8、厚0.25厘米，重0.4克。打制台面，三角形，高0.6、宽0.3厘米，石叶角98°。采用压制技术所生产（图四九，25；图版五，15）。

04T5-T6F1:102，白云岩。残长1.9、宽0.5、厚0.15厘米，重0.2克。修理台面，近条形，长0.4、宽0.1厘米，石叶角89°。采用压制技术所生产（图五〇，1；图版五，16）。

04T5-T6⑦:29，玉髓。残长1.0、宽1.1、厚0.3厘米，重0.3克。打制台面，长条形，长0.4、宽0.1厘米，石叶角92°。背面带有部分自然面（图五〇，2；图版五，17）。

04T5-T6⑦:49，白云岩。残长1.65、宽0.9、厚0.2厘米，重0.5克。打制台面，近半圆形，长轴0.6、短轴0.2厘米，石叶角72°。采用压制技术所生产。背面带有双脊，一侧边缘保留有使用痕迹（图五〇，3）。

04T5-T6⑦:52，白云岩。残长0.9、宽1.3、厚0.3厘米，重0.3克。修理台面，近菱形，长0.6、宽0.3厘米，石叶角95°。背面带有单脊，采用压制技术所生产（图五〇，4；图版五，19）。

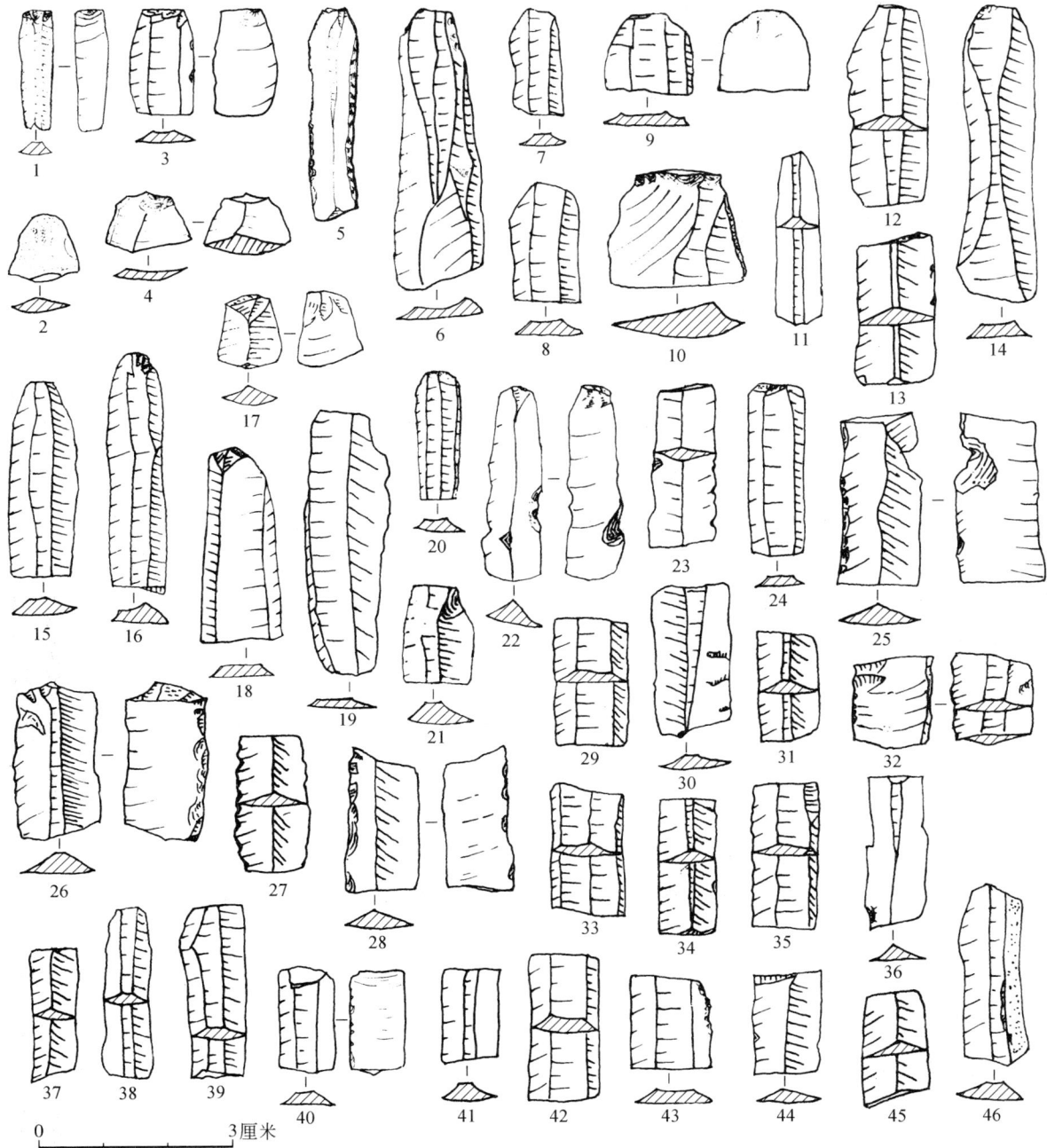

图五〇　第 7 层出土近端段石叶、中间段石叶

1～12. 近端段石叶（1.04T5-T6F1：102、2.04T5-T6⑦：29、3.04T5-T6⑦：49、4.04T5-T6⑦：52、5.04T5-T6⑦：93、6.04T5-T6⑦：146、7.04T5-T6⑦：147、8.04T5-T6⑦：152、9.04T5-T6⑦：153、10.04T5-T6⑦：177、11.04T5-T6⑦：213、12.04T5-T6⑦：255）13. 中间段石叶（03T1-T2⑦：1536）　14～18. 近端段石叶（14.04T5-T6⑦：248、15.04T5-T6⑦：258、16.04T5-T6F1：A57、17.04T5-T6H9：6、18.03T1-T2M1：2）　19. 中间段石叶（03T1-T2⑦：1506）　20～22. 近端段石叶（04T9⑦：93、04T9⑦：95、04T9⑦：94）23～46. 中间段石叶（23.03T1-T2⑦：1542、24.03T1-T2⑦：1540、25.03T1-T2⑦：1507、26.03T1-T2⑦：1508、27.03T1-T2⑦：1537、28.03T1-T2⑦：1510、29.03T1-T2⑦：1534、30.03T1-T2⑦：1535、31.03T1-T2⑦：1543、32.03T1-T2⑦：1541、33.03T1-T2⑦：1538、34.03T1-T2⑦：1539、35.03T1-T2⑦：1546、36.03T1-T2⑦：1545、37.03T1-T2⑦：1547、38.03T1-T2⑦：1548、39.04T1-T2⑦：1131、40.04T1-T2⑦：1144、41.04T1-T2⑦：1164、42.04T1-T2⑦：1160、43.04T1-T2⑦：1184、44.04T1-T2⑦：1253、45.03T1-T2⑦：1544、46.04T1-T2⑦：1215）

　　04T5-T6⑦:93，白云岩。残长3.4、宽0.7、厚0.3厘米，重0.75克。打制台面，近椭圆形，长轴0.3、短轴0.2厘米，石叶角90°。背面带有分岔脊，两侧边缘皆保留有使用痕迹（图五○，5；图版五，18）。

　　04T5-T6⑦:146，白云岩。残长4.3、宽1.3、厚0.4厘米，重2.9克。修理台面，近菱形，长0.7、宽0.4厘米，石叶角91°。破裂面与台面边缘连接处呈唇状，打击点和半锥体不明显，推测采用软锤直接打击技术所生产。其背面带有多条纵脊，两侧保留有使用痕迹，一侧分布在破裂面，另一侧分布在背面（图五○，6；图版五，22）。

　　04T5-T6⑦:147，燧石。残长1.7、宽0.8、厚0.15厘米，重0.3克。打制台面，近三角形，高0.3、宽0.1厘米，石叶角90°。背面带有双脊（图五○，7；图版五，20）。

　　04T5-T6⑦:152，燧石。残长1.9、宽1.0、厚0.3厘米，重0.7克。修理台面，近半圆形，长轴0.3、半径0.1厘米，石叶角93°。背面带有双脊（图五○，8；图版五，21）。

　　04T5-T6⑦:153，白云岩。残长1.3、宽1.4、厚0.3厘米，重0.5克。修理台面，近长条形，长0.6、宽0.2厘米，石叶角91°。背面带有多条纵脊，采用压制技术所生产（图五○，9；图版五，23）。

　　04T5-T6⑦:177，白云岩。残长1.8、宽2.1、厚0.6厘米，重2.7克。打制台面，不甚规则形，长1.3、宽0.4厘米，石叶角109°。背面带有双脊，两侧保留有使用痕迹，一侧分布在破裂面，另一侧分布在背面（图五○，10；图版五，24）。

　　04T5-T6⑦:213，白云岩。残长2.7、宽0.7、厚0.4厘米，重0.8克。打制台面，不甚规则形，长0.3、宽0.2厘米，石叶角89°。背面带有双脊，采用压制技术所生产（图五○，11；图版五，25）。

　　04T5-T6⑦:248，白云岩。残长4.6、宽1.1、厚0.3厘米，重1.7克。打制台面，不甚规则形，长、宽0.3厘米，石叶角94°。背面带有双脊（图五○，14；图版五，26）。

　　04T5-T6⑦:255，白云岩。背面带有双脊。残长3.1、宽1.2、厚0.25厘米，重1.2克。修理台面，近菱形，长0.6、宽0.3厘米，石叶角75°。背面带有双脊，采用压制技术所生产（图五○，12；图版五，27）。

　　04T5-T6⑦:258，白云岩。残长3.1、宽1.0、厚0.3厘米，重1.2克。修理台面，近菱形，长0.4、宽0.3厘米，石叶角105°。背面带有双脊（图五○，15；图版五，28）。

　　04T5-T6F1:A57，白云岩。残长3.8、宽0.9、厚0.4厘米，重1.4克。修理台面，近梯形，长0.4、宽0.2厘米，石叶角102°。背面带有双脊，采用压制技术所生产（图五○，16；图版五，29）。

　　04T5-T6H9:6，白云岩。残长1.2、宽1.0、厚0.3厘米，重0.4克。修理台面，不甚规则形，长0.6、宽0.3厘米，石叶角108°。背面带有分岔脊，破裂面半锥体上带有崩落的小片疤，采用压制技术所生产（图五○，17；图版五，34）。

　　03T1-T2M1:2，白云岩。残长3.05、宽1.2、厚0.25厘米，重1.5克。打制台面，近三角形，高0.5、宽0.3厘米，石叶角92°。背面带有双脊，采用压制技术所生产（图五○，18；图版五，30）。

　　04T9⑦:93，白云岩。残长2.05、宽0.65、厚0.1厘米，重0.3克。打制台面，不规则形，长0.3、宽0.1厘米，石叶角91°。背面带有多条纵脊（图五○，20；图版五，31）。

　　04T9⑦:94，白云岩。残长3.1、宽0.9、厚0.3厘米，重1.0克。修理台面，近三角形，高0.5、宽 0.3 厘米，石叶角 96°。背面带有单脊，两侧保留有少许修理痕迹，一侧分布在破裂面，另一侧分布在背面（图五〇，22；图版五，32）。

04T9⑦:95，白云岩。残长 1.55、宽 1.0、厚 0.3 厘米，重 0.6 克。修理台面，近长条形，长 0.6、宽 0.2 厘米，石叶角 82°。背面带有双脊，破裂面半锥体上带有崩落的小片疤，采用压制技术所生产（图五〇，21；图版五，33）。

（2）中间段石叶

144 件。标本失去了近端和远端，仅剩下中间段，其中的大部分应该是人为的结果，因为在标本中有许多保留了使用的痕迹，更适宜镶嵌于骨或木制的刀梗凹槽内。

03T1-T2⑦:1506，燧石。残长 4.1、宽 1.3、厚 0.3 厘米，重 1.7 克。背面带有双脊，两侧边缘保留有使用痕迹（图五〇，19；图版六，1）。

03T1-T2⑦:1507，白云岩。残长 2.7、宽 1.2、厚 0.45 厘米，重 2.0 克。背面带有单脊，一侧边缘保留有使用痕迹（图五〇，25；图版六，2）。

03T1-T2⑦:1508，白云岩。残长 2.5、宽 1.2、厚 0.5 厘米，重 2.0 克。背面带有双脊，破裂面两侧边缘保留有使用痕迹（图五〇，26；图版六，3）。

03T1-T2⑦:1510，白云岩。残长 2.25、宽 1.05、厚 0.3 厘米，重 0.9 克。背面带有单脊，两侧边缘保留有使用痕迹，一侧保留在破裂面边缘，另一侧保留在背面边缘（图五〇，28；图版六，4）。

03T1-T2⑦:1534，白云岩。残长 2.0、宽 1.1、厚 0.2 厘米，重 0.7 克。背面带有双脊（图五〇，29；图版六，5）。

03T1-T2⑦:1535，白云岩。残长 2.4、宽 1.1、厚 0.35 厘米，重 1.3 克。背面带有分岔脊，破裂面一侧边缘保留有使用痕迹（图五〇，30；图版六，6）。

03T1-T2⑦:1536，白云岩。残长 2.4、宽 1.2、厚 0.35 厘米，重 1.3 克。背面带有双脊，两侧边缘保留有使用痕迹，一侧保留在破裂面边缘，另一侧保留在背面边缘（图五〇，13；图版六，7）。

03T1-T2⑦:1537，白云岩。残长 2.2、宽 1.0、厚 0.3 厘米，重 0.8 克。背面带有单脊，两侧边缘保留有使用痕迹，一侧保留在破裂面边缘，另一侧保留在背面边缘（图五〇，27；图版六，8）。

03T1-T2⑦:1538，白云岩。残长 2.1、宽 1.1、厚 0.3 厘米，重 1.0 克。背面带有多条纵脊（图五〇，33；图版六，9）。

03T1-T2⑦:1539，白云岩。残长 2.1、宽 0.9、厚 0.3 厘米，重 0.9 克。背面带有分岔脊，破裂面一侧边缘保留有使用痕迹（图五〇，34；图版六，10）。

03T1-T2⑦:1540，白云岩。残长 2.7、宽 0.9、厚 0.15 厘米，重 0.7 克。背面带有双脊（图五〇，24；图版六，12）。

03T1-T2⑦:1541，白云岩。残长 1.5、宽 1.2、厚 0.3 厘米，重 0.8 克。背面带有双脊，破裂面两侧边缘保留有使用痕迹（图五〇，32；图版六，11）。

03T1-T2⑦:1542，白云岩。残长 2.6、宽 1.0、厚 0.2 厘米，重 0.75 克。背面带有单脊，一侧边缘保留有使用痕迹（图五〇，23；图版六，13）。

03T1-T2⑦:1543，白云岩。残长 1.7、宽 0.9、厚 0.3 厘米，重 0.5 克。背面带有双脊，一侧边缘保留有使用痕迹（图五〇，31；图版六，14）。

03T1-T2⑦:1544，白云岩。残长 1.8、宽 1.0、厚 0.3 厘米，重 0.6 克。背面带有单脊（图五〇，45；图版六，15）。

03T1-T2⑦:1545，白云岩。残长 2.35、宽 0.9、厚 0.3 厘米，重 0.8 克。背面带有分岔脊（图五〇，36；图版六，16）。

03T1-T2⑦:1546，白云岩。残长 2.3、宽 1.0、厚 0.15 厘米，重 0.6 克。背面带有双脊（图五〇，35；图版六，17）。

03T1-T2⑦:1547，白云岩。残长 2.0、宽 0.7、厚 0.2 厘米，重 0.3 克。背面带有单脊（图五〇，37；图版六，18）。

03T1-T2⑦:1548，白云岩。残长 2.65、宽 0.7、厚 0.2 厘米，重 0.5 克。背面带有双脊（图五〇，38；图版六，19）。

04T1-T2⑦:1131，白云岩。残长 2.6、宽 1.0、厚 0.3 厘米，重 1.0 克。背面带有双脊（图五〇，39；图版六，20）。

04T1-T2⑦:1144，白云岩。残长 1.6、宽 0.8、厚 0.2 厘米，重 0.4 克。背面带有双脊（图五〇，40）。

04T1-T2⑦:1160，白云岩。残长 2.3、宽 1.1、厚 0.3 厘米，重 1.0 克。背面带有双脊（图五〇，42；图版六，21）。

04T1-T2⑦:1164，白云岩。残长 1.4、宽 0.9、厚 0.25 厘米，重 0.4 克。背面带有双脊（图五〇，41；图版六，22）。

04T1-T2⑦:1184，白云岩。残长 1.4、宽 1.2、厚 0.2 厘米，重 0.6 克。背面带有双脊，一侧保留有使用痕迹（图五〇，43；图版六，23）。

04T1-T2⑦:1215，白云岩。残长 2.7、宽 0.9、厚 0.45 厘米，重 1.35 克。背面带有双脊，一侧保留有自然面（图五〇，46；图版六，24）。

04T1-T2⑦:1253，白云岩。残长 1.6、宽 1.05、厚 0.4 厘米，重 0.7 克。背面带有单脊（图五〇，44；图版六，25）。

04T1-T2⑦:1270，白云岩。残长 3.1、宽 0.55、厚 0.15 厘米，重 0.4 克。背面带有分岔脊（图五一，1；图版六，26）。

04T1-T2⑦:1274，白云岩。残长 3.4、宽 0.9、厚 0.2 厘米，重 1.0 克。背面带有双脊（图五一，2；图版六，27）。

04T1-T2⑦:1487，白云岩。残长 3.0、宽 0.9、厚 0.4 厘米，重 1.3 克。背面带有双脊（图五一，3；图版六，28）。

04T3⑦:667，白云岩。残长 4.95、宽 1.1、厚 0.3 厘米，重 1.6 克。背面带有双脊，破裂面一侧边缘保留有明显的使用痕迹（图五一，4；图版六，29）。

04T3⑦:668，白云岩。残长 3.0、宽 1.0、厚 0.35 厘米，重 1.0 克。背面带有单脊，一侧保留有自然面（图五一，5；图版六，30）。

04T3⑦:671，白云岩。残长 2.7、宽 1.5、厚 0.2 厘米，重 1.8 克。背面带有双脊（图五一，6；

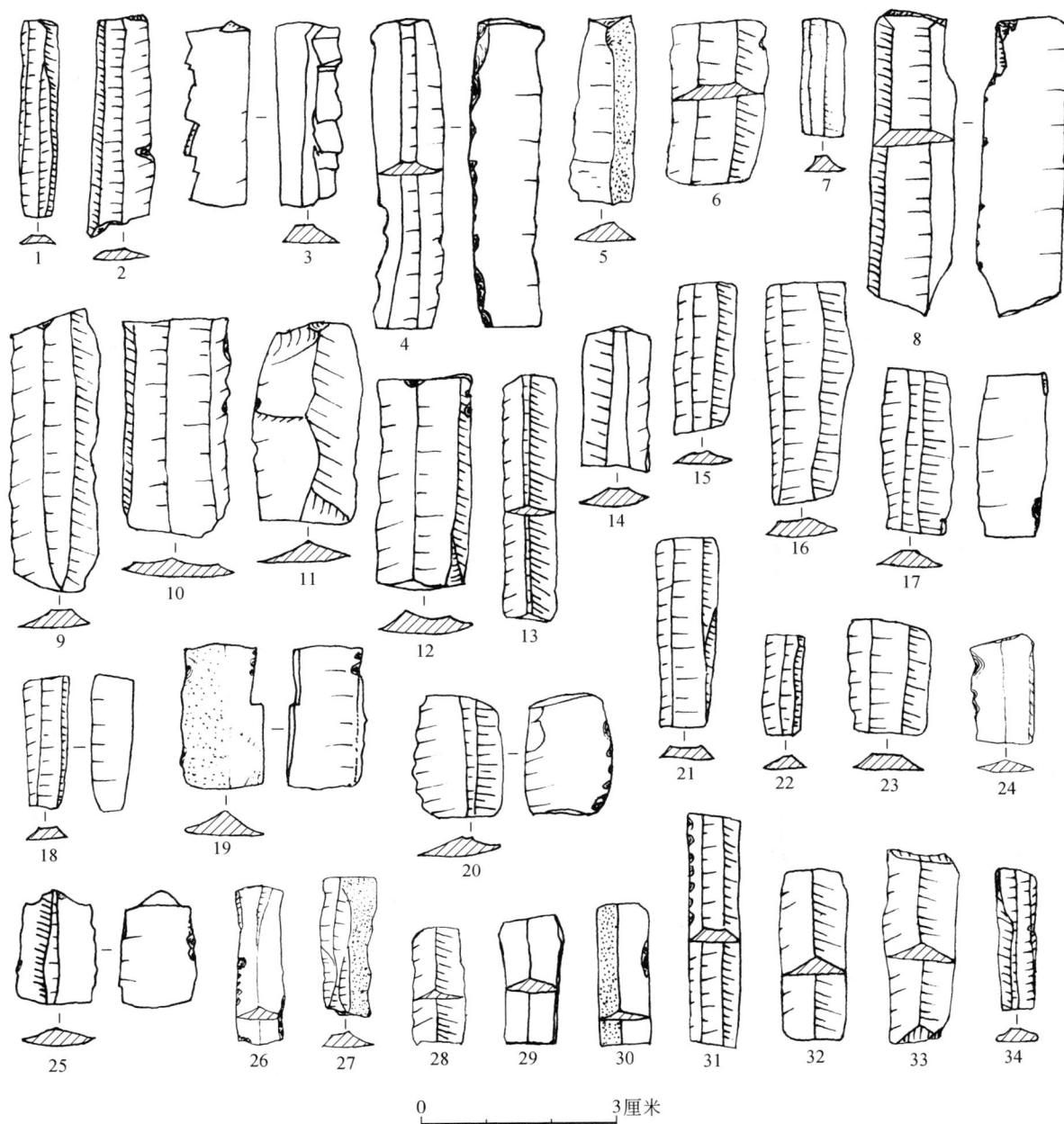

图五一　第7层出土中间段石叶

1. 04T1-T2⑦:1270　2. 04T1-T2⑦:1274　3. 04T1-T2⑦:1487　4. 04T3⑦:667　5. 04T3⑦:668　6. 04T3⑦:671　7. 04T3⑦:676　8. 04T3⑦:679　9. 04T4⑦:700　10. 04T4⑦:701　11. 04T4⑦:702　12. 04T4⑦:703　13. 04T4⑦:704　14. 04T4⑦:705　15. 04T4⑦:706　16. 04T5F1:A23　17. 04T5F1:A55　18. 04T5F1:A58　19. 04T5-T6F1:45　20. 04T5-T6F1:61　21. 04T5F1:A48　22. 04T5-T6XF1:156　23. 04T5-T6F1:50　24. 04T5-T6⑦:43　25. 04T5-T6⑦:20　26. 04T5-T6⑦:72　27. 04T5-T6⑦:46　28. 04T5-T6⑦:111　29. 04T5-T6⑦:114　30. 04T5-T6⑦:207　31. 04T5-T6⑦:225　32. 04T5-T6⑦:192　33. 04T5-T6⑦:235　34. 04T5-T6⑦:253

图版六，31）。

04T3⑦:676，燧石。残长1.9、宽0.7、厚0.15厘米，重0.2克。背面带有双脊（图五一，7；图版六，32）。

04T3⑦:679，白云岩。残长4.8、宽1.3、厚0.25厘米，重2.35克。背面带有双脊，破裂面一侧边缘保留有使用痕迹（图五一，8；图版六，33）。

04T4⑦:700，白云岩。残长4.5、宽1.3、厚0.3厘米，重2.4克。背面带有双脊，破裂面两侧边缘保留有使用痕迹（图五一，9；图版六，34）。

04T4⑦:701，白云岩。残长3.4、宽1.6、厚0.35厘米，重3.1克。背面带有多脊，两侧边缘保留有使用痕迹，一侧保留在破裂面边缘，另一侧保留在背面边缘（图五一，10；图版六，35）。

04T4⑦:702，白云岩。残长3.1、宽1.5、厚0.4厘米，重2.6克。背面带有分岔脊，一侧边缘保留有使用痕迹（图五一，11；图版六，36）。

04T4⑦:703，白云岩。残长3.3、宽1.3、厚0.3厘米，重2.1克。背面带有双脊（图五一，12；图版六，37）。

04T4⑦:704，白云岩。残长3.9、宽0.7、厚0.2厘米，重0.9克。背面带有双脊（图五一，13；图版六，38）。

04T4⑦:705，白云岩。残长2.2、宽1.0、厚0.2厘米，重0.7克。背面带有双脊（图五一，14；图版六，39）。

04T4⑦:706，白云岩。残长2.4、宽0.9、厚0.2厘米，重0.6克。背面带有双脊（图五一，15；图版六，40）。

04T5F1:A14，白云岩。残长4.0、宽1.1、厚0.3厘米，重2.1克。背面带有双脊，破裂面一侧边缘保留有使用痕迹（图版六，41）。

04T5F1:A23，白云岩。残长3.45、宽1.3、厚0.3厘米，重1.4克。背面带有双脊，破裂面一侧边缘保留有部分使用痕迹（图五一，16；图版六，42）。

04T5F1:A48，白云岩。残长3.0、宽1.0、厚0.25厘米，重1.1克。背面带有双脊（图五一，21；图版六，43）。

04T5F1:A55，白云岩。残长2.6、宽1.0、厚0.3厘米，重1.0克。背面带有双脊（图五一，17；图版六，44）。

04T5F1:A58，白云岩。残长2.15、宽0.6、厚0.1厘米，重0.25克。背面带有双脊（图五一，18；图版六，45）。

04T5-T6F1:45，白云岩。残长2.3、宽1.25、厚0.5厘米，重1.9克。背面带有单脊，一侧保留有自然面。一侧边缘保留有使用痕迹（图五一，19；图版六，46）。

04T5-T6F1:50，白云岩。残长1.75、宽1.25、厚0.3厘米，重0.8克。背面带有双脊（图五一，23）。

04T5-T6F1:61，白云岩。残长1.9、宽1.4、厚0.3厘米，重1.2克。背面带有双脊，一侧保留有自然面，破裂面一侧边缘保留有使用痕迹（图五一，20；图版六，47）。

04T5-T6XF1:156，燧石。残长1.6、宽0.6、厚0.15厘米，重0.2克。背面带有双脊（图五一，22）。

04T5-T6⑦:20，白云岩，残长 1.7、宽 1.2、厚 0.3 厘米，重 0.8 克。背面带有双脊（图五一，25；图版六，48）。

04T5-T6⑦:43，白云岩。背面带有双脊的中间段石叶。残长 1.2、宽 0.8、厚 0.25 厘米，重 0.4 克。背面带有双脊（图五一，24；图版六，49）。

04T5-T6⑦:46，玉髓。残长 2.2、宽 0.8、厚 0.2 厘米，重 0.5 克。背面带有不规则形脊，一侧保留有自然面（图五一，27；图版六，50）。

04T5-T6⑦:72，白云岩。残长 2.5、宽 0.7、厚 0.2 厘米，重 0.6 克。背面带有单脊，背面两侧边缘皆保留有使用痕迹（图五一，26；图版六，51）。

04T5-T6⑦:111，白云岩。残长 1.8、宽 0.8、厚 0.15 厘米，重 0.2 克。背面带有单脊（图五一，28；图版六，52）。

04T5-T6⑦:114，白云岩。残长 2.0、宽 0.9、厚 0.2 厘米，重 0.6 克。背面带有双脊（图五一，29；图版六，53）。

04T5-T6⑦:192，白云岩。残长 2.6、宽 1.1、厚 0.2 厘米，重 0.7 克。背面带有单脊（图五一，32；图版七，1）。

04T5-T6⑦:207，白云岩。残长 2.2、宽 0.8、厚 0.3 厘米，重 0.7 克。背面带有单脊，一侧保留有自然面，另一侧保留有使用痕迹（图五一，30；图版七，2）。

04T5-T6⑦:225，白云岩。残长 3.7、宽 0.7、厚 0.2 厘米，重 0.9 克。背面带有双脊，一侧保留有部分使用痕迹（图五一，31；图版七，3）。

04T5-T6⑦:235，白云岩。残长 3.1、宽 1.1、厚 0.2 厘米，重 0.8 克。背面带有单脊（图五一，33；图版七，4）。

04T5-T6⑦:253，白云岩。残长 2.2、宽 0.5、厚 0.15 厘米，重 0.2 克。背面带有多条纵脊（图五一，34；图版七，5）。

04T5-T6⑦:290，白云岩。残长 2.0、宽 0.7、厚 0.3 厘米，重 0.7 克。背面带有双脊（图五二，1；图版七，6）。

04T5-T6F1:19，白云岩。残长 1.75、宽 1.15、厚 0.25 厘米，重 0.8 克。背面带有双脊（图五二，2；图版七，7）。

04T5-T6H9:5，白云岩。残长 2.3、宽 0.9、厚 0.2 厘米，重 0.7 克。背面带有双脊，一侧保留有部分使用痕迹（图五二，3；图版七，8）。

07T5-T6XM3:7，白云岩。残长 2.6、宽 1.0、厚 0.25 厘米，重 0.6 克。背面带有分岔脊（图五二，4；图版七，9）。

04T9⑦:92，白云岩。残长 2.7、宽 1.0、厚 0.3 厘米，重 1.2 克。背面带有双脊，背面两侧保留有部分使用痕迹（图五二，5；图版七，10）。

（3）远端段石叶

93 件。石叶的尾部部分。

03T1-T2⑦:1509，白云岩。残长 2.4、宽 1.15、厚 0.3 厘米，重 0.9 克。背面带有不规则形脊

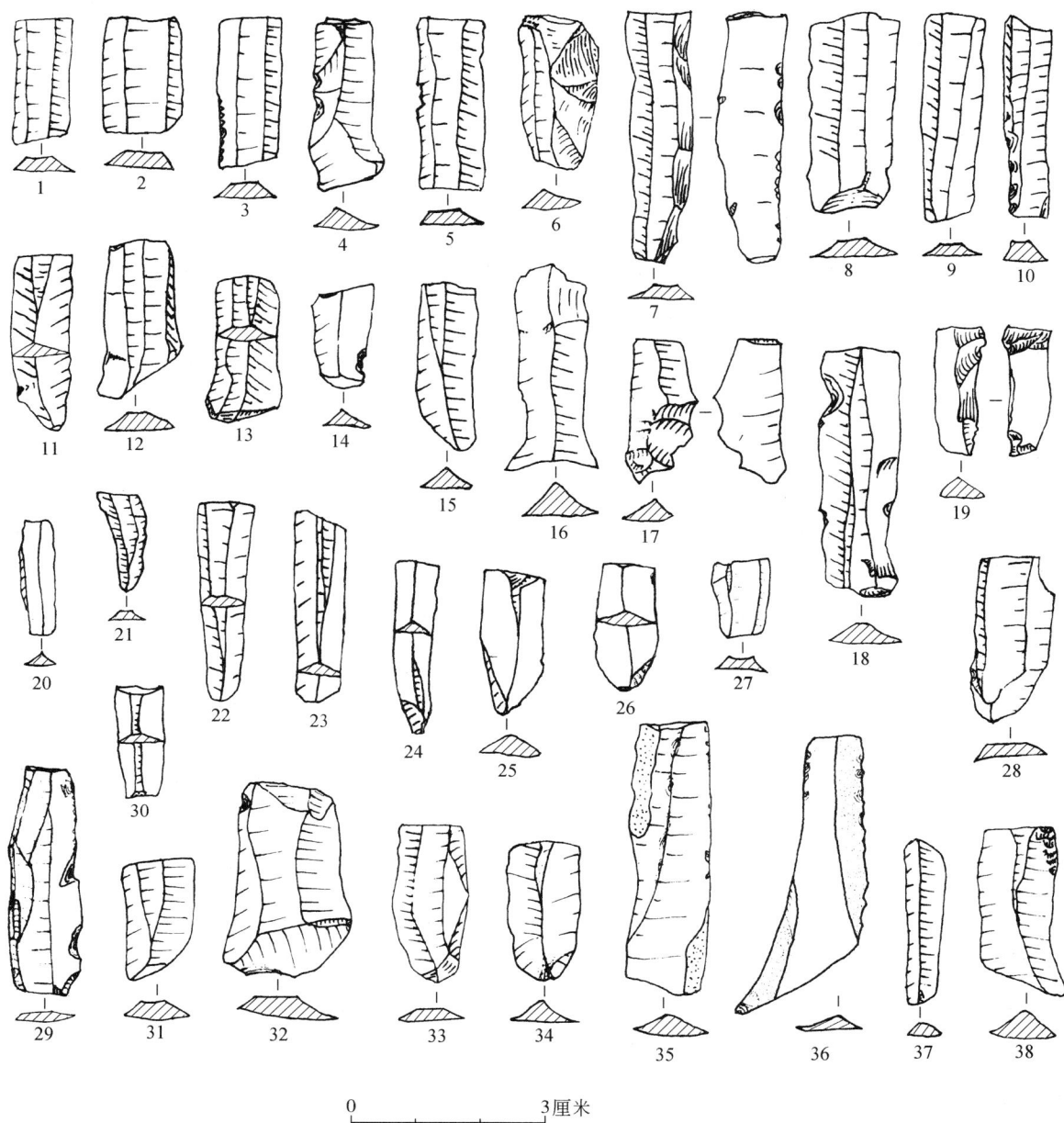

图五二　第 7 层出土中间段石叶、远端段石叶

1～5. 中间段石叶（1. 04T5-T6⑦：290、2. 04T5-T6F1：19、3. 04T5-T6H9：5、4. 07T5-T6XM3：7、5. 04T9⑦：92）　6～38. 远端段石叶（6. 03T1-T2⑦：1509、7. 03T1-T2⑦：1581、8. 03T1-T2⑦：1582、9. 03T1-T2⑦：1583、10. 03T1-T2⑦：1586、11. 03T1-T2⑦：1587、12. 03T1-T2⑦：1590、13. 03T1-T2⑦：1593、14. 04T1-T2⑦：1132、15. 04T1-T2⑦：1143、16. 03T1-T2⑦：1594、17. 04T1-T2⑦：1167、18. 03T1-T2⑦：1591、19. 04T1-T2⑦：1439、20. 04T1-T2⑦：1441、21. 04T1-T2⑦：1222、22. 04T3⑦：680、23. 04T3⑦：681、24. 04T3⑦：682、25. 04T1-T2⑦：1186、26. 04T3⑦：696、27. 04T5-T6⑦：44、28. 04T3⑦：686、29. 04T3⑦：685、30. 04T5-T6⑦：263、31. 04T5-T6XF1：195、32. 04T5-T6XF1：170、33. 04T5-T6⑦：160、34. 04T5-T6⑦：122、35. 04T5-T6⑦：168、36. 04T5-T6⑦：135、37. 04T5-T6⑦：264、38. 07T5-T6XM3：4）

（图五二，6；图版七，14）。

03T1-T2⑦:1581，白云岩。残长 3.95、宽 1.0、厚 0.3 厘米，重 1.6 克。背面带有双脊，破裂面一侧边缘保留有使用痕迹（图五二，7；图版七，11）。

03T1-T2⑦:1582，白云岩。残长 3.2、宽 1.35、厚 0.4 厘米，重 1.8 克。背面带有双脊（图五二，8；图版七，12）。

03T1-T2⑦:1583，白云岩。残长 3.3、宽 0.9、厚 0.25 厘米，重 1.1 克。背面带有双脊（图五二，9；图版七，13）。

03T1-T2⑦:1584，燧石。残长 2.5、宽 1.1、厚 0.3 厘米，重 0.8 克。背面带有双脊（图版七，15）。

03T1-T2⑦:1586，白云岩。残长 3.1、宽 0.65、厚 0.3 厘米，重 0.7 克。背面带有分岔脊（图五二，10；图版七，16）。

03T1-T2⑦:1587，白云岩。残长 2.7、宽 0.9、厚 0.3 厘米，重 0.7 克。背面带有分岔脊（图五二，11；图版七，17）。

03T1-T2⑦:1590，白云岩。残长 2.5、宽 1.2、厚 0.3 厘米，重 1.1 克。背面带有双脊（图五二，12；图版七，18）。

03T1-T2⑦:1591，白云岩。残长 3.95、宽 1.2、厚 0.25 厘米，重 1.2 克。背面带有双脊，一侧边缘保留有使用痕迹（图五二，18；图版七，19）。

03T1-T2⑦:1593，白云岩。残长 2.3、宽 1.1、厚 0.4 厘米，重 1.1 克。背面带有双脊（图五二，13；图版七，20）。

03T1-T2⑦:1594，白云岩。残长 3.2、宽 1.0、厚 0.35 厘米，重 1.3 克。背面带有单脊（图五二，16；图版七，21）。

04T1-T2⑦:1132，白云岩。残长 1.6、宽 0.9、厚 0.3 厘米，重 0.4 克。背面带有单脊（图五二，14；图版七，22）。

04T1-T2⑦:1143，白云岩。残长 2.6、宽 0.9、厚 0.3 厘米，重 0.8 克。背面带有分岔脊（图五二，15；图版七，23）。

04T1-T2⑦:1167，燧石。残长 2.2、宽 1.0、厚 0.4 厘米，重 0.6 克。背面带有单脊（图五二，17；图版七，24）。

04T1-T2⑦:1186，黑曜石。残长 2.15、宽 0.9、厚 0.3 厘米，重 0.5 克。背面带有分岔脊（图五二，25；图版七，31）。

04T1-T2⑦:1222，白云岩。残长 3.1、宽 0.8、厚 0.15 厘米，重 0.5 克。背面带有分岔脊（图五二，21；图版七，26）。

04T1-T2⑦:1273，白云岩。残长 1.7、宽 0.7、厚 0.2 厘米，重 0.3 克。背面带有分岔脊（图四八，1；图版七，27）。

04T1-T2⑦:1439，燧石。残长 2.0、宽 0.6、厚 0.45 厘米，重 0.6 克。背面带有分岔脊（图五二，19；图版七，28）。

04T1-T2⑦:1441，黑曜石。残长 1.75、宽 0.5、厚 0.2 厘米，重 0.2 克。背面带有单脊（图五二，

20；图版七，30）。

04T3⑦:680，白云岩。残长 3.1、宽 0.8、厚 0.3 厘米，重 0.9 克。背面带有分岔脊（图五二，22；图版七，25）。

04T3⑦:681，白云岩。残长 2.75、宽 0.6、厚 0.2 厘米，重 0.5 克。背面带有单脊（图五二，23；图版七，37）。

04T3⑦:682，白云岩。残长 2.3、宽 1.0、厚 0.4 厘米，重 1.1 克。背面带有分岔脊（图五二，24；图版七，29）。

04T3⑦:685，燧石。残长 3.6、宽 1.1、厚 0.35 厘米，重 1.7 克。背面带有不规则形脊，两侧边缘保留有部分使用痕迹，一侧保留在破裂面边缘，另一侧保留在背面边缘（图五二，29；图版七，32）。

04T3⑦:686，白云岩。残长 2.7、宽 1.2、厚 0.4 厘米，重 1.3 克。背面带有分岔脊（图五二，28；图版七，33）。

04T3⑦:696，黑曜石。残长 2.0、宽 0.9、厚 0.3 厘米，重 0.7 克。背面带有单脊，两侧边缘保留有部分使用痕迹，一侧保留在背面，另一侧保留在破裂面（图五二，26；图版七，34）。

04T5-T6XF1:170，白云岩。残长 3.0、宽 1.8、厚 0.5 厘米，重 2.9 克。背面带有不规则形脊（图五二，32；图版七，35）。

04T5-T6XF1:195，白云岩。残长 1.8、宽 1.0、厚 0.3 厘米，重 0.8 克。背面带有不规则形脊（图五二，31；图版七，36）。

04T5-T6⑦:44，白云岩。残长 1.2、宽 0.95、厚 0.2 厘米，重 0.4 克。背面带有双脊（图五二，27；图版七，38）。

04T5-T6⑦:122，白云岩。残长 2.2、宽 1.1、厚 0.3 厘米，重 0.9 克。背面带有分岔脊（图五二，34；图版七，39）。

04T5-T6⑦:135，白云岩。残长 3.6、宽 1.3、厚 0.8 厘米，重 3.1 克。背面带有分岔脊，一侧保留有自然面，并有使用痕迹，另一侧保留有少许修理痕迹（图五二，36；图版七，45）。

04T5-T6⑦:160，白云岩。残长 2.5、宽 1.1、厚 0.3 厘米，重 1.0 克。背面带有分岔脊（图五二，33；图版七，40）。

04T5-T6⑦:168，白云岩。残长 4.4、宽 1.2、厚 0.6 厘米，重 3.8 克。背面带有分岔脊，一侧保留有部分自然面，并有一些修理痕迹，另一侧保留有使用痕迹（图五二，35；图版七，42）。

04T5-T6⑦:263，白云岩。残长 1.8、宽 0.7、厚 0.2 厘米，重 0.3 克。背面带有双脊（图五二，30；图版七，41）。

04T5-T6⑦:264，白云岩。残长 2.6、宽 0.6、厚 0.3 厘米，重 0.4 克。背面带有单脊（图五二，37；图版七，43）。

07T5-T6XM3:4，白云岩。残长 2.7、宽 1.2、厚 0.45 厘米，重 1.6 克。背面带有分岔脊（图五二，38；图版七，44）。

（五）细石器

151 件。包括采用石片制成的端刮器、边刮器、拇指盖状刮削器等，以及采用石叶制成的精美石镞、石钻和石刃等。

1. 端刮器

46 件。是细石器中数量最多的一类，选用石片或石叶作为原材加工而成，刃部修理主要施于石片或石叶远端，而且多数加工方向是从破裂面向背面修理。根据其形状基本上可以分弧刃和平刃两小类。

（1）弧刃端刮器

25 件。采用石片或石叶于其远端或近端，使用压制技术修理出一个弧形圆端刃。

04T3⑦:697，白云岩。残长 2.1、宽 0.75、厚 0.3 厘米，重 0.5 克。刃缘由破裂面向背面正向加工，刃缘长 3.4 厘米，刃角 62°。石片远端压制修理出圆端刃，可能在使用过程中被折断（图五三，1；图版八，1）。

04T3⑦:699，白云岩。残长 1.4、宽 2.1、厚 0.5 厘米，重 1.55 克。刃缘由破裂面向背面正向加工，刃缘长 3.6 厘米，刃角 64°。石叶远端压制修理出圆端刃，可能在使用过程中被折断（图五三，2；图版八，2）。

04T3⑦:700，蛋白石。残长 1.2、宽 1.8、厚 0.5 厘米，重 1.0 克。刃缘由破裂面向背面正向加工，刃缘长 2.7 厘米，刃角 73°。石片远端压制修理出圆端刃，可能在使用过程中被折断（图五三，3；图版八，3）。

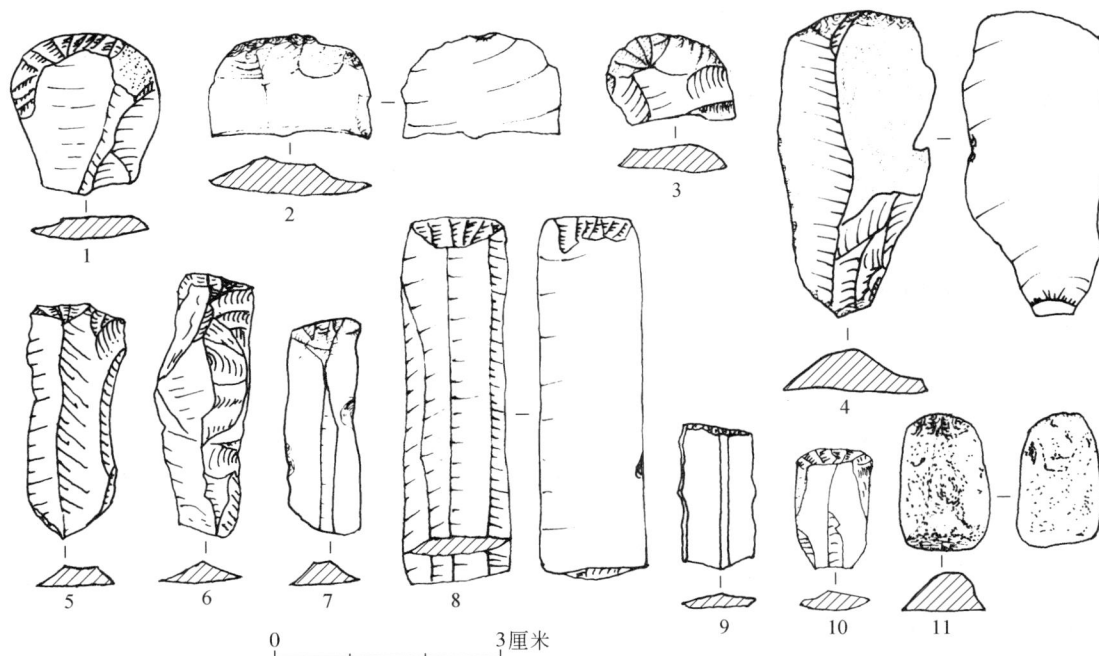

图五三　第 7 层出土弧刃端刮器、平刃端刮器

1～4. 弧刃端刮器（1.04T3⑦:697、2.04T3⑦:699、3.04T3⑦:700、4.04T5-T6⑦:268）　5～11. 平刃端刮器（5.03T1-T2⑦:1469、6.03T1-T2⑦:1470、7.04T5-T6⑦:38、8.04T3H5:8、9.04T1-T2⑦:1287、10.04T5-T6F1:112、11.04T5-T6⑦:1）

　　04T3⑦:713，白云岩。长 7.65、宽 4.2、厚 1.2 厘米，重 48.8 克。刃缘由破裂面向背面正向加工，刃缘长 5.4 厘米，刃角 69°。石片远端压制修理出圆端刃。按照尺寸这件端刮器应该放入大型石器内，不过器形和制作方法同于细石器（图五四；图版八，6）。

　　04T5-T6⑦:268，燧石。长 4.15、宽 2.1、厚 0.6 厘米，重 6.2 克。刃缘由破裂面向背面正向加工，刃缘长 2.0 厘米，刃角 84°。石叶远端压制修理出圆端刃，背面一侧保留有部分砾石自然面（图五三，4；图版八，4）。

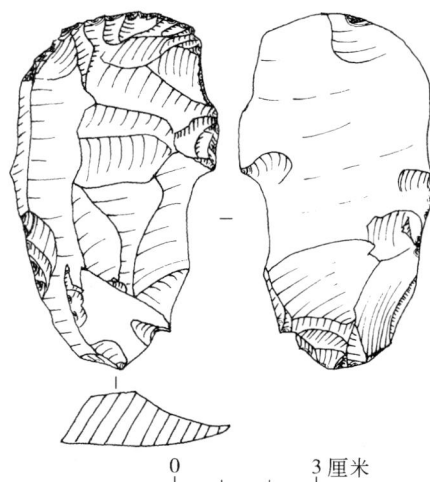

图五四　第 7 层出土弧刃端刮器
（04T3⑦:713）

　　（2）平刃端刮器

　　21 件。采用石片或石叶于其远端或近端，使用压制技术修理出一个平端刃。

　　03T1-T2⑦:1469，白云岩。长 3.1、宽 1.2、厚 0.35 厘米，重 1.8 克。刃缘由破裂面向背面正向加工，刃缘长 1.1 厘米，刃角 68°。石叶远端压制修理出平端刃（图五三，5；图版八，7）。

　　03T1-T2⑦:1470，白云岩。长 3.5、宽 1.2、厚 0.3 厘米，重 1.6 克。刃缘由破裂面向背面正向加工，刃缘长 0.8 厘米，刃角 88°。石叶近端压制修理出平端刃（图五三，6；图版八，8）。

　　04T1-T2⑦:1287，白云岩。残长 2.0、宽 0.95、厚 0.2 厘米，重 0.6 克。刃缘由破裂面向背面正向加工，刃缘长 0.9 厘米，刃角 50°。石片远端压制修理出平端刃，可能在使用过程中被折断。背面一侧保留有使用痕迹（图五三，9；图版八，9）。

　　04T3H5:8，白云岩。残长 4.9、宽 1.35、厚 0.3 厘米，重 3.0 克。刃缘由正、反向两面加工，刃缘长 1.2 厘米，刃角 58°。石叶远近端压制修理出平端刃，可能在使用过程中被折断（图五三，8；图版八，5）。

　　04T5-T6⑦:1，白云岩。长 1.85、宽 1.2、厚 0.5 厘米，重 2.0 克。刃缘由破裂面向背面正向加工，刃缘长 0.9 厘米，刃角 85°。石片远端和近端皆压制修理出平端刃。刃缘部位使用痕迹明显（图五三，11；图版八，10）。

　　04T5-T6⑦:38，白云岩。残长 2.95、宽 0.9、厚 0.35 厘米，重 1.4 克。刃缘由破裂面向背面正向加工，刃缘长 0.7 厘米，刃角 68°。石片远端压制修理出平端刃，可能在使用过程中被折断（图五三，7；图版八，11）。

　　04T5-T6F1:112，燧石。长 1.6、宽 0.95、厚 0.25 厘米，重 0.5 克。刃缘由破裂面向背面正向加工，刃缘长 0.9 厘米，刃角 69°。石叶远端压制修理出平端刃（图五三，10；图版八，12）。

　　2. 边刮器

　　5 件。主要选用石片加工而成。从刃部特征观察，采用锤击技术加以修理，也有用压制技术修理者。加工部位多施于石片的一侧或远端，加工方向多从破裂面向背面正向打击，从背面向破裂面反向打击者少于前者，一面加工的多于两面加工的。

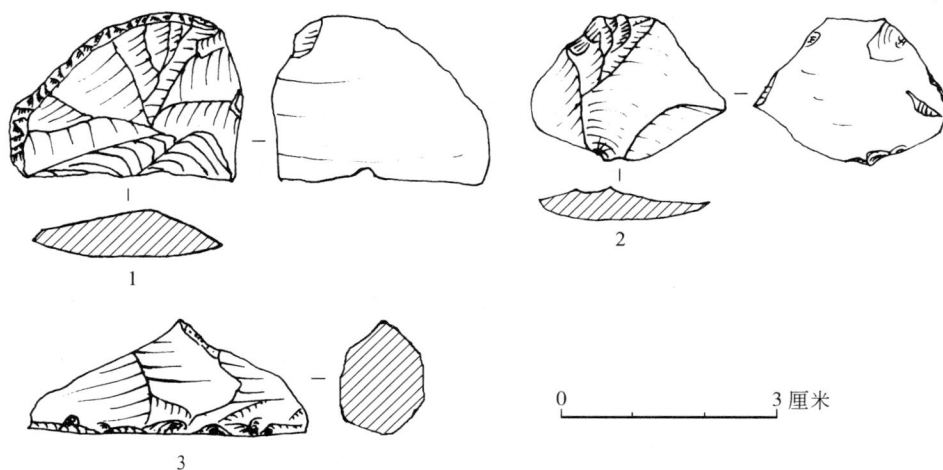

图五五　第 7 层出土边刮器

1.04T1-T2H3:8　2.07T5-T6XM3:3　3.04T1-T2⑦:1235

04T1-T2H3:8，白云岩。长 3.1、宽 2.4、厚 0.7 厘米，重 6.0 克。刃缘由破裂面向背面正向加工，刃缘长 4.3 厘米，刃角 57°。修理刃缘分布于石片的两侧，用压制法加工成刃（图五五，1；图版八，21）。

07T5-T6XM3:3，燧石。长 2.7、宽 2.0、厚 0.5 厘米，重 2.6 克。刃缘由破裂面向背面正向加工，刃缘长 1.4 厘米，刃角 72°。修理刃缘分布于石片的一侧，用压制法加工成刃（图五五，2；图版八，17）。

04T1-T2⑦:1235，白云岩。长 3.9、宽 1.9、厚 1.7 厘米，重 11.0 克。刃缘由破裂面向背面正向加工，刃缘长 7.2 厘米，刃角 92°。修理刃缘分布于石片的周边，用压制法加工成刃（图五五，3；图版八，20）。

3. 拇指盖状刮削器

4 件。器形多很细小，主要选用小的台面剥片作为原材，原料采用玉髓岩性的数量明显多于其他岩性。加工部位一般在石片的远端进行修理，也有一定数量不仅在远端，而且在石片的一侧或两侧同时进行修理。加工技术主要采用压制法，加工方式主要从破裂面向背面正向加工，个别的采用了从背面向破裂面反向加工。绝大部分标本修理精细，器型周正，而且常常带有经过使用留下的明显用痕。

04T4⑦:1063，燧石。长 1.0、宽 1.1、厚 0.3 厘米，重 0.4 克。刃缘由破裂面向背面正向加工，刃缘长 1.2 厘米，刃角 62°。于小石片远端压制修理成器，刃缘上保留有较明显的使用痕迹（图五六，1；图版八，23）。

04T5-T6⑦:112，白云岩。长 1.8、宽 1.6、厚 0.35 厘米，重 1.2 克。刃缘由破裂面向背面正向加工，刃缘长 4.8 厘米，刃角 54°。小石片远端及两侧压制修理出弧刃，加工精细，是典型标本，刃缘上保留有使用痕迹（图五六，2；图版八，24）。

04T5-T6⑦:130，玉髓。长 1.2、宽 1.05、厚 0.5 厘米，重 0.7 克。刃缘由破裂面向背面正向加工，刃缘长 2.2 厘米，刃角 77°。小石片远端及两侧压制修理出弧刃，加工精细，是一件典型标本，刃缘上保留有使用痕迹（图五六，3；图版八，25）。

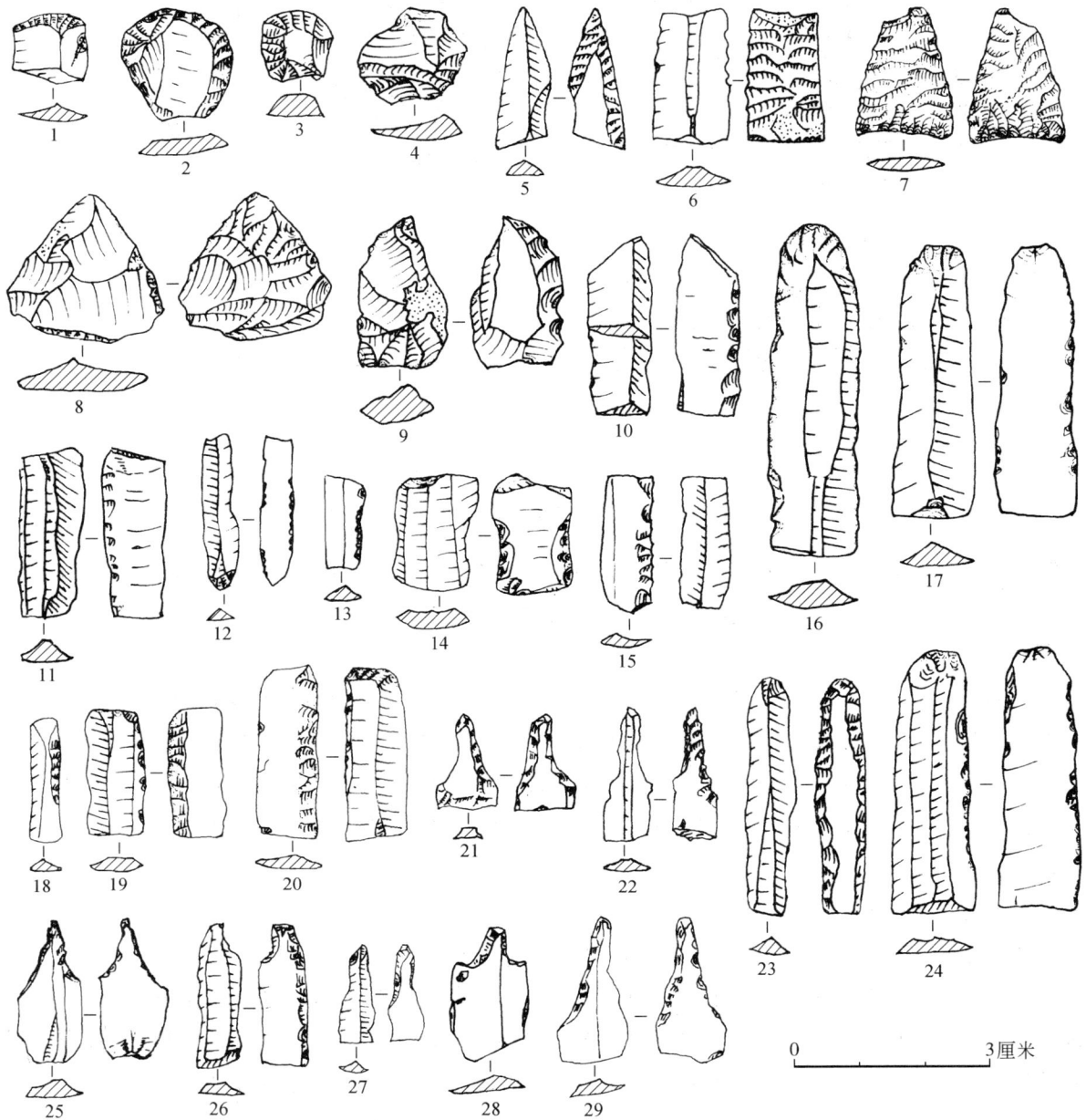

图五六　第7层出土细石器

1～4. 拇指盖状刮削器（1. 04T4⑦:1063、2. 04T5-T6⑦:112、3. 04T5-T6⑦:130、4. 04T5-T6⑦:182）　5、6. 柳叶形石镞（04T3⑦:704、04T3⑦:705）　7～9. 平底三角形石镞（04T5-T6⑦:10、04T5-T6⑦:184、04T5-T6⑦:273）　10～13. 单刃石刃（10. 03T1-T2⑦:1471、11. 03T1-T2⑦:1473、12. 04T1-T2⑦:1261、13. 04T5F1:A33）　14. 双刃石刃（04T5F1:A21）　15. 单刃石刃（03T1-T2⑦:1472）　16、17. 双刃石刃（04T5⑦:879、04T5⑦:880）　18～20. 单刃石刃（04T5-T6⑦:283、04T5-T6DF1:139、04T9⑦:99）　21、22. 窄长形石钻（03T1-T2⑦:1481、03T1-T2⑦:1480）　23、24. 双刃石刃（04T5-T6⑦:87、04T5-T6⑦:173）　25～29. 窄长形石钻（25. 03T1-T2⑦:1483、26. 04T1-T2⑦:1277、27. 04T1-T2⑦:1251、28. 04T1-T2⑦:1265、29. 03T1-T2⑦:1482）

04T5-T6⑦:182，玉髓。长1.4、宽1.5、厚0.4厘米，重0.9克。刃缘由破裂面向背面正向加工，刃缘长3.2厘米，刃角54°。小石片远端压制修理出弧刃（图五六，4；图版八，26）。

4. 石镞

16件。细石器中加工技术最好的一类，主要选用石叶或石片作为原材料加工而成，加工技术主要采用的是压制法。根据其形状可以分为柳叶形、平底三角形，以及残品和半成品，主要选用石叶修理而成，也有用石片修理而成者。柳叶形和平底三角形石镞制作比较简单，一般于石叶的远端单面修理出尖，多数加工方向从背面向破裂面压制修理，平底三角形石镞从形状上看比柳叶形石镞要宽短，有的选用小长石片加工而成，有的两面进行较细致的压制修理。柳叶形石镞5件、平底三角形石镞3件，残品7件，半成品1件。

（1）柳叶形石镞

5件。采用石叶于其两侧从背面向破裂面压制修理至远端夹出一尖成器，形似柳叶。

04T3⑦:704，白云岩。残长2.1、宽0.75、厚0.3厘米，重0.5克。修理刃缘残长3.4厘米，尖部夹角62°。尾部折断（图五六，5；彩版七，1）。

04T3⑦:705，燧石。残长2.0、宽1.1、厚0.3厘米，重0.9克。修理刃缘残长4厘米，尖部夹角59°。尖部和尾部折断（图五六，6；彩版七，2）。

（2）平底三角形石镞

3件。有的周身布满了两面压制修理形成的细长疤痕，体薄而细小；有的一面大部分面积压制修理，另一面周边进行压制修理。

04T5-T6⑦:10，燧石。残高2.1、底宽1.4、厚0.25厘米，重0.7克。周身布满了两面压制修理形成的细长疤痕，体薄而细小，刃缘残长5.9厘米，刃夹角50°。尖部折断（图五六，7；彩版七，3）。

04T5-T6⑦:184，蛋白石。高2.1、底宽2.1、厚0.4厘米，重1.8克。周身布满了两面压制修理形成的细长疤痕，体薄而细小，刃缘长6.4厘米，刃部夹角55°（图五六，8；彩版七，4）。

04T5-T6⑦:273，玉髓。残高2.35、底宽1.4、厚0.6厘米，重1.8克。一面大部分面积压制修理，另一面周边进行压制修理，刃缘残长6.0厘米，刃部夹角63°。尖部折断（图五六，9；彩版七，5）。

（3）残石镞

7件。标本皆为修理加工好后使用或自然力形成残缺。大部分尖部残断，也有少部分尾部残缺的。

（4）半成品石镞

1件。标本是在修理加工未完成的情况下，由于不宜继续加工成器而废弃不用的。

5. 石刃

28件。选用石叶采用压制技术修理成器，这种工具是镶嵌在骨头或木头的凹槽里，作为复合工具使用的。第7层发掘出土的石刃中多为单刃和双刃，复刃者几乎未见。其中单刃13件，双刃9件，残品6件。

（1）单刃石刃

13件。多采用石叶的中间段，于其一侧从背面向破裂面或从破裂面向背面单面加工成刃，有的于石叶一侧未经修理直接使用形成。

03T1-T2⑦:1471，白云岩。残长2.7、宽0.95、厚0.2厘米，重0.8克。刃缘残长2.2厘米，刃角53°。从背面向破裂面单面加工形成（图五六，10；彩版八，1）。

03T1-T2⑦:1472，燧石。残长2.1、宽0.7、厚0.3厘米，重0.4克。刃缘残长1.9厘米，刃角50°。从背面向破裂面单面加工形成（图五六，15；彩版八，2）。

03T1-T2⑦:1473，白云岩。长2.6、宽0.9、厚0.4厘米，重1.2克。刃缘长2.5厘米，刃角53°。从背面向破裂面单面使用形成的石刃（图五六，11；彩版八，3）。

04T1-T2⑦:1261，玉髓。长2.35、宽0.4、厚0.15厘米，重0.2克。刃缘长2.2厘米，刃角50°。于石叶一侧从背面向破裂面使用形成（图五六，12；彩版八，4）。

04T5F1:A33，白云岩。残长1.4、宽0.6、厚0.2厘米，重0.25克。刃缘残长1.3厘米，刃角63°。于石叶一侧从破裂面向背面使用形成（图五六，13；彩版八，5）。

04T5-T6DF1:139，燧石。残长2.0、宽0.85、厚0.2厘米，重0.6克。刃缘残长1.8厘米，刃角58°。于石叶一侧从背面向破裂面加工形成（图五六，19；彩版八，6）。

04T5-T6⑦:283，燧石。长1.9、宽0.4、厚0.1厘米，重0.1克。刃缘长1.3厘米，刃角32°。于石叶一侧从破裂面向背面加工形成（图五六，18；彩版八，7）。

04T9⑦:99，白云岩。长2.7、宽0.9、厚0.2厘米，重0.9克。刃缘长3.2厘米，刃角50°。刃缘于石叶一侧从背面向破裂面加工形成，一端从破裂面向背面进行修理以便于镶嵌（图五六，20；彩版八，8）。

（2）双刃石刃

9件。多采用石叶的中间段，于其两侧从背面向破裂面或从破裂面向背面单面加工或两面交互加工成刃，有的于石叶两侧未经修理直接使用形成。

04T1-T2⑦:1246，白云岩。残长2.1、宽0.8、厚0.2厘米，重0.4克。刃缘残长4.1厘米，刃角50°。石叶两侧两面交互加工形成（彩版八，9）。

04T3⑦:706，燧石。残长2.7、宽2.3、厚0.5厘米，重4.9克。刃缘残长6.2厘米，刃角56°。石叶两侧两面交互加工形成，一端从破裂面向背面进行修理以便于镶嵌（彩版八，10）。

04T5⑦:879，白云岩。长5.1、宽1.3、厚0.5厘米，重4.1克。刃缘长9.2厘米，刃角52°。于石叶两侧从破裂面向背面使用形成（图五六，16；彩版八，17）。

04T5⑦:880，白云岩。长4.0、宽1.2、厚0.4厘米，重3.2克。刃缘长9.2厘米，刃角52°。石叶两侧使用形成的石刃，一侧从破裂面向背面使用，另一侧从背面向破裂面使用（图五六，17；彩版八，11）。

04T5F1:A21，白云岩。残长1.8、宽1.3、厚0.4厘米，重1.2克。刃缘残长2.7厘米，刃角70°。石叶两侧从背面向破裂面加工形成（图五六，14；彩版八，12）。

04T5-T6⑦:87，白云岩。长3.75、宽0.8、厚0.5厘米，重1.7克。刃缘长7.2厘米，刃角80°。于石叶两侧从背面向破裂面加工形成（图五六，23；彩版八，13）。

04T5-T6⑦:173，白云岩。长4.1、宽1.25、厚0.4厘米，重2.8克。刃缘长6.5厘米，刃角50°。石叶两侧使用形成，一侧从破裂面向背面使用，另一侧从背面向破裂面使用（图五六，24；彩版八，14）。

（3）残石刃

6 件。这类标本多为横向断裂，由于它们薄而细长在使用过程中或受自然力影响形成残缺。

6. 石钻

31 件。采用石叶或石片加工而成，一般从以上材料的左右两侧向一端压制修理出一个圆钝的小尖，加工方向主要是从背面向破裂面修理，也有从破裂面向背面修理者或两面压制成器者。从形态上来看，可以分为窄长形、宽短形和残品等。窄长形 12 件，宽短形 3 件，残品 16 件。

（1）窄长形石钻

12 件，多选用石叶，于两侧从背面向破裂面或从破裂面向背面压剥修理，一端修出一个尖，有的于石叶两侧错向压制修理。

03T1-T2⑦:1480，白云岩。尾部残断。残长 2.1、宽 0.7、厚 0.2 厘米，重 0.3 克。石叶两侧从背面向破裂面压制修理，修理刃缘长 2.6 厘米，尖部夹角 63°（图五六，22；图版九，1）。

03T1-T2⑦:1481，白云岩。长 1.45、宽 0.4、厚 0.3 厘米，重 0.3 克。石叶两侧从背面向破裂面压剥修理，尾部从破裂面向背面压制修理，修理刃缘长 3.0 厘米，尖部夹角 87°（图五六，21；图版九，2）。

03T1-T2⑦:1482，燧石。尾部已残断。残长 2.2、宽 1.0、厚 0.3 厘米，重 0.5 克。石叶两侧错向压制修理，修理刃缘长 2.9 厘米，尖部夹角 89°（图五六，29；图版九，3）。

03T1-T2⑦:1483，燧石。长 2.2、宽 1.0、厚 0.3 厘米，重 0.6 克。石叶两侧从破裂面向背面压制修理，修理刃缘长 2.3 厘米，尖部夹角 75°（图五六，25；图版九，4）。

04T1-T2⑦:1251，燧石。长 1.5、宽 0.5、厚 0.2 厘米，重 0.2 克。石叶两侧从背面向破裂面压制修理，修理刃缘长 1.9 厘米，尖部夹角 64°（图五六，27；图版九，5）。

04T1-T2⑦:1265，白云岩。残长 2.1、宽 1.2、厚 0.25 厘米，重 0.7 克。石叶两侧从破裂面向背面压制修理，远端修出一个尖，修理刃缘残长 1.7 厘米，刃部夹角 66°。双肩窄长形石钻，尖部和尾部皆已折断（图五六，28；图版九，6）。

04T1-T2⑦:1277，白云岩，尖部折断。残长 2.2、宽 0.7、厚 0.2 厘米，重 0.4 克。石叶两侧从背面向破裂面压制修理，尾部从破裂面向背面压制修理，修理刃缘残长 2.7 厘米，刃部夹角 72°（图五六，26；图版九，7）。

04T1-T2⑦:1442，白云岩。尖部折断。残长 3.1、宽 0.8、厚 0.25 厘米，重 0.7 克。石叶两侧从背面向破裂面压制修理，修理刃缘残长 3.0 厘米，刃部夹角 52°（图五七，2；图版九，8）。

04T4⑦:1062，白云岩。尖部折断。残长 3.7、宽 0.6、厚 0.2 厘米，重 0.8 克。石叶两侧从背面向破裂面压制修理，修理刃缘残长 3.6 厘米，刃部夹角 62°（图五七，1；图版九，9）。

04T4⑦:1064，燧石。长 1.95、宽 0.85、厚 0.25 厘米，重 0.4 克。石叶两侧错向压制修理，于其远端修出一个小尖，修理刃缘长 1.6 厘米，刃部夹角 84°（图五七，3；图版九，10）。

04T5-T6⑦:144，白云岩。尖部折断。残长 2.3、宽 1.6、厚 0.5 厘米，重 1.3 克。石片两面交互压剥修理，尾部横向亦两面交互压制修理，修理刃缘残长 5.3 厘米，刃部夹角 78°。为一件石片加工而成的双肩窄长型石钻（图五七，4；图版九，11）。

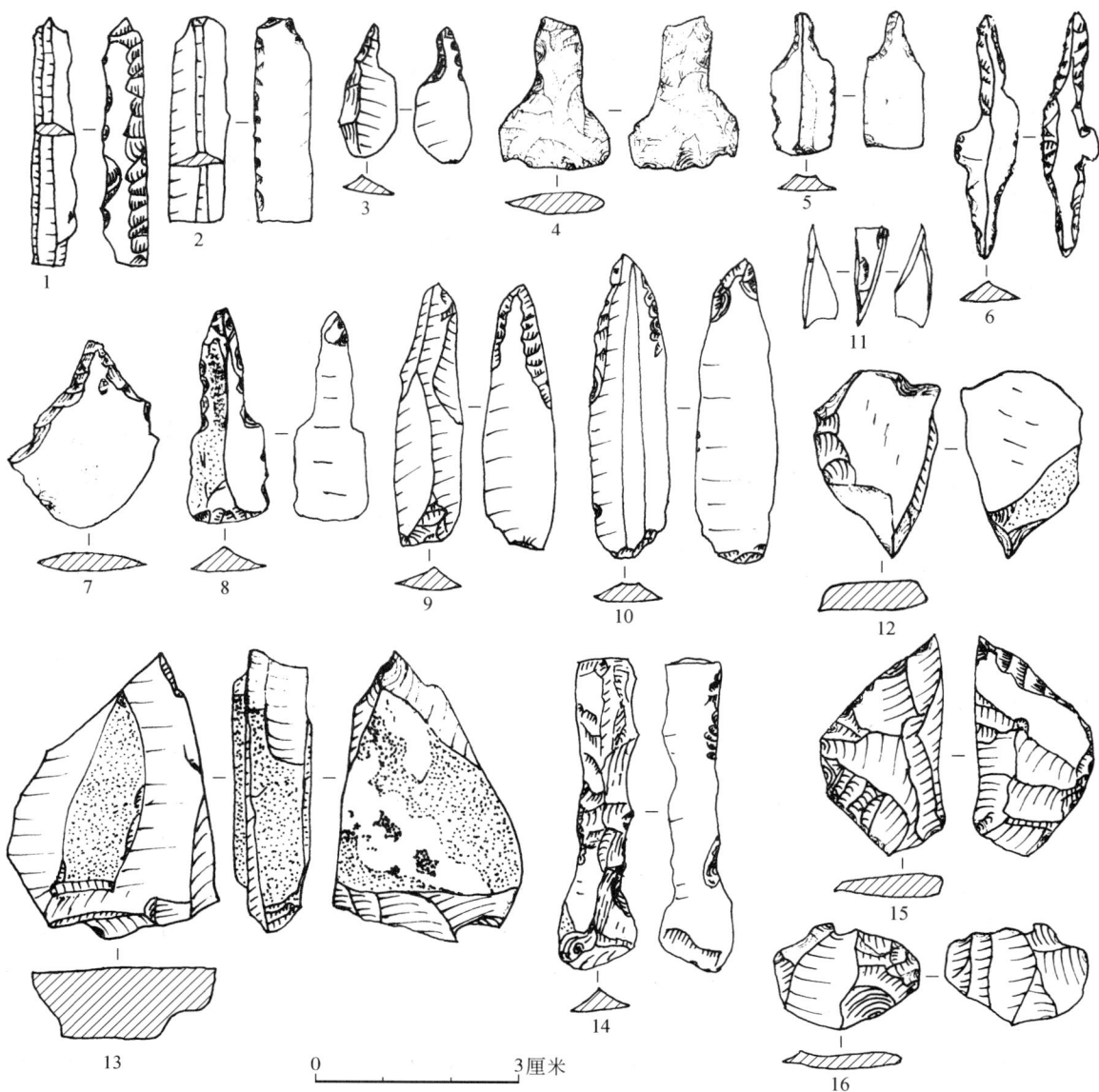

图五七　第 7 层出土细石器

1～6. 窄长形石钻（1.04T4⑦:1062、2.04T1-T2⑦:1442、3.04T4⑦:1064、4.04T5-T6⑦:144、5.04T5-T6⑦:179、6.04T5-T6⑦:198）　7. 宽短形石钻（03T1-T2⑦:1479）　8. 窄长形石钻（04T5-T6D⑦:35）　9、10. 尖状器（04T1-T2⑦:1257、07T5-T6XM3:9）　11. 雕刻器（03T1-T2⑦:2150）　12. 小型残石器（04T5⑦:881）　13. 雕刻器（04T1-T2⑦:1263）　14. 凹缺器（03T1-T2⑦:1488）　15、16. 小型残石器（04T5-T6⑦:261、04T5F1:A7）

　　04T5-T6⑦:179，白云岩。尾部折断。残长 2.1、宽 0.9、厚 0.3 厘米，重 0.6 克。石叶两侧错向压制修理，修理刃缘残长 2.0 厘米，刃部夹角 89°。为一件双肩窄长型石钻（图五七，5；图版九，12）。

　　04T5-T6⑦:198，白云岩。长 3.6、宽 0.8、厚 0.3 厘米，重 0.7 克。石叶大部分边缘从背面向破裂面压制修理，于其两端修出两个尖，其中一个尖采用了错向修理，刃缘长 7.7 厘米，刃部夹角 66°。为一件窄长型双尖石钻，其加工较为精细，保存完好（图五七，6；图版九，13）。

04T5-T6D⑦:35，白云岩。长 3.2、宽 1.1、厚 0.45 厘米，重 1.6 克。石叶两侧从破裂面向背面压制修理，近端修出一个尖，尾部横向亦从破裂面向背面压制修理，修理刃缘残长 5.1 厘米，刃部夹角 89°。双肩窄长型石钻，加工精细，保存完好（图五七，8；图版九，14）。

（2）宽短形石钻

3 件。多选用石片，两侧从背面向破裂面或从破裂面向背面压制修理，一端修出一个尖。

03T1-T2⑦:1479，燧石。长 2.8、宽 1.8、厚 0.4 厘米，重 2.3 克。石片两侧从背面向破裂面压制修理，远端修出一个尖，修理刃缘长 4.3 厘米，尖部夹角 67°（图五七，7；图版九，15）。

（3）残石钻

16 件。标本大部分尖部残断，可能主要是使用过程中被折断，也有自然力形成者。

7. 尖状器

2 件。选用石叶加工而成，尖部皆呈正尖型。

04T1-T2⑦:1257，燧石。长 3.95、宽 1.0、厚 0.45 厘米，重 1.8 克。石叶两侧从背面向破裂面压制修理，其远端修出一个尖，修理刃缘长 3.1 厘米，尖部夹角 76°（图五七，9；图版九，17）。

07T5-T6XM3:9，白云岩。长 4.5、宽 1.15、厚 0.3 厘米，重 2.0 克。石叶两侧从破裂面向背面压制修理，远端修出一个尖，尖部为了牢固耐用，又从背面向破裂面进行压制修理，修理刃缘长 4.2 厘米，尖部夹角 66°（图五七，10；图版九，16）。

8. 雕刻器

3 件。小石片或小石块修理而成的屋脊形。

03T1-T2⑦:2150，燧石。长 1.45、宽 0.5、厚 0.45 厘米，重 0.2 克。利用自然的小石片屋脊形双刃口进行雕刻之用的雕刻器，刃口上保留有部分使用痕迹。刃口宽 0.45 厘米，雕刻刃角 50°（图五七，11；图版九，22）。

04T1-T2⑦:1263，白云岩。长 4.5、宽 2.95、厚 1.2 厘米，重 19.1 克。修理工作于自然石块的一侧顺着石块长轴并排打击两下剥下两件小石片，出现一个平面，然后于相对的一侧打击一下，剥下一件小石片，修理成一件较好的屋脊形雕刻器，刃口宽 0.9 厘米，雕刻刃角 80°（图五七，13；图版九，21）。

9. 凹缺器

2 件。于原材刃部边缘修理或使用形成凹缺刃口。

03T1-T2⑦:1488，白云岩。长 4.8、宽 1.15、厚 0.6 厘米，重 2.5 克。可能使用形成双凹缺刃口，分布于石条相对的两侧，一侧于背面，另一侧于破裂面，分布于背面的凹缺刃口，刃缘长 1.0 厘米，刃角 73°（图五七，14；图版三，16）。

10. 小型残石器

14 件。残石器已不宜辨认出属于那种器类。

04T5⑦:881，燧石。长 2.6、宽 1.8、厚 0.4 厘米，重 4.9 克。修理工作于自然石块的两边，一边为一个小凹缺刃口，另一边为一凸刃刮削刃口，可能在使用过程中被折断，凹缺刃口长 0.6 厘米，刃角 50°（图五七，12）。

04T5F1:A7，燧石。长 1.52、宽 2.05、厚 0.2 厘米，重 0.8 克。修理工作于石片的一侧，压制成一件边刮器，可能在使用过程中残缺，刃口长 1.5 厘米，刃角 35°（图五七，16）。

04T5-T6⑦:261，白云岩。残长 3.4、宽 1.7、厚 0.3 厘米，重 2.8 克。修理工作于石片的两面，压制成似平底镞，可能在使用过程中被折断，刃口残长 5.2 厘米，刃角 63°（图五七，15）。

（六）大型石器

82 件。选用砾石、石片和石块等加工或使用形成的加工工具石锤、石砧、砺石和石垫等，以及加工成的砍砸器、刮削器、多用器、穿孔石器、石刀、石磨盘和磨棒等。

1. 石锤

24 件。用于石核上剥片并加工石器的专门工具，选用长棱形或椭圆形砾石直接使用而成。特征是在砾石的一端或两端保留了许多锤击或砸击而产生的小片疤或坑疤，有的周身还散布着一些零星的小坑疤或小斑点。

04T1-T2⑦:1139，石英砂岩。长棱状。长 8.2、宽 3.7、厚 2.3 厘米，重 101.8 克。两端皆保留有锤击他物所产生的疤痕，一端由于使用崩落了一块片疤，应是一件适用的锤击石锤（图五八，1）。

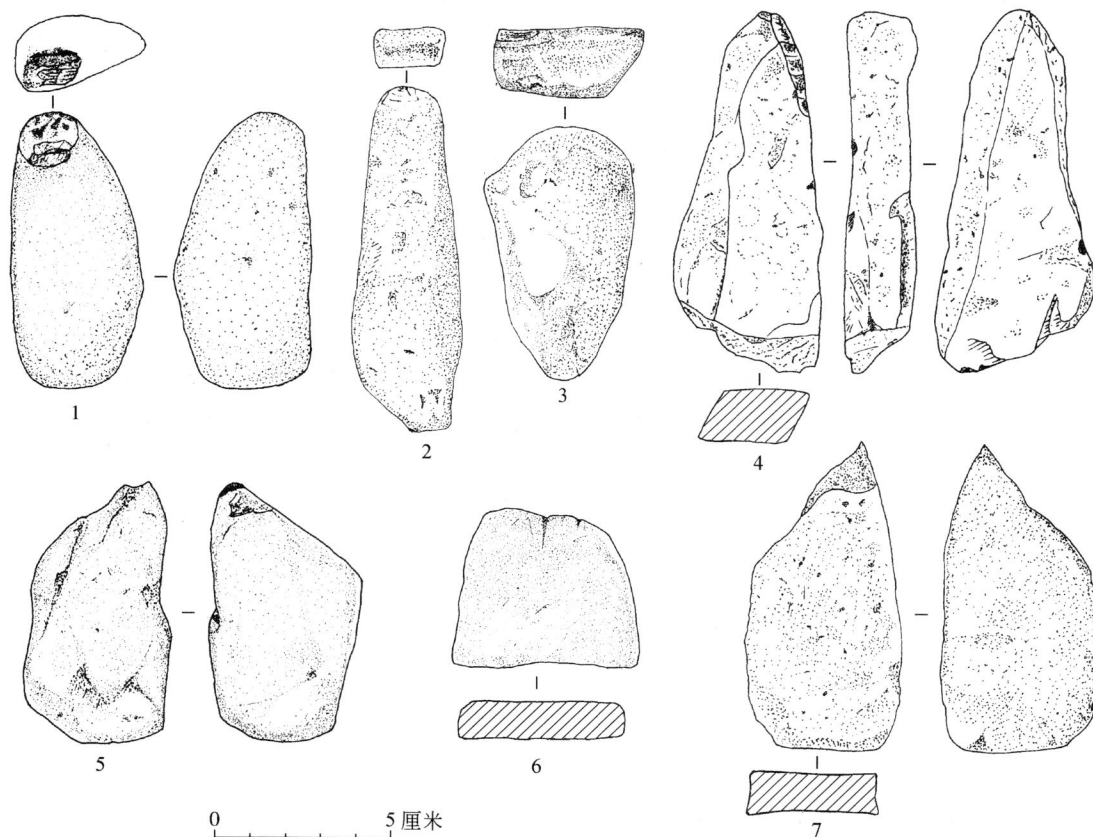

图五八　第 7 层出土石锤、石砧

1～3. 石锤（04T1-T2⑦:1139、04T1-T2H3:12、04T3H5:11）　4. 石砧（04T5-T6F1:106）　5. 石锤
（04T1-T2⑦:1173）　6、7. 石砧（04T5F1:A24、04T5-T6⑦:294）

04T1-T2⑦:1173，白云岩。块状。长 7.9、宽 4.2、厚 3.8 厘米，重 150 克。一端保留有锤击他物所产生的裂纹和破碎痕迹，并由于使用崩落了一块片疤（图五八，5）。

04T1-T2H3:12，石英砂岩。长棱状。长 10.5、宽 3.2、厚 2.9 厘米，重 134.3 克。两端皆保留有锤击他物所产生的疤痕，一端由于使用崩落了一块片疤（图五八，2）。

04T3H5:11，石英砂岩。长棱状。长 7.6、宽 4.4、厚 3.3 厘米，重 112.8 克。两端皆保留有锤击他物所产生的明显痕迹，一端由于使用崩落了一块片疤（图五八，3）。

2. 石砧

25 件。多为残缺者，可能使用过程中受力而破碎。主要选用石英砂岩天然石块，边缘稍加修理而成。有的一面保留有作为石砧使用后形成的许多小坑疤，有的两面皆保留有作为石砧使用后产生的许多小坑疤。

04T5F1:A24，石英砂岩，残长 4.6、宽 5.3、厚 1.25 厘米，重 48.5 克。一边保留有作为网坠而修理的细长凹痕，两面保留有作为石砧使用后产生的许多小坑疤，边缘稍加修理（图五八，6）。

04T5-T6F1:106，石英砂岩。残长 10.7、残宽 4.4、厚 2.3 厘米，重 134.0 克。其两面皆保留有作为石砧使用后产生的许多小坑疤（图五八，4）。

04T5-T6⑦:294，石英砂岩。残长 8.9、残宽 4.5、厚 1.9 厘米，重 103.4 克。曾作为砺石使用过，两面皆有磨制痕迹，估计使用残破后改用为石砧，两面保留了作为石砧产生的许多小坑疤，边缘稍加修理（图五八，7）。

3. 砺石

18 件。多为碎块。主要选用石英砂岩天然石块，于其边缘稍加修理而成，或者于其两面进行磨制修理。有的一面保留有作为砺石磨制他物所产生的明显条痕，有的两面皆保留有作为砺石磨制他物所产生的明显条痕。

04T3H5:10，石英砂岩。残长 7.1、残宽 6.0、厚 1.4 厘米，重 71.9 克。两面皆保留有磨制他物所产生的明显条痕，边缘稍加修理，两面使用前也进行过磨制修理（图五九，1）。

04T5F1:A28，石英砂岩。残长 8.1、残宽 3.9、厚 1.9 厘米，重 75.9 克。砺石一面保留有磨制他物所产生的明显磨痕，另一面也曾作为石砧使用过，保留了许多明显的小坑疤（图五九，2）。

4. 石垫

3 件。加工工具。采用石英砂岩砾石修理而成，周身布满了人为凿琢修理出来的许多小坑疤，形似馒头。可能作为陶器制坯时的加工工具。

03T1-T2⑦:2149，石英砂岩。高 6.25、长轴 7.0、短轴 6.5 厘米，重 300 克（图六〇，1）。

04T5-T6⑦:119，石英砂岩。高 3.3、长轴 6.3、短轴 5.9 厘米，重 220 克（图六〇，3）。

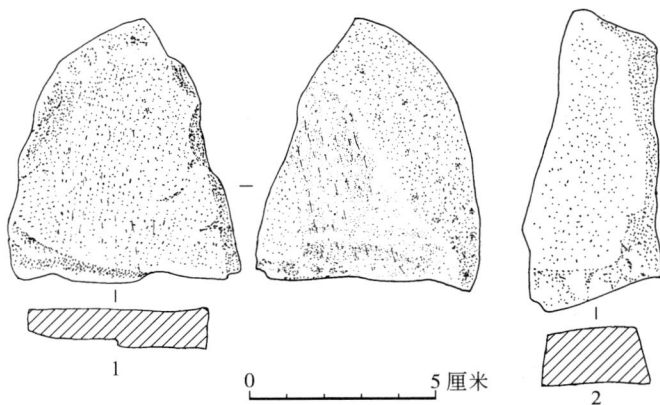

图五九 第 7 层出土砺石
1.04T3H5:10 2.04T5F1:A28

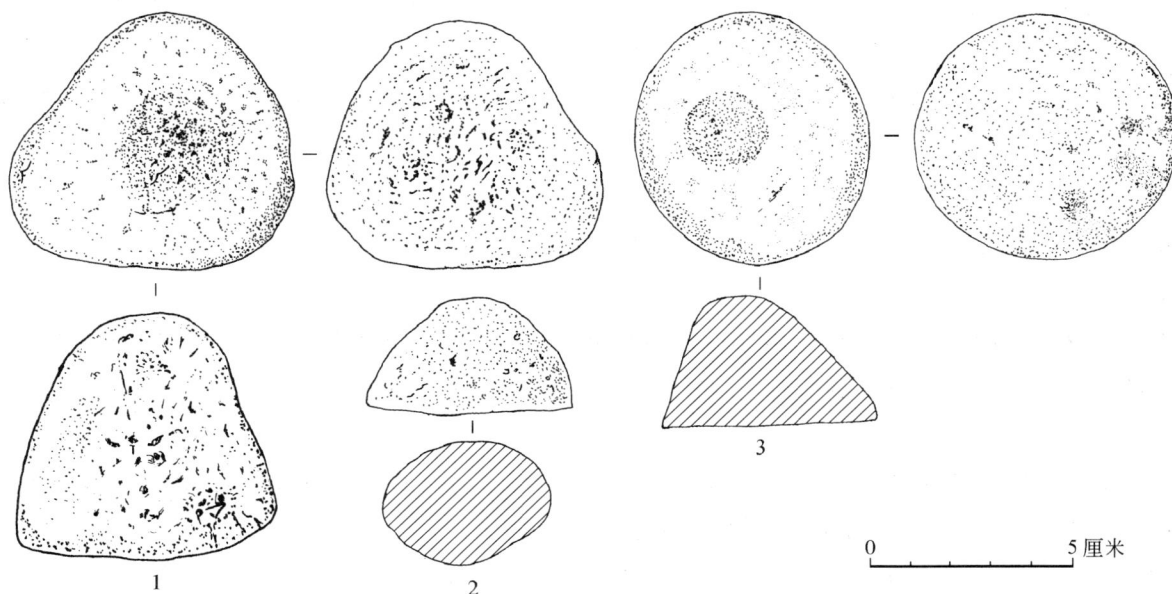

图六〇　第7层出土石垫
1.03T1-T2⑦:2149　2.04T5-T6X⑦:474　3.04T5-T6⑦:119

04T5-T6X⑦:474，石英砂岩。高 3.5、长轴 5.25、短轴 4.7 厘米，重 102.1 克（图六〇，2）。

5. 砍砸器

1 件。选用石片作为原材料，修理刃缘几乎分布于石片的周边，用压制技术加工成刃，器形较大而厚，适宜砍砸。

04T1-T2H3:11，白云岩。长 7.5、宽 6.5、厚 1.9 厘米，重 34.5 克。刃角 78°。加工方向从破裂面向背面一面修理，为精致的复刃砍砸器（图六一，1；图版一〇，1）

6. 刮削器

3 件。采用石片或石块用压制法或直接锤击技术加工而成，修理刃缘分布于两侧的为双刃刮削器，修理刃缘分布于一侧的为单刃刮削器。

04T5F1:5，白云岩。修理刃缘分布于石块的两侧，用压制法加工成双刃。长 4.9、宽 4.5、厚 1.4 厘米，重 44.8 克。刃缘一侧于一面加工，另一侧交互加工，刃缘长 8.5 厘米，刃角 75°（图六一，2；图版一〇，2）。

04T5F1:A12，白云岩。修理刃缘分布于自然石块的一侧，用硬锤直接打击技术加工成单刃。长 7.0、宽 4.3、厚 1.0 厘米，重 53.2 克。刃缘于一面加工，刃缘长 7.1 厘米，刃角 84°（图六一，3；图版一〇，3）。

04T5-T6F1:42，页岩。修理刃缘分布于石片的一侧，用压剥法加工成单刃。长 6.9、宽 5.5、厚 0.6 厘米，重 17.9 克。刃缘采用交互加工，刃缘长 7.9 厘米，刃角 65°（图六一，4；图版一〇，4）。

7. 多用器

2 件。采用石片或石块修理或使用形成的多用途工具。

04T1-T2⑦:1486，石英砂岩。长 9.7、宽 8.0、厚 1.8 厘米，重 165.4 克。天然石片修理而成，一侧交互打击修理出凸刃边刮器，相连的一侧使用形成一个凹缺刃口，成为一件多用器。刃长 11.4 厘

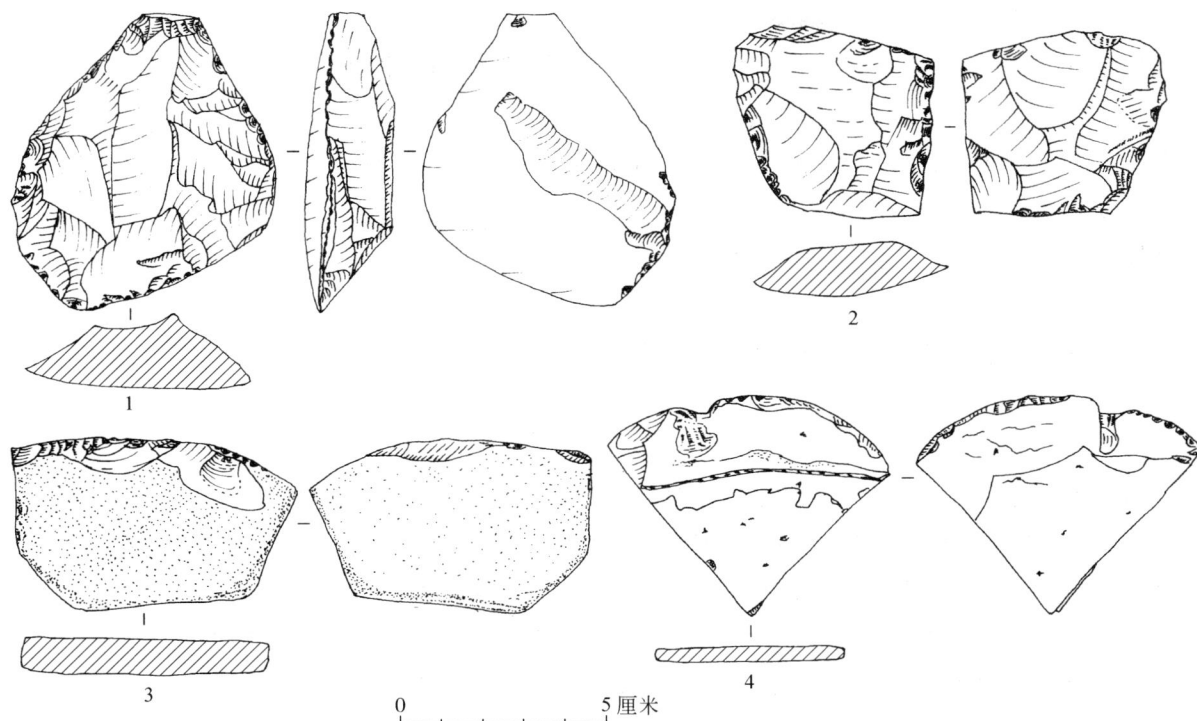

图六一 第 7 层出土砍砸器、刮削器

1. 砍砸器（04T1-T2H3:11） 2~4. 刮削器（04T5F1:5、04T5F1:A12、04T5-T6F1:42）

米，刃角 64°（图六二；图版一〇，6）。

8. 穿孔石器

1 件。选用砾石雕琢成。中心两面对钻出一圆孔，

04T5-T6F1:128，石英砂岩，扁圆形。直径 7.0、残存半径 3.3、厚 3.1 厘米的，重 140 克（图六三）。

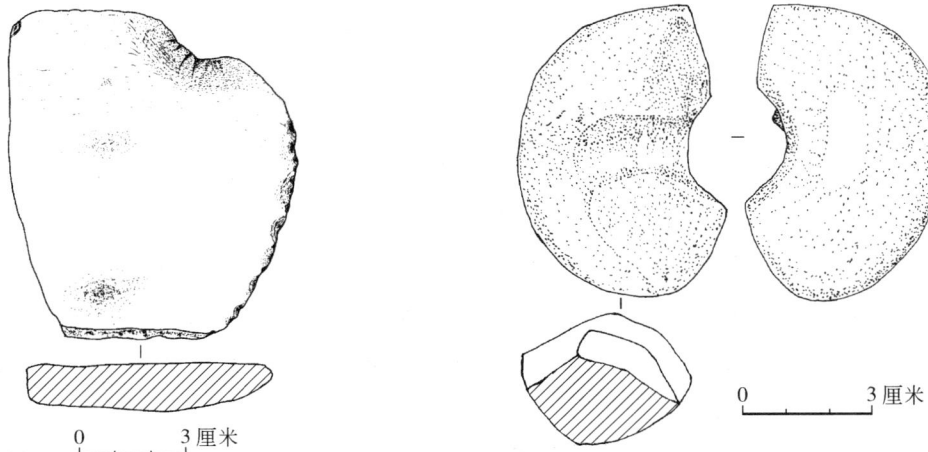

图六二 第 7 层出土多用石器（04T1-T2⑦:1486）

图六三 第 7 层出土穿孔石器（04T5-T6F1:128）

9. 石刀

1 件。一端已残，保留大部分，修理刃缘呈弧形，直接锤击加工而成。

10. 锛形器

1 件。梯形，修理刃缘于两侧和远端，一面修理直接锤击加工而成。

11. 磨盘

2 件（碎块）。由于残缺成碎块，仅可以观察到研磨面。

12. 磨棒

1 件（残块）。保留有部分修理和研磨所形成的研磨面。

二　陶　　器

04、07、08T1～T6、T9 及其各探方的扩方的第 7 层以及 F1、03T1-T2H1 和 04T5-T6M3（遗迹均在 T5 和 T6 的第 7 层之下）出土的陶片大体相似，反映了同一时期的陶器风格。从陶片观察，胎土多羼和砂粒，烧成火候均不很高，造型较简单，有圜底或平底的罐类。

总的来看，陶片可依有无纹饰分作两类，以 A、B 两类名之。考虑到每一探方第 7 层的相对独立性，在以下分类分型的叙述中，除遗迹外，同一探方第 7 层的陶片放在一起，并按器物号从小到大的顺序先后排列。此外，2008 年 T5-T6 四周扩方时，文化层采用 3 厘米一小层进行发掘，因此，遗物编号中表现为 08T5-T6B⑦-③：195 等。

1. A 类

器表拍印绳纹，主体部位的绳纹印痕基本上可确认为纵斜向或纵向。器壁较厚，烧成火候甚低，内壁存在较多的龟裂痕。约占陶片总数的 70%。口部和上部较直，或有一定的外敞，口经拍压而形成平唇沿，下腹部向内弧收，圜底的可能性较大。属于此类的陶片数量较多，约占陶片总数的 70%。

如依陶片的厚度与羼和砂粒的情况，可将 A 类陶片分为两小类。

（1）Aa 类

个体较大，胎壁甚厚，一般 1～2.2 厘米。胎土较纯，均羼和了一定的粗砂，砂粒多具棱角。因器壁厚重，烧成火候又低，陶质疏松，胎壁出现分层剥落的现象。Aa 类陶片占到 A 类陶片的 65%。兹选取较大或较具特征的陶片详述如下。

04T9⑦：107，敞口罐口部残片。胎体黄褐色。胎土中掺杂了很多砂粒，以白色砂粒为主，砂粒大小十分不均，粒径 0.05～0.1 厘米者居多，小的不足 0.05 厘米，个别较大的砂粒甚至达到 0.5 厘米。从陶片的断茬观察，靠近内壁的胎体泛出黑褐色，接近外表的胎体为黄褐色。内壁密布砂眼和裂痕，外表则不见这些现象。口部经拍压，平唇沿，腹斜外敞。平沿上存留着斜向列布的绳纹印痕。口唇内、外两侧缘均略微凸出于其下的器壁，呈作稍厚于器壁的厚唇沿。器表饰纵向绳纹，但已漫漶不清。残片高 6、宽 7.3、厚 1.15、唇沿厚 1.4 厘米（图六四，1；彩版九，3）。

04T9⑦：108，胎体黄褐色。胎土所含砂粒较多，以白色砂粒为主，砂粒不大，粒径均不足 0.1 厘米。从茬口观察，胎壁中部呈灰色，靠近内、外两侧表面的部分为黄褐色。内壁暴露出较多的龟裂痕，外表经拍压以致胎质较为紧实，故裂痕极少。器表绳纹十分模糊，但可辨认出纹痕呈纵斜向列布，每

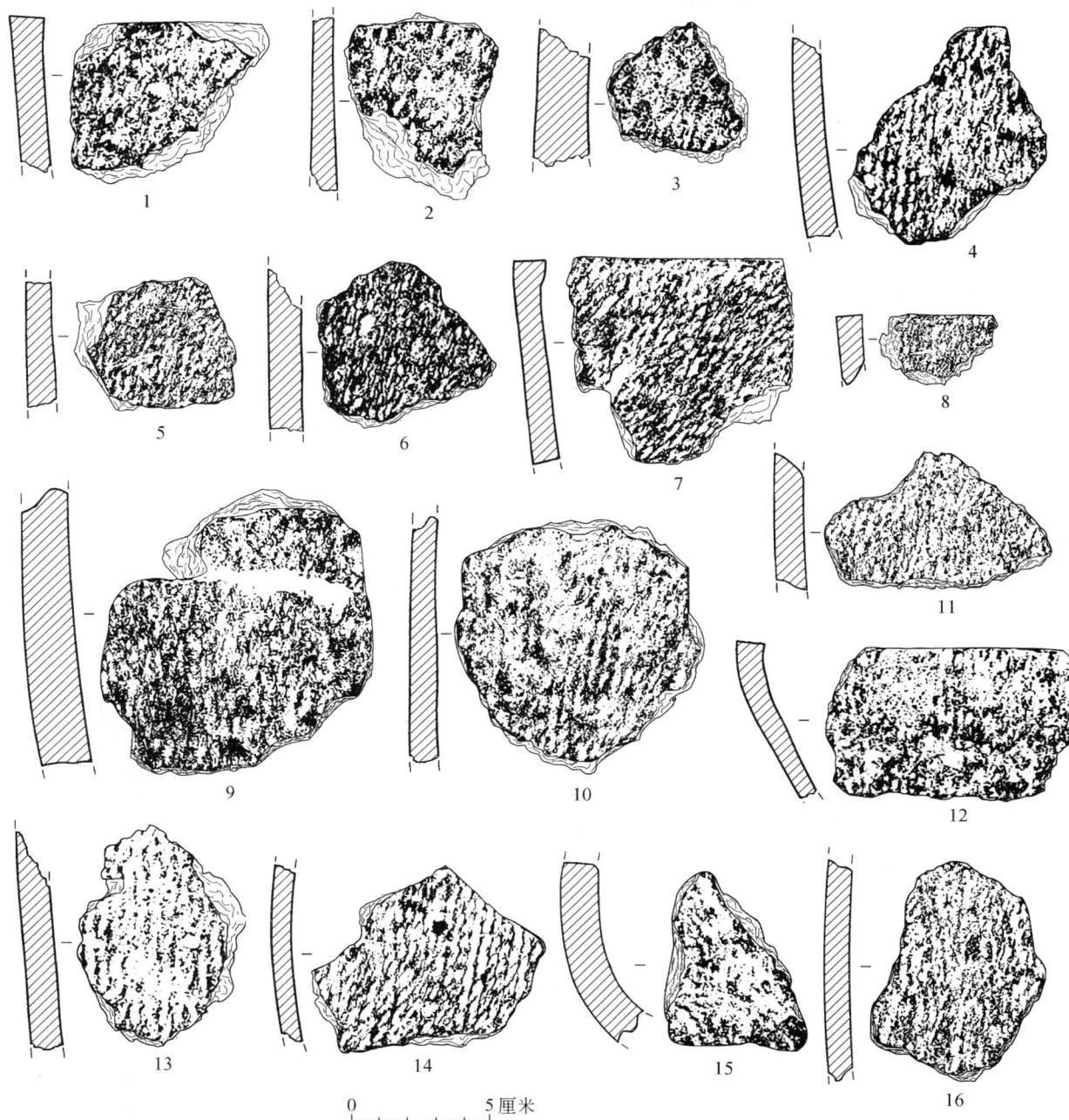

图六四 第7层出土 Aa 类陶片

1. 敞口罐口部残片（04T9⑦:107） 2. 残片（04T9⑦:108） 3. 残片（04T9⑦:111） 4. 腹部残片（08T5-T6B⑦:141） 5. 腹部残片（04T5-T6X⑦:551） 6. 罐类腹部残片（04T5-T6X⑦:415） 7. 罐类口部残片（04T5-T6⑦:557） 8. 口部残片（04T5-T6⑦:428） 9. 罐类腹部残片（04T5-T6⑦:458） 10. 残片（04T5⑦B:1693） 11. 罐类腹部残片（04T5⑦:954） 12. 口部残片（04T5-T6⑦:548） 13. 罐类腹部残片（04T4⑦:784） 14. 残片（04T4⑦:790） 15. 罐类下腹残片（03T1-T2⑦:1780） 16. 罐类腹部残片（03T1-T2⑦:1786）

股纹痕宽0.4～0.5厘米。残片高7、宽5.6、厚0.85～1.05厘米（图六四，2）。

04T9⑦:111，胎体略近褐色。胎土含有较多的粗砂粒，砂粒以灰色为主，多具棱角，粒径0.2～0.5厘米。因陶片较厚，各部位受火力度不甚均匀，以致陶片断茬显示出靠近内壁的部分为灰色，中部为黄褐色，靠近外表的部分呈作褐色。内壁可见较多的龟裂痕，外表较紧实，不见裂痕。器表绳纹已很模糊，局部显现出纵向列布的纹痕，每股纹痕之间宽0.35～0.4厘米。残片高5.3、宽5.2、厚2～2.15厘米。此片的残块为C14试料（图六四，3）。

08T5-T6B⑦:141，腹部残片。胎体黄褐色。胎土含少量灰白色砂粒，粒径0.05～0.25厘米。内壁多有裂痕和砂眼，外表亦见若干砂眼。斜壁微弧。器表饰施纵斜向绳纹，部分纹饰内下凹的部分可见草筋捻绕的印痕，每股绳纹宽0.3～0.4厘米。残片高8.1、宽7、厚1～1.1厘米（图六四，4）。

04T5-T6X⑦:473，腹部残片。胎体灰褐色，内壁和外表呈黄褐色。胎土少有砂粒。内壁多裂痕，并有砂眼。外表裂痕极少。壁略直。器表饰绳纹，尚较清晰，纹痕呈纵斜向列布，绳纹印痕宽0.3～0.35厘米。残片高11、宽6.9、厚0.9～1.15厘米（彩版九，5）。

04T5-T6X⑦:551，腹部残片。胎土灰黑色，内壁和外表的部分呈作黄褐色。胎壁呈露着分层脱落的现象。土质较纯，个别处含有较粗的灰白色砂粒。内壁和外表裸露一些砂眼，但无裂痕。器表饰绳纹，呈纵斜向，纹痕宽0.4厘米。残片高4.8、宽5.9、厚0.9厘米（图六四，5）。

04T5-T6X⑦:557，罐类口部残片。胎体灰褐色，内壁和外表则呈作黄褐色。胎土较纯净而少有砂粒。质地略硬。内壁裂痕甚多，外表裂痕较少，也流露着个别砂眼。口部经拍压，平唇沿，平沿上留有斜向的绳纹印痕。口唇内侧边缘向内凸进，致使口沿明显厚于器壁。壁斜直，稍有外敞。器表饰纵斜向绳纹，纹痕较为清晰，每股绳纹宽0.35～0.45厘米。残片高7.7、宽8.4、厚0.7～0.9、唇沿厚1.2厘米（图六四，7；彩版九，1、2）。

04T5-T6⑦:415，罐类腹部残片。胎褐或黄褐色，外表黄褐，内壁灰黑。胎土含较多白或灰色砂粒，粒径多0.1～0.2厘米。陶质疏松，个别处有起层现象。内壁多裂痕。外表裂痕极少。部分壁较直。所饰绳纹不甚清晰，略见纵斜向，似有交错之感，每股绳纹印痕宽0.3～0.4厘米。残片高6.1、宽6.5、厚1.1～1.2厘米（图六四，6）。

04T5-T6⑦:428，口部残片。从陶片断茬看，胎壁分有3层，中间一层为灰黑色，内、外两层皆黄褐色。胎土含灰砂，几乎都是粗大而具有棱角的砂粒，粒径0.3厘米左右，个别可至0.55厘米。陶质疏松。内壁呈露数处裂痕及一处砂眼。直口，口部拍压而成平唇沿。外表施纹，但纹痕甚是模糊，隐约可辨为绳纹之印痕。残片高2.6、宽4.2、厚0.8、口沿厚0.9厘米（图六四，8；彩版九，4）。

04T5-T6⑦:458，罐类腹部残片。从断茬观察，靠近内壁一侧的胎体呈黑灰色，接近外表一侧的胎体为棕褐色。胎土中羼和了较多砂粒，以灰色砂粒为主，砂粒大小不均，粒径多为0.1厘米左右，但也有不少粗大的砂粒，这些砂粒多棱角分明，粒径0.4～0.5厘米，著者可达0.6～0.7厘米。陶片较厚，质地疏松。内壁不甚平整，呈露着较多的裂痕，外表裂痕较少且细。器表饰纹，纹痕已很模糊，但可辨认出是纵向或纵斜向列布的条状纹痕，局部似有交错，较为清楚的纹痕宽0.45厘米左右，大体上和绳纹相似。残片高10.7、宽9.9、厚1.65～1.8厘米（图六四，9；图版一一，1、2）。

04T5⑦:954，罐类腹部残片。胎体黄褐色。胎土含较粗砂粒，这些砂粒基本为灰色，棱角分明，粒径多 0.2～0.4 厘米，裸露于内壁和外表者亦较常见。陶片内壁表面多有裂痕，外侧表面虽亦有凸出的砂粒，但未见明显的裂痕。器表施绳纹，多已漫漶不清，大体上仍可辨认出纹痕呈纵向列布的状态。残片高 5.1、宽 8.2、厚 1.05～1.15 厘米（图六四，11）。

04T5⑦B:1693，胎体黄褐色，内壁表面因经烧烤而呈黑灰色。胎土含较粗砂粒，这些砂粒基本为灰色，棱角分明，粒径多 0.2～0.4 厘米，许多砂粒裸露于内壁和外表。内壁暴露出多处裂痕和砂眼。外侧表面亦有裂痕，但与内壁的裂痕相比，不仅数量少，裂痕也偏小。器表纹饰极其漫漶，但可辨认是绳纹，纹痕为纵或纵斜向列布，每股绳纹印痕的宽约 0.4 厘米。残片高 8.8、宽 8.2、厚 0.9～1.2 厘米（图六四，10）。

04T5-T6X⑦:548，口部残片。胎体黄褐色。胎土含少量砂粒，除个别较大的砂粒外，多数砂粒的粒径不足 0.05 厘米。内壁多有龟裂痕，外表无裂痕，但流露少量砂眼。短直口，口部经拍压，平唇沿，沿面留有斜向绳纹印痕，可知沿面也是以缠绕绳子的工具拍压而成的。口唇内侧边缘较之其下的器壁明显侈出，呈作厚于器壁的厚口沿。器壁向内斜收，器壁由上而下渐薄。器表绳纹呈纵向列布，每股绳纹印痕宽 0.3～0.35 厘米。残片高 5.8、宽 9.1、厚 0.9、口沿厚 1.2～1.3 厘米（图六四，12；图版一一，3、4）。

04T4⑦:784，罐类腹部残片。胎体黄褐色。胎土含粗砂，砂粒不多，大多为白色，粒径多 0.3～0.4 厘米。陶质疏松，胎壁分层现象明显，内壁和外表均有剥落之处。内壁凹凸不平，散布着细密的龟裂痕。外表无裂痕，但存在个别较大的砂眼。壁较直。器表饰纵向绳纹，纹痕较模糊，每股绳纹印痕宽 0.4～0.5 厘米。残片高 8.3、宽 6.2、厚 1.1～1.2 厘米（图六四，13）。

04T4⑦:790，胎体黄褐色。胎土含少量砂粒。内壁凹凸不平，多有龟裂痕。外表绳纹纵向列布，靠下部的纹饰交叠密集之状而略显杂乱，当是接近底部的特征。纵长的绳纹凸棱之间的下凹部分可见细密错杂之草筋印痕。每股绳纹印痕宽 0.35～0.45 厘米。残片高 7、宽 8.5、厚 0.8～1 厘米（图六四，14；图版一一，5）。从陶质、陶色、纹饰和工艺特点来看，此件或许和 03T1-T2H1:23 属同一件陶器，为该器之下部残片。

04T1-T2⑦:1295，罐类口部残片。胎体灰褐色。胎土羼和较多砂粒，砂粒多白色，粒径 0.05～0.1 厘米，个别较大的砂粒可至 0.3 厘米。烧成火候较高，陶质亦较硬。内壁和外表暴露着多处砂眼，内壁尚出现少量裂痕。口部稍有内敛，口沿经拍压，平唇沿，沿面有漫漶不清的拍压痕。腹略直。器壁自口沿向下益渐变薄。器表饰纵向绳纹，多经磨蚀而不甚清晰，局部可辨每股绳纹宽 0.3～0.45 厘米。残片高 8.7、宽 9.6、厚 0.9～1.3 厘米（图六五，1；彩版一〇，4）。

03T1-T2⑦:1780，罐类下腹向底部过渡部分的残片。胎体黄褐色，内壁黑灰色。胎土中含少量砂粒。显露着几处裂痕，外表无裂痕。表绳纹极不清楚，唯转折处以下的纹痕略微清晰，可辨绳纹印痕每股宽约 0.4 厘米。残片高 6.6、宽 6.1、厚 1.3～1.4 厘米（图六四，15）。

03T1-T2⑦:1786，罐类腹部残片。胎体陶色内、外有别，靠外侧的部分为黄褐色，靠内壁的部分呈灰或灰褐色，内壁黄褐色。胎土羼和粗砂粒，数量不多，大多数砂粒棱角分明，主要是白色砂粒，粒径 0.2～0.5 厘米。内壁多不平整，呈细微裂痕，亦有个别的砂眼。外表有极少的砂眼而无裂痕。弧腹。表饰绳纹，纹痕已十分模糊，可辨认出主要是纵向的纹痕，每股绳纹印痕宽 0.35～0.4 厘米。残

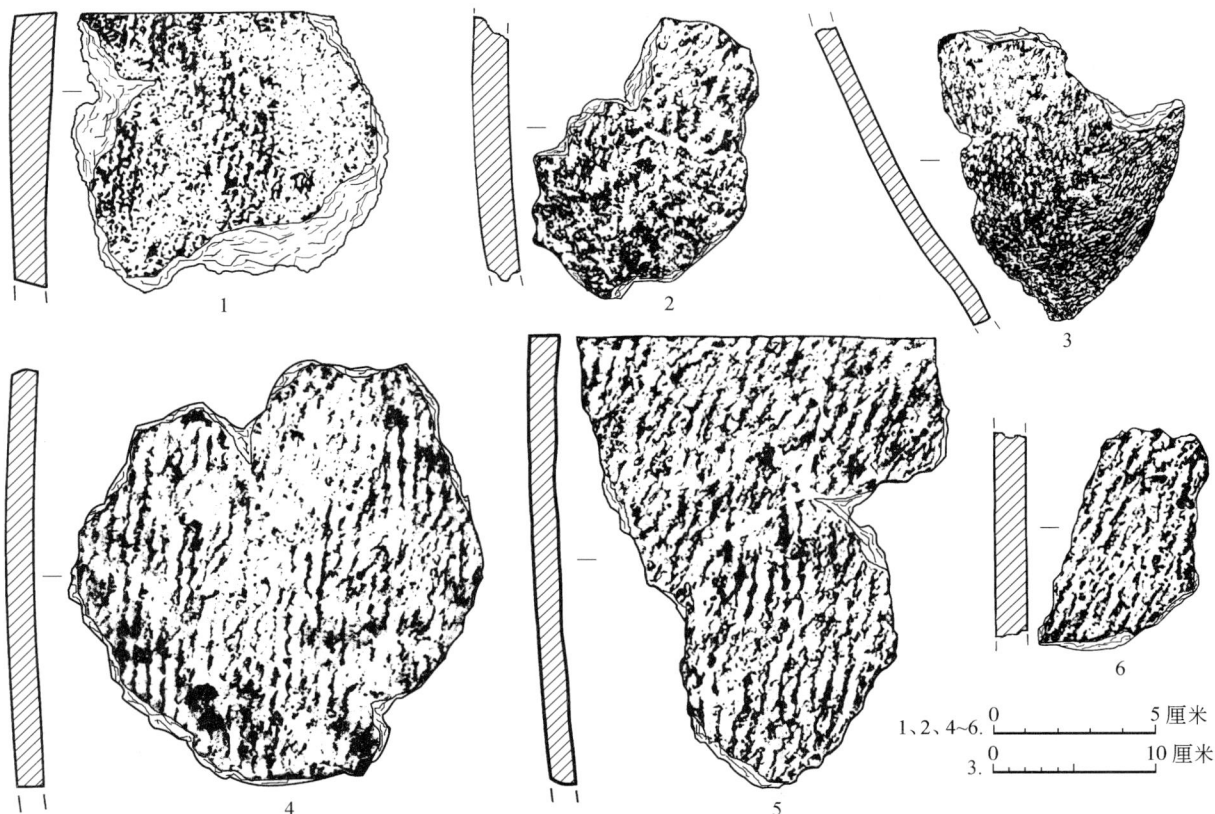

图六五　第7层出土 Aa 类陶片

1. 罐类口部残片（04T1-T2⑦:1295）　2. 罐类腹部残片（03T1-T2⑦:1797）　3. 罐类下腹残片（03T1-T2H1:21）

4. 罐类腹部残片（03T1-T2H1:23）　5. 罐类口部残片（08T5-T6F1PG1:3）　6. 残片（07T5-T6M3:19）

片高8.1、宽6.2、厚0.9厘米（图六四，16）。

03T1-T2⑦:1797，罐类腹部残片。靠外侧部分的胎壁为黄褐色，靠内侧的部分的胎灰或灰褐色。胎土羼和不多的砂粒，以棱角分明的灰色粗大砂粒为主，粒径多0.2～0.4厘米。内壁裸露着较多的裂痕和砂眼，外表无裂痕。弧腹。器表施绳纹，纹痕错综交叠，多已漫漶莫辨，似以纵向者占据主体，每股绳纹印痕宽约0.4厘米。残片高8.7、宽6.8、厚0.9～1.1厘米（图六五，2）。

03T1-T2H1:21，罐类下腹残片。胎体灰褐色，靠近外表的胎壁为黄褐色，内壁表面泛黑。胎土羼和一定的砂粒，砂粒多白色，粒径一般不超过0.2厘米，个别较大的可达0.35厘米。内壁有少量细微的裂痕，壁面不甚平整，可辨认出一些极浅的多道平行划线，当是刮修壁面的痕迹。腹壁略直，但不甚平整，多处凸凹不平。器表满施绳纹，纹痕较清晰，大多数纹痕呈纵向或纵斜向，靠下部则是斜和横斜向的印痕，纵向和纵斜向的纹痕内尚可看出细密错杂的草筋印痕。每股绳纹印痕宽0.35～0.45厘米。残片高18.3、宽12.6、厚0.9～1.3厘米（图六五，3；图版一一，6）。

03T1-T2H1:23，罐类腹部残片。胎体呈黄褐色，局部表皮泛黑。胎土较纯而少有砂粒，砂粒粒径一般为0.1～0.2厘米。内壁表面常见砂眼和裂痕。外表既无裂痕，也极少出现砂眼。腹壁略直。器表满饰绳纹，纹痕较清晰，大多数是纵向列布的冗长之纹痕，间或有斜向的短印痕，这些斜向的短印痕都不清晰，且缺乏连贯性。两股绳子的接合部留在器体表面为凸棱线，两凸棱之间的下凹部分则呈现出细密错杂的草筋印痕。每股绳纹印痕的宽 0.35～0.45 厘米。看来，器表有可能经过先后两次拍压，先拍印的是斜向的短绳纹，而后进行纵向拍印。残片高 13.3、宽 12.6、厚 0.9～1 厘米（图六五，4；图版一二，1）。

07T5-T6XM3:19，胎体黄褐色。胎土较纯，含少量砂粒，砂粒多白色，粒径 0.05～0.1 厘米。内壁呈露多处裂痕，外表无裂痕。器表绳纹尚较清晰，基本呈纵向列布。残片高 8、宽 4.2、厚 0.9 厘米（图六五，6）。

08T5-T6F1PG1:3，罐类口部残片。陶片主体近砖红色，器表和内壁局部呈现灰或灰褐色。胎土含砂较少，以细砂居多，个别为粗砂粒。内壁表面多不光滑，凸凹参差，并显露多处裂痕和细小的砂眼，外表少有裂痕和砂眼。直口，口经拍压而成平唇沿，平沿上留有斜向绳纹印痕，口唇内侧边缘略微内侈。器表饰绳纹，靠近口部的一段为纵斜向，余皆纵向，纵长的绳纹凸棱之间的下凹部分可见细密错杂之草筋印痕，当系以缠有绳索之类的拍印工具拍压而致。每股绳纹印痕宽 0.4～0.5 厘米。残片高 14.1、宽 11.2、厚 0.85～1 厘米（图六五，5；图版一二，2）。

（2）Ab 类

属此类的陶器个体较小，器壁亦薄，厚度往往不足 1 厘米。胎土中含砂较多，砂粒粗细不一，烧成火候一般稍高，陶质也较 Aa 类为硬。属于此类的陶片约占 A 类陶片的 35%。择其代表性陶片分述如下。

08T5-T6B⑦-③:195，口部残片。胎体灰褐色，靠内壁一侧为黄褐色。胎土含少量灰色砂粒，这些砂粒大小不一，粒径 0.05～0.2 厘米，较大者皆棱角分明。内壁粗糙不平，裸露着较多的裂纹。外表无裂痕，但可见个别砂眼。直口，口部经拍压，平唇沿。器表施绳纹，纹痕十分模糊，但仍可大体辨认呈纵向或纵斜向列布。残片高 5、宽 10.2、厚 0.6、口沿厚 0.85 厘米（图六六，1；图版一二，3）。

08T5-T6B⑦-③:197，腹部残片。胎体灰褐色，内壁呈作黄褐色。胎土含少量粗砂，砂粒皆灰白色，多棱角分明，粒径 0.1～0.3 厘米。内壁呈现着一些裂痕，器表无裂痕，施纵向绳纹，纹痕已较模糊，每股绳纹宽 0.4 厘米左右。残片高 4.4、宽 6.7、厚 0.7 厘米（图六六，2）。

04T5-T6X⑦:374，胎体黄褐色，靠近内壁的一侧近灰褐色。胎土含少量白色砂粒。内壁显露着多处裂痕。器表施绳纹，纹痕大体为纵向，每股绳纹宽 0.35～0.45 厘米。中部穿一圆孔，由外向内钻成，在接近内壁处孔之外缘多所崩裂，外侧孔径 0.85～1 厘米、内侧孔径 0.35～0.55 厘米。残片高 5.2、宽 5.8、厚 0.65～0.9 厘米（图六六，4；图版一二，4）。

04T5-T6XF1:182，口部残片。胎体褐色，内壁呈灰黑色。胎土羼和灰、白砂粒，粒径多不超过 0.1 厘米。内壁多有裂痕。口沿经拍压，口唇内缘向内突出，形成略厚于器壁的平唇沿。器壁略直。外表饰绳纹，纹痕作纵斜向列布，每股绳纹宽 0.3～0.45 厘米。口沿之下留有一穿，此孔自外向内钻成，孔内径 0.2、外径 0.55 厘米。残片高 7.2、宽 4.8、厚 0.7、口沿厚 1 厘米（图六六，5；图版一二，5）。

04T5-T6X⑦:563，腹部残片。陶片断茬显示，靠内、外两侧的胎体以黄褐色为主，中间部分为黑色。胎土中羼和了一定的砂粒，以灰色砂粒为主，粗大者粒径可至 0.1 厘米。内壁和外表均裸露着裂痕，外表尚有多处砂眼。器壁略直。器表饰绳纹，纹痕较为模糊，基本作纵向列布，每股绳纹宽 0.3～0.45 厘米。残片高 8、宽 7.2、厚 0.7～0.8 厘米（图六六，3；图版一二，6）。

04T5-T6⑦:380，罐类腹部残片。胎体黄褐色。胎壁出现分层脱落的现象，从断茬口观察，胎体

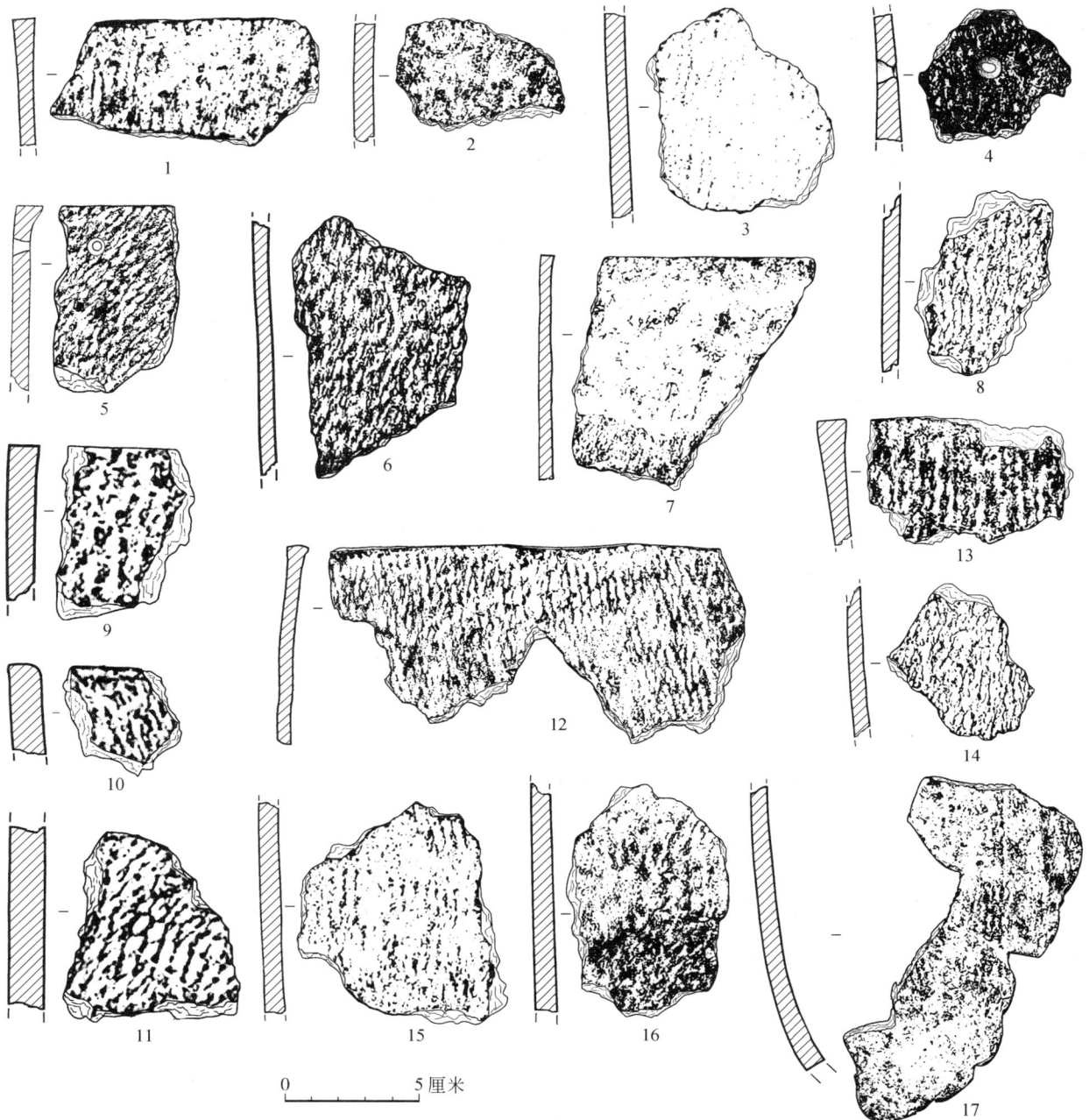

图六六　第7层出土 Ab 类陶片

1. 口部残片（08T5-T6B⑦-③：195）　2. 腹部残片（08T5-T6B⑦-③：197）　3. 腹部残片（04T5-T6X⑦：563）　4. 残片（04T5-T6X⑦：374）　5. 口部残片（04T5-T6XF1：182）　6. 罐类腹部残片（04T5-T6⑦：380）　7. 口部残片（04T5-T6⑦：426）　8. 罐类腹部残片（04T5⑦B：1692）　9. 口部残片（04T4⑦：776）　10. 口部残片（04T3⑦：772）　11. 残片（04T1-T2⑦：1069）　12. 罐类口部残片（04T5⑦B：1697、1689）　13. 罐类口部残片（03T1-T2⑦：1811）　14. 罐类腹部残片（03T1-T2⑦：1794）　15. 腹部残片（04T3⑦：727）　16. 罐类腹部残片（03T1-T2⑦：1785）　17. 罐类下腹残片（03T1-T2⑦：1800）

显露内外两层泥片，靠外侧的一层较硬，内侧者胎质较疏松。胎土基本不含砂粒。内壁暴露着少量裂痕。腹略直。器表饰绳纹，纹痕尚较清晰，大体作纵斜向列布，纹痕宽 0.3～0.45 厘米。残片高 10.3、宽 6.8、厚 0.6～0.75 厘米（图六六，6；图版一三，1）。

04T5-T6⑦:426，口部残片。胎体黄褐色。胎土较为纯净而少有砂粒。质地较硬。内壁裂痕较多。外表无任何裂痕和砂眼。口部经拍压，平唇沿，器壁略直。表皮多数脱落，仅下部有所存留，其上印有纵向列布的绳纹，即使是表皮脱落的胎壁，亦可隐约辨认绳纹之印痕，这种表象在口沿下的一段反映得尤为清晰。残片高 9、宽 9.2、厚 0.6～0.7 厘米（图六六，7；图版一三，2）。

04T5⑦B:1692，罐类腹部残片。胎体灰黑色，内壁和外表为灰或灰褐色。胎土含少量砂粒，砂粒多灰色，粒径不超过 0.2 厘米，从胎壁断茬隐约可见分层的现象。内壁呈露着两处裂痕。直腹。外表施绳纹，纹痕多已模糊，但可辨认纵向列布的状态，每股绳纹印痕宽 0.3～0.45 厘米。残片高 7.3、宽 5.1、厚 0.6 厘米（图六六，8）。

04T5⑦B:1697、1689，罐类口部残片。胎体棕褐色。胎土含较多砂粒，砂粒以白色为主，棱角分明者居多，粒径 0.05～0.1 厘米。因陶质疏松而烧成火候不高，以致产生分层脱落的现象，从断茬口观察，可见胎体显出内外 3 层泥片，靠外侧的一层受火力度较高，最为坚硬，内侧的胎质较为松散。内、外表面多有裸露的砂粒，内壁出现砂眼和裂痕，外表则未见到这些现象。口部略显内敛。口沿经拍压，平唇沿，口唇内、外两侧缘均略凸出于其下的器壁，呈作较器壁为厚的厚唇沿。斜壁。器表满饰绳纹，纹痕较清晰，基本呈纵向列布，纵长的凸棱线当是两股绳子之间的缝隙所留下的印痕，纵长凸棱之间的下凹部分可见横斜向的细密印痕，应是经捻绕的绳子遗印，每股绳纹印痕宽 0.3～0.4 厘米。残片高 7.9、宽 15.6、厚 0.65～0.8 厘米。出土时此陶片一分为二，因所处环境不同，其一为原来的棕褐色，另一片外表和内壁均呈现为黑色，当是经火烧而致（图六六，12；彩版一〇，1）。

04T4⑦:776，口部残片。胎体黄褐色。胎土含少量砂粒。内壁多有龟裂痕和砂眼，外表未见此类现象。直口，口部经拍压，平唇沿，沿面留有斜向绳纹印痕。口唇内侧边缘较之其下的器壁略微侈出，呈作厚于器壁的厚口沿。器表施绳纹，纹痕呈纵向列布，每股绳纹印痕宽 0.4～0.45 厘米。残片高 4、宽 3、厚 0.6、口沿厚 0.7 厘米（图六六，9）。

04T3⑦:722，口部残片。胎体褐色，内壁和器表皆呈黄褐色。胎土含砂，砂粒白色，粒径多 0.1～0.2 厘米，个别较大的粒径可达 0.3 厘米左右，此类砂粒皆棱角分明。直口，口部经拍压，平唇沿，沿面似有轮旋刮抹的痕迹。器表施绳纹，纹痕不甚清晰，但可辨认出是纵斜向。残片高 2.5、宽 2.7、厚 0.7 厘米（图六六，10）。

04T3⑦:727，腹部残片。胎体黄褐色。胎土含砂，砂粒多较大，皆白或灰白色，以 0.1 厘米左右的粒径最属多见。陶质疏松，胎壁断茬局部可见分解为内外两层的现象。内壁凸凹不平，裂痕甚多。外表无裂痕。腹壁较直。器表施纵或纵斜向绳纹，纹痕大多比较模糊，每股绳纹印痕宽 0.35～0.5 厘米。残片高 8.9、宽 7.9、厚 0.7～0.8 厘米（图六六，15；图版一三，3）。

04T1-T2⑦:1069，胎体灰褐色。胎土中含少量白色砂粒，粒径多为 0.1 厘米左右。内壁可见裂痕和砂眼。外表施绳纹，纹痕清晰，除显现出每股绳纹纵向列布外，多处还遗留着绳索捻绕的纹理，每股绳纹印痕宽 0.35～0.45 厘米。残片高 4.4、宽 3.8、厚 0.8 厘米（图六六，11）。

03T1-T2⑦:1785，罐类腹部残片。胎壁显现为内、外两层，并有分层剥落的现象，外层胎体为黄褐色，内层呈灰黑色。胎土羼和一定的粗砂粒，棱角分明者的灰或白色砂粒居多，粒径多在0.2～0.4厘米之间，有的砂粒长度可达0.6厘米。内壁甚不平整，裸露着较多的裂痕。外表裂痕极少。腹壁较直。器表施绳纹，纹痕甚模糊，大体上以纵向为主，局部似有交错，每股绳纹印痕宽约0.4厘米。残片高9、宽6.1、厚0.75～0.85厘米（图六六，16；图版一三，4）。

03T1-T2⑦:1794，罐类腹部残片。胎体陶色不甚均匀，大体上说，靠外侧的部分为红褐色，靠内壁的部分呈灰褐色。胎土含较多砂粒，砂粒多为白色，粒径0.05～0.1厘米者居多，个别砂粒的长度可达0.3厘米。器壁较薄，烧成火候亦高，质地较硬。内壁很不平整。腹壁略直。器表施绳纹，纹痕呈纵向列布，每股纹痕宽0.35～0.45厘米。残片高6.2、宽5.5、厚0.45～0.6厘米（图六六，14）。

03T1-T2⑦:1800，罐类下腹残片，从此部分弧曲的程度来看，或已接近底部。胎体主要部分呈灰褐色，局部红褐色，内壁表面灰黑色。胎土羼和较多砂粒，以白色砂粒为主，粒径0.05～0.2厘米。外表和内壁几乎不见裂痕。器壁略直。器表施绳纹，但大部分漫漶不清，可辨认者多为纵向列布，靠下部的纹痕多有交错的表现，每股绳纹宽0.3～0.35厘米。残片高13、厚0.6～0.8厘米（图六六，17）。

03T1-T2⑦:1811，罐类口部残片。胎体灰或灰黑色，内壁表面黄色。胎土羼和砂粒，以棱角分明的灰色砂粒最是显著，粒径多0.2～0.4厘米。陶质较为疏松，内壁呈现着裂痕。口部经拍压，平唇沿，腹略直，自口沿向下器壁渐薄。外表施纵向绳纹，每股绳纹印痕宽0.35～0.45厘米。残片高5、宽7.9、厚0.6、口唇厚1.1厘米（图六六，13；图版一三，5）。

2.B类

此类陶器光素无纹。内壁和外表常呈露多道平行浅细划线，划线多作横向或横斜向，很可能是以蚌壳外缘之类的物体刮修壁面而留下的痕迹。胎土多含细砂。烧成火候较高，极少出现裂痕，质地较之A类陶片显为坚硬。此类陶片所代表的陶器个体当较小。口部和器壁上部略直，器口多经拍压或加以简单修治，下部器壁向内弧收。这批陶片中唯一一件底部残片当属此类陶器，由此可知此类陶器多为平底。数量不多，在这批陶片中约占30%的比重。

04T9⑦:106，罐类口部残片。胎体浅褐色。胎土较纯净，基本不见砂粒。硬度较高，受火力度也较均匀，壁较薄。口部略微向外张敞。口沿外侧戳压一周斜向棱形凹窝，存留11个这样的戳压纹，凹窝一般长0.9、宽0.3厘米。器壁略直。器表无纹饰，不见任何刮修的痕迹。残片高9.6、宽13.6、厚0.45～0.6厘米（图六七，1；图版一三，6）。

08T5-T6B⑦-③:199，口部残片。胎体红褐色，靠近内壁一侧的部分略呈灰色。胎土羼和细砂粒，以白色砂粒居多，砂粒较均匀，粒径0.05～0.08厘米。陶质较硬，器壁较薄。内壁不甚平整。直口，口部经拍压，平唇沿，口唇内侧边缘较其下的器壁略有突出。外表无纹。残片高2.6、宽3.9、厚0.4、口沿厚0.5厘米（图六八，1）。

08T5-T6B⑦-⑤:28，罐类口部残片。胎体黄褐色，内壁和口沿内外皆为灰黑色。胎土较为纯净而少有砂粒。内壁有少数裂纹，尚可辨认出多道横向的细密平行划痕，当是刮修的痕迹。直口，口部经拍压，平唇沿，唇沿较其下器壁略厚。外表无纹。残片高7、宽9、厚0.7～1厘米（图六七，2；图版一四，1）。

04T5-T6X⑦:440，口部残片。胎体灰褐色。胎土较为纯净而不见砂粒。陶质坚硬，器壁较薄。斜口外敞。口唇圆尖，唇沿上存留三道短斜线形戳压纹。外表无纹。残片高3.7、宽4.1、厚0.4厘米（图六八，4）。

04T5-T6X⑦:532，口部残片。胎体黄褐色。胎土较纯，可见极个别较粗的灰色砂粒。内壁和外表裸露着多所裂痕，内壁尚有少量砂眼。直口。口部经拍压，平唇沿。器表无纹饰。残片高5.5、宽5.4、厚0.9厘米（图六七，5；图版一四，3）。

04T5-T6X⑦:537，底部残片。胎体红褐色，胎壁中层局部呈灰黑色，内、外层呈黄褐色。胎土含砂粒，多灰砂，粒径约0.05厘米。从残片可推知此器为平底。表面无纹。残片高1.4、壁和底厚约0.6厘米（图六八，2；图版一四，2）。

04T5-T6X⑦:539，口部残片。胎体灰褐色。胎土含少量细砂，砂粒灰色，粒径约0.05厘米。壁甚薄，内壁和外表无任何龟裂之现象。口部略直，口唇圆尖，弧壁。器表无纹饰，也未见修治痕迹。残片高3.5、宽2.4、厚0.3~0.4厘米（图六八，3）。

04T5-T6X⑦:562，口部残片。胎体黄褐色，近内壁处泛黑。胎土较纯，不见砂粒。内壁和外表均裸

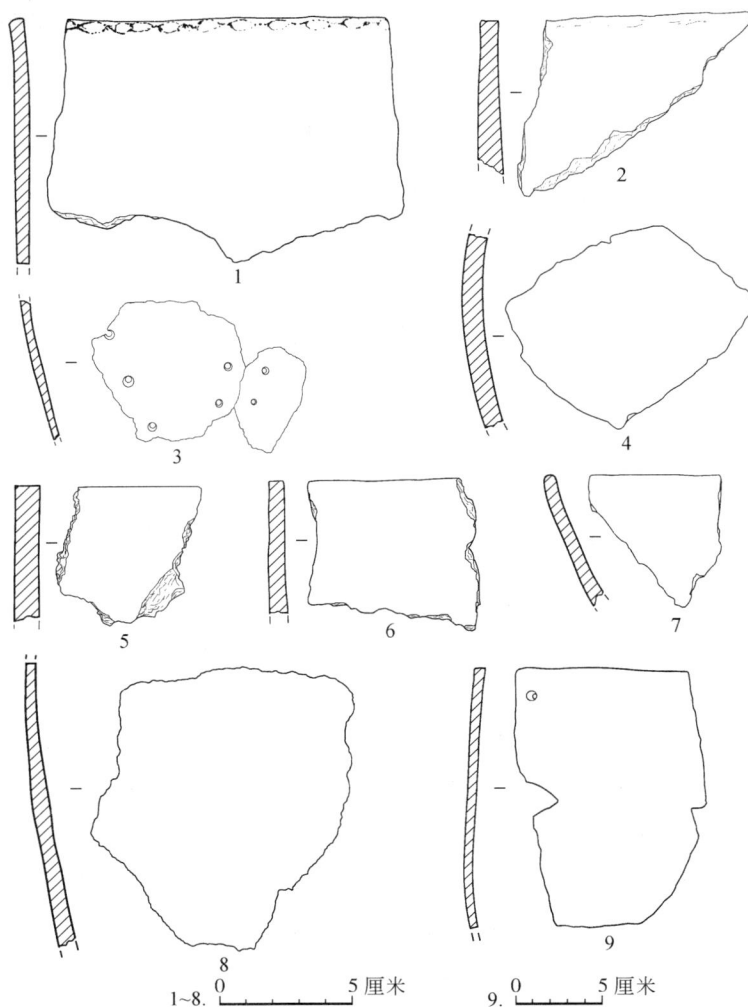

图六七 第7层出土B类陶片

1. 罐类口部残片（04T9⑦:106） 2. 罐类口部残片（08T5-T6B⑦-⑤:28） 3. 罐类腹部残片（04T5F1:A60） 4. 罐类下部残片（04T5-T6X⑦:449） 5. 口部残片（04T5-T6X⑦:532） 6. 罐类口部残片（04T5⑦B:1691） 7. 罐类口部残片（03T1-T2⑦:1821） 8. 罐类腹部残片（07T5-T6XM3:11） 9. 罐类残片（04T5-T6F1:96）

露着一些裂痕。内壁可见多道细密的平行划痕，当系刮修所致，靠上部的划痕皆横向，下部的为斜向。直口，口部经拍压，平唇沿。外表无纹。残片高2.9、宽3.9、厚0.8~0.9厘米（图六八，5）。

04T5-T6X⑦:449，罐类下部残片。胎体红褐色，内壁和外表均呈作灰褐色。胎土含较多砂粒，白色细砂，粒径多0.05厘米左右。陶质较硬。内壁和外表均无裂痕，但较粗糙。器壁弯弧较甚。残片高7.9、宽9.4、厚0.65~0.75厘米（图六七，4）。

04T5⑦B:1691，罐类口部残片。胎体呈黄褐色。胎土含少量砂粒，粒径均不足0.2厘米。各部受火力度亦较均匀，硬度较高。内壁表面多裂痕，亦有细微的砂眼，外表基本不见这些现象。口部经拍压，平唇沿，沿面留有漫漶不清的刮抹痕，表现为和平沿圆周平行的多道细密之划线。器壁略直。外

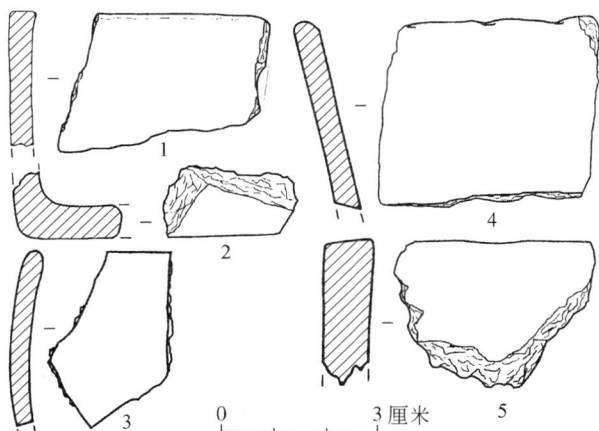

图六八　第7层出土B类陶片

1. 口部残片（08T5-T6B⑦-③:199）　2. 底部残片（04T5-T6X⑦:537）

3. 口部残片（04T5-T6X⑦:539）　4. 口部残片（04T5-T6X⑦:440）

5. 口部残片（04T5-T6X⑦:562）

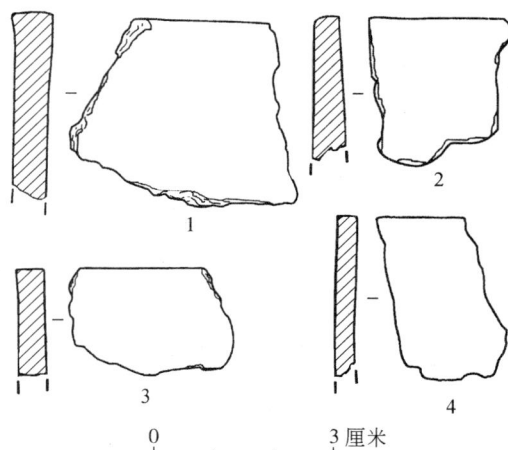

图六九　第7层出土B类陶片

1. 口部残片（04T4⑦:778）　2. 口部残片（04T4⑦:780）

3. 口部残片（04T3⑦:723）　4. 口部残片（04T4⑦:783）

表无纹饰，但靠下部存留了一些不甚清晰的平行纵向细划线，应是经过刮抹而留下的痕迹。残片高6.1、宽6.5、厚0.65～0.8厘米（图六七，6；彩版一〇，3）。

04T4⑦:778，口部残片。胎体呈浅褐色。胎土较纯，含极少的细砂粒。陶片硬度较高。直口，口部经拍压，平唇沿，口唇外侧边缘较之其下的器壁略微侈出，呈作厚于器壁的厚口沿。外表无纹，但可辨认出有多道细密的平行划痕，当是刮抹器表所致。残片高3.15、宽3.8、厚0.55～0.6、口沿厚0.7厘米（图六九，1）。

04T4⑦:780，口部残片。胎体浅褐色。胎土较纯净，含极少细砂粒。陶片硬度较高，器壁较薄。直口，口部经拍压，平唇沿，口唇较之其下的器壁略薄。外表无纹。残片高2.55、宽2.35、厚0.45～0.6、口沿厚0.4厘米（图六九，2）。

04T4⑦:783，口部残片。胎体浅褐色。胎土较纯净，极少见到砂粒。陶片硬度较高，器壁之薄罕见于同类陶片。直口，口部经拍压，平唇沿。外表无纹。残片高2.8、宽2.1、厚0.3～0.35厘米（图六九，4）。

04T3⑦:723，口部残片。胎体灰或灰黑色。胎土较纯，少见砂粒。内壁和器表均不平整，各有一砂眼。口部经拍压，平唇沿。器表无纹。残片高1.8、宽2.7、厚0.45厘米（图六九，3）。

03T1-T2⑦:1821，罐类口部残片。胎体灰褐色，内壁表面泛黑，外表略呈黄褐色。胎土少有砂粒。器壁较薄，烧成火候亦高，陶质较硬。口唇圆钝，略近平唇沿。器壁斜直外敞。外表无纹。残片高5.2、宽5、厚0.5厘米（图六七，7；图版一四，4）。

07T5-T6XM3:11，罐类腹部残片。胎体红褐色，局部泛黑。胎土含较少砂粒，砂粒粗细不匀，粒径在0.05～0.4厘米之间，多为白色砂粒，较大的砂粒多具棱角，有的裸露在器表。陶质较硬，器壁较薄。内壁和外表均无裂痕，仅器表出现个别砂眼。内壁粗糙，凸凹不平。斜腹略弧。外表无纹，局部显现出多道细密的平行划痕，系刮修器表所致。残片高11.2、宽9.9、厚0.45～0.65厘米（图六七，8；图版一四，5）。

04T5-T6F1:96，罐类残片。分作4块残片，其中3块残片的形状和大小均较接近。胎体红褐色，局部黄褐色。胎土含较少砂粒，砂粒粗细不匀，粒径0.05～0.2厘米，多为白色砂粒，较大的砂粒多具棱角。内壁显露个别砂眼，局部可见细密的平行划痕。口部经拍压，平唇沿。上部器壁较直，中部略弧，下部逐渐内收。口沿下方存一穿孔，自外向内钻成，外表一侧的孔径 0.4、内壁一侧孔径 0.25 厘米。外表无纹。残片口径约 26.5、高 15.2、厚 0.5～0.8 厘米（图六七，9；图版一四，6）。

04T5F1:A60，发现于 F1D4 的底部。罐类腹部残片。胎体黄褐色，内壁灰黑色。胎土含较少砂粒，内壁裸露着若干裂痕。内壁和外表均较粗糙，凸凹不平。斜直壁外敞。此件为两块残片拼合而成，在接合处的两侧各有一对缀补孔，此 4 孔皆由外向内钻成，外表一侧的孔径均是 0.5 厘米。在较大残片的另一侧还残留了 3 个缀孔，靠上部的一孔残半，这 3 孔亦是自外向内钻成，但外表一侧的孔径为 0.7 厘米，孔距也较前述四孔为大。外表无纹，局部显现出纵斜向的多道细密平行划痕，当是以蚌壳之类的物体刮修器表所致。以拼合后的状态推测，上端腹径约 28、高 11.6、厚 0.7～0.9 厘米（图六七，3；彩版一〇，2）。

三　骨制品和其他制品

骨角制品有骨角器、骨料和骨角废料等 67 件，有采用鹿的炮骨磨制而成的刀柄、有用动物长骨磨制成的骨锥和骨箭头、有用鹿角或羊角磨制成的簪子和佩饰等。特别是象牙人面雕像和具有刻划符号的骨雕极为罕见。这些标本多选用动物的长骨或角，经过横向截取、纵向劈开，以及刮削和磨制等一系列工艺技术完成。器形还有骨鱼叉、骨针、穿孔骨板、角饰和角器，以及骨料和截取鸟类动物肢骨剩下的骨节废料等。此外，还有穿孔装饰品和带有某种人类修理或使用痕迹的小砺石等。

（一）骨制品

1. 骨雕

2 件。皆采用动物的肢骨于其上雕刻出横纹或竖纹，有的为斜纹，并成组地出现，是与记数还是记事有关，还是与原始历法有关值得深入研究考证。

03T1-T2⑦:2162，长扁圆形。采用动物肢骨磨制而成，出土时两端皆已残缺。残长 5.36、宽 0.6～0.75、厚 0.4～0.5 厘米。体四周刻满了不同组合的横纹，一组 3～15 道不等，个别处为斜纹，1～3 道，保存至少 13 组（图七〇，1；彩版一一，1、2）。

04T5F1:6，分析原来形状应为长体圆形。采用动物肢骨雕刻而成，出土时已残，残长 4.4、残宽 1.75、厚 0.5 厘米。保存部分刻满了横纹和竖纹，一共 6 组，两侧各两组，用两条竖纹分隔，靠边缘的两组保存不完整并已风化磨蚀的不太清楚，内侧的两组其间小横纹为 16 和 19 道；中间靠下部位一组，夹在两侧四组之间，为较短的横纹保存有 9 道；两侧四组支撑着上部的一组，为环行横纹，保存有 5 道（图七〇，2；彩版一一，5）。

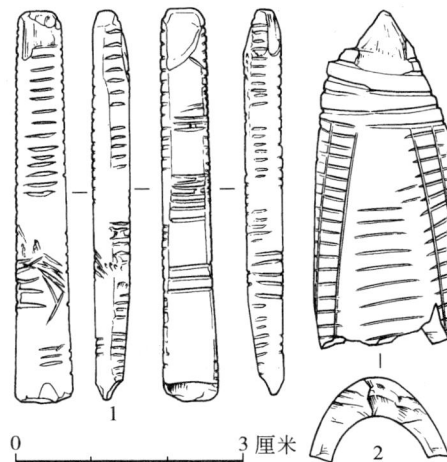

图七〇　第 7 层出土骨雕

1.03T1-T2⑦:2162　2.04T5F1:6

2. 骨锥

11件。多采用动物的肢骨劈开、刮削和磨制而成。其上保留有制作过程中形成的许多痕迹。

03T1-T2⑦:2159，扁长形。保存完好。长13.07、宽1.36～0.1、厚0.65～0.15厘米。尖部磨制的十分精细，加上使用的结果，更显得光滑耐用（图七一，8；图版一五，1）。

03T1-T2⑦:2155，扁长形。仅保留骨锥尖部。残长2.4、宽0.65～0.15、厚0.2～0.1厘米。尖部磨制的较为精细（图七一，1）。

03T1-T2⑦:2156，长圆形。仅保留骨锥尖部。残长3.1、直径0.4～0.15厘米。尖部磨制和使用的十分光滑（图七一，2）。

03T1-T2⑦:2160，近三棱形。保存较好。长8.7、宽1.1～0.15、厚0.8～0.25厘米。制作较为粗糙，有利于分析它的制作工艺过程（图七一，3；图版一五，2）。

03T1-T2⑦:2161，长扁圆形。底部残端。残长8.75、宽0.9～0.15、厚0.5～0.1厘米。锥干制作较为粗糙，锥尖磨制较为光滑（图七一，4；图版一五，3）。

03T1-T2⑦:2163，长体圆形。残长7.6、直径0.9～0.15厘米。锥体和锥尖经过仔细磨制较为圆滑（图七一，5；图版一五，5）。

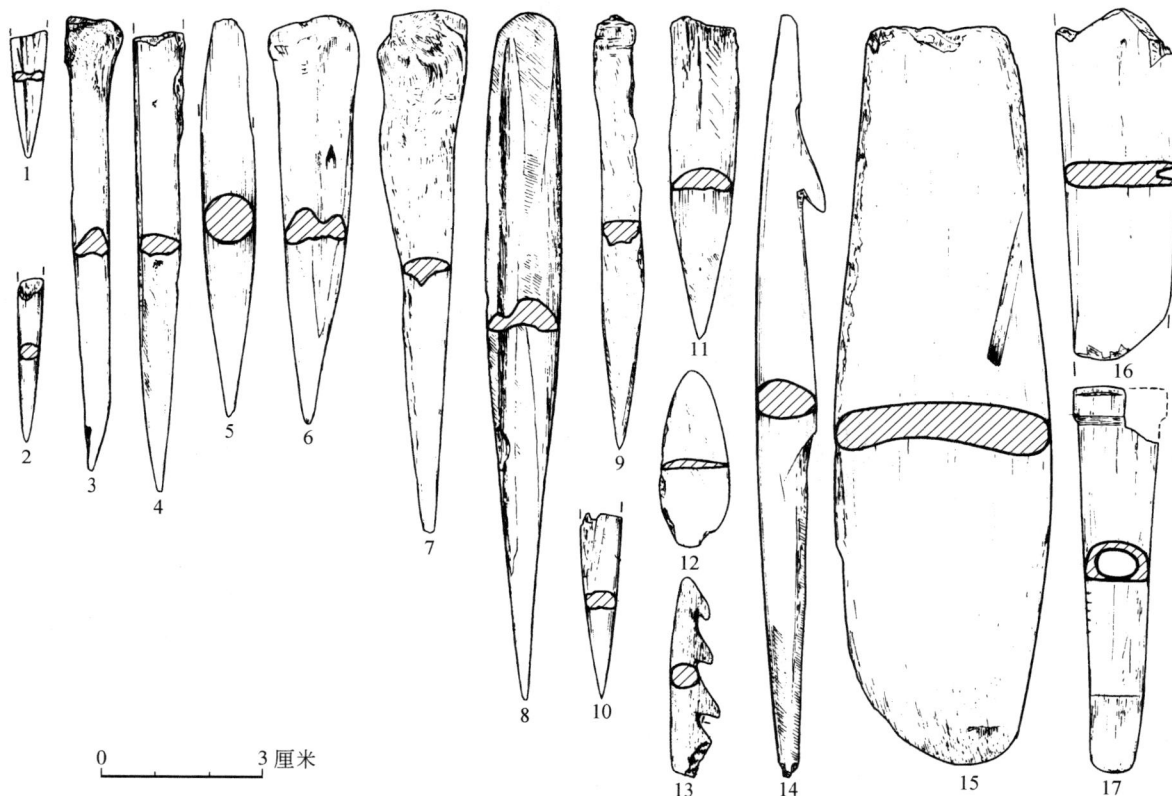

图七一　第7层出土骨制品

1～11. 骨锥（1.03T1-T2⑦:2155、2.03T1-T2⑦:2156、3.03T1-T2⑦:2160、4.03T1-T2⑦:2161、5.03T1-T2⑦:2163、6.04T3⑦:899、7.04T5F1:9、8.03T1-T2⑦:2159、9.04T5F1:8、10.04T5-T6XF1:192、11.04T4⑦:1075）　12. 骨镞（04T1-T2⑦:1516）　13、14. 骨鱼叉（04T1-T2H4:58、04T5F1:13）　15. 骨铲（04T4⑦:1074）　16. 骨刀梗（04T5F1:12）　17. 骨筒（04T4⑦:1077）

04T3⑦:899，扁长形。保存完好，尖部磨制的十分精细，呈圆锥状。长 7.75、宽 1.6～0.2、厚 0.7～0.2 厘米。尖部由于使用稍有些残破（图七一，6；图版一五，4）。

04T4⑦:1075，扁长形。保存较好，尖部呈圆锥状，磨制并经长期使用，显得十分光滑，尾部残断。残长 6.15、宽 1.2～0.15、厚 0.64、0.15 厘米（图七一，11；图版一五，6）。

04T5F1:8，长体棱柱状。保存完好，尖部磨制较圆滑。长 8.3、宽 1.0～0.1、厚 0.7～0.2 厘米（图七一，9）。

04T5F1:9，长体三棱状。保存较好，尖部磨制呈圆锥状。长 10、宽 1.3～0.2、厚 0.9～0.2 厘米。采用马的第二掌骨制成，尖部由于使用稍有些残破（图七一，7）。

04T5-T6XF1:192，扁长形。仅保留锥尖。残长 3.4、残宽 0.7～0.1、厚 0.4～0.1 厘米。尖部磨制的较为精细（图七一，10）。

3. 骨鱼叉

2 件。皆采用动物的肢骨切刻、刮削和磨制而成。

04T1-T2H4:58，扁圆锥状。仅保留头部，刻出单排倒钩，保留有三个。残长 3.7、宽 0.9～0.3、厚 0.6～0.2 厘米（图七一，13）。

04T5F1:13，扁圆锥状。保存较好，刻出单排倒钩，保留有一个，残断一个。长 14.4、宽 1.1～0.25、厚 0.8～0.25 厘米（图七一，14；图版一五，7）。

4. 骨镞

1 件。遗址中发现的石镞较多，骨镞较为少见。

04T1-T2⑦:1516，扁体卵圆形。保存完好。长 3.3、宽 1.2～0.4、厚 0.2～0.1 厘米。采用动物骨片劈开、刮削和磨制而成，保留有制作过程中形成的许多痕迹，两端修理得皆很窄，尾端简单修理出似铤的部件，尖端修理较为细致，实为一件难得的标本（图七一，12）。

5. 骨刀梗

1 件。已残，保留了其中间段，一侧刃缘挖制的凹槽清晰可见，无疑是作为镶嵌石叶的复合工具。

04T5F1:12，扁体长条形。出土时两端已残缺。残长 6.7、宽 2.2～1.0、厚 0.5～0.3 厘米。采用动物骨片劈开、刮削和磨制而成，保留有刮削形成的许多条痕，两侧经过仔细地修理，一侧修理磨制得十分圆润，另一侧修理得更为细致，不仅经过磨制，挖出一条凹槽，残长 5.3、深 0.3、厚 0.15 厘米，显然，这一凹槽是镶嵌石叶之用（图七一，16；图版一五，8）。

6. 骨铲

1 件。采用大型动物肋骨磨制而成，前端磨制痕迹明显并保留有使用磨蚀的痕迹，前端和尾端较窄，中间靠前部位较宽，两侧圆润并残留有长期使用形成的油性光泽。

04T4⑦:1074，扁体长椭圆形。尾端残断。残长 14.0、宽 3.9～2.2、厚 1.0～0.5 厘米（图七一，15；图版一五，11）。

7. 骨筒

1 件。器体上保留许多刮削长条痕，一半为平面，另一半为圆弧形，形成半圆筒状。两端突起中部凹陷，形成两条明显的横向半圆弧线，并在靠近中间部位一侧横向刻有 6 条短道，含义不明。前端保留有磨制痕迹，并为封口，后端开口，口沿处保留有整齐的切割痕迹，并在近口沿部位刻有一条半圆弧凹线，使得器物更加美观。前端窄，后端宽，可能是作为存放骨针之用。

04T4⑦:1077，扁体长半圆筒状。口部稍有些残缺。长 7.3、宽 1.4～0.7、厚 1.1～0.45 厘米。采用动物肢骨切割、刮削、雕刻和磨制而成（图七一，17；图版一五，9、10）。

8. 骨针

5 件。多采用动物的肢骨磨制而成，尖端磨制并使用的十分光滑。有的利用鱼骨刺尖部稍微磨制形成。

04T4⑦:1076，扁细长形。保存较好。长 3.9、宽 0.8～0.03、厚 0.25～0.03 厘米。采用鱼骨刺尖部磨制而成，尖端磨制并使用痕迹明显。尾端宽，为鱼骨刺的椎部保留有脊椎孔，正可以作为穿线的针眼（图七二，1）。

04T1-T2Z1:478，细长三棱形。残断，到尖部逐渐磨圆，两端皆断仅存中间部分。残长 3.9、宽 0.8～0.03、厚 0.25～0.03 厘米。原材料可能选用禽类的肢骨尖部磨制而成。

04T5-T6F1:56，细长圆锥形。仅保存针尖部。残长 1.9、直径 0.15～0.1 厘米（图七二，2）。

04T5-T6F1:58，细长圆锥形。保留针尖部。残长 2.3、直径 0.2～0.05 厘米（图七二，3）。

04T5-T6DF1:143，细长圆柱形。两端皆断仅存中间部分。残长 2.1、直径 0.3～0.28 厘米（图七二，4）。

9. 骨笄

1 件。采用动物腓骨刮削磨制而成，表面保留有制作过程中形成的痕迹，一端保留有腓骨头，另一端磨制出尖，由于长期使用和风化的结果标本磨蚀的非常严重。

03T1-T2⑦:2158，长体圆锥形。保存较好。长 9.2、宽 1.55～0.3、厚 1.0～0.4 厘米（图七三，3；图版一五，12）。

10. 穿孔骨板

2 件。采用动物的肩胛骨或肋骨片切割、雕刻、磨制和钻孔而成。

04T5-T6XF1:172，扁长形。保存较好，稍有残缺。长 19.0、宽 4.2～1.8、厚 1.2～0.5 厘米。采用动物肩胛骨切割、雕刻、磨制和钻孔而成。一端宽一端窄中间细，在宽的一端保留有切割形成的痕迹，并钻有两个孔，皆为一面钻成，直径小的 0.3 厘米，位于宽的一端中上部，大孔直径 0.5 厘米，位于宽端的一侧边缘，残破，沿着这个孔往下有两个雕刻并磨的圆润的小齿。相对的一侧边缘也雕刻有数个小齿，由于磨蚀的缘故已看不清数量，保存的有三个。两侧及窄的一端皆经过磨制。由于长期使用标本磨蚀严重，并保留有一些油性光泽（图七三，1；图版一六，1、2）。

04T5F1:10，扁长形。保存完好。长 7.0、宽 4.1～3.4、厚 1.0～0.7 厘米。采用动物肋骨片切割、刮削和钻孔而成。一端宽一端窄，在宽的一端两侧各钻有一孔，对钻而成，直径小的 0.4、大的 0.7 厘米，由于长期使用标本磨蚀和风化的较为严重（图七三，6；图版一六，3）。

11. 骨管

2 件。采用鸟类肢骨制作而成。

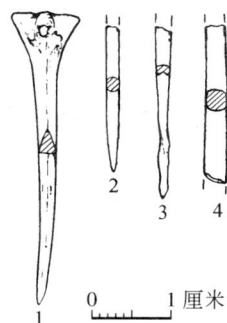

图七二　第 7 层出土骨针
1.04T4⑦:1076　2.04T5-T6F1:56
3.04T5-T6F1:58　4.04T5-T6DF1:143

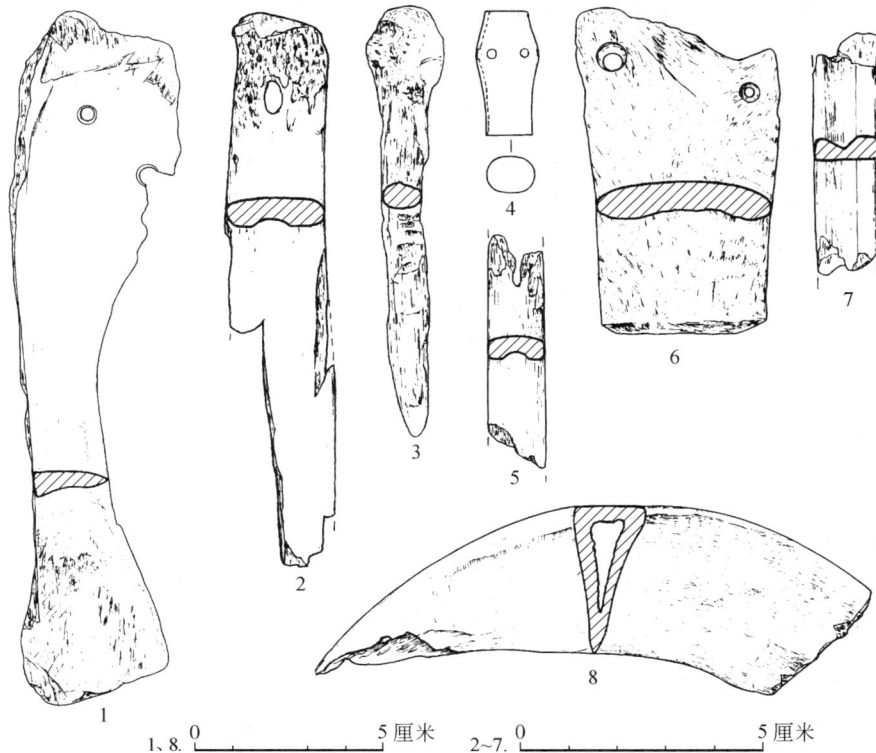

图七三 第 7 层出土骨制品

1. 穿孔骨板（04T5-T6XF1:172） 2. 骨刀（03T1-T2⑦:2157） 3. 骨笄（03T1-T2⑦:2158） 4. 骨管（08T5-T6D⑦:1）

5. 残骨器（04T1-T2H3:38） 6. 穿孔骨板（04T5F1:10） 7、8. 残骨器（07T5-T6XM3:24、03T1-T2⑦:2154）

04T3⑦:900，两端皆有残缺，因此不宜判断是否切割而成，不过管表面光滑并有油性，可能长期拿在手中所形成。残长 5.3、直径 1.5～1.0 厘米。

08T5-T6D⑦:1，管状。保存较好。长 2.65、直径 1.1～0.8 厘米。采用鸟类肢骨切割、雕刻和钻孔而成。两端细，近中部稍粗。在最粗的部位横向钻有 6 个小孔，直径约 0.15 厘米，该标本制作小巧精致（图七三，4）。

12. 骨刀

1 件。已残，采用动物的肢骨劈开、刮削和磨制而成，器体大部分经过较为精细的磨制。

03T1-T2⑦:2157，残长 11.9、残宽 2.0～0.55、厚 0.6～0.4 厘米。一端具有一个自然孔，椭圆形，长轴 0.8、短轴 0.4 厘米（图七三，2；图版一六，4）。

13. 残骨器

7 件。标本上皆保留有磨制痕迹，但已不易判断出其器型和用途。

03T1-T2⑦:2154，残骨器，用途不明。残长 14.5、宽 4.0～0.3、厚 1.6～0.4 厘米。采用动物下颌后支骨稍加修理而成，两侧保留有使用形成的磨痕，并在两侧残留有较为光亮的油渍（图七三，8）。

04T1-T2H3:38，残骨器，扁长形。残长 4.95、宽 1.12、厚 0.3 厘米。采用动物肢骨劈开、刮削和磨制而成，其上保留有磨制痕迹，两端皆残断，因此，不易判断出其器形和用途。一端保留有原肢骨上的自然孔（图七三，5）。

04T1-T2H4:57，短圆管形，出土时已纵向残缺一半。长 1.7、直径 1.75 厘米。采用动物肢骨切割和磨制而成，两端保留有经过仔细切割的痕迹，表面的磨制痕迹。器形和用途有待研究。

03T1-T2H1:87，残长 5.3、残宽 2.7～1.7、厚 1.05～0.4 厘米。采用动物的肩胛骨修理而成，表面保留有一些磨痕，在较薄的部位有一钻孔，一面钻成，孔径一面 0.7 厘米，另一面 0.5 厘米。由于仅存一小部分，难以判明其器形和用途。

07T5-T6XM3:24，扁长形。残长 5.15、宽 1.4～1.2、厚 0.5～0.4 厘米。采用动物肢骨劈开、刮削和磨制而成，两端皆残断，不易判断出其器形和用途（图七三，7）。

04T6D⑦:21，长条形。尖部稍有些残缺。残长 4.8、宽 0.6～0.3、厚 0.3～0.1 厘米。利用鸟类肢骨直接使用而成，可能作为穿刺用的锥子。标本经使用磨的较为光滑。

04T5⑦B:1714，扁长形。残长 2.95、宽 0.2、厚 0.22～0.1 厘米。采用动物肢骨劈开、刮削和磨制而成，一端残断，不易辨别出器形和用途。

14. 原料

11 件。为制作骨器的原料，多取自于大型动物的肢骨。

03T1-T2⑦:2153，长半圆形。带修痕的骨料，保存较好。长 15.8、宽 2.25～1.5、厚 1.3～1.0 厘米。采用动物肢骨劈开并在破裂面上修理平整形成长半圆体状，保留有制作过程中形成的剥片痕迹，不知由于何故未能修理成器。可以帮助解读骨器制作的某过程。

04T4⑦:1080，带有砸痕的骨料，选用动物肢骨于其一端砸击劈开，取其中适宜的部分进行骨器制作。长 13.2、宽 5.3～1.2、厚 4.0～2.1 厘米。

04T5F1:11-1，大型动物肢骨上取下的一块骨料，长 14.2、宽 4.2～0.9、厚 2.1～0.3 厘米。出土时与另外 8 件骨料标本（04T5F1:11-2～9）堆成一个骨料堆。

15. 废料

11 件。标本中除少量的带切痕废骨片外，主要是带切痕的鸟类肢骨近端。

03T1-T2⑦:2560，带切痕的鸟类肢骨近端。长 2.4、宽 1.6～0.9、厚 0.9～0.6 厘米。应是制作骨器的废料，这类标本还有 03T1-T2⑦:2561～2564。

04T5⑦A:1686，带切痕的鸟类肢骨近端。长 2.4、宽 1.4～0.8、厚 0.9～0.6 厘米。应是制作骨器的废料，这类标本还有 04T5⑦A:1687、04T5⑦A:1688。

04T5⑦B:1712，带切痕的鸟类肢骨近端。长 2.35、宽 1.5～0.8、厚 0.95～0.62 厘米。应该是制作骨器的废料，这类标本还有 04T5⑦B:1713。

07T5-T6XM3:25，长条形。一端已残断，带切痕骨片。残长 4.2、宽 1.4、厚 0.3 厘米。采用动物肋骨劈开并切割形成，由于长期的磨蚀和风化其上虽保留有些人为的刻划痕迹，但已模糊不清。

（二）其他制品

1. 角饰

2 件。采用动物的角进行刮削、切割、磨制或雕刻而成。

03T1-T2⑦:2152，稍残。残长 13.1、直径 2.5～0.4 厘米。采用羚羊角于其根部刮削、切割和磨制而成，尖已残缺，中部有些磨蚀和碰伤，根部由于长期使用或佩带残留有较为光亮的油渍（图七四，

1；图版一六，5）。

04T5F1:3，长10.7、直径2.15～0.4厘米。采用鹿角切割和雕刻而成，中部和近角尖处雕刻有双环未封口，底部保留有从主枝上切取下来的明显痕迹（图七四，2；图版一六，6）。

2. 角锄

1件。采用鹿角主要使用而成，齿尖使用磨蚀的十分明显，前端角枝有人工切断的痕迹并在根部残留几道切痕，尾端可能在使用过程中不慎折断。

04T4⑦:1078，已残缺。残长11.55、直径2.1～1.2厘米，挖掘所用齿长和直径为5.5和1.9～0.6厘米（图七四，3；图版一六，7）。04T4⑦:1079，为鹿角基部，与以上角锄同时发现，可能是它的后端，不过中间有缺失部分。

3. 角废料

1件。为两端带切痕的动物角节，应是制作角器的废料。03T1-T2⑦:2559，长1.3、长轴2.3、短轴2.0厘米。

4. 象牙人面雕像

1件。选用象牙截取、刮削和雕刻而成。由于经历了长时期的风化和磨蚀，原来的表面有些地方已经脱落，不过，人面上雕刻突起的鼻子、凹陷的眼睛，部分突起的嘴唇，以及突出的额头和圆润的下巴仍然依稀可见。

03T1-T2⑦:2151，半椭圆形，发现时已经脱离为三层，最上一层采用浮雕技法刻出人面。长5.7、宽4.03、厚2.2厘米（图七五；彩版一一，6）。

5. 蚌刀

1件。采用蚌壳磨制而成，两侧边缘磨制痕迹明显，刃部保留有使用磨蚀的痕迹，是一件较为适用的刀型工具。

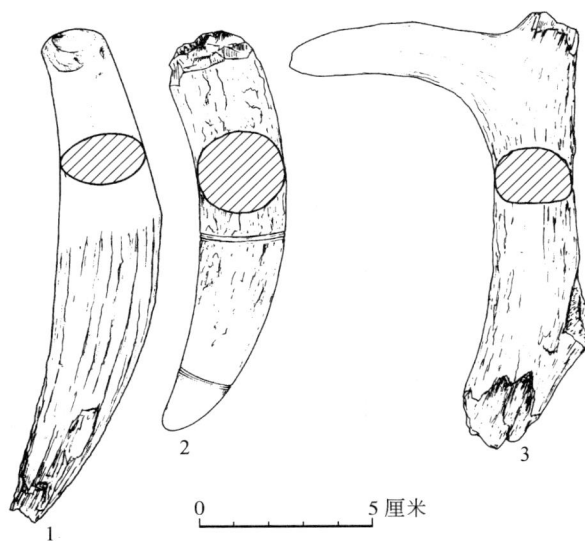

图七四 第7层出土角饰、角锄

1、2. 角饰（03T1-T2⑦:2152、04T5F1:3） 3. 角锄（04T4⑦:1078）

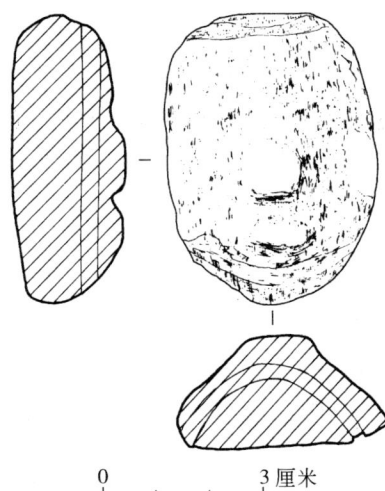

图七五 第7层出土象牙人面雕像

（03T1-T2⑦:2151）

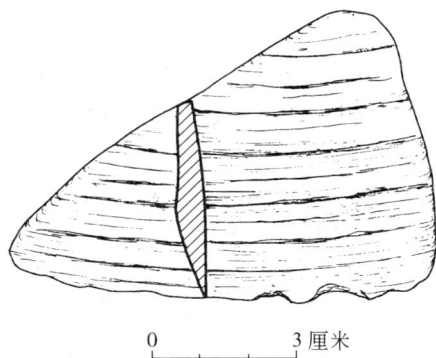

图七六　第 7 层出土蚌刀（04T3⑦:898）

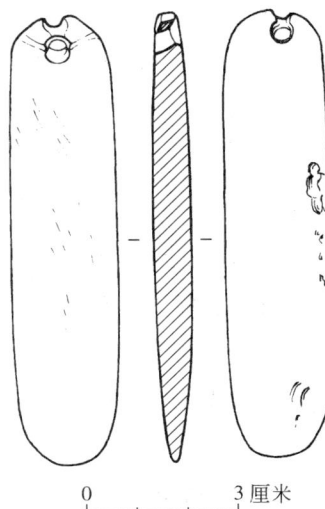

图七七　墓葬 04、07T5-T6XM3 出土玉饰（07T5-T6XM3:33）

04T3⑦:898，斜三角形。保存较好。长 9.0、宽 6.1～05、厚 0.6～0.2 厘米（图七六；图版一〇，5）。

6. 带切痕蚌片

1 件。采用蚌壳切割而成，由于长期的磨蚀和风化内面表层有些剥落，其用途不明。

03T1-T2H1:88，长方形。稍残。长 2.0、宽 1.6～1.3、厚 0.4～0.3 厘米。

7. 玉饰

1 件。器物端庄带有灵气，青绿色夹杂一些白色晕染，半透明，玉质较纯净。

07T5-T6XM3:33，近长方形。两端呈圆弧状，四周打磨得十分圆润。一端靠边缘处钻一圆孔，直径 0.5 厘米，采用对钻形成，近圆孔处边缘打磨出一个缺口，长 0.4、深 0.3 厘米，很像鱼嘴，圆孔像鱼眼，形象较为生动；另一端打磨得较其他边缘为薄，呈弧刃状。长 9.25 厘米，中部宽 2.1、厚 0.7～0.4 厘米，重 31 克。各种尺寸比例协调，推测是一件饰品，可能也是一件礼器（图七七；彩版一一，3、4）。

8. 穿孔装饰品

3 件。用石片或陶片磨制并穿孔而成。

03T1-T2⑦:2164，白云岩。直径 0.6、厚 0.2 厘米。扁圆形，体两面切割而成，周边进行了细致的磨圆，中心两面对钻出一圆孔，重 0.1 克（图七八，2）。

03T1-T2⑦:2165，小陶片制成。直径 0.85、厚 0.25 厘米。近扁圆形，体两面磨制而成，一面还带有已不甚清晰的短绳纹，周边进行了切割，中心两面对钻出一圆孔，重 0.25 克（图七八，1）。

04T5-T6⑦:101，页岩。长 3.85、宽 2.8、厚 0.4 厘米，重 4.8 克。近扁长方形，体两面为自然面，一侧进行了修理，靠中心部位两面对钻出一圆孔，靠近一角处又两面对钻出一个圆孔，可能是佩带时圆孔残破（图七九）。

9. 小砾石

15 件。大部分有些雕刻痕迹，并由于长期的携带其上皆保留有油渍。参考民族学材料有类似发现，

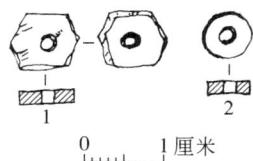

图七八　第7层出土穿孔装饰品

1.03T1-T2⑦:2165（陶）　2.03T1-T2⑦:2164（石）

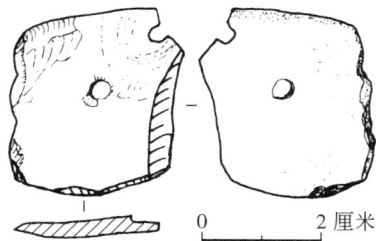

图七九　第7层出土石穿孔装饰品（04T5-T6⑦:101）

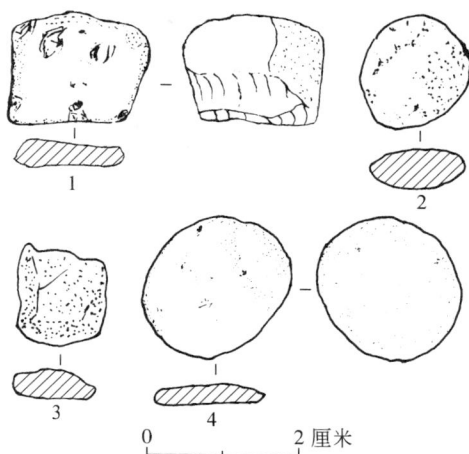

图八〇　第7层出土小砾石

1.04T1-T2⑦:1513　2.04T1-T2⑦:1514

3.04T1-T2⑦:1515　4.04T5⑦:871

它们被称之为"灵魂石"或"圣石"。

04T1-T2⑦:1513，石英砂岩。长1.85、宽1.5、厚0.5厘米，重1.7克。近扁长方形，一面为自然面，已破碎，另一面进行了人工简单的雕刻，靠上部位雕刻有两个圆眼，靠近中心偏下有一对圆鼻孔，鼻孔之下有一个嘴巴，由于长期地携带，表面很光滑（图八〇，1）。

04T1-T2⑦:1514，白云岩。长1.6、宽1.4、厚0.9厘米，重2.6克。椭圆形，没有明显的雕刻痕迹，但由于长期携带，表面不仅十分光滑，而且还带有一些油性光泽（图八〇，2）。

04T1-T2⑦:1515，石英砂岩。长轴1.3、短轴1.1、厚0.5厘米，重0.5克。近扁方形，虽然没有明显的雕刻痕迹，但由于长期携带，表面不仅十分光滑，而且还带有一些油性光泽（图八〇，3）。

04T5⑦:871，白云岩。长2.0、宽1.7、厚0.4厘米，重2.0克。扁椭圆形，一面为自然面，另一面进行了人工简单的雕刻，靠近中间部位雕刻有两个圆眼和一个嘴巴，由于长期地携带，雕刻痕迹不十分清晰，但表面很光滑并带有油性光泽（图八〇，4）。

第二节　第6层及相关遗迹出土遗物

文化遗物出土有以细石器为主的石制品895件，小砾石6件，陶片719件，骨角制品7件，青铜器1件，铁器1件。

一　石　制　品

观察的以细石器为主的石制品499件，其中石核6件，石片143件，石条2件，石叶203件，石器145件，其中细石器98件，较大型石器47件。

(一) 石核

6 件。按其制作工序大致可分为预制石核和剥离石叶后形成的细石核两大类。

1. 预制石核

2 件。预制石核是生产石叶之前对选用的原材料进行修理，以产生出适宜剥离石叶的台面和侧面的石制品类型。从台面边缘石片疤打击点和打击泡等特征分析，采用技术主要为硬锤或软锤直接打击所形成。其中一件为舌形，另一件为不规则形。

(1) 舌形预制石核

1 件。两侧保留有一面打击形成的边刃，近舌形，有利于下一步进行石叶的生产。

04T5-T6X⑥:249，玉髓。扁形。高 2.1、宽 1.7、厚 1.2 厘米，重 3.1 克。台面修理，近圆形，长轴 1.3、短轴 1.2 厘米，台面角 68°。

(2) 不规则形预制石核

1 件。标本呈不规则形，可能是不利于剥离石叶而废弃。

2. 细石核

4 件。是生产石叶后形成的石制品类型。从台面边缘石片疤打击点和打击泡等特征分析，采用技术主要为间接打击技术，也存在有压制技术，其中包括柱状细石核、不规则形细石核和残细石核。

(1) 柱状细石核

1 件。呈圆柱状，周边保留有石叶疤痕，体现出细石器制作的高超工艺。

04T5-T6X⑥:247，白云岩。高 4.3、宽 2.4、厚 2.4 厘米，重 49.6 克。台面修理，椭圆形，长轴 3.3、短轴 2.5 厘米，台面角 78°。核身保留石叶疤 8 个，完整 1 个，从台面边缘观察，石叶疤打击点不明显，打击泡阴痕较浅平，应采用了间接打击技术。

(2) 不规则形细石核

1 件。不规则形，核身上剥离石叶数量不多。

04T6⑥:373，白云岩。高 5.0、宽 3.6、厚 2.6 厘米，重 49.6 克。台面修理，不规则形，长 3.6、宽 1.7 厘米，台面角 90°。核身保留石叶疤 4 个，皆完整，从台面边缘观察，石叶疤痕打击点不明显，打击泡阴痕较浅平，根据以上特征分析，细石核采用了间接打击技术。核身保留有部分自然面（图八一，1；彩版六，7）。

(3) 残细石核

2 件。皆为纵向断裂。

(二) 石片

143 件。是预制石核及修理石器等产生的剥片。石片按照其制作工序，可分为预制石核侧面剥片和预制石核台面剥片，以及不确定部位剥片。

1. 预制石核侧面剥片

63 件。是剥离石叶之前修理石核侧面的产物，形状一般长大于宽，也有少量长宽相近或宽大于

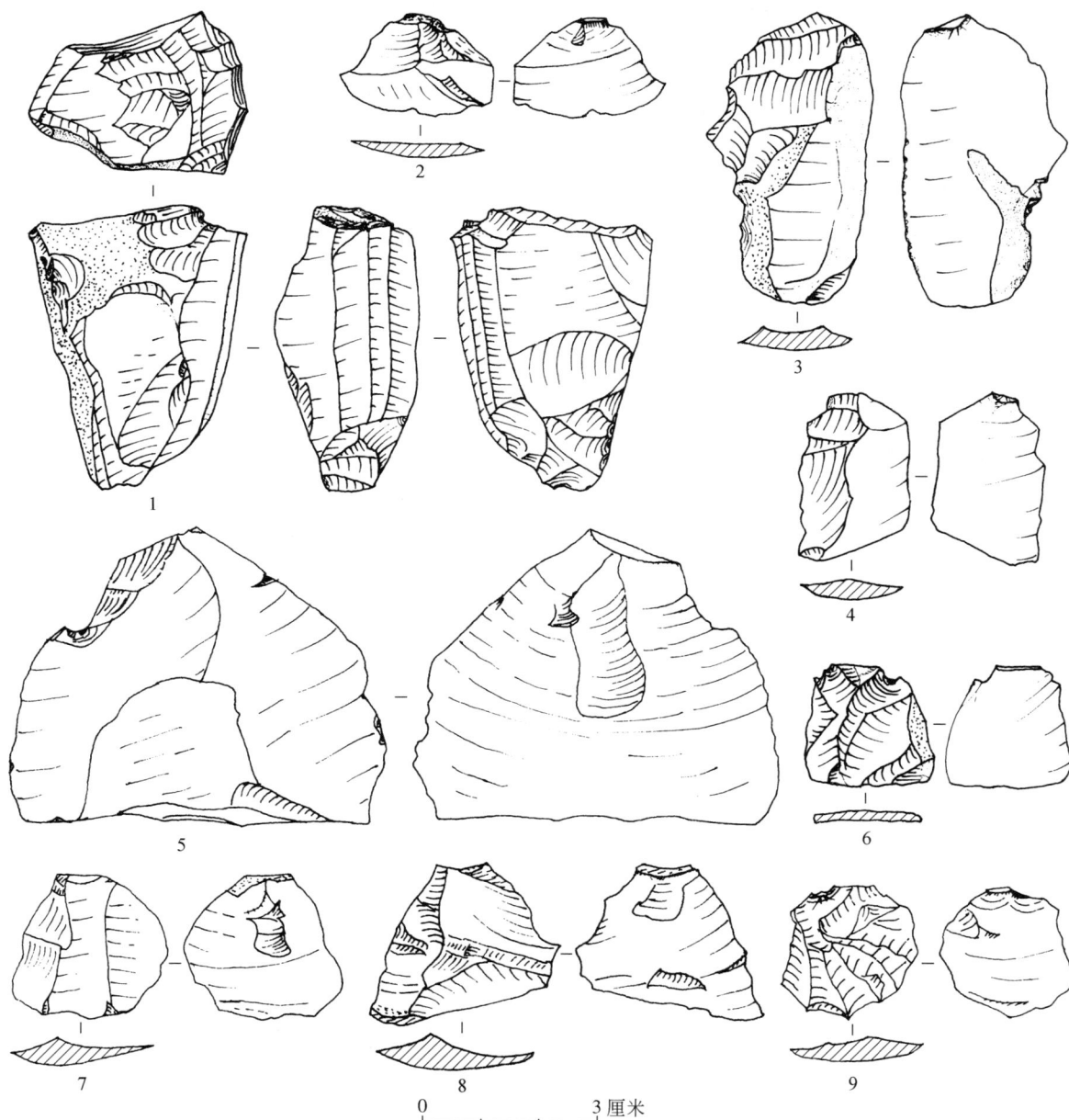

图八一　第6层出土细石器制品

1. 不规则形细石核（04T6⑥:373）　2. 预制石核初期台面剥片（04T1-T2⑥:592）　3、4. 预制石核侧面剥片（04T5⑥:705、04T5⑥:711）　5~8. 预制石核初期台面剥片（5.04T4⑥:406、6.04T5⑥:708、7.04T4⑥:407、8.04T4⑥:408）　9. 预制石核中期台面剥片（04T3⑥:367）

长者。多数破裂面台面边缘整齐，与破裂面连接成唇状，打击点和半锥体不明显，应采用软锤直接打击技术所生产；少数破裂面台面边缘打击点和半锥体明显，应是采用硬锤直接打击技术所生产。

04T5⑥:705，白云岩。长5.1、宽2.8、厚0.5厘米，重8.6克。打制台面，近长椭圆形，台面长轴0.8、短轴0.4厘米，石片角120°。破裂面台面边缘打击点明显和半锥体突出，推测用了硬锤直接打击技术所生产。石片背面右侧保留有自然面和部分使用痕迹（图八一，3；图版一，9）。

04T5⑥:711，燧石。长2.9、宽1.9、厚0.4厘米，重2.1克。台面破碎，打击点和半锥体较为明显，推测采用了硬锤直接打击技术所生产（图八一，4；图版一，11）。

2. 预制石核台面剥片

70件，是生产石叶之前及生产当中不断调整细石核台面的产物，一般形状多宽大于长，少数长宽相近或长大于宽。可进一步细分为预制石核初期台面剥片和中期台面剥片，其中初期台面剥片59件，中期台面剥片11件。

（1）初期台面剥片

59件。有的其背面部分或全部为自然面，有的经过简单的打制或修理，其中显著的特征是剥片从近端向远端逐渐变薄。多数其破裂面台面边缘较为整齐，与破裂面连接成唇状，打击点和半锥体不甚明显，应采用软锤直接打击技术所生产。因此，以下这类标本，不再一一赘述。少数为间接打击技术和硬锤直接打击技术所生产，分别加以叙述。

04T1-T2⑥:592，燧石。长1.7、宽2.6、厚0.4厘米，重1.3克。打制台面，近半圆形，长轴0.6、半径0.2厘米，石片角109°。打击点明显，半锥体突出并保留有崩落的小片疤，推测它采用了硬锤直接打击技术所生产（图八一，2；图版一七，1）。

04T4⑥:406，白云岩。长5.2、宽6.5、厚1.6厘米，重37.2克。打制台面，近长椭圆形，长轴1.7、短轴0.8厘米，石片角103°（图八一，5；图版一七，2）。

04T4⑥:407，白云岩。长2.5、宽2.4、厚0.5厘米，重2.8克。打制台面，不规则形，长0.9、宽0.3厘米，石片角95°（图八一，7；图版一七，3）。

04T4⑥:408，白云岩。长2.8、宽3.4、厚0.5厘米，重3.5克。打制台面，不规则形，长1.1、宽0.4厘米，石片角112°（图八一，8；图版一七，4）。

04T5⑥:708，白云岩。长2.1、宽2.2、厚0.3厘米，重1.3克。打制台面，不规则形，长1.1、宽0.1厘米，石片角105°。打击点和半锥体较为明显，推测用了硬锤直接打击技术所生产（图八一，6；图版一七，5）。

（2）中期台面剥片

11件。是生产石叶过程中重新调整细石核台面，进行再次修理打下的台面剥片。剥片边缘较厚，侧面保留有细石核剥离石叶的条痕。石片背面即原细石核的台面，保留了经过修理的多个小片疤。

04T3⑥:367，白云岩。长2.3、宽2.25、厚0.5厘米，重2.6克。带脊台面，不规则形，台面长1.2、宽0.3厘米，石片角98°。破裂面台面边缘较为整齐，与破裂面连接成唇状，推测采用软锤直接打击技术所生产（图八一，9；图版一七，6）。

04T5⑥:709，白云岩。长1.5、宽3.7、厚0.9厘米，重7.8克。带脊台面，不规则形，台面长0.9、宽0.5厘米，石片角98°。破裂面台面边缘与破裂面连接成唇状，推测采用软锤直接打击技术所生产（图版一七，7）。

3. 不确定部位剥片

10件。这类剥片包括预制石核和剥离石叶时崩落的小石片，加工石器修理刃缘时打下的小石片，以及不宜确定部位和残断的石片等。

（三）石条

2 件。预制石核后生产石叶之前剥离的第一件制品。显著特征是背面保留有一条交互打击或一侧打击形成的纵脊，有的未加修理保留有自然脊。制作过程是石核预制好后，在石核的侧面用交互法或一侧打击修理出一条纵刃，然后顺着这条刃脊剥下第一件产品，于是石核的侧面又出现了两条纵脊，接着便可以利用这两条纵脊继续剥离石叶。从破裂面台面边缘打击点明显，半锥体小而突出，可知应采用间接打击技术所生产。同时，也存在软锤直接打击技术生产者。

（四）石叶

203 件。石叶实际上是一些特定类型的长石片，长度至少是宽度的两倍，两侧边缘平行或大致平行。按照石叶的尺寸可以分为石叶和细石叶。前者长度 5 厘米以上，宽度 1.2 厘米以上；后者长度 5 厘米以下，宽度 1.2 厘米以下。本报告未将石叶按尺寸细分。根据标本保存的形态，将其分为完整者和不完整者两类。

1. 完整石叶

20 件。完整数量较少，有的远端稍有缺失，也归入此类。根据石叶破裂面台面边缘打击点明显集中，半锥体小而突出等特征，分析应采用间接打击技术所生产。此外，有的石叶破裂面与台面边缘连接为弧形，打击点和半锥体皆不明显，推测采用了压制技术所生产。以下采用间接打击技术生产者不再赘述。

04T1-T2⑥:600，白云岩。长 3.8、宽 0.9、厚 0.3 厘米，重 1.0 克。打制台面，近长条形，长 0.6、宽 0.15 厘米，石叶角 99°。背面带有分岔脊，破裂面与台面边缘呈弧形，打击点和半锥体皆不明显，推测可能采用了压制技术所生产（图八二，1；图版一八，1）。

04T1-T2⑥:601，白云岩。长 3.05、宽 1.0、厚 0.15 厘米，重 0.7 克。打制台面，近三角形，长 0.4、宽 0.1 厘米，石叶角 98°。背面带有分岔脊，保留有少部分自然面。破裂面与台面边缘呈弧形，打击点和半锥体皆不明显，推测可能采用了压制技术所生产（图八二，2；图版一八，2）。

04T1-T2⑥:611，黑曜石。长 2.6、宽 0.75、厚 0.25 厘米，重 0.7 克。背面带有分岔脊，台面部分缺失，破裂面两侧皆保留有清晰的使用痕迹（图八二，3；图版一八，3）。

04T3⑥:374，白云岩。长 3.15、宽 1.3、厚 0.5 厘米，重 2.3 克。修理台面，不规则形，长 1.1、宽 0.3 厘米，石叶角 103°。背面带有不规则形脊，破裂面与台面边缘呈弧形，打击点和半锥体皆不明显，推测可能采用了压制技术所生产（图八二，4；图版一八，4）。

04T6⑥:382，白云岩。长 4.2、宽 1.0、厚 0.3 厘米，重 1.7 克。修理台面，菱形，长 0.5、宽 0.3 厘米，石叶角 83°（图八二，5；图版一八，5）。

04T6⑥:383，燧石。长 3.7、宽 1.0、厚 0.35 厘米，重 1.2 克。线状台面。背面带有不规则形脊，破裂面一侧边缘保留有部分使用痕迹（图八二，6；图版一八，6）。

2. 不完整石叶

183 件。由于细长而薄，所以很容易被折断，其中可能有一定数量是人为所形成。本报告将这些不完整石叶细分为近端段、中间段和远端段三小类。

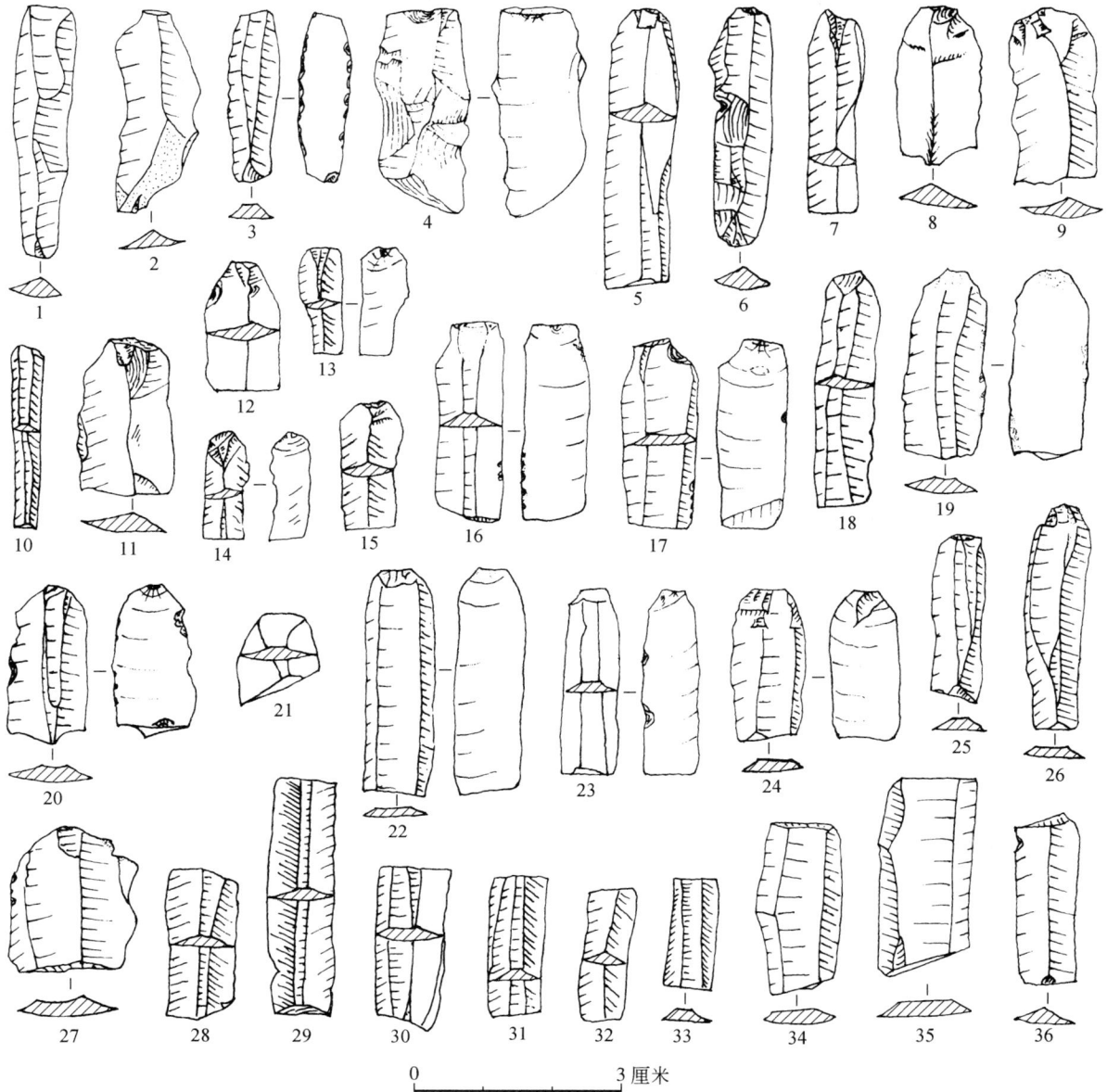

图八二　第 6 层出土完整石叶、近端段石叶、中间段石叶

1～6. 完整石叶（1.04T1-T2⑥：600、2.04T1-T2⑥：601、3.04T1-T2⑥：611、4.04T3⑥：374、5.04T6⑥：382、6.04T6⑥：383）

7～27. 近端段石叶（7.03T1-T2⑥：1028、8.03T1-T2⑥：1030、9.03T1-T2⑥：1031、10.03T1-T2⑥：1029、11.03T1-T2⑥：1032、

12.03T1-T2⑥：1033、13.03T1-T2⑥：1035、14.03T1-T2⑥：1036、15.03T1-T2⑥：1034、16.04T1-T2⑥：602、17.04T1-T2⑥：603、

18.04T3⑥：370、19.04T1-T2⑥：649、20.04T3⑥：371、21.04T3⑥：378、22.04T4⑥：462、23.04T4⑥：463、24.04T4⑥：464、25.04T4

⑥：467、26.04T6⑥：384、27.04T6⑥：385）　28～36. 中间段石叶（28.03T1-T2⑥：1052、29.03T1-T2⑥：1051、30.03T1-T2⑥：1053、

31.03T1-T2⑥：1054、32.03T1-T2⑥：1055、33.03T1-T2⑥：1056、34.04T1-T2⑥：618、35.04T1-T2⑥：617、36.04T1-T2⑥：619）

（1）近端段石叶

49 件。保留台面一端的部分，可以观察分析所采用的打制技术。有的破裂面台面边缘打击点明显集中，半锥体小而突出，推测应采用间接打击技术所生产。有的破裂面与台面边缘连接为弧形，打击

点和半锥体皆不明显，推测采用了压制技术所生产。以下采用间接打击技术所生产者不再赘述。

03T1-T2⑥:1028，白云岩。残长 3.1、宽 0.75、厚 0.3 厘米，重 0.9 克。修理台面，近椭圆形，长轴 0.6、短轴 0.2 厘米，石叶角 87°。背面带有分岔脊，破裂面与台面边缘呈弧形，打击点和半锥体皆不明显，推测可能采用了压制技术所生产（图八二，7；图版一八，7）。

03T1-T2⑥:1029，白云岩。残长 2.8、宽 0.5、厚 0.2 厘米，重 0.3 克。打制台面，近三角形，长 0.4、宽 0.2 厘米，石叶角 81°。背面带有双脊，破裂面与台面边缘呈弧形，打击点和半锥体皆不明显，推测可能采用了压制技术所生产（图八二，10；图版一八，8）。

03T1-T2⑥:1030，白云岩。残长 2.4、宽 1.3、厚 0.3 厘米，重 1.0 克。修理台面，近椭圆形，长轴 0.5、短轴 0.2 厘米，石叶角 80°。背面带有单脊，破裂面与台面边缘呈弧形，打击点和半锥体皆不明显，推测可能采用了压制技术所生产（图八二，8；图版一八，9）。

03T1-T2⑥:1031，白云岩。残长 2.6、宽 1.25、厚 0.35 厘米，重 1.2 克。修理台面，不规则形，长 0.9、宽 0.3 厘米，石叶角 88°。背面带有分岔脊（图八二，9；图版一八，10）。

03T1-T2⑥:1032，白云岩。残长 2.4、宽 1.8、厚 0.3 厘米，重 1.2 克。修理台面，长条形，长 0.8、宽 0.3 厘米，石叶角 89°。背面带有分岔脊（图八二，11；图版一八，11）。

03T1-T2⑥:1033，白云岩。残长 1.9、宽 1.1、厚 0.35 厘米，重 0.7 克。修理台面，近菱形，长 0.45、宽 0.3 厘米，石叶角 89°。背面带有分岔脊，破裂面与台面边缘呈弧形，打击点和半锥体皆不明显，半锥体上保留有崩落的小片疤，推测可能采用了压制技术所生产（图八二，12；图版一八，12）。

03T1-T2⑥:1034，白云岩。残长 1.9、宽 0.9、厚 0.25 厘米，重 0.5 克。修理台面，近菱形，长 0.5、宽 0.2 厘米，石叶角 97°。背面带有单脊（图八二，15；图版一八，13）。

03T1-T2⑥:1035，玉髓。残长 1.5、宽 0.6、厚 0.2 厘米，重 0.2 克。线状台面，长 0.5 厘米，其背面带有分岔脊（图八二，13；图版一八，14）。

03T1-T2⑥:1036，燧石。残长 1.6、宽 0.6、厚 0.2 厘米，重 0.3 克。修理台面，近菱形，长 0.3、宽 0.1 厘米，石叶角 87°。背面带有分岔脊（图八二，14；图版一八，15）。

04T1-T2⑥:602，白云岩。残长 3.05、宽 0.95、厚 0.25 厘米，重 1.2 克。修理台面，不规则形，长 0.7、宽 0.2 厘米，石叶角 98°。背面带有双脊（图八二，16；图版一八，16）。

04T1-T2⑥:603，白云岩。残长 2.9、宽 1.1、厚 0.3 厘米，重 1.4 克。修理台面，不规则形，长 0.6、宽 0.2 厘米，石叶角 97°。背面带有双脊，破裂面与台面边缘呈弧形，打击点和半锥体皆不明显，推测可能采用了压制技术所生产（图八二，17；图版一八，17）。

04T1-T2⑥:649，白云岩。残长 2.9、宽 1.2、厚 0.3 厘米，重 1.4 克。打制台面，椭圆形，长轴 0.3、短轴 0.2 厘米，石叶角 98°。背面带有双脊，石叶两侧皆保留有清晰的使用痕迹，一侧保留在背面边缘，另一侧保留在破裂面边缘（图八二，19；图版一八，18）。

04T3⑥:370，白云岩。残长 3.5、宽 0.9、厚 0.2 厘米，重 1.1 克。线状台面，长 0.5 厘米。背面带有双脊，石叶两侧皆保留有清晰的使用痕迹，一侧保留在背面边缘，另一侧保留在破裂面边缘（图八二，18；图版一八，19）。

04T3⑥:371，燧石。残长2.35、宽1.2、厚0.3厘米，重1克。点状台面。背面带有分岔脊，石叶两侧皆保留有部分使用痕迹（图八二，20；图版一八，20）。

04T3⑥:378，白云岩。残长1.4、宽1.2、厚0.3厘米，重0.5克。修理台面，近椭圆形，长轴0.6、短轴0.3厘米，石叶角90°。背面带有分岔脊，破裂面与台面边缘呈弧形，打击点和半锥体皆不明显，推测可能采用了压制技术所生产。两侧皆保留有清晰的使用痕迹，一侧保留在背面边缘，另一侧保留在破裂面边缘（图八二，21；图版一八，21）。

04T4⑥:462，白云岩。残长3.4、宽1、厚0.15厘米，重0.7克。修理台面，不规则形，长0.5、宽0.1厘米，石叶角103°。背面带有双脊（图八二，22；图版一八，22）。

04T4⑥:463，白云岩。残长2.8、宽0.8、厚0.1厘米，重0.5克。修理台面，近长条形，长0.4、宽0.1厘米，石叶角98°。背面带有双脊，一侧破裂面边缘保留有部分使用痕迹（图八二，23；图版一八，23）。

04T4⑥:464，白云岩。残长2.3、宽1.1、厚0.25厘米，重0.8克。修理台面，近长条形形，长0.5、宽0.1厘米，石叶角92°。背面带有分岔脊，破裂面半锥体上保留有崩落的小片疤，打击点和半锥体皆不明显，破裂面与台面边缘呈弧形，推测可能采用了压制技术所生产（图八二，24；图版一八，25）。

04T4⑥:467，白云岩。残长2.5、宽0.7、厚0.25厘米，重0.6克。修理台面，近椭圆形，长轴0.3、短轴0.15厘米，石叶角95°。背面带有双脊（图八二，25；图版一八，24）。

04T6⑥:384，燧石。残长3.4、宽0.9、厚0.2厘米，重0.7克。修理台面，三角形，长0.3、宽0.2厘米，石叶角93°。背面带有不规则形脊，远端稍有缺失（图八二，26；图版一八，27）。

04T6⑥:385，白云岩。残长2.3、宽1.85、厚0.3厘米，重1.6克。修理台面，长条形，长0.7、宽0.3厘米，石叶角85°。背面带有双脊，远端部分缺失较多（图八二，27；图版一八，26）。

（2）中间段石叶

77件。失去近端和远端的中间段石叶，其中的大部分应该是人为的结果，因为标本中有许多保留了使用的痕迹。适宜镶嵌于骨或木制的刀梗凹槽内作为复合工具。

03T1-T2⑥:1051，白云岩。残长3.6、宽1.0、厚0.25厘米，重1.2克。背面带有双脊（图八二，29；图版一八，36）。

03T1-T2⑥:1052，白云岩。残长2.3、宽1.0、厚0.3厘米，重0.9克。背面带有双脊（图八二，28；图版一八，28）。

03T1-T2⑥:1053，白云岩。残长2.5、宽1.0、厚0.3厘米，重1.2克。背面带有多条纵脊（图八二，30；图版一八，29）。

03T1-T2⑥:1054，白云岩。残长2.2、宽0.75、厚0.3厘米，重0.6克。背面带有多条纵脊（图八二，31；图版一八，30）。

03T1-T2⑥:1055，玉髓。残长2.0、宽0.7、厚0.2厘米，重0.2克。背面带有单脊（图八二，32；图版一八，31）。

03T1-T2⑥:1056，燧石。残长1.6、宽0.7、厚0.1厘米，重0.2克。背面带有双脊（图八二，33；图版一八，32）。

04T1-T2⑥:617，白云岩，残长 3.0、宽 1.4、厚 0.2 厘米，重 1.5 克。背面带有双脊（图八二，35；图版一八，33）。

04T1-T2⑥:618，白云岩。残长 2.6、宽 1.25、厚 0.25 厘米，重 1.1 克。背面带有双脊（图八二，34；图版一八，34）。

04T1-T2⑥:619，白云岩。残长 2.55、宽 0.85、厚 0.25 厘米，重 0.7 克。背面带有单脊（图八二，36；图版一八，35）。

04T1-T2⑥:620，白云岩。残长 1.85、宽 0.8、厚 0.25 厘米，重 0.6 克。背面带有双脊（图八三，1；图版一九，1）。

04T1-T2⑥:621，白云岩。残长 2.5、宽 0.8、厚 0.3 厘米，重 0.9 克。背面带有分岔脊（图八三，2；图版一九，2）。

04T1-T2⑥:622，白云岩。残长 2.5、宽 0.9、厚 0.25 厘米，重 0.8 克。背面带有双脊，破裂面两侧皆保留有使用痕迹（图八三，3；图版一九，3）。

04T1-T2⑥:623，白云岩。残长 2.5、宽 0.85、厚 0.25 厘米，重 0.9 克。背面带有双脊，一侧保留有自然面（图八三，4；图版一九，4）。

04T3⑥:380，燧石。残长 2.7、宽 1.0、厚 0.3 厘米，重 0.8 克。背面带有分岔脊（图八三，5；图版一九，5）。

04T3⑥:441，白云岩。残长 4.5、宽 1.5、厚 0.3 厘米，重 3.3 克。背面带有多条纵脊（图八三，8；图版一九，10）。

04T3⑥:442，白云岩。残长 2.6、宽 0.8、厚 0.2 厘米，重 0.5 克。背面带有双脊（图八三，6；图版一九，6）。

04T4⑥:469，白云岩。残长 2.3、宽 1.2、厚 0.4 厘米，重 1.4 克。背面带有双脊（图八三，9；图版一九，7）。

04T4⑥:470，白云岩。残长 2.3、宽 1.25、厚 0.35 厘米，重 1.4 克。背面带有双脊（图八三，7；图版一九，8）。

04T4⑥:471，白云岩。残长 2.2、宽 1.0、厚 0.3 厘米，重 0.9 克。背面带有单脊（图版一九，9）。

04T4⑥:472，白云岩。残长 1.6、宽 1.1、厚 0.2 厘米，重 0.5 克。背面带有双脊（图八三，10；图版一九，11）。

04T6⑥:396，燧石。残长 2.9、宽 1.0、厚 0.3 厘米，重 1.0 克。背面带有双脊，两侧边缘保留有部分修理痕迹，一侧保留在破裂面边缘，另一侧保留在背面边缘（图版一九，12）。

04T6⑥:397，白云岩。残长 3.0、宽 1.1、厚 0.3 厘米，重 1.2 克。背面带有双脊（图八三，12；图版一九，13）。

（3）远端段石叶

57 件。即石叶的尾部部分。

03T1-T2⑥:1075，白云岩。残长 2.1、宽 1.0、厚 0.3 厘米，重 0.6 克。背面带有单脊，破裂面保留有部分修理痕迹（图八三，11；图版一九，14）。

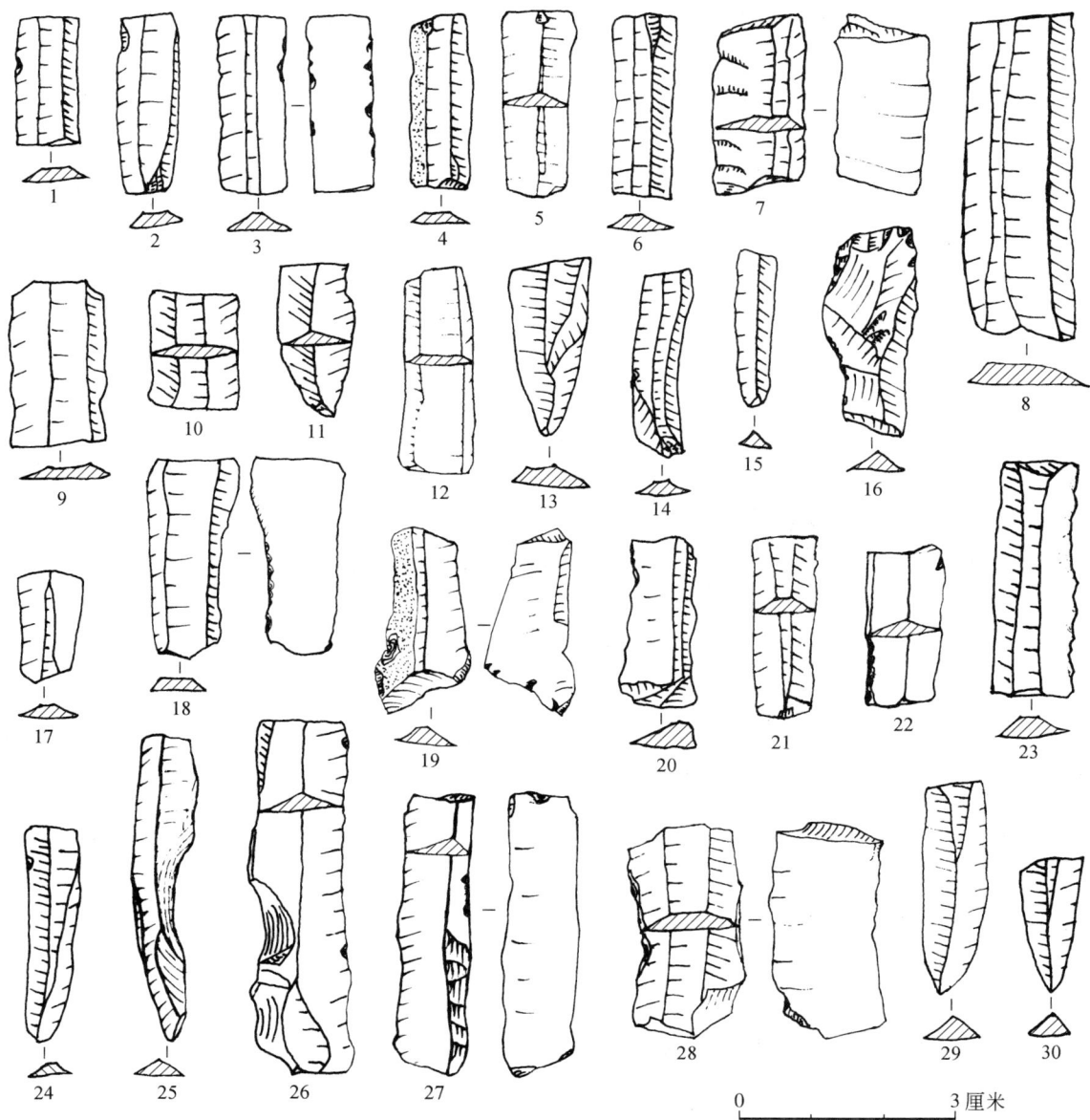

图八三　第6层出土中间段石叶、远端段石叶

1～10. 中间段石叶（1.04T1-T2⑥:620、2.04T1-T2⑥:621、3.04T1-T2⑥:622、4.04T1-T2⑥:623、5.04T3⑥:380、6.04T3⑥:442、7.04T4⑥:470、8.04T3⑥:441、9.04T4⑥:469、10.04T4⑥:472）　11. 远端段石叶（03T1-T2⑥:1075）　12. 中间段石叶（04T6⑥:397）　13～30. 远端段石叶（13.04T1-T2⑥:638、14.04T1-T2⑥:637、15.04T1-T2⑥:639、16.04T1-T2⑥:646、17.04T1-T2⑥:640、18.04T1-T2⑥:647、19.04T1-T2⑥:648、20.04T1-T2⑥:650、21.04T3⑥:383、22.04T3⑥:381、23.04T4⑥:487、24.04T4⑥:488、25.04T6⑥:404、26.04T4⑥:486、27.04T6⑥:395、28.04T3⑥:389、29.04T9⑥:77、30.04T4⑥:489）

　　04T1-T2⑥:637，白云岩。残长2.7、宽0.7、厚0.3厘米，重0.9克。背面带有双脊（图八三，14；图版一九，15）。

　　04T1-T2⑥:638，白云岩。残长2.6、宽1.1、厚0.3厘米，重0.7克。背面带有分岔脊（图八三，13；图版一九，16）。

04T1-T2⑥:639，玉髓。残长 2.1、宽 0.5、厚 0.1 厘米，重 0.45 克。背面带有单脊（图八三，15；图版一九，17）。

04T1-T2⑥:640，白云岩。残长 1.5、宽 0.7、厚 0.2 厘米，重 0.3 克。背面带有分岔脊（图八三，17；图版一九，18）。

04T1-T2⑥:646，白云岩。残长 3.0、宽 1.25、厚 0.35 厘米，重 1.6 克。背面带有不规则形脊，两侧皆保留有清晰的使用痕迹，一侧保留在背面边缘，另一侧保留在破裂面边缘（图八三，16；图版一九，19）。

04T1-T2⑥:647，白云岩。残长 2.8、宽 1.2、厚 0.2 厘米，重 0.75 克。背面带有双脊，破裂面一侧保留有清晰的使用痕迹（图八三，18；图版一九，20）。

04T1-T2⑥:648，白云岩。残长 2.65、宽 1.2、厚 0.5 厘米，重 1.5 克。背面带有双脊，破裂面一侧保留有使用痕迹（图八三，19；图版一九，21）。

04T1-T2⑥:650，白云岩。残长 2.4、残宽 1.0、厚 0.4 厘米，重 1.25 克。背面带有双脊，破裂面一侧保留有使用痕迹（图八三，20；图版一九，22）。

04T3⑥:381，燧石。残长 2.2、宽 1.0、厚 0.3 厘米，重 1.0 克。背面带有单脊，一侧边缘保留有部分修理痕迹，破裂面一侧边缘保留有使用痕迹（图八三，22；图版一九，23）。

04T3⑥:383，白云岩。残长 2.6、宽 0.8、厚 0.3 厘米，重 0.9 克。背面带有分岔脊（图八三，21；图版一九，24）。

04T3⑥:389，白云岩。残长 3.0、宽 1.5、厚 0.3 厘米，重 1.9 克。背面带有双脊，一侧边缘保留有部分修理痕迹（图八三，28；图版一九，25）。

04T4⑥:486，白云岩。残长 5.0、宽 1.2、厚 0.3 厘米，重 2.8 克。背面带有分岔脊，近端部分缺失较少（图八三，26；图版一九，26）。

04T4⑥:487，白云岩。残长 3.3、宽 1.1、厚 0.3 厘米，重 1.8 克。背面带有双脊，一侧边缘保留有部分使用痕迹，另一侧边缘保留有修理痕迹（图八三，23；图版一九，27）。

04T4⑥:488，燧石。残长 3.1、宽 0.7、厚 0.2 厘米，重 0.4 克。背面带有分岔脊（图八三，24；图版一九，28）。

04T4⑥:489，白云岩。残长 1.8、宽 0.8、厚 0.25 厘米，重 0.2 克。背面带有分岔脊（图八三，30；图版一九，29）。

04T6⑥:395，燧石。残长 4.1、宽 1.0、厚 0.3 厘米，重 1.6 克。背面带有单脊，近端部分缺失较少（图八三，27；图版一九，30）。

04T6⑥:404，燧石。残长 4.3、宽 0.8、厚 0.4 厘米，重 1.0 克。背面带有分岔脊，近端部分缺失较少（图八三，25；图版一九，31）。

04T6⑥:405，燧石。残长 1.4、宽 0.9、厚 0.2 厘米，重 0.3 克。背面带有分岔脊，近端部分缺失较多（图版一九，32）。

04T9⑥:77，白云岩。残长 3.1、宽 0.8、厚 0.35 厘米，重 1.0 克。背面带有分岔脊（图八三，29）。

（五）细石器

98 件。有采用石片制成的端刮器、边刮器、拇指盖状刮削器等，以及采用石叶制成的精美石镞、石钻和石刃等。

1. 端刮器

24 件。细石器中数量最多的一类，其中弧刃端刮器 14 件，平刃端刮器 10 件。

(1) 弧刃端刮器

14 件。采用石片或石叶于其远端压制修理出弧刃。一般刃缘由破裂面向背面正向加工，个别刃缘由背面向破裂面反向加工。

04T1-T2⑥:1074，白云岩。石叶加工而成，折断。残长 2.9、宽 1.1、厚 0.4 厘米，重 1.6 克。刃缘由破裂面向背面正向加工，刃缘长 0.9 厘米，刃角 60°（图八四，1）。

04T3⑥:446，白云岩。台面剥片加工而成。长 2.85、宽 2.5、厚 0.7 厘米，重 5.9 克。刃缘由破裂面向背面正向加工，刃缘长 5.4 厘米，刃角 77°（图八四，2；图版八，13）。

04T6⑥:411，白云岩。石片加工而成。长 3.2、宽 1.8、厚 0.5 厘米，重 3.2 克。刃缘由破裂面向背面正向加工，刃缘长 3.4 厘米，刃角 56°。背面一侧保留有自然面（图八四，3；图版八，14）。

04T6⑥:412，燧石。石叶加工而成，已折断。残长 2.0、宽 1.6、厚 0.5 厘米，重 1.6 克。刃缘由破裂面向背面正向加工，刃缘长 2.7 厘米，刃角 80°（图八四，4；图版八，15）。

(2) 平刃端刮器

10 件。采用石片或石叶于其远端压制修理出平刃。一般刃缘由破裂面向背面正向加工，个别刃缘由背面向破裂面反向加工。

04T1-T2⑥:1073，白云岩。石叶加工而成，折断。残长 3.6、宽 1.2、厚 0.25 厘米，重 1.7 克。

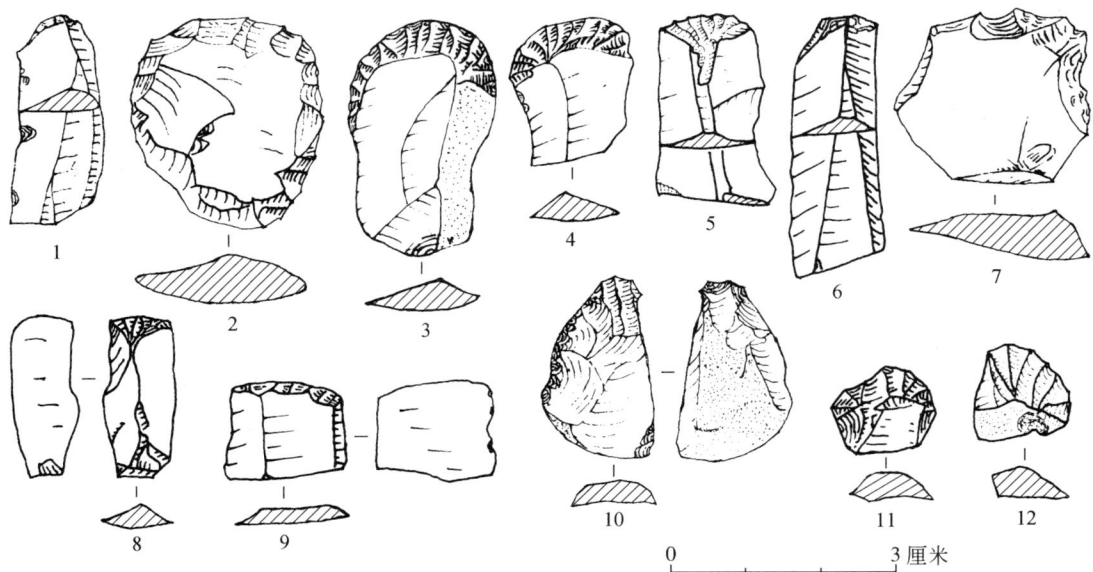

图八四　第 6 层出土细石器

1~4. 弧刃端刮器（1.04T1-T2⑥:1074、2.04T3⑥:446、3.04T6⑥:411、4.04T6⑥:412）　5~9. 平刃端刮器
（5.04T1-T2⑥:653、6.04T1-T2⑥:1073、7.04T3⑥:365、8.04T3⑥:447、9.04T6⑥:413）　10. 边刮器（04T1-T2
⑥:661）　11、12. 拇指盖状刮削器（04T1-T2⑥:654、03T1-T2⑥:1021）

刃缘由破裂面向背面正向加工，刃缘长 0.7 厘米，刃角 86°（图八四，6；彩版一二，2）。

04T1-T2⑥:653，白云岩。石叶加工而成，折断。残长 2.65、宽 1.5、厚 0.4 厘米，重 2.0 克。刃缘由破裂面向背面正向加工，刃缘长 1.3 厘米，刃角 74°（图八四，5；图版八，19）。

04T3⑥:365，白云岩。台面剥片加工而成。长 2.35、宽 2.6、厚 0.75 厘米，重 5.4 克。刃缘由背面向破裂面反向加工，刃缘长 2.2 厘米，刃角 62°（图八四，7；图版八，18）。

04T3⑥:447，燧石。石叶加工而成。长 2.15、宽 0.9、厚 0.5 厘米，重 0.9 克。刃缘由破裂面向背面正向加工，刃缘长 0.6 厘米，刃角 59°。其背面一侧也进行了细致的加工（图八四，8；图版八，22）。

04T6⑥:413，白云岩。石叶加工而成，折断。残长 1.3、宽 1.5、厚 0.3 厘米，重 0.9 克。刃缘由破裂面向背面正向加工，刃缘长 1.5 厘米，刃角 72°（图八四，9；图版八，16）。

2. 边刮器

5 件。根据边刮器刃缘的数量可以分为单刃、双刃和复刃。

04T1-T2⑥:661，黑曜石。单刃边刮器，修理刃缘分布于石片的一侧，用压制法加工成刃。长 2.4、宽 1.4、厚 0.6 厘米，重 3.2 克。刃缘由背面向破裂面反向加工，刃缘长 2.5 厘米，刃角 67°（图八四，10）。

3. 拇指盖状刮削器

2 件。器形细小周正，带有经过使用留下的明显用痕。

03T1-T2⑥:1021，玉髓。于小石片远端及两侧压制修理出刃缘，加工极其精细。身长 1.3、宽 1.2、厚 0.6 厘米，重 1.1 克。刃缘由破裂面向背面正向加工，刃缘长 2.5 厘米，刃角 74°（图八四，12；图版八，28）。

04T1-T2⑥:654，玉髓。于小石片远端压制修理出弧刃。器身长 1.2、宽 1.4、厚 0.75 厘米，重 1.2 克。刃缘由破裂面向背面正向加工，刃缘长 1.8 厘米，刃角 70°（图八四，11；图版八，27）。

4. 石镞

11 件。细石器中加工技术最好的一类，主要选用石叶或石片作为原材料加工而成，加工技术主要采用压制法。第 6 层未发现柳叶形石镞，有平底三角形石镞 3 件，凹底三角形石镞 1 件，残品 7 件。从出现的时间来看，柳叶形和平底三角形石镞比凹底三角形石镞出现的时间可能要早。柳叶形和平底三角形石镞制作比较简单，一般于石叶的远端单面修理出尖，多数加工方向从背面向破裂面压制修理，平底三角形石镞从形状上看比柳叶形石镞要宽短，有的选用小长石片加工而成，有的两面进行较细致的压制修理。可能是石镞由柳叶形向凹底三角形石镞发展的中间类型。

（1）平底三角形石镞

3 件。周身布满了两面压制修理形成的细长疤痕，体薄而细小，底部平直，轮廓呈三角形。

04T1-T2⑥:659，白云岩。尖部折断。残高 1.25、底宽 1.0、厚 0.2 厘米，重 0.25 克。刃缘残长 3.4 厘米，刃角 50°（图八五，1；彩版七，6）。

04T1-T2⑥:662，燧石。尖部折断。残高 2.0、底宽 1.4、厚 0.35 厘米，重 1.1 克。刃缘残长 4.8 厘米，刃角 50°（图八五，2；彩版七，7）。

04T1-T2⑥:663，燧石。部折断。残高 1.65、底宽 1.4、厚 0.3 厘米，重 0.9 克。刃缘残长 4.0

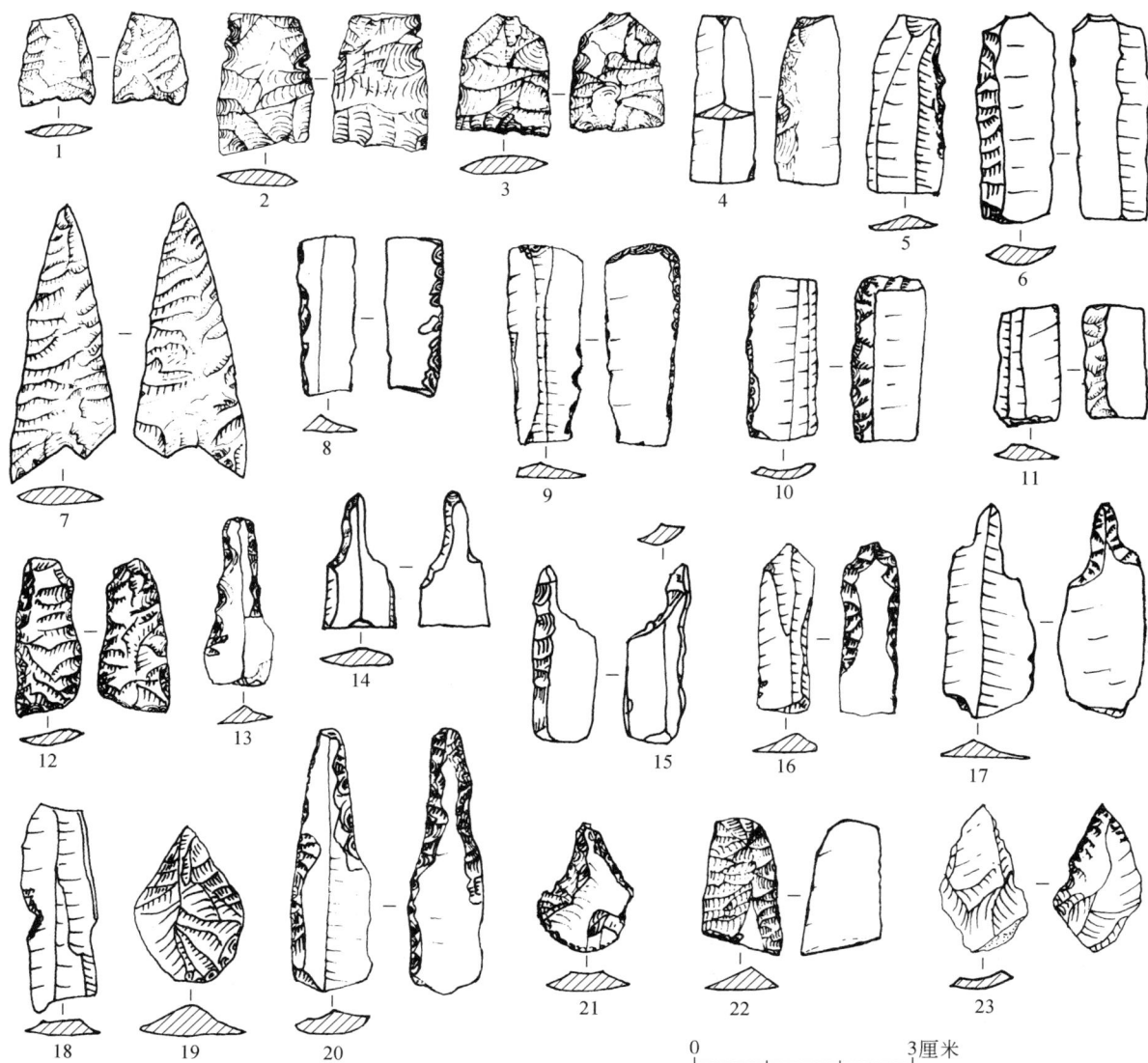

图八五   第6层出土细石器

1～3. 平底三角形石镞（04T1-T2⑥:659、04T1-T2⑥:662、04T1-T2⑥:663）   4～6. 单刃石刃（04T1-T2⑥:657、04T1-T2⑥:
604、04T4⑥:498）   7. 凹底三角形石镞（04T1-T2⑥:655）   8～11. 单刃石刃（8.04T3⑥:448、9.04T6⑥:396、10.04T6⑥:
418、11.04T1-T2⑥:656）   12. 复刃石刃（04T6⑥:414）   13～17. 窄长形石钻（13.03T1-T2⑥:1017、14.04T1-T2⑥:658、
15.04T4⑥:499、16.04T6⑥:417、17.04T6⑥:416）   18. 凹缺器（04T1-T2⑥:605）   19. 尖状器（04T4⑥:1059）   20. 窄长形石
钻（04T6⑥:415）   21. 宽短形石钻（03T1-T2⑥:1018）   22. 小型残石器（04T1-T2⑥:643）   23. 尖状器（04T1-T2⑥:660）

厘米，刃部夹角50°（图八五，3；彩版七，8）。

（2）凹底三角形石镞

1件。周身布满了两面压制修理形成的细长疤痕，体薄而细长呈三角形，尾部中间用压制技术两面修出凹底，两侧自然生出带尖的两翼，修理得比较精致。

04T1-T2⑥:655，白云岩。一翼折断。高3.9、底宽1.4、厚0.3厘米，重1.6克。器身布满了两面压制修理形成的细长疤痕，体薄而细长，修理精致，保存较好。刃缘残长 8.3 厘米，尖部夹角 50°（图八五，7；彩版七，9）。

（3）残石镞

7 件。标本皆为修理加工好后使用或自然力形成残缺。大部分尖部残断，也有少部分尾部残缺的。

5. 石刃

22 件。选用石叶采用压制技术修理成器，是镶嵌在骨头或木头的凹槽里，作为复合工具使用。第 6 层出土石刃中多为单刃，也发现双刃和复刃者。其中单刃 16 件，双刃 3 件，复刃 1 件，残石刃 2 件。

（1）单刃石刃

16 件。多采用石叶的中间段，一侧从背面向破裂面或从破裂面向背面单面加工成刃，有的石叶未经修理直接使用形成。

04T1-T2⑥:604，白云岩。长 2.5、宽 1.05、厚 0.25 厘米，重 1.0 克。石叶一侧从破裂面向背面单面使用形成，刃缘长 1.7 厘米，刃角 60°（图八五，5；彩版八，15）。

04T1-T2⑥:656，白云岩。长 1.6、宽 0.85、厚 0.3 厘米，重 0.6 克。石叶一侧从背面向破裂面单面加工形成，刃缘长 1.5 厘米，刃角 64°（图八五，11；彩版八，16）。

04T1-T2⑥:657，白云岩。长 2.4、宽 0.9、厚 0.2 厘米，重 0.6 克。石叶一侧从背面向破裂面单面加工形成，刃缘长 2.3 厘米，刃角 54°（图八五，4；彩版八，18）。

04T3⑥:448，白云岩。长 2.2、宽 0.75、厚 0.2 厘米，重 0.4 克。石叶一侧从背面向破裂面单面加工形成，刃缘长 2.2 厘米，刃角 60°（图八五，8；彩版八，19）。

04T4⑥:498，白云岩。长 3.0、宽 1.0、厚 0.35 厘米，重 1.4 克。石叶一侧从背面向破裂面单面加工形成，另一侧有使用痕迹，修理刃缘长 2.7 厘米，刃角 50°（图八五，6；彩版八，20）。

04T6⑥:396，白云岩。长 2.9、宽 1.0、厚 0.25 厘米，重 1.1 克。一侧有用痕的石刃，一端经过加工，加工和使用痕迹皆分布于石叶的破裂面，使用刃缘长 2.8 厘米，刃角 53°（图八五，9）。

04T6⑥:418，白云岩。长 2.2、宽 0.9、厚 0.3 厘米，重 0.7 克。石叶的一侧从背面向破裂面单面加工形成，刃缘长 5.1 厘米，刃角 50°。一端从背面向破裂面进行修理以便于镶嵌（图八五，10；彩版八，21）。

（2）双刃石刃

3 件。多采用石叶的中间段，于其两侧从背面向破裂面或从破裂面向背面单面加工或两面交互加工成刃，有的于石叶两侧未经修理直接使用形成。

04T1-T2⑥:664，白云岩。长 2.1、宽 0.6、厚 0.2 厘米，重 0.4 克。石叶两侧从背面向破裂面加工形成，刃缘长 4.0 厘米，刃角 50°（彩版八，22）。

（3）复刃石刃

1 件。标本制作精致，四周两面交互加工成器。

04T6⑥:414，玉髓。长 2.2、宽 0.9、厚 0.3 厘米，重 0.7 克。石叶四周两面交互加工而成，刃缘长 5.1 厘米，刃角 50°。是一件精细加工而成的典型石刃（图八五，12；彩版八，23）。

（4）残石刃

2 件。这类标本多为横向断裂，由于它们薄而细长在使用过程中或受自然力影响形成残缺。

04T5⑥:709，黑曜石。残长1.8、宽1.0、厚0.4厘米，重0.7克。三侧从破裂面向背面加工形成，刃缘残长4.2厘米，刃角65°。是一件精细加工而成的典型石刃。

6. 石钻

18件。采用石叶或石片加工而成，一般于两侧向一端压制修理出一个圆钝的小尖，加工方向主要是从背面向破裂面修理，也有从破裂面向背面修理者或两面压制成器者。从形态上来可以分为窄长形和宽短形，以及残品。其中窄长形石钻8件，宽短形石钻1件，残石钻9件等。

（1）窄长形石钻

8件。多选用石叶，两侧从背面向破裂面或从破裂面向背面压制修理，一端修出一个尖，有的于石叶两侧错向压制修理出一个尖。

03T1-T2⑥:1017，白云岩。尖部使用折断。残长2.4、宽1.0、厚0.5厘米，重0.9克。石叶两侧从破裂面向背面压制修理，远端修出一个钝尖，修理刃缘残长3.5厘米，尖部夹角77°（图八五，13；图版九，20）。

04T1-T2⑥:658，白云岩。尾部使用折断。残长1.9、宽0.95、厚0.2厘米，重0.5克。于石叶两侧错向压制修理，远端修出一个尖，修理刃缘长2.2厘米，尖部夹角59°（图八五，14；图版九，26）。

04T4⑥:499，白云岩。长2.5、宽0.85、厚0.3厘米，重0.7克。石叶两侧错向压制修理，近端修出一个尖，修理刃缘长3.8厘米，尖部夹角50°（图八五，15；图版九，23）。

04T6⑥:415，白云岩。长3.8、宽1.1、厚0.4厘米，重2.0克。石叶两侧压剥修理，一侧从背面向破裂面压剥修理，另一侧从两面交互压制修理，远端修出一个长尖，修理刃缘长7.0厘米，尖部夹角80°（图八五，20；图版九，18）。

04T6⑥:416，白云岩。双肩窄长型。长3.1、宽1.2、厚0.3厘米，重1.05克。石叶两侧从背面向破裂面压制修理，远端修出一个短尖，修理刃缘长1.9厘米，尖部夹角68°（图八五，17；图版九，19）。

04T6⑥:417，燧石。尖部残断。残长2.5、宽1.8、厚0.3厘米，重0.9克。石叶两侧从背面向破裂面压制修理，近端修出一个尖，修理刃缘残长3.2厘米，刃部夹角81°（图八五，16；图版九，24）。

（2）宽短形石钻

1件。选用石片于两侧压制修理，并于一端修出一个尖。

03T1-T2⑥:1018，玉髓。石片加工而成的单肩宽短形，尖部使用折断。残长1.8、宽1.3、厚0.5厘米，重1.2克。石片两侧从破裂面向背面压制修理，远端修出一个钝尖，修理刃缘残长3.2厘米，尖部夹角73°（图八五，21；图版九，25）。

（3）残石钻

9件。标本大部分尖部残断，可能主要是使用过程中被折断，也有自然力形成者。

7. 尖状器

2件。选用石片加工而成，尖部呈正尖型。

04T1-T2⑥:660，燧石。长2.0、宽1.1、厚0.35厘米，重0.9克。石片两侧从破裂面向背面正向压制修理，远端修出一个尖，修理刃缘长2.7厘米，尖部夹角50°（图八五，23）。

04T4⑥:1059，玉髓。长2.2、宽1.5、厚0.5厘米，重1.5克。石片周边从破裂面向背面正向压制修理，远端修出一个尖，修理刃缘长 5.3 厘米，尖部夹角 80°。不仅是一件精致的尖状器，而且与尖部相对的一端还可以作为边刮器使用（图八五，19）。

8. 凹缺器

1 件。刃口分布于石叶背面一侧，可能使用形成凹缺刃口。

04T1-T2⑥:605，白云岩。长 3.0、宽 1.0、厚 0.2 厘米，重 0.8 克。可能使用形成凹缺刃口，刃缘长 0.7 厘米，刃角 50°（图八五，18）。

9. 小型残石器

13 件。不宜辨认出属于那种器类。

04T1-T2⑥:643，白云岩。残长 2.0、宽 1.1、厚 0.3 厘米，重 0.9 克。修理刃部位于石叶的两侧和一端，采用压制法，加工方向从破裂面向背面加工，修理刃缘残长 3.8 厘米，刃角 70°。它可能是一件残断的石刃（图八五，22）。

（六）大型石器

47 件。包括选用砾石、石片或石块加工或使用形成的加工工具石锤、砺石和石砧等，以及渔猎工具网坠等。

1. 石锤

12 件。是用于石核上剥片并加工石器的专门工具。选用长棱状或椭圆形砾石直接使用而成。它的特征是在砾石的一端或两端保留有许多锤击或砸击而形成的小片疤或坑疤，有的周身还散布着一些零星的小坑疤或小斑点。

04T1-T2⑥:678，石英砂岩砾石，长棱状。长 6.8、宽 2.95、厚 2.3 厘米，重 55.9 克。两端皆保留有锤击他物产生的疤痕，形状上应是一件较适用的锤击石锤（图八六，1）。

2. 石砧

8 件。皆残。可能使用过程中受力而破碎。主要选用石英砂岩天然石块，边缘稍加修理而成。有的一面保留有作为石砧使用形成的许多小坑疤，有的两面皆保留有作为石砧使用后产生的许多小坑疤。

04T1-T2⑥:680，石英砂岩。已残。残长 7.4、残宽 5.3、厚 2.3 厘米，重 126.1 克。边缘进行过细致修理，两面保留有作为石砧使用后产生的许多小坑疤（图八六，2）。

3. 砺石

26 件。皆为碎块。主要选用石英砂岩天然石块，于其边缘稍加修理而成，或者于其两面进行磨制修理。有的一面保留有作为砺石磨制他物所产生的明显条痕，有的两面皆

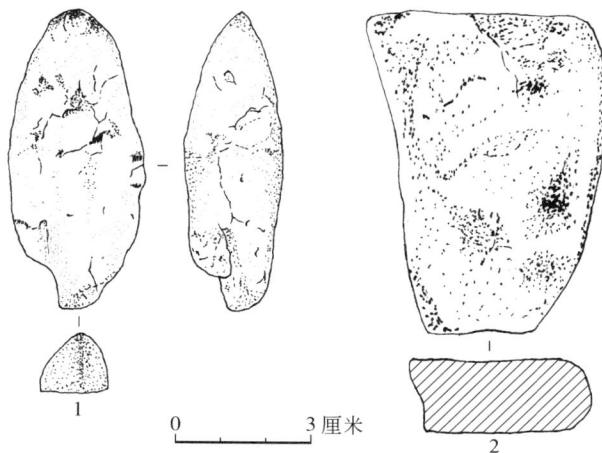

图八六　第 6 层出土石锤、石砧
1. 石锤（04T1-T2⑥:678）　2. 石砧（04T1-T2⑥:680）

保留有作为砺石磨制他物所产生的明显条痕。

4. 网坠

1件。已残，其上保留有部分凹线和雕琢痕迹。

二　陶　器

04、07、08T3～T6第6层出土的陶片虽亦较多，但未有可能复原的陶器。陶片以夹砂陶为主，砂粒普遍较细，相当数量的陶片可见轮旋的遗痕。陶片中器表光滑素面无纹者较多，同时也存在多种不同风格的纹饰。若主要着眼于器表的纹饰，可将它们大体上分为5类，各自所占比重均很小。

08年T5-T6四周扩方时，文化层采用3厘米一小层进行发掘，因此，遗物编号中表现为08T5-T6⑥-①:15等。

1. A类

陶片以按压或滚压纹为其特征。

08T5-T6B⑥-①:15，胎体褐色，内壁熏燎至黑色。胎土中含较多砂粒，砂粒均较细小，粒径多在0.1厘米之内。烧成火候较高，陶质较硬。外表存留三道横向和一道斜向的压痕，三道横向压痕相互平行，间距等同。压痕均呈现为一道凹槽，宽0.35～0.4、槽深0.1～0.15厘米，槽内满是细密的横向凸棱，棱宽约为0.05厘米。纹饰大约以具有细密刻痕的圆棒状物体按压所致，也可能是以边缘具有细密刻痕的圆盘状物体连续滚压而形成的。其高3.7、宽3.8、厚0.65厘米（图八七，1；图版二〇，1）。

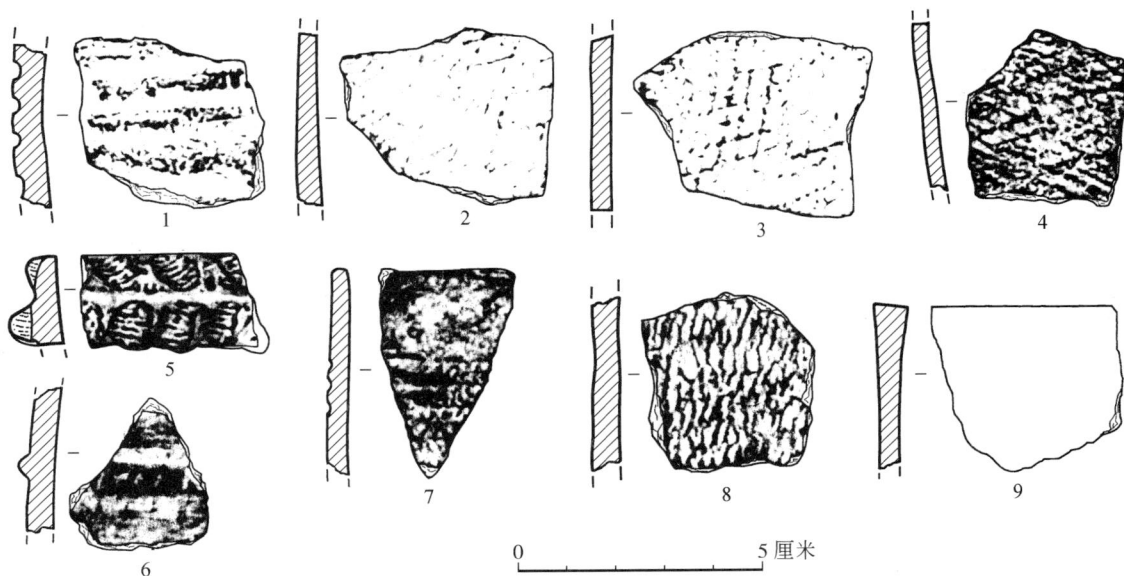

图八七　第6层出土陶片

1. A类带纹饰陶片（残片08T5-T6B⑥-①:15）　2～4. B类带纹饰陶片（残片08T5-T6B⑥-①:18、残片08T5-T6B⑥-②:19、腹部残片04T6⑥:662）　5、6. D类带纹饰陶片（口沿残片04T3BD1:106、残片04T3BD1:121）　7. C类带纹饰陶片（口部残片04T3⑥:721）　8. E类带纹饰陶片（残片04T3⑥:461）　9. 无纹饰陶片（口部残片04T3⑥:720）

2. B类

表面饰拍印棱格纹。胎土较纯净，接近泥质陶。

08T5-T6B⑥-①:18，胎体褐色，内壁和外表略呈红褐色。胎土含细砂，白色砂粒，粒径多不超过0.05厘米。陶质坚硬。内壁可见数道极浅的横向划痕，外表拍印棱格纹，每棱格长0.5、宽0.35厘米左右。其高3.7、宽4.3、厚0.35～0.45厘米（图八七，2；图版二〇，2）。

08T5-T6B⑥-②:19，胎体黄褐色，内壁灰色，外表局部泛黑。胎土中含细砂，砂粒多属白色，粒径大约不超过0.05厘米。陶质坚硬。器表拍印棱格纹，每棱格的长0.55、宽0.4厘米左右。其高3.8、宽4.9、厚0.45厘米（图八七，3）。

04T6⑥:662，腹部残片。胎体近灰褐色。胎土淘洗较细，质料纯净而不含砂粒。烧成火候甚高，陶质坚硬。内壁可见方向不一的多道平行划线，系刮修壁面所致，这些刮修痕有横向的，也有横斜向的。器表拍印棱格纹，纹痕多经磨蚀，较清晰者可辨每棱格的长0.5、宽0.35厘米左右。其高3.7、宽3.3、厚0.3厘米（图八七，4；图版二〇，3）。

3. C类

器表以戳印纹为其特征。

04T3⑥:721，口部残片。胎体黄褐色，表呈褐或灰褐色。胎土较纯净，基本不见砂粒。内壁显露着个别的裂痕和砂眼。陶质较硬。口唇圆尖，壁较直不甚平整，多有凸凹，存留三道平行的横向戳压纹带，每道纹带都是连续分布的细密的垂三角状凹窝，很可能是以蚌壳边缘在器表戳压而形成的。其高4.4、宽2.8、厚0.3～0.45厘米（图八七，7；图版二〇，4）。

4. D类

泥条堆纹或凸弦纹，还有按捺、戳印抑或刻划的纹饰。

04T3BD1:106，口沿残片。胎体黄褐色，胎土含细砂和蚌壳碎末，白色砂粒。圆尖唇。口沿外侧存留上下两道平行的横向纹带，贴敷的泥条，再以刻有细密螺旋痕的圆棒状物体连续按捺，形成突起的波状泥条，按捺纹相对于泥条而言皆为斜向相交，上道纹带的按捺纹和下道的按捺纹之斜向彼此相错，按捺痕宽0.6～0.8厘米。其高2.1、宽3.8、厚0.6厘米（图八七，5；图版二〇，5）。

04T3BD1:121，胎体红褐色，外表呈黑色，且富有光泽，似是陶衣。胎土纯净，不含砂粒，系典型的泥质陶。烧成火候很高，陶质坚硬。器表存留一道横向的泥条凸棱，分布着若干纵斜向短线形戳痕，凸棱宽度0.45厘米。其高3.1、宽2.9、厚0.55厘米（图八七，6）。

5. E类

器表饰细绳纹，纹痕皆纵斜向。

04T3⑥:461，胎体褐色，外表红褐色。胎土含较多砂粒，有些是含云母质的砂粒。陶质较硬。外表施细密绳纹，纹痕基本上是纵向或纵斜向，似有交错，每股绳纹印痕的宽度约0.2～0.3厘米。其高3.8、宽3.5、厚0.45～0.6厘米（图八七，8；图版二〇，6）。

此外，器表不具纹饰的陶片可以如下一例为代表。

04T3⑥:720，口部残片。胎体灰或灰褐色，器呈褐色。胎土含砂较多，常出露于内壁和外表，白或灰色砂粒，粒径多不足0.1厘米，个别较大的在0.2厘米左右，砂粒有明显的棱角。烧成火候颇高，陶质坚硬。直口，口部经拍压，平唇沿，唇沿稍厚于其下器壁，沿面似有轮旋刮抹的痕迹。素面。高3.5、宽3.8、厚0.4、口沿厚0.7厘米（图八七，9）。

三　其他制品

包括有动物牙齿制成的鸟头状牙饰，动物长骨磨制成的骨匕，以及采用动物角修理的制品。此外，还有青铜刀和铁鱼钩，以及带有某种人类修理或使用痕迹的小砾石等。

1. 牙饰

1件。采用獐子牙根切割、雕刻和钻孔而成，形似鸟头。

04T5⑥:1470，长条形。保存完好。长5.8、宽1.1、厚0.3和0.6～0.4厘米。在牙根一端保留有切割和雕刻出鸟的喙部，靠近鸟喙钻有一孔，一面钻成，直径0.35厘米，构思巧妙制作精细，栩栩如生（图八八，1；图版一六，10）。

2. 骨匕

3件。标本形制较为规正，适宜用作匕首，同时可能也作为他用。

04T4⑥:597，保存较好。长7.8、宽1.8～0.3、厚0.75～0.4厘米。采用动物的肢骨切割、雕刻而成，前端切割呈匕尖状，后端横向切割整齐。器体一面保留着肢骨的内壁，另一面即肢骨的外壁进行了细致的雕刻，采用了浮雕手法，两侧雕刻出数个小条块，错落有致，凹凸有序。由于长期的磨蚀和风化，凸起的小条块已残存3个，而且也不完整。

04T6⑥:664，保存基本完好。长10.4、宽1.5～0.3、厚0.55～0.2厘米。采用动物的肢骨切割、刮削和磨制而成，前端为匕尖，后端横向切割并刮削和磨制成扁状，体两面皆经过仔细磨制，一面还保留些肢骨的内壁，另一面即肢骨的外壁（图八八，2；图版一六，11）。

04T6⑥:665，后端已残断。残长7.8、宽1.5～0.8、厚0.75～0.4厘米。采用动物的肢骨切割、刮削和磨制而成，前端为匕尖。较厚，呈扁四面体，四面皆进行了细致的磨制（图八八，3）。

3. 带切痕骨料

1件。大型动物的肋骨，一端带有切痕，另一端和一侧残缺。由于骨体上未发现有其他人工痕迹，因此，分析可能是一件骨料。

4. 角制品

2件。一端有切痕，表面上有磨痕，可能是人为形成，角尖有鹿生前磨痕。用途不明。

04T4⑥:1071，从主枝上人工切割下来的鹿角。长5.7、直径

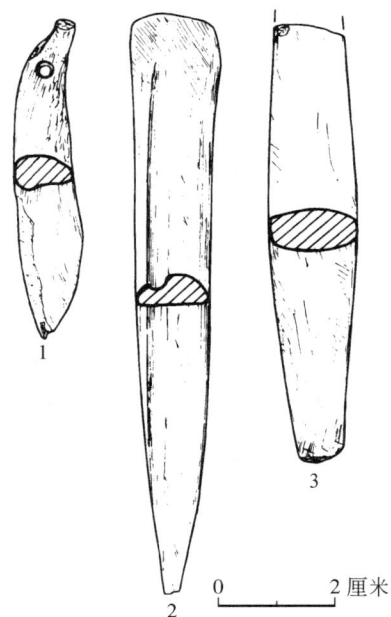

图八八　第6层出土牙饰、骨匕
1. 牙饰（04T5⑥:1470）
2、3. 骨匕（04T6⑥:664、04T6⑥:665）

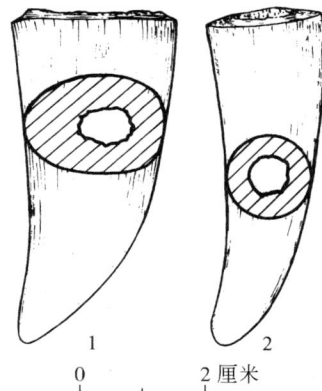

图八九　第6层出土角制品
1.04T4⑥:1071　2.04T4⑥:1072

2.7～0.3厘米（图八九，1；图版一六，8）。

04T4⑥:1072，从主枝上人工切割下来的鹿角。长5.7、直径1.9～0.5厘米（图八九，2；图版一六，9）。

图九〇 第6层出土青铜刀（04T5-T6X⑥:658）

5. 青铜刀

1件。已残，保存部分两面皆锻铸有长条形浅凹槽，造型美观耐用。

04T5-T6X⑥:658，锈蚀较重，残存前半部。刀背稍微向下凹弧，刀部呈凸刃状，较锋利。残长7.6、宽1.9～0.8、厚0.35～0.1厘米（图九〇；图版二一，1、2）。

6. 铁鱼钩

1件。造型美观实用。

04T1-T2⑥:779，锈蚀严重，残缺上部。钩身呈四棱形，尖部锋利，并有倒刺。残长5.3、主体宽0.45、厚0.4厘米，钩长1.7厘米（图九一；图版二一，4）。

7. 小砾石

6件。可能是作为"灵魂石"或"圣石"长期携带，表面不仅十分光滑，还带有一些油性光泽。

04T1-T2⑥:682，石英砂岩。长轴2.2、短轴1.9、厚0.9厘米，重4.2克。近扁椭圆形，一面虽然没有明显雕刻痕迹，但几个石英砂粒突起似人面五官（图九二，1）。

04T1-T2⑥:683，白云岩。长1.5、宽1.3、厚0.8厘米，重1.8克。扁椭圆形，没有明显的雕刻痕迹（图九二，2）。

04T1-T2⑥:684，蛋白石。长1.4、宽1.1、厚1.0厘米，重2.2克。椭圆形，两端十分光滑，中间自然形成凹凸不平状，显得十分特别（图九二，3）。

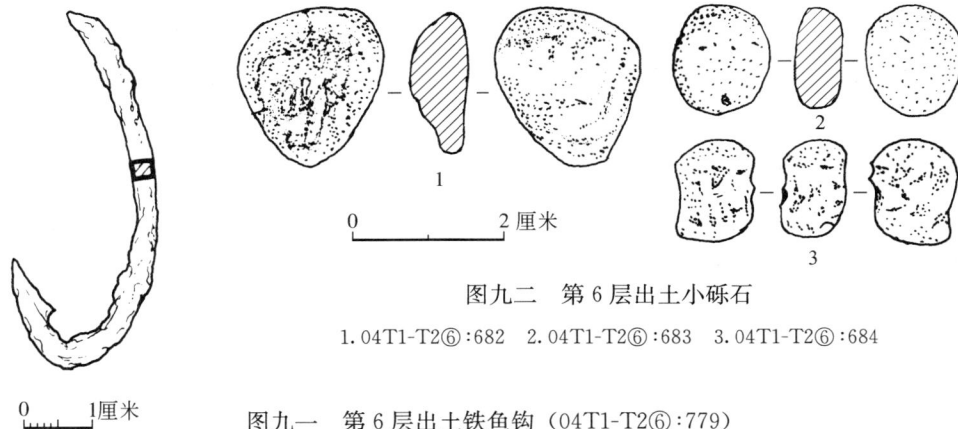

图九二 第6层出土小砾石
1.04T1-T2⑥:682 2.04T1-T2⑥:683 3.04T1-T2⑥:684

图九一 第6层出土铁鱼钩（04T1-T2⑥:779）

第三节 第5层及相关遗迹出土遗物

文化遗物包括有以细石器为主的石制品966件，小砾石8件，赤铁矿石1件，陶片506件，骨器1件，青铜器1件和铁器1件。

一 石 制 品

观察的石制品标本 508 件，其中石核 8 件，石片 131 件，石叶 207 件，石器 162 件，其中细石器 133 件，较大型石器 29 件。

（一）石核

8 件。按其制作工序大致可分为预制石核和剥离石叶形成的细石核两大类。

1. 预制石核

2 件。预制石核是生产石叶之前对选用的原材料进行修理，以产生出适宜剥离石叶的台面和侧面的石制品类型。从台面边缘石片疤打击点和打击泡等特征分析，采用技术主要为硬锤或软锤直接打击所形成。皆为舌形预制石核，核身一侧或两侧保留有一面或两面打击形成的边刃，有利于下一步进行细石叶的生产。台面打制或修理。

04T3⑤:156，燧石。近舌形。高 3.3、宽 2.4、厚 2.2 厘米，重 15 克。台面打制，形状条形，长 1.3、宽 0.9 厘米，台面角 90°。

2. 细石核

6 件。生产石叶后形成的石制品类型。观察这些细石核台面边缘打击点不明显，打击泡阴痕浅平等特征，皆采用间接打击技术所生产。包括宽楔形细石核、锥状细石核、扁圆形细石核、不规则形细石核和残细石核。

（1）宽楔形细石核

1 件。这是遗址中发现的细石器工艺技术含量最高的一种。

03T1-T2⑤:606，燧石。宽楔形。高 3.0、宽 3.7、厚 0.5 厘米，重 7 克。台面修理，长条形，长 4.1、宽 0.5 厘米，台面角 96°。侧面呈三角形，一侧保留了预制石核时，采用两面打击修出有利于固定的楔形刃，疤痕细小平整。核身保留有薄而细长的石叶疤痕 3 个，皆完整（图九三，2；彩版六，9）。

（2）锥状细石核

2 件。一件为锥状，另一件为半锥状。

04T5⑤:628，黑曜石。半锥状。高 4.2、宽 1.5、厚 0.9 厘米，重 8 克。台面经过细致修理，近半圆形，长轴 1.3、短轴 0.8 厘米，台面角 96°。核身保留石叶疤 8 个，完整 5 个。核身较平的部分保留有预制石核时压剥修理的片疤痕（图九三，3；彩版六，10）。

（3）砸击细石核

1 件。这类标本发现的数量很少。

04T5⑤:618，玉髓。扁圆形。高 2.9、宽 2.7、厚 1.4 厘米，重 11.2 克。台面呈线状，长 2.2 厘米，台面角 75°。核身保留细石叶疤 4 个，完整 3 个。石叶疤痕浅平，不规则形，近端台面边缘破碎，特征显示出应采用砸击技术所生产（图九三，5；彩版六，11）。

（4）不规则形细石核

核身剥离石叶数量较少。

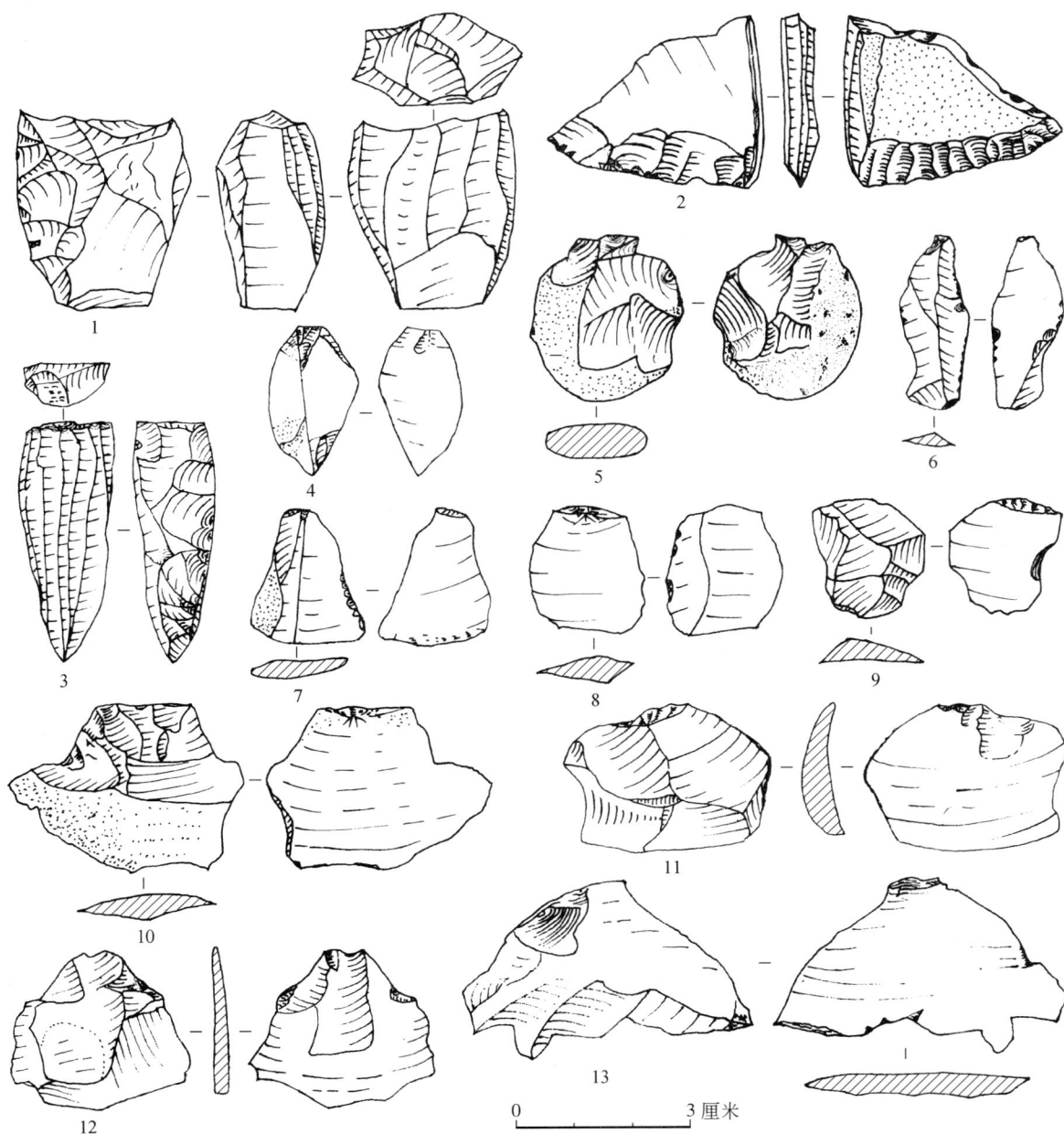

图九三 第 5 层出土细石器制品

1. 不规则形细石核（04T9⑤:46） 2. 宽楔形细石核（03T1-T2⑤:606） 3. 锥状细石核（04T5⑤:628） 4. 预制石核侧面剥片
（04T3⑤:40） 5. 砸击细石核（04T5⑤:618） 6、7. 预制石核侧面剥片（04T3⑤:90、04T3⑤:240） 8～13. 预制石核初期台面
剥片（8.04T1-T2⑤:257、9.04T1-T2⑤:270、10.04T1-T2⑤:266、11.04T3⑤:41、12.04T3⑤:32、13.04T3⑤:42）

04T9⑤:46，燧石。不规则形。高 3.5、宽 3.0、厚 1.75 厘米，重 25.2 克。台面修理，不甚规则
形，长轴 2.7、短轴 1.5 厘米，台面角 89°。一侧保留了预制石核时，采用两面打击修出有利于固定的
楔形刃。保留有剥离不甚成功的石叶疤痕 3 个，由于其上较难剥下理想的石叶而废弃（图九三，1；彩
版六，12）。

（5）残细石核

1件。残破，可能在剥离石叶过程中断裂。

（二）石片

131件。是预制石核及修理石器等产生的剥片。石片按照其制作工序，大致可以分为预制石核侧面剥片和预制石核台面剥片，以及不确定部位剥片。

1. 预制石核侧面剥片

64件。是剥离细石叶之前修理石核侧面的产物，一般长大于宽，也有少量长宽相近或宽大于长者。多数破裂面台面边缘整齐，与破裂面连接成唇状，打击点和半锥体不明显，应采用软锤直接打击技术所生产；少数破裂面台面边缘打击点和半锥体明显，应是采用硬锤直接打击技术所生产。

04T3⑤:40，玉髓。长2.7、宽1.45、厚0.6厘米，重2.1克。打制台面，半椭圆形，台面长轴0.5、短轴0.3厘米，石片角98°。破裂面台面边缘较整齐，与破裂面连接成唇状，打击点和半锥体不甚明显，推测采用了软锤直接打击技术所生产（图九三，4；图版一，14）。

04T3⑤:90，玉髓。长3.1、宽1.2、厚0.35厘米，重1.2克。修理台面，长条形，台面长0.4、宽0.2厘米，石片角85°。破裂面台面边缘较整齐，与破裂面连接成唇状，打击点和半锥体不甚明显，推测采用了软锤直接打击技术所生产。两侧保留有使用后留下的小疤痕（图九三，6；图版一，15）。

04T3⑤:240，玉髓。长2.6、宽1.9、厚0.45厘米，重1.7克。修理台面，近长条形，台面长0.6、宽0.2厘米，石片角87°。破裂面台面边缘较整齐，与破裂面连接成唇状，打击点和半锥体不甚明显，推测采用了软锤直接打击技术所生产。石片背面左侧保留有部分自然面，右侧保留有部分二次加工痕迹（图九三，7；图版一，20）。

2. 预制石核台面剥片

47件。可进一步细分为预制石核初期台面剥片和预制石核中期台面剥片，前者38件，后者9件。它们是生产石叶之前及生产当中不断调整细石核台面的产物，一般形状多宽大于长，少数长宽相近或长大于宽。

（1）预制石核初期台面剥片

38件。有的背面部分或全部为自然面，有的经过简单的打制或修理，其中显著的特征是剥片从近端向远端逐渐变薄。有些破裂面台面边缘较为整齐，与破裂面连接成唇状，打击点和半锥体不甚明显，应采用软锤直接打击技术所生产。因此，以下这类标本，不再一一赘述。有些为间接打击技术和硬锤直接打击技术所生产，分别加以描述。

04T1-T2⑤:257，白云岩。长2.2、宽1.9、厚0.4厘米，重1.7克。修理台面，不规则形，长1.2、宽0.45厘米，石片角104°。打击点和半锥体较为明显，推测采用硬锤直接打击技术所生产（图九三，8；图版一七，8）。

04T1-T2⑤:266，白云岩。长3.0、宽3.9、厚0.65厘米，重5.9克。修理台面，不规则形，长1.6、宽0.5厘米，石片角117°。打击点和半锥体较为明显，推测采用硬锤直接打击技术所生产（图九三，10；图版一七，9）。

04T1-T2⑤:270，燧石。长2.0、宽1.8、厚0.55厘米，重1.7克。修理台面，不规则形，长

1.2、宽 0.3 厘米，石片角 99°。打击点明显集中，半锥体小而突出，推测采用了间接打击技术所生产（图九三，9；图版一七，11）。

04T3⑤:32，白云岩。长 2.6、宽 3.1、厚 0.3 厘米，重 2.8 克。台面破碎，破裂面半锥体上保留有剥片时崩落的较大片疤，打击技术不宜推测（图九三，12；图版一七，10）。

04T3⑤:41，白云岩。长 2.5、宽 3.5、厚 0.9 厘米，重 7.1 克。台面破碎，打击点和半锥体较为明显，并保留有剥片时崩落的小片疤，推测采用硬锤直接打击技术所生产（图九三，11；图版一七，12）。

04T3⑤:42，白云岩。长 3.0、宽 4.9、厚 0.7 厘米，重 7.5 克。带脊台面，近椭圆形，台面长轴 0.9、短轴 0.4 厘米，石片角 105°（图九三，13；图版一七，13）。

04T4⑤:193，白云岩。长 3.0、宽 2.5、厚 0.6 厘米，重 3.4 克。打制台面，不规则形，台面长 0.8、宽 0.4 厘米，石片角 86°（图九四，3；图版一七，14）。

04T5⑤:600，燧石。长 3.4、宽 3.0、厚 0.6 厘米，重 6.2 克。打制台面，近菱形，长 0.6、宽 0.3 厘米，石片角 110°。打击点明显，半锥体较为突出，有崩落的小片疤，推测采用了硬锤直接打击技术所生产（图九四，1；图版一七，15）。

04T5⑤:601，石英砂岩。长 3.35、宽 3.9、厚 0.6 厘米，重 7.0 克。修理台面，长椭圆形，长轴 1.4、短轴 0.45 厘米，石片角 111°（图九四，2；图版一七，16）。

04T5⑤:602，白云岩。长 2.8、宽 2.7、厚 0.6 厘米，重 4.7 克。打制台面，近长条形，长 2、宽 0.3 厘米，石片角 115°。打击点和半锥体较为明显，半锥体上保留有崩落的小片疤，推测采用了硬锤直接打击技术所生产（图九四，6；图版一七，17）。

04T5⑤:603，白云岩。长 2.8、宽 2.1、厚 0.7 厘米，重 4.3 克。打制台面，近长椭圆形，长轴 1.9、短轴 0.7 厘米，石片角 95°（图九四，4；图版一七，18）。

04T5⑤:593，白云岩。长 3.5、宽 3.7、厚 1.0 厘米，重 10.4 克。台面不规则形，长 1.1、宽 0.4 厘米。台面背面边缘破碎，破裂面半锥体上保留有崩落的小片疤，推测采用了硬锤直接打击技术所生产（图九四，7；图版一七，19）。

04T5⑤:594，白云岩。长 1.9、宽 2.35、厚 0.3 厘米，重 1.0 克。线状台面，长 0.9 厘米。台面背面边缘破碎，破裂面半锥体上保留有崩落的小片疤，推测采用了硬锤直接打击技术所生产（图九四，5；图版一七，20）。

04T9⑤:34，燧石。长 1.95、宽 1.8、厚 0.25 厘米，重 0.9 克。打制台面，近长椭圆形，长轴 0.5、短轴 0.1 厘米，石片角 112°（图九四，11；图版一七，21）。

（2）预制石核中期台面剥片

9 件。是生产石叶过程中重新调整细石核台面，进行再次修理打下的台面剥片。剥片边缘较厚，侧面保留有细石核剥离石叶的条痕。石片背面即原细石核的台面，保留了经过修理的多个小片疤。

04T3⑤:159，白云岩。长 3.4、宽 2.5、厚 1.0 厘米，重 7.2 克。台面为原细石核的侧面，打击点正落在原石叶的条痕脊上，梯形，台面长 0.5、宽 0.25 厘米，石片角 112°。破裂面台面边缘较为整齐，与破裂面连接成唇状，打击点和半锥体不甚明显，推测采用软锤直接打击技术所生产（图九四，9；图版一七，23）。

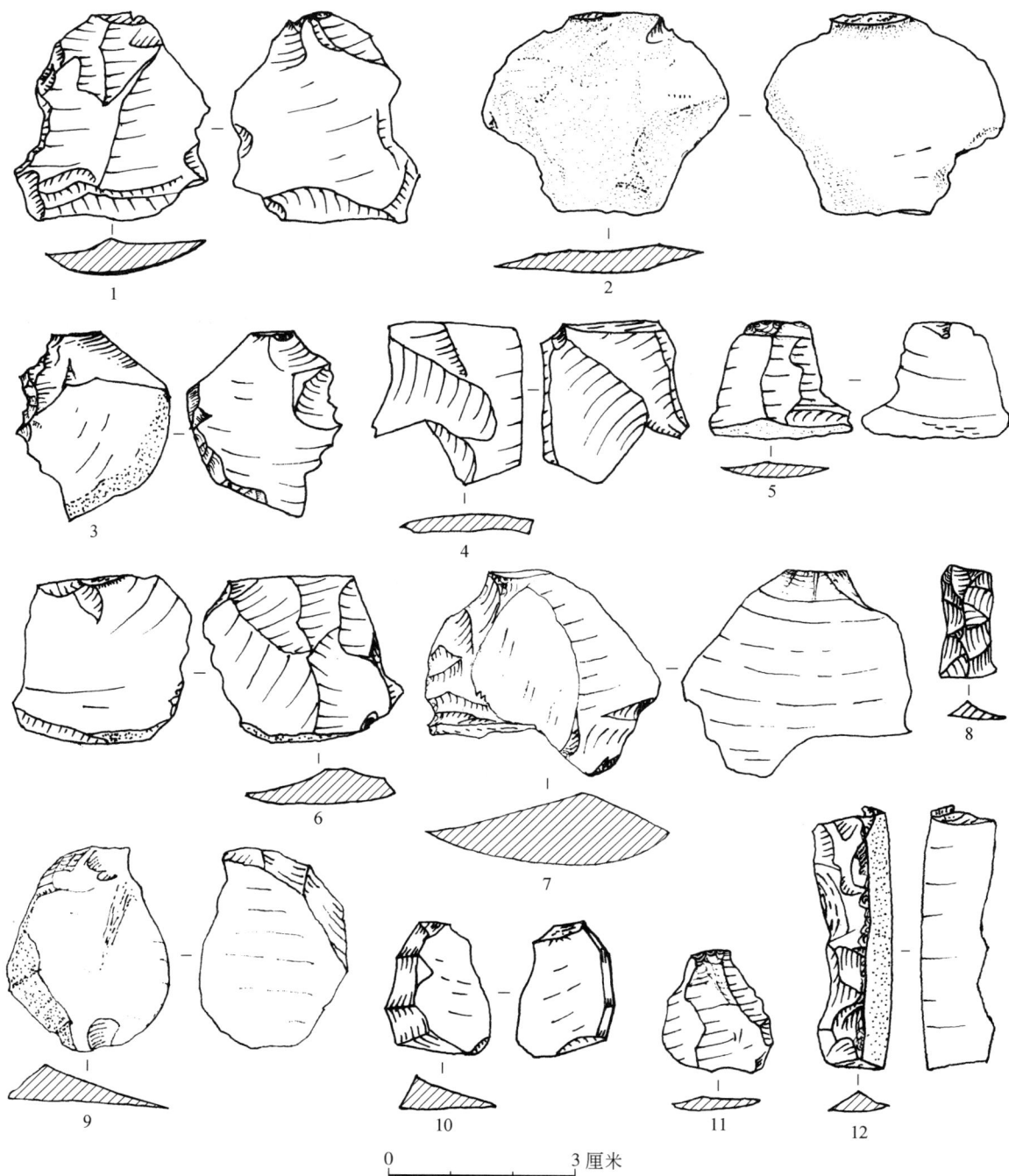

0　　　　　　　　　3 厘米

图九四　第 5 层出土预制石核初期台面剥片、石条、预制石核中期台面剥片

1～7. 预制石核初期台面剥片（1.04T5⑤:600、2.04T5⑤:601、3.04T4⑤:193、4.04T5⑤:603、5.04T5⑤:594、6.04T5⑤:
602、7.04T5⑤:593）　8. 石条（04T1-T2⑤:300）　9、10. 预制石核中期台面剥片（04T3⑤:159、04T4⑤:194）　11. 预制
石核初期台面剥片（04T9⑤:34）　12. 石条（04T3⑤:226）

04T4⑤:194，白云岩。长2.0、宽1.6、厚0.9厘米，重3.0克。台面为原石核的侧面，带脊台面，近三角形，底长1.0、高0.5厘米，石片角115°。破裂面台面边缘较为整齐，与破裂面连接成唇状，打击点和半锥体不明显，推测采用软锤直接打击技术所生产（图九四，10；图版一七，22）。

3. 不确定部位剥片

20件。这类剥片包括预制石核和剥离石叶时崩落的小石片，加工石器修理刃缘时打下的小石片，以及不宜确定部位和残断的石片等。

（三）石条

2件。预制石核后生产石叶之前剥离的第一件制品。显著特征是其背面保留有一条交互打击或一侧打击形成的纵脊。制作过程是石核预制好后，在石核的侧面用交互法或一侧打击修理出一条纵刃，然后顺着这条刃脊剥下第一件产品，石核的侧面又出现了两条纵脊，接着便可以利用这两条纵脊继续剥离石叶。近端和远端都已折断，仅剩下中间部分，故不能判断所采用的剥离技术。

04T1-T2⑤:300，燧石。残长1.9、宽0.7、厚0.4厘米，重0.6克。背面保留有两侧交互打击形成的纵脊（图九四，8）。

04T3⑤:226，白云岩。残长4.3、宽1.15、厚0.5厘米，重2.8克。背面保留有一侧打击形成的纵脊，另一侧保留了原自然面（图九四，12）。

（四）石叶

205件。石叶实际上是一些特定类型的长石片，长度至少是宽度的两倍，两侧边缘平行或大致平行。按照石叶的尺寸可以分为石叶和细石叶。前者长度5厘米以上，宽度1.2厘米以上；后者长度5厘米以下，宽度1.2厘米以下。本报告未将石叶按尺寸细分。根据标本保存的形态，将其分为完整和不完整两类。

1. 完整石叶

15件。完整石叶数量较少。有的远端稍有缺失，也归入此类。根据石叶破裂面台面边缘打击点明显集中，半锥体小而突出等特征，分析应采用间接打击技术所生产。此外，有的细石叶破裂面与台面边缘连接为弧形，打击点和半锥体皆不明显，推测采用了压制技术所生产。以下采用间接打击技术生产者不再赘述。

04T4⑤:256，白云岩。长6.7、宽1.0、厚0.4厘米，重3.4克。修理台面，菱形，长0.6、宽0.3厘米，石叶角103°。背面带有多条纵脊（图九五，1；图版二二，1）。

04T1-T2⑤:278，燧石。长2.8、宽0.65、厚0.1厘米，重0.4克。修理台面，近长椭圆形，长轴0.5、短轴0.15厘米，石叶角113°。背面带有分岔脊，破裂面与台面边缘呈弧形，打击点和半锥体皆不明显，半锥体上保留有崩落的小片疤，推测可能采用了压制技术所生产（图九五，2；图版二二，3）。

04T1-T2⑤:279，玉髓。长2.5、宽1.0、厚0.3厘米，重1.3克。线状台面，长0.3厘米。背面带有不规则形脊，破裂面与台面边缘呈弧形，打击点和半锥体皆不明显，半锥体上保留有崩落的小片疤，推测可能采用了压制技术所生产（图九五，3；图版二二，5）。

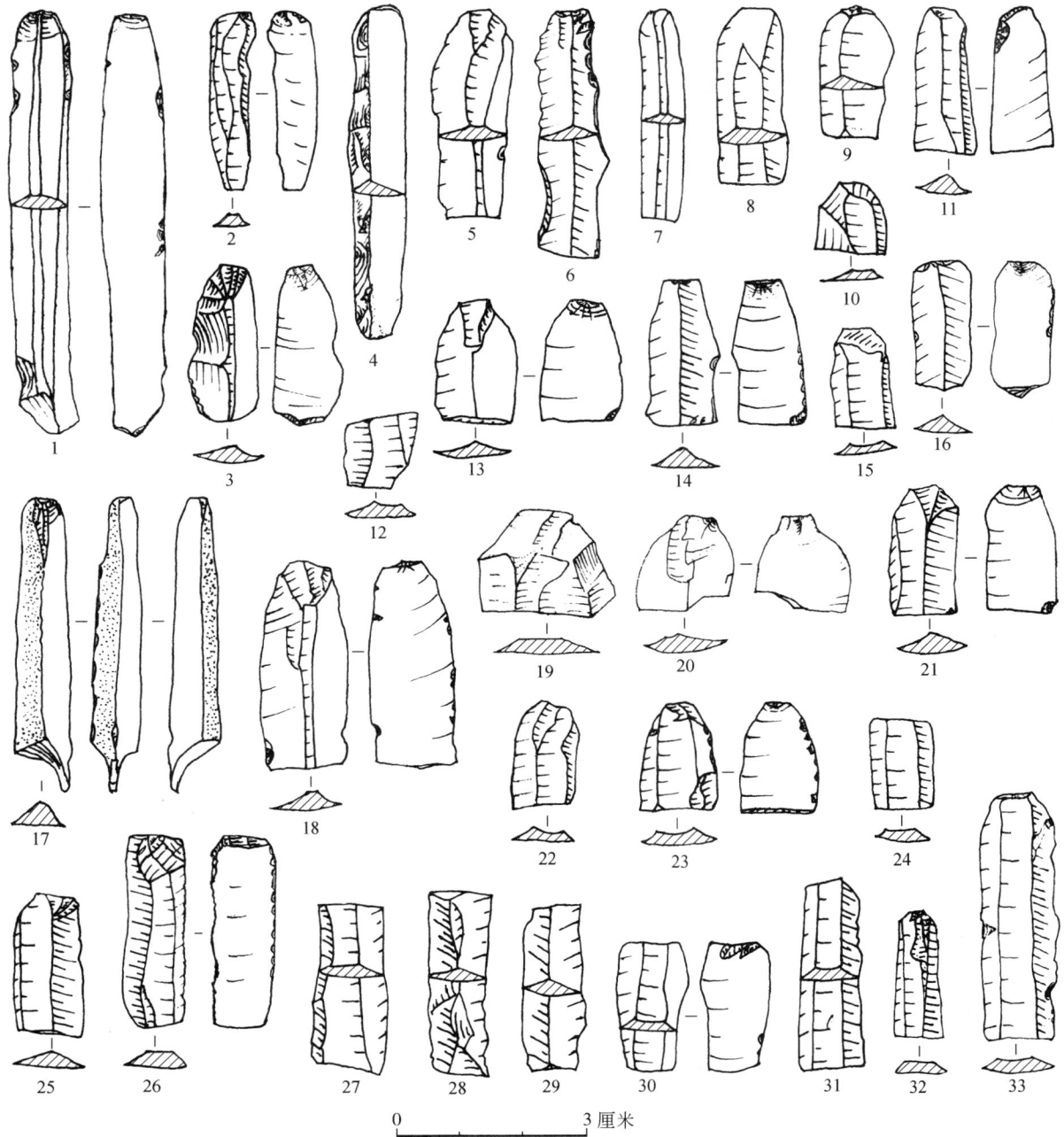

图九五　第5层出土完整石叶、近端段石叶、中间段石叶

1～4. 完整石叶（1. 04T4⑤:256、2. 04T1-T2⑤:278、3. 04T1-T2⑤:279、4. 04T5⑤:595）　5～23. 近端段石叶（5. 03T1-T2⑤:645、6. 03T1-T2⑤:646、7. 03T1-T2⑤:647、8. 03T1-T2⑤:648、9. 03T1-T2⑤:649、10. 04T1-T2⑤:282、11. 04T1-T2⑤:275、12. 04T1-T2⑤:281、13. 04T1-T2⑤:276、14. 04T1-T2⑤:277、15. 04T1-T2⑤:283、16. 04T1-T2⑤:280、17. 04T1-T2⑤:274、18. 04T3⑤:92、19. 04T3⑤:95、20. 04T3⑤:99、21. 04T3⑤:96、22. 04T3⑤:97、23. 04T3⑤:218）　24. 中间段石叶（04T1-T2⑤:299）　25. 近端段石叶（04T5⑤:598）　26～31. 中间段石叶（26. 03T1-T2⑤:635、27. 03T1-T2⑤:661、28. 03T1-T2⑤:662、29. 03T1-T2⑤:663、30. 04T1-T2⑤:297、31. 03T1-T2⑤:681）　32、33. 近端段石叶（04T3⑤:219、04T5⑤:596）

04T5⑤:595，白云岩。长 5.3、宽 0.8、厚 0.4 厘米，重 1.9 克。修理台面，近长条形，长 0.4、宽 0.2 厘米，石叶角 98°。背面带有单脊，破裂面与台面边缘呈弧形，打击点和半锥体皆不明显，半锥体上保留有崩落的小片疤，推测可能采用了压制技术所生产（图九五，4；图版二二，2）。

2. 不完整石叶

190 件。标本由于细长而薄，所以很容易被折断，它们中可能有一定数量是人为所形成。本报告将这些不完整石叶细分为近端段、中间段和远端段三小类。

（1）近端段石叶

62 件。保留了石叶台面一端的部分，因此可以观察分析所采用的打制技术。破裂面台面边缘打击点明显集中，半锥体小而突出等特征，应采用间接打击技术所生产。有的破裂面与台面边缘连接为弧形，打击点和半锥体皆不明显，推测采用了压制技术所生产。以下采用间接打击技术所生产者不再赘述。

03T1-T2⑤:645，白云岩。残长 3.5、宽 1.2、厚 0.35 厘米，重 1.5 克。修理台面，近菱形，长 0.4、宽 0.15 厘米，石叶角 87°。背面带有双脊（图九五，5；图版二二，6）。

03T1-T2⑤:646，白云岩。残长 3.9、宽 1.05、厚 0.3 厘米，重 1.3 克。打制台面，近菱形，长 0.45、宽 0.2 厘米，石叶角 88°。背面带有单脊，两侧皆保留有清晰的使用痕迹（图九五，6；图版二二，7）。

03T1-T2⑤:647，白云岩。残长 3.6、宽 0.6、厚 0.2 厘米，重 0.6 克。修理台面，近三角形，长 0.4、宽 0.15 厘米，石叶角 94°。背面带有双脊（图九五，7；图版二二，8）。

03T1-T2⑤:648，燧石。残长 3.3、宽 1.0、厚 0.2 厘米，重 0.9 克。修理台面，近长条形，长 0.6、宽 0.2 厘米，石叶角 93°。背面带有双脊，破裂面与台面边缘呈弧形，打击点和半锥体皆不明显，推测可能采用了压制技术所生产（图九五，8；图版二二，9）。

03T1-T2⑤:649，白云岩。残长 2.0、宽 1.1、厚 0.3 厘米，重 0.6 克。修理台面，近长条形，长 0.4、宽 0.1 厘米，石叶角 99°。背面带有单脊，破裂面与台面边缘呈弧形，打击点和半锥体皆不明显，推测可能采用了压制技术所生产（图九五，9；图版二二，10）。

04T1-T2⑤:274，白云岩。残长 4.7、宽 0.8、厚 0.6 厘米，重 2.3 克。打制台面，近三角形，长 0.4、宽 0.3 厘米，石叶角 112°。背面带有单脊，破裂面与台面边缘呈弧形，打击点和半锥体皆不明显，推测可能采用了压制技术所生产（图九五，17；图版二二，11）。

04T1-T2⑤:275，白云岩。残长 2.3、宽 0.9、厚 0.25 厘米，重 0.7 克。修理台面，近三角形，长 0.4、宽 0.2 厘米，石叶角 110°。背面带有双脊，破裂面与台面边缘呈弧形，打击点和半锥体不明显，推测可能采用了压制技术所生产（图九五，11；图版二二，12）。

04T1-T2⑤:276，白云岩。残长 2.0、宽 1.2、厚 0.25 厘米，重 0.8 克。修理台面，近椭圆形，长轴 0.5、短轴 0.3 厘米，石叶角 110°。背面带有分岔脊，破裂面与台面边缘呈弧形，打击点和半锥体皆不明显，推测可能采用了压制技术所生产（图九五，13；图版二二，13）。

04T1-T2⑤:277，白云岩。残长 2.3、宽 1.0、厚 0.3 厘米，重 0.8 克。修理台面，近三角形，长 0.6、宽 0.3 厘米，石叶角 114°。背面带有单脊，破裂面与台面边缘呈弧形，打击点和半锥体皆不明显，推测可能采用了压制技术所生产（图九五，14；图版二二，14）。

04T1-T2⑤:280，白云岩。残长2.0、宽0.9、厚0.3厘米，重0.7克。修理台面，近三角形，长0.7、宽0.25厘米，石叶角101°。背面带有单脊，破裂面与台面边缘呈弧形，打击点和半锥体皆不明显，推测可能采用了压制技术所生产（图九五，16；图版二二，15）。

04T1-T2⑤:281，白云岩。残长1.2、宽1.1、厚0.3厘米，重0.5克。打制台面，形状近于菱形，长0.7、宽0.3厘米，石叶角102°。背面带有双脊，破裂面与台面边缘呈弧形，打击点和半锥体皆不明显，推测可能采用了压制技术所生产（图九五，12；图版二二，16）。

04T1-T2⑤:282，白云岩。残长1.2、宽1.05、厚0.25厘米，重0.5克。修理台面，形状近于三角形，长0.4、宽0.2厘米，石叶角101°。背面带有不规则形脊（图九五，10；图版二三，17）。

04T1-T2⑤:283，燧石。残长1.6、宽0.9、厚0.15厘米，重0.4克。修理台面，近长条形，长0.5、宽0.15厘米，石叶角97°。背面带有双脊（图九五，15；图版二二，18）。

04T3⑤:92，白云岩。残长3.3、宽1.3、厚0.3厘米，重1.9克。修理台面，近椭圆形，长轴0.6、短轴0.25厘米，石叶角104°。背面带有不规则形脊（图九五，18；图版二二，20）。

04T3⑤:95，白云岩。残长1.7、宽2.0、厚0.4厘米，重1.6克。打制台面，近三角形，长0.6、宽0.3厘米，石叶角117°。背面带有不规则形脊，破裂面与台面边缘呈弧形，打击点和半锥体皆不明显，推测能采用了压制技术所生产（图九五，19；图版二二，19）。

04T3⑤:96，白云岩。残长2.0、宽1.1、厚0.3厘米，重0.9克。打制台面，近菱形，长0.5、宽0.3厘米，石叶角96°。背面带有不规则形脊，破裂面与台面边缘呈弧形，打击点和半锥体皆不明显，半锥体上保留有崩落的小片疤，推测可能采用了压制技术所生产（图九五，21；图版二二，21）。

04T3⑤:97，白云岩。残长1.7、宽1.0、厚0.2厘米，重0.5克。修理台面，近椭圆形，长轴0.4、短轴0.2厘米，石叶角97°。背面带有分岔脊，破裂面与台面边缘呈弧形，打击点和半锥体皆不明显，推测可能采用了压制技术所生产（图九五，22；图版二三，22）。

04T3⑤:99，白云岩。残长1.6、宽1.5、厚0.3厘米，重0.9克。修理台面，近椭圆形，长轴0.3、短轴0.3厘米，石叶角93°。背面带有分岔脊，破裂面与台面边缘呈弧形，打击点和半锥体皆不明显，半锥体上保留有崩落的小片疤，推测可能采用了压制技术所生产（图九五，20；图版二二，23）。

04T3⑤:218，白云岩。残长1.7、宽1.2、0.25厘米，重0.8克。打制台面，近椭圆形，长轴0.5、短轴0.2厘米，石叶角99°。背面带有双脊，两侧皆保留有清晰的使用痕迹，一侧保留在背面边缘，另一侧保留在破裂面边缘（图九五，23；图版二二，24）。

04T3⑤:219，燧石。残长2.0、宽0.8、厚0.2厘米，重0.5克。修理台面，近长条形，长0.3、宽0.1厘米，石叶角95°。背面带有双脊（图九五，32；图版二二，25）。

04T5⑤:596，白云岩。残长3.9、宽1.15、厚0.25厘米，重1.9克。修理台面，近长条形，长0.6、宽0.25厘米，石叶角98°。背面带有双脊，破裂面与台面边缘呈弧形，打击点和半锥体皆不明显，半锥体上保留有崩落的小片疤，推测可能采用了压制技术所生产（图九五，33；图版二二，26）。

04T5⑤:598，白云岩。残长2.2、宽1.0、厚0.3厘米，重0.8克。修理台面，近长椭圆形，长0.7、宽0.25厘米，石叶角102°。背面带有双脊，破裂面与台面边缘呈弧形，打击点和半锥体皆不明显，推测可能采用了压制技术所生产（图九五，25；图版二二，27）。

（2）中间段石叶

81件。失去近端和远端的中间段石叶，其中的大部分应该是人为的结果，因为这类标本中有许多保留了使用的痕迹。适宜镶嵌于骨或木制的刀梗凹槽内作为工具。

03T1-T2⑤:635，燧石。残长3.1、宽0.95、厚0.25厘米，重1.1克。背面带有双脊，破裂面两侧皆保留有使用痕迹，一端还保留有修理痕迹，分析可能是便于固定于骨或木质凹槽内所为（图九五，26；图版二二，28）。

03T1-T2⑤:661，白云岩。残长2.7、宽1.1、厚0.25厘米，重1.0克。背面带有双脊（图九五，27；图版二二，4）。

03T1-T2⑤:662，白云岩。残长2.9、宽0.9、厚0.35厘米，重1.1克。背面带有不规则形脊，一侧保留有少许使用痕迹（图九五，28；图版二二，29）。

03T1-T2⑤:663，白云岩。残长2.6、宽0.95、厚0.3厘米，重0.8克。背面带有单脊，破裂面一侧保留有少许使用痕迹（图九五，29；图版二二，30）。

03T1-T2⑤:681，白云岩。残长3.0、宽1.0、厚为0.15厘米，重0.7克。背面带有双脊，破裂面一侧保留有使用痕迹（图九五，31；图版二二，31）。

04T1-T2⑤:297，白云岩。残长2.1、宽1.0、厚0.2厘米，重0.7克。背面带有双脊（图九五，30；图版二二，32）。

04T1-T2⑤:299，白云岩。残长1.4、宽0.95、厚0.15厘米，重0.4克。背面带有双脊（图九五，24；图版二二，33）。

04T1-T2⑤:313，白云岩。残长3.5、宽1.3、厚0.3厘米，重1.65克。背面带有双分岔脊，两侧皆保留有使用痕迹，一侧保留在背面边缘，另一侧保留在破裂面边缘（图九六，1；图版二二，34）。

04T1-T2⑤:314，白云岩。残长3.1、宽1.5、厚0.4厘米，重2.3克。背面带有双脊，一侧保留有使用痕迹（图九六，2；图版二二，35）。

04T1-T2⑤:315，白云岩。残长2.5、宽1.0、厚0.4厘米，重1.3克。背面带有单脊，两侧皆保留有部分使用痕迹（图九六，3；图版二三，1）。

04T1-T2⑤:316，白云岩。残长2.4、宽1.2、厚0.3厘米，重1.2克。背面带有双脊，一侧保留有使用痕迹（图九六，4；图版二三，2）。

04T1-T2⑤:317，燧石。残长2.35、宽1.15、厚为0.35厘米，重1.3克。背面带有双脊，两侧皆保留有清晰的使用痕迹，一侧保留在背面边缘，另一侧保留在破裂面边缘（图九六，5；图版二三，3）。

04T1-T2⑤:318，白云岩。残长1.7、宽1.2、厚0.3厘米，重0.9克。背面带有双脊，破裂面两侧皆保留有使用痕迹，一侧痕迹明显，另一侧痕迹较轻（图九六，7；图版二三，4）。

04T3⑤:109，白云岩。残长1.7、宽1.0、厚0.2厘米，重1.0克。背面带有单脊（图九六，6；图版二三，5）。

04T3⑤:112，白云岩。残长1.5、宽0.9、厚0.2厘米，重0.85克。背面带有双脊（图九六，8；图版二三，6）。

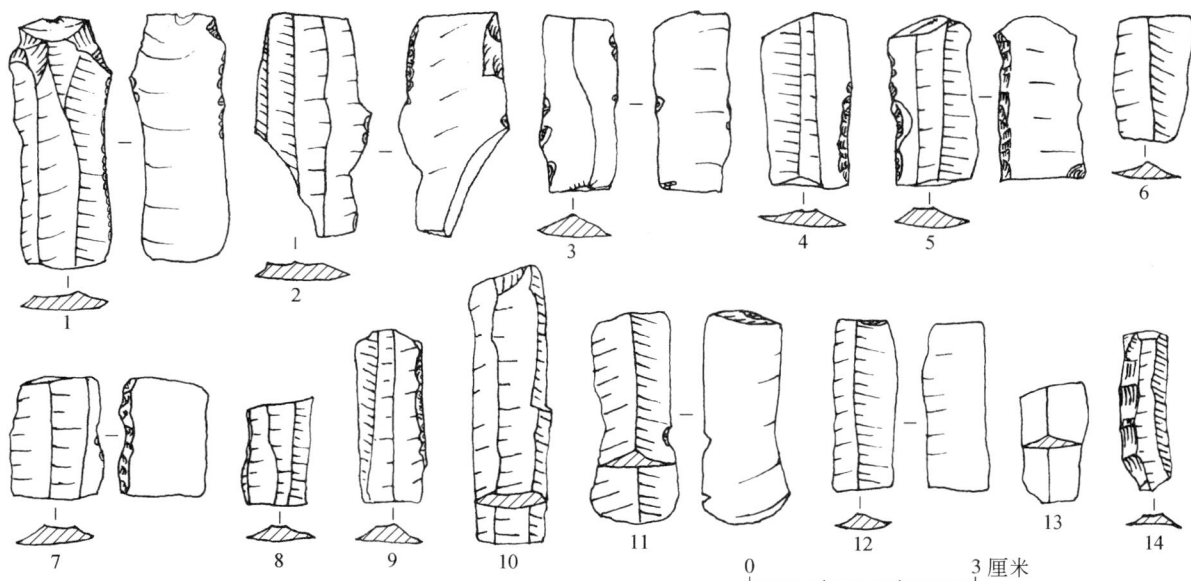

图九六　第5层出土中间段石叶、远端段石叶

1～10. 中间段石叶（1.04T1-T2⑤：313、2.04T1-T2⑤：314、3.04T1-T2⑤：315、4.04T1-T2⑤：316、5.04T1-T2⑤：317、6.04T3
⑤：109、7.04T1-T2⑤：318、8.04T3⑤：112、9.04T5⑤：599、10.04T5⑤：597）　11～14. 远端段石叶（11.04T1-T2⑤：296、
12.04T1-T2⑤：298、13.04T1-T2⑤：301、14.04T3⑤：124）

04T5⑤：597，白云岩。残长3.8、宽1.05、厚0.2厘米，重1.5克。背面带有双脊（图九六，10；图版二三，9）。

04T5⑤：599，燧石。残长2.4、宽0.9、厚0.25厘米，重0.9克。背面带有双脊，两侧皆保留有清晰的使用痕迹（图九六，9；图版二三，7）。

（3）远端段石叶

47件。石叶的尾部部分。

03T1-T2⑤：682，白云岩。残长2.15、宽0.6、厚0.25厘米，重0.4克。背面带有单脊（图版二三，8）。

04T1-T2⑤：296，白云岩。残长2.9、宽1.1、厚0.2厘米，重0.9克。背面带有单脊（图九六，11；图版二三，12）。

04T1-T2⑤：298，白云岩。残长2.4、宽0.65、厚0.2厘米，重0.6克。背面带有单脊（图九六，12；图版二三，10）。

04T1-T2⑤：301，燧石。残长1.65、宽0.9、厚0.2厘米，重0.4克。背面带有单脊（图九六，13）。

04T3⑤：124，白云岩。残长2.2、宽0.7、厚0.2厘米，重0.3克。背面带有双脊（图九六，14；图版二三，11）。

（五）细石器

133件。参考石制品按长度分为5个等级的标准，结合哈克遗址的石器特点，将分为微型、小型、中型和大型四种。其间的界限是：微型标本的长度≤20毫米，小型标本的长度为21～40毫米，中型标本的长度为 41~60 毫米，大型标本的长度＞60 毫米。哈克遗址的中型石器标本，由石叶制成的石器占有一定比例，同时，这类石器从尺寸和制作技术上看，不宜划入大型石器标本中，因此，本文将前三类石器皆划入细石器中。大部分细石器采用压制技术进行第二步加工，少数标本采用其他技术进行加工。根据不同用途细石器可以分为用石片制成的端刮器、拇指盖状刮削器、雕刻器、尖状器和边刮器等以及用石叶制成的石镞、石钻和石刃等。

1. 端刮器

40 件。是细石器中数量最多的一类，选用石片或石叶作为原材加工而成，刃部修理主要施于石片远端，而且多数加工方向是从破裂面向背面修理。根据其形状基本上可以分为弧刃和平刃两小类。

（1）弧刃端刮器

24 件。采用石片或石叶于其远端压制修理出弧刃。一般刃缘由破裂面向背面正向加工，个别刃缘由背面向破裂面反向加工。

03T1-T2⑤:620，白云岩。折断。残长 4.0、宽 0.9、厚 0.5 厘米，重 2.35 克。石叶远端由破裂面向背面正向加工，压制修理出弧刃，刃缘长 0.7 厘米，刃角 54°。背面一侧保留有部分加工痕迹，另一侧保留有部分使用痕迹（图九七，1；彩版一二，6）。

03T1-T2⑤:621，燧石。长 2.4、宽 2.5、厚 1.2 厘米，重 6.45 克。选用石核台面剥片，周边由破裂面向背面正向加工，压制修理出弧刃，总刃缘长 6.1 厘米，刃角 78°。加工细致，器形美观，成为一件典型的细石器工具（图九七，2；彩版一二，5）。

03T1-T2⑤:623，白云岩。长 3.6、宽 2.6、厚 0.8 厘米，重 7.1 克。选用石核侧面剥片，远端压制修理出弧刃，缘由破裂面向背面正向加工，刃缘长 4.8 厘米，刃角 73°（图九七，3；彩版一二，7）。

04T1-T2⑤:1549，白云岩。长 1.5、宽 0.8、厚 0.5 厘米，重 1.8 克。石叶远端由破裂面向背面压制修理出弧刃，刃缘长 1.2 厘米，刃角 76°（彩版一二，10）。

04T1-T2⑤:328，燧石。长 2.9、宽 2.1、厚 0.95 厘米，重 6.3 克。选用石核台面剥片，于其远端压制修理出弧刃，刃缘由破裂面向背面正向加工，刃缘长 2.4 厘米，刃角 60°（图九七，4；彩版一二，11）。

04T1-T2⑤:344，白云岩。长 1.9、宽 1.45、厚 0.35 厘米，重 1.4 克。选用石核台面剥片，远端压制修理出弧刃，刃缘由破裂面向背面正向加工，刃缘长 2.5 厘米，刃角 69°。由背面向破裂面反向也有加工，正是正向未加工的部分（图九七，5；彩版一二，9）。

04T3⑤:139，燧石。残长 1.9、宽 2.0、厚 0.5 厘米，重 2.6 克。石片远端压制修理出弧刃，可能在使用过程中被折断，刃缘由破裂面向背面正向加工，刃缘长 2.9 厘米，刃角 81°（图九七，6；彩版一二，18）。

04T3⑤:143，白云岩。残长 1.75、宽 1.5、厚 0.4 厘米，重 1.1 克。石叶远端压制修理出弧刃，可能在使用过程中被折断，刃缘由破裂面向背面正向加工，刃缘长 2.6 厘米，刃角 63°（图九七，7；彩版一二，20）。

04T5⑤:623，白云岩。长 3.1、宽 1.5、厚 0.7 厘米，重 3.6 克。石叶远端压制修理出弧刃，刃缘由破裂面向背面正向加工，刃缘长 1.2 厘米，刃角 67°。其一侧破裂面保留有使用痕迹（图九七，9；彩版一二，14）。

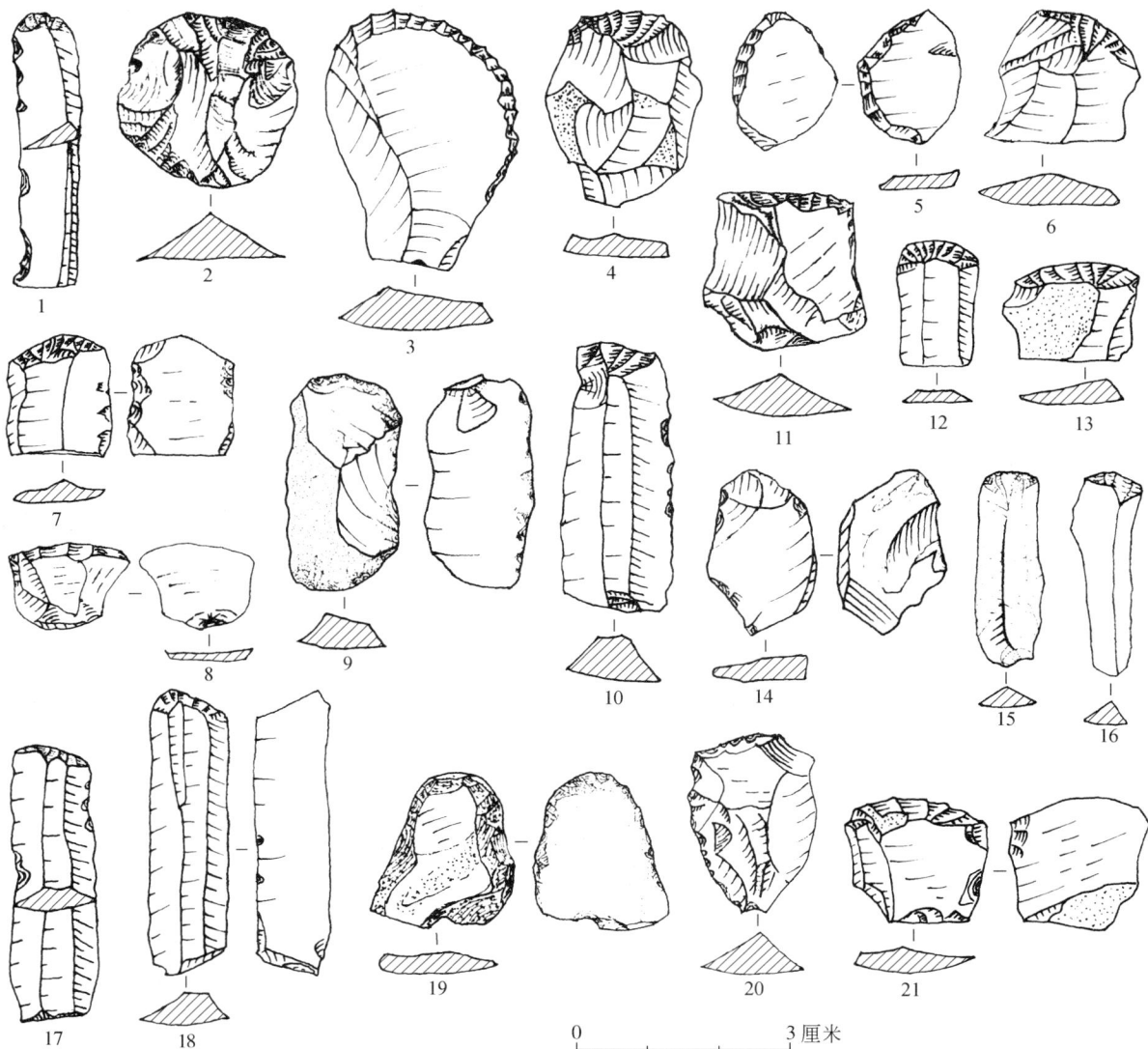

图九七　第5层出土弧刃端刮器、平刃端刮器、边刮器

1～7. 弧刃端刮器（1.03T1-T2⑤:620、2.03T1-T2⑤:621、3.03T1-T2⑤:623、4.04T1-T2⑤:328、5.04T1-T2⑤:344、6.04T3
⑤:139、7.04T3⑤:143）　8. 平刃端刮器（04T3⑤:147）　9. 弧刃端刮器（04T5⑤:623）　10～13. 平刃端刮器（10.04T4⑤:
270、11.03T1-T2⑤:622、12.04T1-T2⑤:329、13.04T1-T2⑤:330）　14. 边刮器（04T5⑤:620）　15～18. 平刃端刮器
（15.04T5⑤:624、16.04T3⑤:581、17.03T1-T2⑤:619、18.04T3⑤:238）　19、20. 边刮器（04T1-T2⑤:336、04T3⑤:138）

21. 平刃端刮器（04T3⑤:141）

（2）平刃端刮器

16 件。采用石片或石叶于其远端压制修理出平刃。一般刃缘由破裂面向背面正向加工，个别刃缘由背面向破裂面反向加工。

03T1-T2⑤:619，白云岩。残长 4.0、宽 1.2、厚 0.4 厘米，重 2.5 克。选用石叶于远端压制修理出平刃，可能在使用过程中被折断，刃缘由破裂面向背面正向加工，刃缘长 1.0 厘米，刃角 63°。其背面一侧保留有部分加工痕迹，另一侧保留有部分使用痕迹（图九七，17；彩版一二，15）。

03T1-T2⑤:622，白云岩。长 2.2、宽 2.25、厚 0.95 厘米，重 5.1 克。选用石核台面剥片，于其远端压制修理出平刃，刃缘由破裂面向背面正向加工，刃缘长 1.9 厘米，刃角 98°。其两侧保留有加工痕迹，一侧保留在背面，另一侧保留在破裂面（图九七，11；彩版一二，12）。

04T1-T2⑤:329，白云岩。残长 1.85、宽 1.65、厚 0.25 厘米，重 0.9 克。选用石叶于远端压制修理出平刃，刃缘由破裂面向背面正向加工，刃缘长 1.1 厘米，刃角 58°（图九七，12；彩版一二，8）。

04T1-T2⑤:330，燧石，已折断。残长 1.45、宽 1.9、厚 0.4 厘米，重 1.5 克。石片远端压制修理出平刃，刃缘由破裂面向背面正向加工，刃缘长 2.4 厘米，刃角 73°（图九七，13；彩版一二，16）。

04T1-T2⑤:335，白云岩。长 3.4、宽 1.9、厚 0.6 厘米，重 6.8 克。采用自然石片于一端修理出平刃，刃缘长 1.5 厘米，刃角 42°。另一面还保留有许多人为的细划痕。

04T1-T2⑤:1505，燧石。长 1.6、宽 0.7、厚 0.6 厘米，重 1.0 克。石叶近端压制修理出平刃，刃缘由破裂面向背面正向加工，刃缘长 0.7 厘米，刃角 64°。刃短且厚，适用于雕刻（彩版一二，17）。

04T3⑤:141，白云岩。长 2.0、宽 2.0、厚 0.7 厘米，重 2.6 克。石核台面剥片于其远端压制修理出平刃，刃缘由破裂面向背面正向加工，刃缘长 2.0 厘米，刃角 76°（图九七，21；彩版一二，19）。

04T3⑤:147，燧石。长 1.2、宽 1.65、厚 0.2 厘米，重 0.6 克。石核台面剥片于其远端压制修理出平刃，刃缘由破裂面向背面正向加工，刃缘长 1.6 厘米，刃角 50°（图九七，8；彩版一二，13）。

04T3⑤:238，白云岩。长 4.2、宽 1.1、厚 0.5 厘米，重 3.3 克。石叶远端压制修理出平刃，刃缘由破裂面向背面正向加工，刃缘长 1.0 厘米，刃角 89°（图九七，18；彩版一二，27）。

04T3⑤:581，玉髓。长 2.9、宽 0.9、厚 0.5 厘米，重 1.3 克。石叶远端压制修理出平刃，刃缘由破裂面向背面正向加工，刃缘长 0.8 厘米，刃角 54°（图九七，16）。

04T4⑤:270，白云岩。长 3.9、宽 1.5、厚 0.7 厘米，重 5.3 克。石叶远端压制修理出平刃，刃缘由破裂面向背面正向加工，刃缘长 1.2 厘米，刃角 70°。一侧背面保留有部分使用痕迹（图九七，10；彩版一二，26）。

04T4⑤:271，白云岩。折断。残长 1.7、宽 1.0、厚 0.25 厘米，重 0.6 克。石叶远端压制修理出平刃，刃缘由破裂面向背面正向加工，刃缘长 0.9 厘米，刃角 65°（彩版一二，4）。

04T5⑤:624，燧石。长 2.75、宽 0.95、厚 0.45 厘米，重 1.2 克。石叶远端压制修理出平刃，刃缘由破裂面向背面正向加工，刃缘长 0.7 厘米，刃角 54°（图九七，15；彩版一二，3）。

2. 边刮器

8 件。选用石片、石块或石核作为原材料加工而成。加工部位多施于石片的一侧或远端，加工方向多从破裂面向背面正向打击，从背面向破裂面反向打击者少于前者，一面加工的多于两面加工者。从刃部特征观察，主要采用压制技术修理。

04T5⑤:620，燧石。长 2.4、宽 1.6、厚 0.5 厘米，重 2.3 克。修理刃缘分布于石片的一侧，用压制法由破裂面向背面正向加工成刃，刃缘长 2.4 厘米，刃角 52°（图九七，14）。

04T3⑤:138，燧石。长 2.7、宽 1.75、厚 0.8 厘米，重 4.3 克。修理刃缘分布于石片的一侧，用压制法由破裂面向背面正向加工成刃，刃缘长 4.5 厘米，刃角 65°（图九七，20；图版八，31）。

04T5⑤:627，玉髓。长2.3、宽1.2、厚0.6厘米，重1.6克。修理刃缘分布于石片的两侧，用压制法由转向加工成刃，刃缘长3.3厘米，刃角79°（图版八，33）。

04T1-T2⑤:336，石英岩。长2.3、宽2.1、厚0.4厘米，重2.2克。修理刃缘分布于石片的大部分边缘，用压制法由两面交互加工成刃，刃缘长3.2厘米，刃角65°（图九七，19；图版八，32）。

3. 拇指盖状刮削器

12件。器形多细小，主要选用小的台面剥片作为原材，原料采用玉髓岩性的数量明显多于其他岩性。加工部位一般在石片的远端进行修理，也有一定数量的拇指盖状刮削器不仅在远端进行修理，而且在石片的一侧或两侧同时进行修理。加工技术主要采用压制法，加工方式主要从破裂面向背面正向加工，个别的采用了从背面向破裂面反向加工。绝大部分标本修理精细，器形周正，而且常常带有经过使用留下的明显用痕。

04T3⑤:140，蛋白石。长1.6、宽2.2、厚0.85厘米，重3.2克。小石片的一侧压制修理，由破裂面向背面正向加工，刃缘长2.8厘米，刃角75°。刃缘上保留有较明显的使用痕迹（图九八，1；图版二四，1）。

04T3⑤:246，白云岩。长1.2、宽1.3、厚0.3厘米，重0.6克。小石片的远端及两侧压制修理，刃缘由破裂面向背面正向加工，刃缘长3.2厘米，刃角50°（图九八，2；图版二四，2）。

04T3⑤:580，白云岩。折断。残长1.4、宽1.4、厚0.5厘米，重1.4克。小石片的远端压制修理，刃缘由破裂面向背面正向加工，刃缘长1.4厘米，刃角51°（图九八，3；图版二四，3）。

04T5⑤:621，燧石。折断。残长1.9、宽1.5、厚1.0厘米，重3.2克。厚石片的远端压制修理，刃缘由破裂面向背面正向加工，刃缘长1.3厘米，刃角84°。刃缘上保留有较明显的使用痕迹（图九八，4；图版二四，4）。

04T5⑤:622，白云岩。折断。残长2.4、宽1.9、厚0.4厘米，重2.3克。石片远端及一侧压制修理，刃缘由破裂面向背面正向加工，刃缘长1.9厘米，刃角69°。刃缘上保留有较明显的使用痕迹（图九八，5；图版二四，5）。

04T5⑤:606，玉髓。长1.5、宽1.6、厚0.3厘米，重0.8克。小石片的远端压制修理，刃缘由破裂面向背面正向加工，刃缘长2.1厘米，刃角63°（图九八，6；图版二四，6）。

04T5⑤:612，玉髓。长1.5、宽1.75、厚0.4厘米，重0.7克。小石片远端压制修理，刃缘由破裂面向背面正向加工，刃缘长2.2厘米，刃角67°。刃缘上保留有较明显的使用痕迹（图九八，7；图版二四，7）。

03T5⑤:615，燧石。长1.2、宽1.1、厚0.4厘米，重0.6克。小石片远端及一侧压制修理，刃缘由破裂面向背面正向加工，刃缘长1.6厘米，刃角76°（图九八，11；图版二四，8）。

04T5⑤:626，玉髓。长1.8、宽1.4、厚0.5厘米，重1.8克。小石片远端及两侧压制修理，刃缘由破裂面向背面正向加工，刃缘长4.1厘米，刃角81°。加工精细，为一件典型的拇指盖状刮削器，刃缘上还留有较明显的使用痕迹（图九八，9；图版二四，9）。

04T6⑤:238，白云岩。器身长1.2、宽1.3、厚0.3厘米，重0.5克。于小石片远端压制修理，刃缘由破裂面向背面正向加工，刃缘长1.5厘米，刃角60°（图九八，8；图版二四，10）。

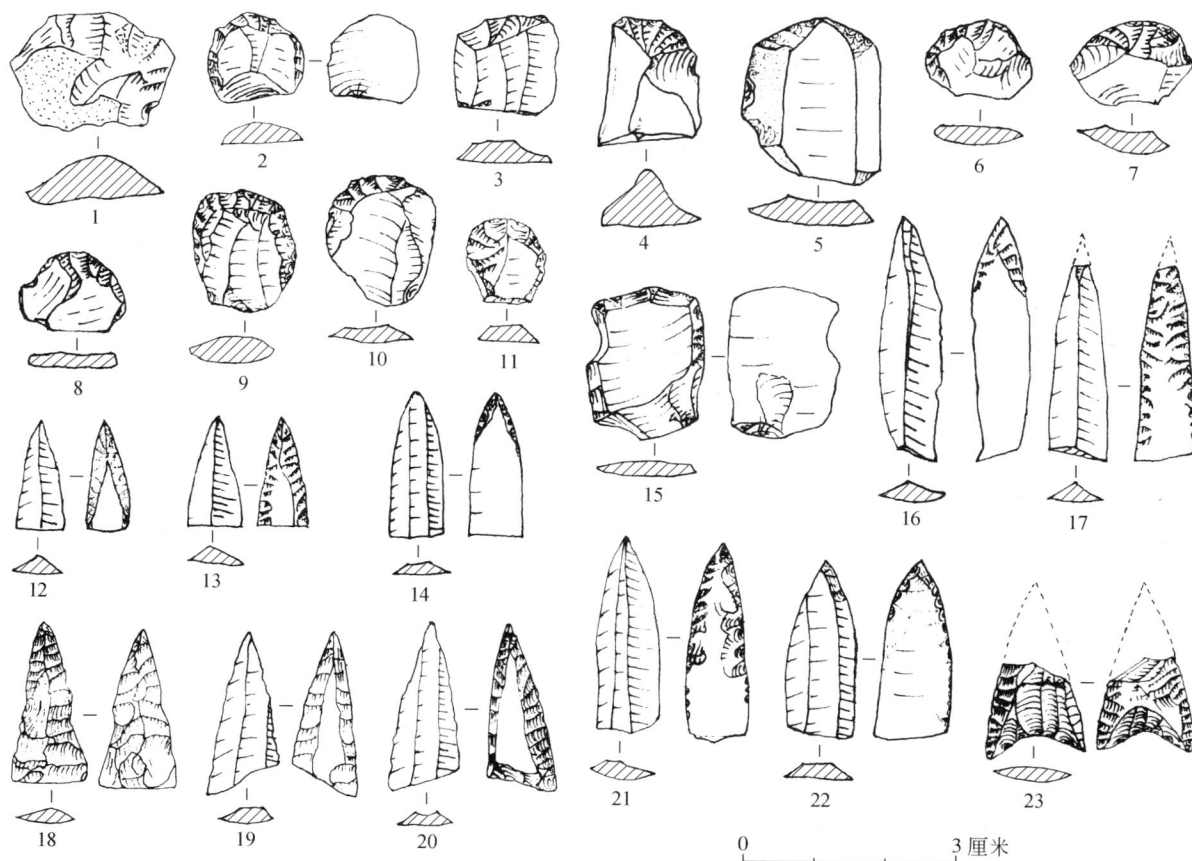

图九八　第 5 层出土细石器

1～11. 拇指盖状刮削器（1.04T3⑤:140、2.04T3⑤:246、3.04T3⑤:580、4.04T5⑤:621、5.04T5⑤:622、6.04T5⑤:606、7.04T5⑤:
612、8.04T6⑤:238、9.04T5⑤:626、10.04T9⑤:35、11.04T5⑤:615）　12～14. 柳叶形石镞（03T1-T2⑤:633、04T5⑤:604、04T5⑤:
611）　15. 拇指盖状刮削器（04T9⑤:36）　16、17. 柳叶形石镞（04T5⑤:605、04T5⑤:609）　18. 残石镞（03T1-T2⑤:628）　19～22. 柳
叶形石镞（19.03T1-T2⑤:629、20.03T1-T2⑤:627、21.04T5⑤:625、22.03T1-T2⑤:631）　23. 凹底三角形石镞（03T1-T2⑤:630）

　　04T9⑤:35，玉髓。长 1.9、宽 1.5、厚 0.35 厘米，重 1.3 克。小石片远端压制修理，刃缘由破裂面向背面正向加工，刃缘长 2.2 厘米，刃角 69°。加工极为精细，是一件典型的拇指盖状刮削器，刃缘上保留有明显的使用痕迹（图九八，10；图版二四，11）。

　　04T9⑤:36，白云岩。长 2.1、宽 1.6、厚 0.3 厘米，重 2.1 克。小石片远端及两侧压制修理，刃缘由破裂面向背面正向加工，刃缘长 1.5 厘米，刃角 51°。刃缘上保留有较明显的使用痕迹（图九八，15）。

　　4. 石镞

　　21 件。细石器中加工技术最好的一类。主要选用石叶或石片作为原材料加工而成，加工技术主要采用的是压制法。根据其形状可以分为柳叶形、弧底三角形和凹底三角形三种，前者主要选用石叶修理而成，后者主要选用石片修理而成。从技术上看，凹底三角形石镞比柳叶形石镞制作的要复杂进步。根据这类工具的半成品观察，首先于石片较窄的一端采用压制技术两面修理出石镞的尖部，然后于石片较宽的一端，继续采用压制技术两面修理出石镞的尾部，制作者构思极其巧妙，尾部中间用压制技术两面修出凹底，两侧自然生出带尖的两翼，从力学的角度分析，有利于飞行射中猎物。

（1）柳叶形石镞

9件。采用石叶两侧从背面向破裂面压制修理至远端夹出一尖，形似柳叶。

03T1-T2⑤:627，白云岩。尾部折断。残长2.5、宽0.95、厚0.3厘米，重0.6克。修理刃缘残长4.6厘米，尖部夹角50°（图九八，20；彩版七，10）。

03T1-T2⑤:629，白云岩。尾部折断。残长2.4、宽0.9、厚0.3厘米，重0.5克。修理刃缘残长4.3厘米，尖部夹角50°（图九八，19；彩版七，11）。

04T5⑤:604，白云岩。残存尖部。残长1.55、宽0.8、厚0.2厘米，重0.3克。修理刃缘残长3.2厘米，尖部夹角50°（图九八，13；彩版七，13）。

04T5⑤:605，白云岩。完整。长3.5、宽0.8、厚0.25厘米，重0.8克。修理刃缘长2.6厘米，尖部夹角65°（图九八，16；彩版七，14）。

04T5⑤:609，白云岩，尾部和尖部皆折断。残长2.8、宽0.8、厚0.25厘米，重0.65克。修理刃缘长4.8厘米，刃部夹角70°（图九八，17；彩版七，15）。

04T5⑤:611，白云岩。尾部折断。残长2.1、宽0.8、厚0.2厘米，重0.3克。修理刃缘长1.6厘米，尖部夹角60°（图九八，14；彩版七，23）。

04T5⑤:625，燧石。尾部折断。残长2.85、宽0.9、厚0.2厘米，重0.7。修理刃缘长4.8厘米，尖部夹角59°（图九八，21；彩版七，18）。

03T1-T2⑤:631，白云岩。尾部折断。残长2.6、宽1.0、厚0.2厘米，重0.7克。修理刃缘残长3.5厘米，尖部夹角50°（图九八，22；彩版七，17）。

03T1-T2⑤:633，白云岩。残存尖部。残长1.6、宽0.7、厚0.2厘米，重0.2克。修理刃缘残长3.2厘米，尖部夹角50°（图九八，12；彩版七，12）。

（2）弧底三角形石镞

1件。体呈三角形，底部采用两面压制修理成弧底。

04T3⑤:576，燧石。长4.1、宽2.85、厚0.6厘米，重7.3克。石片两侧两面压制修理至远端夹出一尖，底部呈弧状，周身保留有薄而细长的疤痕，修理刃缘长10.5厘米，尖部夹角74°。是修理得较好的弧底三角形石镞（图九九，2；彩版七，20）。

（3）凹底三角形石镞

2件。周身布满了两面压制修理形成的细长疤痕，体薄而细长呈三角形，尾部中间用压制技术两面修出凹底，两侧自然生出带尖的两翼，一般修理得比较精致。

03T1-T2⑤:630，玉髓。尖部折断。残长1.4、宽1.3、厚0.2厘米，重0.4克。周身布满了两面压制修理形成的细长疤痕，体薄而细小，为一件修理精致的标本，刃缘残长3.5厘米，尖部夹角50°（图九八，23；彩版七，21）。

04T3⑤:577，白云岩。尖部折断。残长2.8、宽1.95、厚0.35厘米，重2.3克。石叶两侧两面压制修理至远端夹出一尖，周身保留有薄而细长的疤痕，修理刃缘残长7.5厘米，尖部夹角73°（图九九，1；彩版七，19）。

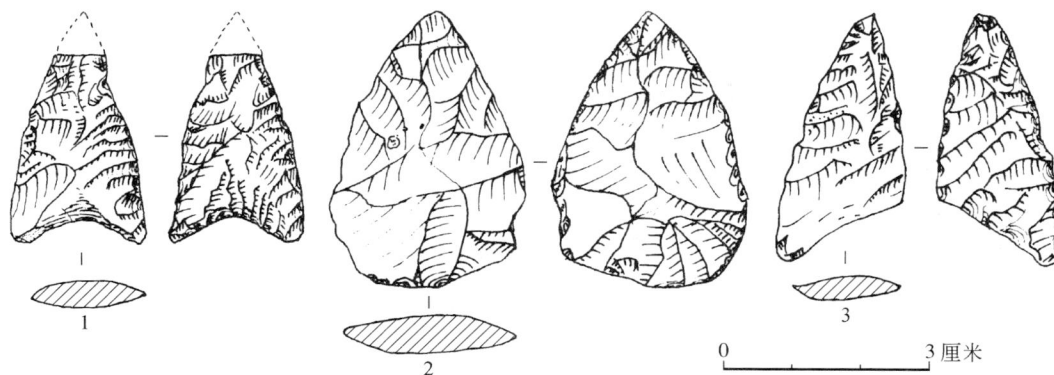

图九九 第 5 层出土凹底三角形石镞、弧底三角形石镞、残石镞
1. 凹底三角形石镞（04T3⑤:577） 2. 弧底三角形石镞（04T3⑤:576） 3. 残石镞（04T5⑤:617）

（4）**残石镞**

9 件。多为尾部折断。

03T1-T2⑤:628，燧石。尾部折断。残长 2.4、宽 1.1、厚 0.3 厘米，重 0.5 克。周身布满了两面压制修理形成的细长疤痕，修理刃缘残长 4.8 厘米，尖部夹角 50°（图九八，18；彩版七，22）。

04T5⑤:617，白云岩。尾部折断。残长 3.9、宽 1.7、厚 0.3 厘米，重 2.05 克。石叶两面压制修理至远端夹出一尖，周身保留有薄而细长的疤痕，底部可能是平底或弧底，修理刃缘残长 6.6 厘米，尖部夹角 67°（图九九，3；彩版七，16）。

5. 石刃

15 件。多采用石叶的中间段，于其一侧或两侧从背面向破裂面或从破裂面向背面单面加工成刃，有的于石叶的三侧或四周两面加工成刃，采用压制技术修理成器。可分为单刃、双刃和复刃，以及残品。

（1）**单刃石刃**

9 件。多于石叶一侧从背面向破裂面或从破裂面向背面单面加工成刃，有的于石叶一侧直接使用形成。

03T1-T2⑤:634，白云岩。长 3.3、宽 1.1、厚 0.3 厘米，重 1.5 克。采用压制技术于石叶的一侧从背面向破裂面单面加工而成，刃缘长 3.1 厘米，刃角 54°。一端从破裂面向背面进行修理便于镶嵌（图一〇〇，1；彩版八，24）。

03T1-T2⑤:637，燧石。长 2.35、宽 0.5、厚 0.3 厘米，重 0.3 克。采用压制技术于石叶的一侧从背面向破裂面单面加工而成，修理刃缘长 2.8 厘米，刃角 50°（图一〇〇，2；彩版八，26）。

04T1-T2⑤:331，白云岩。长 4.0、宽 1.2、厚 0.3 厘米，重 0.8 克。采用压制技术于石叶的一侧从背面向破裂面单面加工而成，两侧皆保留有使用痕迹，刃缘长 1.8 厘米，刃角 64°（图一〇〇，3；彩版八，25）。

04T1-T2⑤:332，白云岩。长 2.45、宽 0.8、厚 0.25 厘米，重 2.7 克。采用压制技术于石叶的一侧从背面向破裂面单面加工而成，两侧皆保留有使用痕迹，修理刃缘长 2.45 厘米，刃角 50°（图一

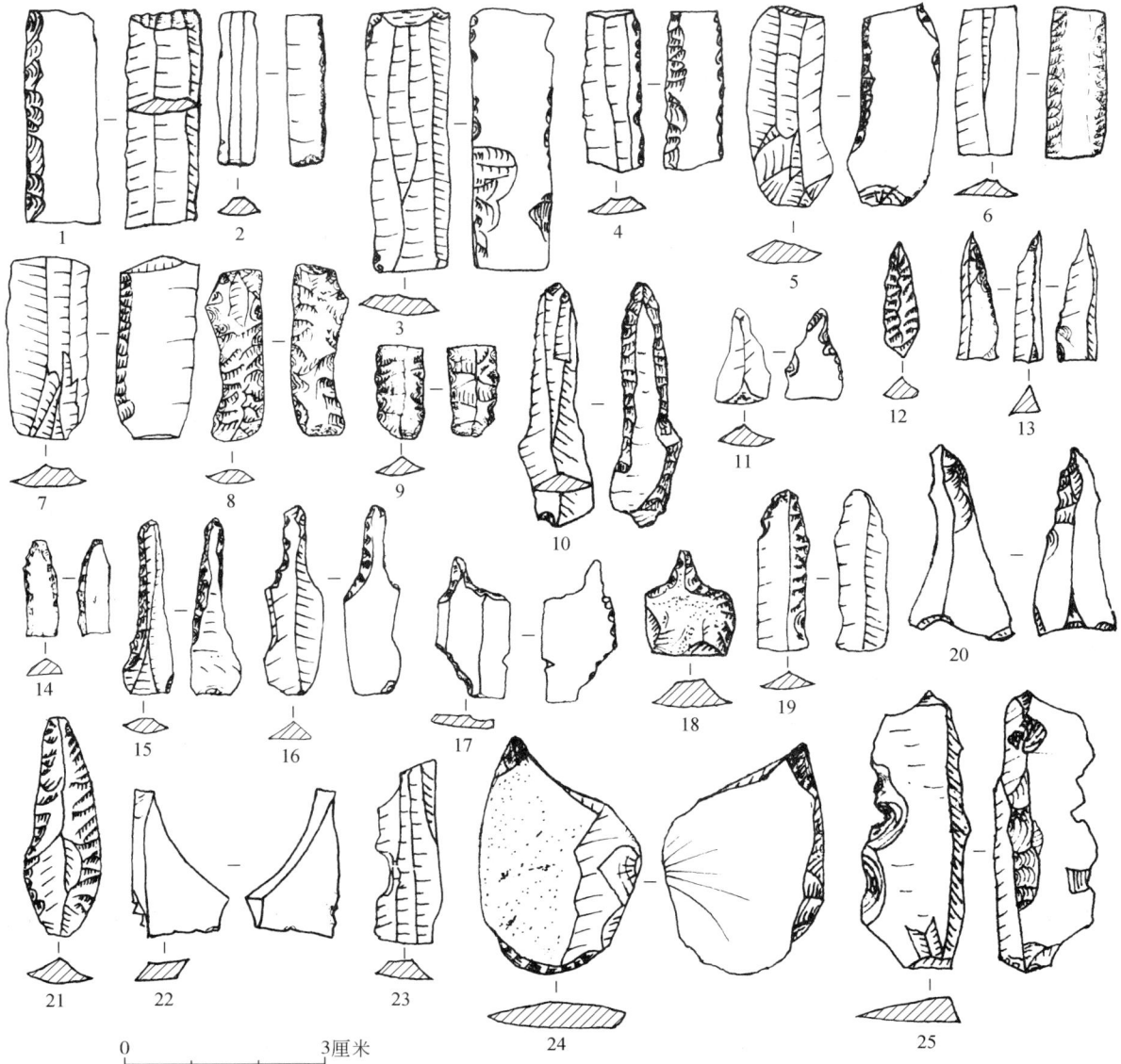

图一〇〇　第5层出土细石器

1～5. 单刃石刃（1.03T1-T2⑤：634、2.03T1-T2⑤：637、3.04T1-T2⑤：331、4.04T1-T2⑤：332、5.04T3⑤：142） 6. 双刃石刃（03T1-T2⑤：636） 7. 单刃石刃（04T3⑤：239） 8. 复刃石刃（04T5⑤：614） 9. 双刃石刃（04T5⑤：610） 10～16. 窄长形石钻（10.03T1-T2⑤：640、11.04T1-T2⑤：334、12.04T5⑤：608、13.04T1-T2⑤：338、14.04T1-T2⑤：339、15.04T5⑤：613、16.04T5⑤：616） 17、18. 宽短形石钻（04T3⑤：241、04T3⑤：578） 19. 尖状器（04T5⑤：607） 20. 窄长形石钻（03T1-T2⑤：641） 21. 尖状器（04T6⑤：234） 22. 雕刻器（04T5⑤：619） 23. 凹缺器（03T1-T2⑤：638） 24. 雕刻器（04T6⑤：235） 25. 凹缺器（03T1-T2⑤：639）

〇〇，4；彩版八，27）。

04T3⑤：142，白云岩。长3.0、宽1.2、厚0.5厘米，重1.5克。采用压制技术于石叶的一侧从背面向破裂面单面加工而成，刃缘长2.2厘米，刃角51°（图一〇〇，5；彩版八，28）。

04T3⑤：239，白云岩。长2.8、宽1.2、厚0.5厘米，重1.3克。采用压制技术于石叶的一侧从背面向破裂面单面加工，刃缘长 2.3 厘米，刃角 58°（图一〇〇，7；彩版八，29）。

（2）**双刃石刃**

3 件，采用石叶的中间段，于其两侧从背面向破裂面或从破裂面向背面单面加工成刃。

03T1-T2⑤:636，白云岩。长 2.3、宽 0.9、厚 0.25 厘米，重 0.7 克。采用压制技术于石叶的两侧从背面向破裂面单面加工而成，刃缘长 4.4 厘米，刃角 51°（图一〇〇，6；彩版八，30）。

04T5⑤:610，燧石，已残断。残长 1.35、宽 0.65、厚 0.25 厘米，重 0.3 克。采用压制技术于石叶的两侧和两面进行交互加工而成，刃缘残长 2.8 厘米，刃角 65°（图一〇〇，9；彩版八，31）。

（3）**复刃石刃**

1 件。采用压制技术于石叶的四周两面交互加工而成。

04T5⑤:614，玉髓。长 2.5、宽 0.75、厚 0.25 厘米，重 0.6 克。刃缘长 5.8 厘米，刃角 58°。是一件经过精细加工的典型石刃（图一〇〇，8；彩版八，32）。

（4）**残石刃**

2 件。这类标本多为横向断裂，由于它们薄而细长在使用过程中或受自然力影响形成残缺。

6. 石钻

18 件。采用石叶、细石叶或石片加工而成，一般从左右两侧向远端压制修理出一个圆钝的尖，加工方向主要是从背面向破裂面修理，也有从破裂面向背面修理者或两面压制成器者。从形态上来看，它可以分为窄长形、宽短形，还有一些残品等。

（1）**窄长形石钻**

8 件。多选用石叶于其两侧从背面向破裂面或从破裂面向背面压制修理，于一端修出一个尖，有的于两侧错向压制修理。

03T1-T2⑤:640，白云岩。长 3.7、宽 1.0、厚 0.5 厘米，重 1.9 克。石叶两侧从背面向破裂面压制修理，于其远端修出一个钝尖，修理刃缘长 6.7 厘米，尖部夹角 66°（图一〇〇，10；图版二四，29）。

03T1-T2⑤:641，白云岩。长 3.1、宽 1.6、厚 1.1 厘米，重 2.3 克。选用三棱形石块，两侧从背面向破裂面压制修理，于远端修出一个钝尖，修理刃缘长 1.9 厘米，尖部夹角 50°。是一件非常耐用的三棱形石钻（图一〇〇，20；图版二四，30）。

04T1-T2⑤:333，燧石。长 2.6、宽 1.2、厚 0.3 厘米，重 0.8 克。石片两侧从破裂面向背面压制修理，远端修出一个小短尖，修理刃缘长 1.7 厘米，尖部夹角 50°（图版二四，31）。

04T1-T2⑤:334，白云岩。已残断。残长 1.3、宽 0.8、厚 0.6 厘米，重 0.4 克。石叶两侧从背面向破裂面压制修理，远端修出一个小短尖，修理刃缘长 2.7 厘米，尖部夹角 52°（图一〇〇，11；图版二四，24）。

04T1-T2⑤:338，玉髓。已残断。残长 1.9、宽 0.5、厚 0.4 厘米，重 0.4 克。石叶两侧错向压制修理，远端修出一个小尖，修理刃缘长 2.6 厘米，尖部夹角 50°（图一〇〇，13；图版二四，25）。

04T1-T2⑤:339，白云岩。已残断，仅剩尖部。残长 1.4、宽 0.4、厚 0.25 厘米，重 0.3 克。石叶两侧从破裂面向背面压制修理，于远端修出一个长尖，修理刃缘残长 2.8 厘米，尖部夹角 70°（图一〇〇，14；图版二四，26）。

04T5⑤:608，燧石。已残断仅剩尖部。残长1.65、宽0.5、厚0.35厘米，重0.35克。石叶两面压制修理，其远端修出一个小长尖，修理刃缘残长2.9厘米，尖部夹角76°（图一〇〇，12；图版二四，27）。

04T5⑤:613，白云岩。长2.7、宽0.7、厚0.2厘米，重0.5克。石叶两侧错向压制修理，远端修出一个小长尖，修理刃缘长4.6厘米，尖部夹角69°（图一〇〇，15；图版二四，33）。

04T5⑤:616，白云岩。长2.8、宽0.8、厚0.3厘米，重0.6克。石叶两侧错向压制修理，远端修出一个小长尖，修理刃缘长2.9厘米，尖部夹角80°（图一〇〇，16；图版二四，32）。

（2）宽短形石钻

2件。选用石片于两侧压制修理，并于一端修出一个尖。

04T3⑤:241，白云岩。长2.1、宽1.1、厚0.2厘米，重0.5克。石叶两侧从破裂面向背面压制修理，其远端修出一个小尖，形成双肩宽短形小石钻，修理刃缘长1.2厘米，尖部夹角59°（图一〇〇，17；图版二四，23）。

04T3⑤:578，玉髓。长1.6、宽1.35、厚0.4厘米，重0.9克。石片两侧从破裂面向背面压制修理，其远端修出一个小短尖，形成双肩宽短形小石钻，修理刃缘长1.8厘米，尖部夹角72°（图一〇〇，18；图版二四，28）。

（3）残石钻

8件。标本大部分尖部残断，可能主要是使用过程中被折断，也有自然力形成者。

7. 尖状器

2件。选用石叶采用压制技术加工而成，尖部皆呈正尖形。

04T5⑤:607，燧石。长2.4、宽0.75、厚0.2厘米，重0.5克。尖部夹角66°。修理尖部位于远端，加工方向于石叶两侧从背面向破裂反向加工，修理刃缘长3.4厘米（图一〇〇，19；图版二五，1）。

04T6⑤:234，燧石。长3.3、宽1.1、厚0.4厘米，重1.4克。尖部夹角61°。修理尖部位于远端，加工方向于石叶两侧从破裂面向背面正向加工，修理刃缘长6.3厘米（图一〇〇，21；图版二五，2）。

8. 雕刻器

2件。小石片修理而成。

04T5⑤:619，蛋白石。长2.3、宽1.4、厚0.4厘米，重1.5克。利用自然小石片的屋脊形刃口进行雕刻之用，刃口上保留有部分使用痕迹。刃口宽0.5厘米，雕刻刃角50°（图一〇〇，22；图版二五，3）。

04T6⑤:235，石英砂岩。长3.6、宽2.4、厚0.5厘米，重6.4克。修理工作于石片两侧顺着石片长轴各打击一下各剥下一件小石片，出现一个小平刃。刃口宽0.4厘米，雕刻刃角64°（图一〇〇，24；图版二五，4）。

9. 凹缺器

2件。石叶的侧边，打击修理或使用形成半圆形凹缺刃口。

03T1-T2⑤:638，白云岩。长2.8、宽0.9、厚0.3厘米，重0.9克。凹缺刃口分布于石叶的一侧背面，可能是使用形成的，刃缘长0.9厘米，刃角76°（图一〇〇，23）。

03T1-T2⑤:639，白云岩。长 4.2、宽 1.5、厚 0.7 厘米，重 5.4 克。双凹缺刃口分布于石叶的一侧破裂面，是加工形成的，刃缘长 2.4 厘米，刃角 22°（图一〇〇，25）。

10. 小型残石器

13 件。已不宜辨认出属于那种器类。

（六）大型石器

29 件。选用砾石、石片、石块加工或使用形成的加工工具石锤、石砧和砺石等。

1. 石锤

3 件。是用于石核上剥片并加工石器的专门工具。选用长棱状或椭圆形砾石直接使用而成。其特征在砾石的一端或两端保留有许多锤击或砸击而形成的小片疤或坑疤，有的周身还散布着一些零星的小坑疤或小斑点。

2. 石砧

4 件。已残。可能使用过程中受力而破碎。主要选用石英砂岩天然石块，边缘稍加修理而成。有的一面保留有作为石砧使用后形成的许多小坑疤，有的两面皆保留有作为石砧使用后产生的许多小坑疤。

04T1-T2⑤:347，石英砂岩。已残。残长 6.45、宽 7.4、厚 2.8 厘米，重 245 克。一边保留有作为网坠而修理的细长凹痕，两面皆保留有作为石砧使用后产生的许多小坑疤（图一〇一，2）。

3. 砺石

22 件。已残。主要选用石英砂岩天然石，于边缘稍加修理而成，或者于其两面进行磨制修理。有的一面保留有作为砺石磨制他物所产生的明显条痕，有的两面皆保留有作为砺石磨制他物所产生的明显条痕。

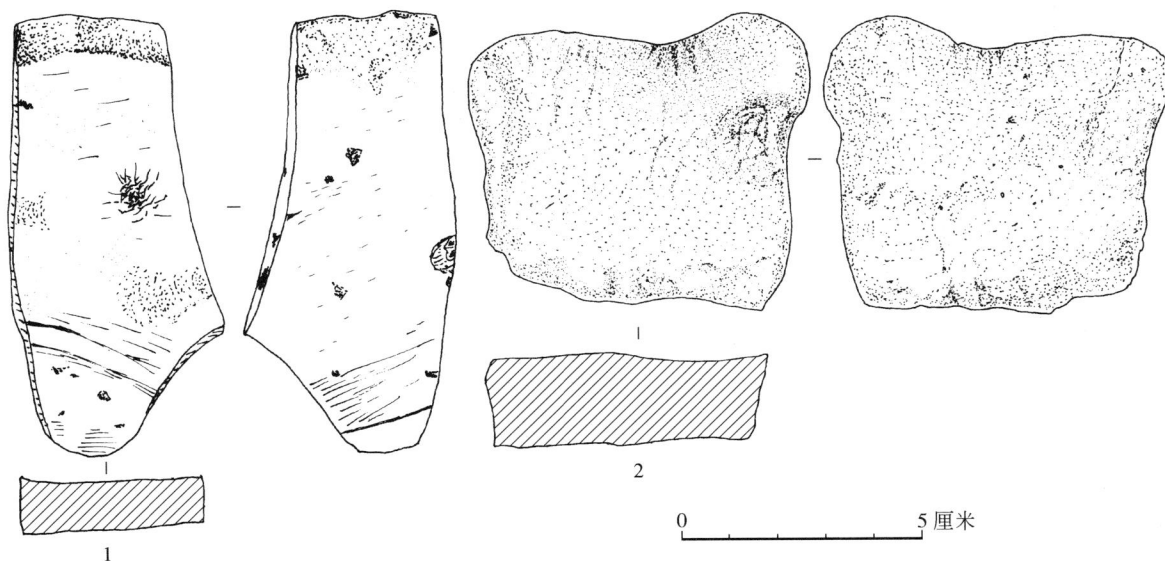

图一〇一　第 5 层出土砺石、石砧

1. 砺石（04T5⑤:629）　2. 石砧（04T1-T2⑤:347）

04T5⑤:629，石英砂岩。已残。残长9.5、残宽4.2、厚1.6厘米，重76.5克。两面保留有磨制他物所产生的明显条痕，同时也作为石砧使用过，因此保留了许多明显的小坑疤，边缘稍加修理（图一〇一，1）。

二　陶　器

T3～T6第5层出土的陶片与T3～T6第6层陶片差别不大，以光素无纹饰陶片为主。带纹饰的陶片大体可分为三类。兹分述如下。

1.A类

器表以戳印纹为特征。

08T5-T6B⑤:101，口部残片。胎体褐色。胎土含有较多白色砂粒，砂粒粒径大多不超过0.1厘米。制作较为粗糙，内壁和口沿均不平整。口部经拍压，平唇沿，器壁较直。唇沿存留等距排列的六组戳印纹，每组均由彼此紧邻的两个斜向长椭圆形戳坑构成，靠壁外侧的戳坑较之内侧的要深些，个别较深的戳坑内隐约可见细密的横向凸棱线。口沿之下的器表为以纵斜向长椭圆形戳坑组成的四道横纹带，有的戳坑之间尚有戳痕相连，个别戳坑内可见细密的横向凸棱线。这四道横纹带之下尚有纹饰，从残存的部分观察，大约是纵斜向的线纹。残片高4.6、宽5.3、厚0.4～0.65厘米（图一〇二，1；图版二六，1）。

2.B类

器表饰几何形刻划纹。

04T5-T6X⑤:656，腹部残片。胎体砖红色，外表泛黄。胎土羼和灰色砂粒，砂粒大小不均，至大者长度0.3厘米。烧成火候很高，质地坚硬。器壁略见弧曲。器表有一道纹带，系于两条横向平行划线之间加刻多道平行短斜线而成。此纹带下尚有一道横向划线，与其上的纹带平行。残片高3.9、宽4.8、厚0.5～0.6厘米（图一〇二，2；图版二六，2）。

3.C类

器表饰线纹和细凸线纹，胎土中往往羼和蚌壳碎末。

04T5-T6X⑤:655，口部残片。胎体灰褐色，内壁和外表皆黄褐色。胎土羼和白砂和较多的蚌壳碎末。烧成火候较高。内壁参差不平。口沿外折而敞，沿面略显凹弧，圆尖唇，器壁部分所存甚少。口沿外表有细凸线纹和线纹两种纹饰，先施细凸线纹，其主体是在口沿外侧稍下的部位制出两道平行的横向长凸线，再于这两条凸线的上、下分别制出纵向的短凸线，这些短凸线三道为一组，上、下两组的位置间错相隔，至于细凸线纹

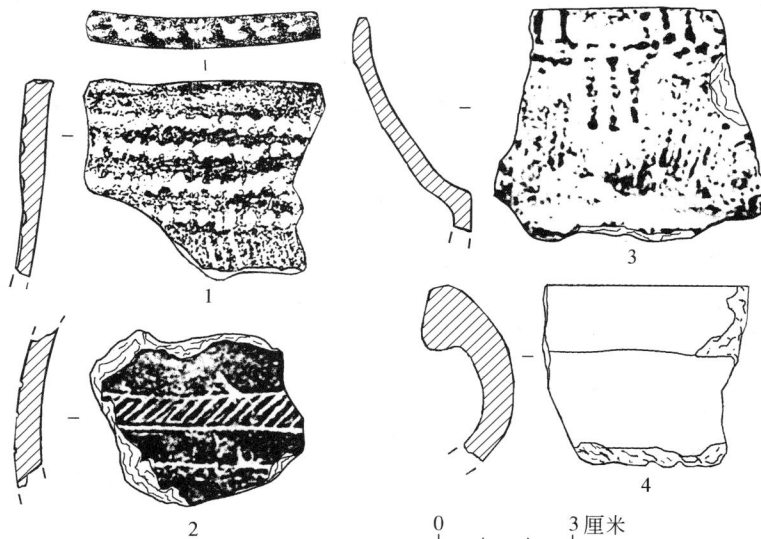

图一〇二　第5层出土陶片

1.A类带纹饰陶片（口部残片08T5-T6B⑤:101）　2.B类带纹饰陶片（腹部残片04T5-T6X⑤:656）　3.C类带纹饰陶片（口部残片04T5-T6X⑤:655）　4.无纹饰陶片（壶罐类口沿残片04T5⑤:632）

究竟是贴塑的泥条还是于胎体上直接捏成，尚不清楚。横向长凸线以下的空余部分施线纹，纹痕大部分是纵向，少数为纵斜向，个别处可辨线绳捻绕的印痕。从这些线纹印痕有着上下交错的现象来看，可能是拍印所致，每股线纹印痕的宽度约在 0.1～0.2 厘米之间。另外，在口沿和器壁接合部一线，外表也残留着一段横向的细凸线。残片宽 5.9、口沿厚 0.35～0.4 厘米（图一〇二，3；图版二六，3）。

光素无纹饰陶片以 04T5⑤:632 为代表，壶罐类口沿部分的残片，红褐色泥质陶，陶质坚硬。口沿向外翻卷，唇缘见方。残片宽 4.4、唇厚 1～1.2 厘米（图一〇二，4；图版二六，4）。

三　其他制品

包括有动物肢骨磨制成的骨针，出土的铁鱼钩和征集所得可能属于这个层位的青铜镞，以及带有某种人类修理或使用痕迹的小砾石等。

1. 骨针

1 件。选用动物的肢骨磨制而成。

04T5⑤:1625，长体扁圆形。残断，两端皆断仅存中间部分。残长 2.35、宽 0.4～0.3、厚 0.25～0.1 厘米。

2. 青铜镞

1 件。标本为征集所得，分析最晚可能属于第三期文化，故放入此层描述。

04ZHJ:1，三棱形。保存完整，尖部锋利。长 3.7 厘米，三角直径 1.0 厘米。三面皆锻铸有长条形浅凹槽和椭圆形孔，中间为空心，造型十分美观并利于投射（图一〇三；图版二一，3）。

3. 铁鱼钩

1 件。加工的精细美观，是一件能进行有效渔猎的工具。

04T5-T6X⑤:657，鱼钩主体近于圆柱形，尖部锋利，并有倒刺。表面锈蚀严重，保存完整。长 3.8、主体直径 0.3、钩长 1.1 厘米（图一〇四；图版二一，5）。

4. 赤铁矿石

1 件。标本上保留有人工磨过的痕迹，可能研磨而形成。

04T1-T2⑤:1507，长 1.1、宽 1.0、厚 0.9 厘米，重 1.1 克（图一〇五）。

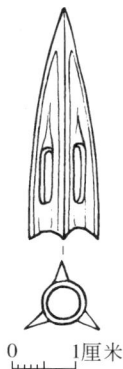

图一〇三　征集青铜镞（04ZHJ:1）　　　图一〇四　第 5 层出土铁鱼钩（04T5-T6X⑤:657）　　　图一〇五　第 5 层出土赤铁矿石（04T1-T2⑤:1507）

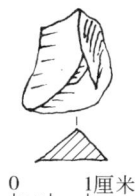

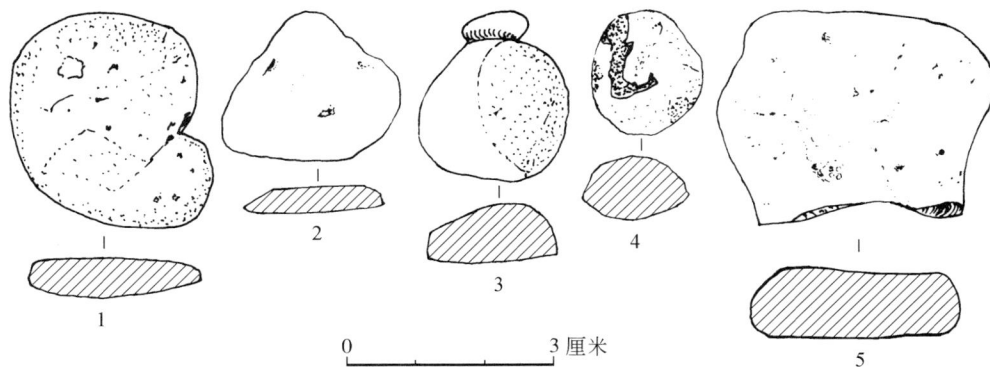

图一〇六　第 5 层出土小砾石

1.04T1-T2⑤:1509　2.04T1-T2⑤:1511　3.04T5⑤:630　4.04T5⑤:631　5.04T1-T2⑤:1510

5. 小砾石

8 件。其中一些有简单的雕刻痕迹，并由于长期的携带其上皆保留有油渍。参考民族学材料有类似发现，被称之为"灵魂石"或"圣石"。

04T1-T2⑤:1508，白云岩。长 3.4、宽 3.0、厚 0.4 厘米，重 7.5 克。近扁方形，没有明显的雕刻痕迹。由于长期携带，表面不仅十分光滑，而且还带有一些油性光泽。

04T1-T2⑤:1509，白云岩。长 3.3、宽 2.8、厚 0.6 厘米，重 11.7 克。扁椭圆形，没有明显的雕刻痕迹。由于长期携带，表面不仅十分光滑，而且还带有少许油性光泽（图一〇六，1）。

04T1-T2⑤:1510，石英砂岩。长 3.1、宽 4.0、厚 1.3 厘米，重 23.5 克。近扁长方形，没有明显的雕刻痕迹。由于长期携带，表面不仅十分光滑，而且还带有一些油性光泽（图一〇六，5）。

04T1-T2⑤:1511，白云岩。长 2.2、宽 2.4、厚 0.5 厘米，重 6.3 克。不规则形，一面为自然面，另一面进行了人工简单的雕刻，靠一尖端的上部似雕刻出两个眼睛，下部雕刻出一个嘴巴。由于长期地携带，表面很光滑并带有一些油性光泽（图一〇六，2）。

04T5⑤:630，玉髓。长轴 2.5 厘米，短轴 2.1 厘米，重 9.4 克。卵圆形，带有一个小圆帽，形状十分特别。没有明显的雕刻痕迹。由于长期携带，上带有一些油性光泽（图一〇六，3）。

04T5⑤:631，蛋白石。长轴 2.0、短轴 1.75 厘米，重 7.1 克。卵圆形，没有明显的雕刻痕迹。由于长期携带，表面十分光滑（图一〇六，4）。

第四节　第 4 层及相关遗迹出土遗物

文化遗物包括有以细石器为主的石制品 811 件，小砾石 2 件，陶片 403 件，骨角制品 2 件。

一　石　制　品

观察的石制品标本 484 件，类型包括有石核、石片、石叶和石器等几大类。其中石核 2 件，石片 186 件，石叶 150 件，石器 146 件，其中细石器 125 件，大型石器 21 件。

（一）石核

2件。按其制作工序可分为预制石核和剥离石叶形成的细石核两类。其中一件预制石核，另一件为细石核。

1. 预制石核

1件。生产石叶之前对选用的原材料进行修理，以产生出适宜剥离石叶的台面和侧面的石制品类型。

04T8④:126，燧石。舌形。高3.5、宽3.15、厚2.0厘米，重26.3克。台面打制，近椭圆形，长轴2.8、短轴1.6厘米，台面角113°。从台面边缘观察，石片疤痕无明显打击点，打击泡阴痕浅平，推测采用了软锤直接打击技术。

2. 细石核

1件。生产石叶后形成的石制品类型。

04T4④:2，白云岩。锥状。高3.25、宽2.7、厚2.4厘米，重22.1克。台面修理，椭圆形，长轴2.8、短轴2.4厘米，台面角86°。核身保留石叶疤9个，完整6个。从台面边缘观察，有的石叶疤痕打击点较明显，打击泡阴痕较凹，应采用了间接打击技术。有的石叶疤从台面边缘观察，出现重叠剥离的短片疤或破碎疤痕，可知这件石核已不易再生产石叶（图一〇七，1；彩版六，13）。

（二）石片

186件。是预制石核及修理石器等产生的剥片。石片按照其制作工序，大致可以分为预制石核侧面剥片和预制石核台面剥片，以及不确定部位剥片。

1. 预制石核侧面剥片

120件。是剥离细石叶之前修理石核侧面的产物，形状一般长大于宽，也有少量长宽相近或宽大于长者。多数破裂面台面边缘整齐，与破裂面连接成唇状，打击点和半锥体不明显，应采用软锤直接打击技术所生产；少数破裂面台面边缘打击点和半锥体明显，应是采用硬锤直接打击技术所生产。

04T1-T2④:45，白云岩。长4.6、宽2.7、厚0.6厘米，重8.2克。打制台面，不等边三角形，台面长0.8、宽0.3厘米，石片角111°。破裂面台面边缘较整齐，与破裂面连接成唇状，打击点和半锥体不明显，推测采用了软锤直接打击技术所生产[1]（图一〇七，2；图版一，12）。

04T1-T2④:46，白云岩。长2.3、宽1.15、厚0.25厘米，重0.9克。打制台面，长条形，台面长0.4、宽0.1厘米，石片角92°。破裂面台面边缘较整齐，与破裂面连接成唇状，打击点和半锥体不明显，推测采用了软锤直接打击技术所生产（图一〇七，5；图版一，16）。

04T1-T2④:47，燧石。长2.65、宽1.3、厚0.4厘米，重1.4克。台面缺失（图一〇七，3；图版一，17）。

04T1-T2④:48，白云岩。长2.2、宽1.8、厚0.2厘米，重1.2克。修理台面，不甚规则形，台面长0.6、宽0.25厘米，石片角112°。破裂面台面边缘整齐，与破裂面连接成唇状，打击点和半锥体不明显，推测采用了软锤直接打击技术所生产（图一〇七，4；图版一，18）。

---

[1] 刘景芝：《石叶直接打制技术的研究》，《史前研究》辑刊，1990～1991年。

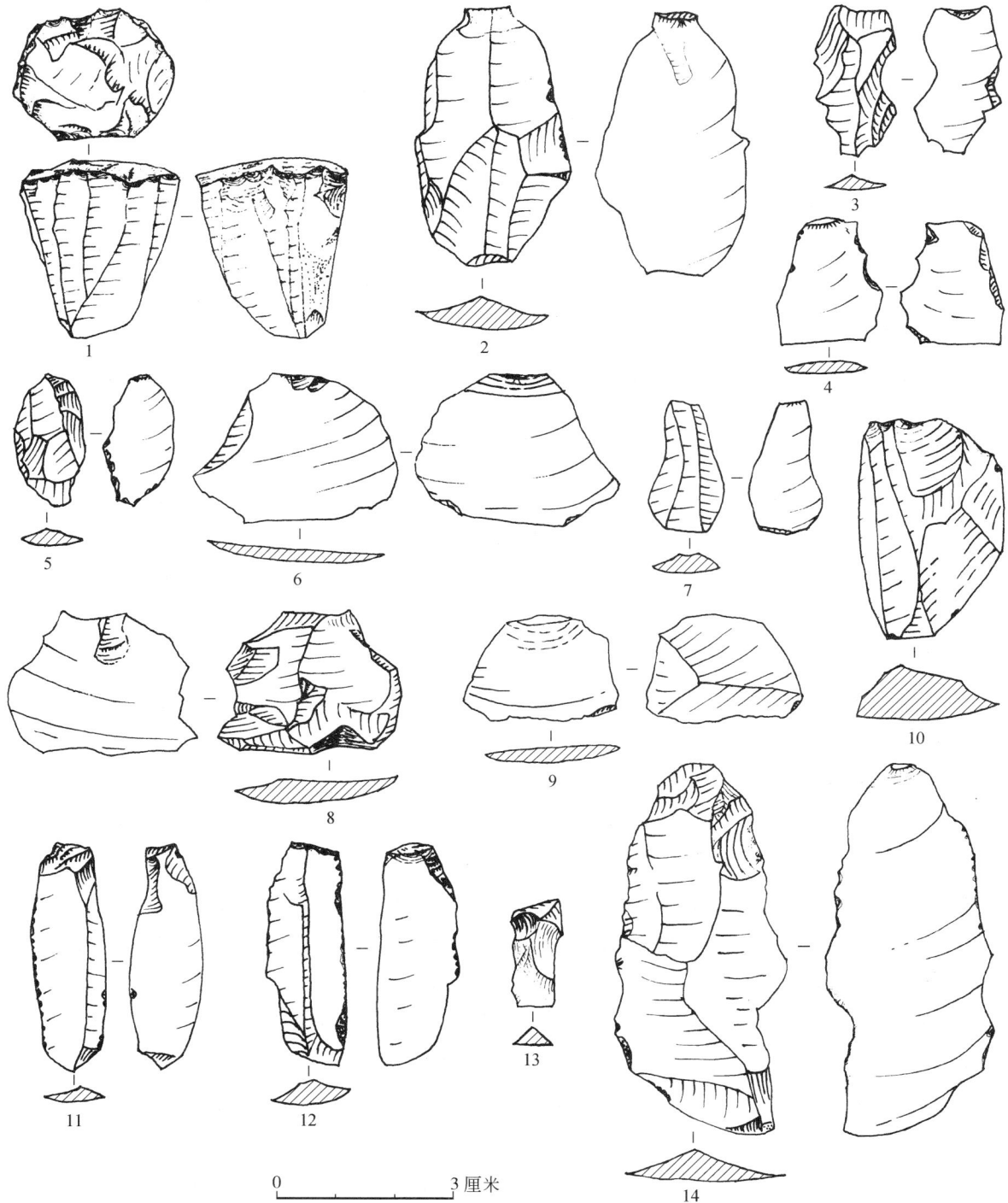

图一〇七　第4层出土细石器制品

1. 细石核（04T4④:2）　2～5. 预制石核侧面剥片（2.04T1-T2④:45、3.04T1-T2④:47、4.04T1-T2④:48、5.04T1-T2④:46）　6. 预制石核初期台面剥片（04T9④:7）　7. 预制石核侧面剥片（04T1-T2④:49）　8、9. 预制石核初期台面剥片（04T5④:423、04T4④:5）　10. 预制石核侧面剥片（04T9④:4）　11、12. 完整石叶（04T1-T2④:112、04T1-T2④:111）　13. 石条（04T4④:43）　14. 完整石叶（04T1-T2④:1）

04T1-T2④:49，燧石。长 2.4、宽 1.3、厚 0.4 厘米，重 1.0 克。修理台面，长椭圆形，台面长轴 0.5、短轴 0.2 厘米，石片角 101°。破裂面台面边缘较整齐，与破裂面连接成唇状，打击点和半锥体不明显，推测采用了软锤直接打击技术所生产（图一〇七，7；图版一，19）。

04T9④:4，白云岩。长 3.9、宽 2.7、厚 1.0 厘米，重 11 克。修理台面，不甚规则形，台面长 1.5、宽 0.6 厘米，石片角 109°。破裂面台面边缘较整齐，打击点和半锥体较明显，推测可能采用了硬锤直接打击技术所生产（图一〇七，10；图版一，13）。

2. 预制石核台面剥片

54 件。是生产石叶之前及生产当中不断调整细石核台面的产物，一般形状多宽大于长，少数长宽相近或长大于宽。可进一步细分为预制石核初期台面剥片和预制石核中期台面剥片。

（1）初期台面剥片

44 件。有的背面部分或全部为自然面，有的经过简单的打制或修理，其中显著的特征是剥片从近端向远端逐渐变薄。多数其破裂面台面边缘较为整齐，与破裂面连接成唇状，打击点和半锥体不甚明显，应采用软锤直接打击技术所生产。因此，以下这类标本，不再一一赘述。少数为间接打击技术和硬锤直接打击技术所生产，分别加以叙述。

04T4④:5，燧石。长 1.9、宽 2.7、厚 0.4 厘米，重 2.1 克。修理台面，半椭圆形，台面长轴 1.2、短轴 0.35 厘米，石片角 77°。破裂面台面边缘整齐，与破裂面连接成唇状，打击点和半锥体不甚明显，推测应是软锤直接打击技术所生产（图一〇七，9；图版一七，24）。

04T5④:423，石燧。长 2.6、宽 3.15、厚 0.45 厘米，重 6.0 克。打制台面，近椭圆形，台面长轴 1.1、短轴 0.6 厘米，石片角 95°。破裂面台面边缘较为整齐，与破裂面连接成唇状，打击点和半锥体不甚明显，推测应是软锤直接打击技术所生产（图一〇七，8；图版一七，25）。

04T9④:7，白云岩。长 2.8、宽 3.55、厚 0.22 厘米，重 3.5 克。打制台面，不规则形，长 1.8、宽 0.4 厘米，石片角 119°。破裂面台面边缘较为整齐，与破裂面连接成唇状，打击点和半锥体不甚明显，推测应是软锤直接打击技术所生产（图一〇七，6；图版一七，26）。

（2）中期台面剥片

10 件。生产石叶过程中重新调整细石核台面，进行再次修理打下的台面剥片。剥片边缘较厚，侧面保留有细石核剥离石叶的条痕。石片背面即原细石核的台面，其上保留了经过修理的多个小片疤。

（3）不确定部位剥片

12 件。这类剥片包括预制石核和剥离石叶时崩落的小石片，加工石器修理刃缘时打下的小石片，以及不宜确定部位和残断的石片等。

（三）石条

1 件。预制石核后生产石叶之前剥离的第一件制品。显著特征是其背面保留有一条交互打击形成的纵脊。制作过程是石核预制好后，在石核的侧面用交互法打击修理出一条纵刃，然后顺着这条刃脊剥下第一件产品，使石核的侧面又出现了两条纵脊，接着便可以利用这两条纵脊继续剥离石叶。

04T4④:43，白云岩。仅剩远端部分。残长 1.8、宽 0.8、厚 0.4 厘米，重 0.5 克（图一〇七，13）。

（四）石叶

149 件。石叶实际上是一些特定类型的长石片，长度至少是宽度的两倍，两侧边缘平行或大致平行。按照石叶的尺寸可以分为石叶和细石叶。前者长度 5 厘米以上，宽度 1.2 厘米以上；后者长度 5 厘米以下，宽度 1.2 厘米以下。本报告未将石叶按尺寸细分。根据标本保存的形态，将其分为完整者和不完整者两类。

1. 完整石叶

10 件。完整石叶发现的数量较少。有的远端稍有缺失，也归入此类。根据石叶破裂面台面边缘打击点明显集中，半锥体小而突出等特征，分析它们应采用间接打击技术所生产。此外，有的细石叶破裂面与台面边缘连接为弧形，打击点和半锥体皆不明显，推测采用了压制技术所生产。有的破裂面与台面边缘连接呈唇状，打击点和半锥体皆不明显，推测可能采用了软锤直接打击技术所生产。

04T1-T2④:1，白云岩。长 6.4、宽 2.9、厚 0.55 厘米，重 8.0 克。修理台面，长椭圆形，长轴 0.5、短轴 0.1 厘米，石叶角 112°。背面带有分岔脊，破裂面与台面边缘呈唇状，打击点和半锥体皆不明显，推测可能采用了软锤直接打击技术所生产（图一〇七，14；图版二三，39）。

04T1-T2④:111，白云岩。长 4.0、宽 1.4、厚 0.5 厘米，重 3.0 克。修理台面，近三角形，长 0.7、宽 0.4 厘米，石叶角 115°。背面带有分岔脊，破裂面与台面边缘呈弧形，打击点和半锥体皆不明显，推测可能采用了压制技术所生产。两侧皆保留有使用痕迹，一侧保留在背面边缘，另一侧保留在破裂面边缘（图一〇七，12；图版二三，13）。

04T1-T2④:112，白云岩。长 4.1、宽 1.25、厚 0.3 厘米，重 2.4 克。打制台面，三角形，长 0.6、和 0.55 厘米，石叶角 113°。背面带有分岔脊，台面边缘打击点不明显，破裂面半锥体不明显，半锥体上保留有崩落的小片疤，推测可能采用了压制技术所生产。一侧保留有使用痕迹（图一〇七，11；图版二三，14）。

2. 不完整石叶

139 件。标本由于细长而薄，所以很容易被折断，它们中可能有一定数量是人为所形成。本报告将这些不完整石叶细分为近端段、中间段和远端段三小类。

（1）近端段石叶

42 件。标本保留了石叶台面一端的部分，因此可以观察分析所采用的打制技术。破裂面台面边缘打击点明显集中，半锥体小而突出等特征，应采用间接打击技术所生产。有的破裂面与台面边缘连接为弧形，打击点和半锥体皆不明显，推测采用了压制技术所生产。以下采用压制打击技术所生产者不再赘述。

04T5④:20，白云岩。残长 3.5、宽 0.7、厚 0.2 厘米，重 0.8 克。修理台面，近三角形，长 0.4、宽 0.1 厘米，石叶角 76°。背面带有双脊，破裂面台面边缘打击点明显集中，半锥体小而突出，是间接技术所生产（图一〇八，1；图版二三，16）。

04T5④:21，白云岩。残长 2.4、宽 1.2、厚 0.3 厘米，重 1.3 克。修理台面，菱形，长 0.5、宽 0.25 厘米，石叶角 89°。背面带有双脊，破裂面台面边缘打击点明显集中，半锥体小而突出，保留有崩落的小片疤，应是间接技术所生产（图一〇八，2；图版二三，15）。

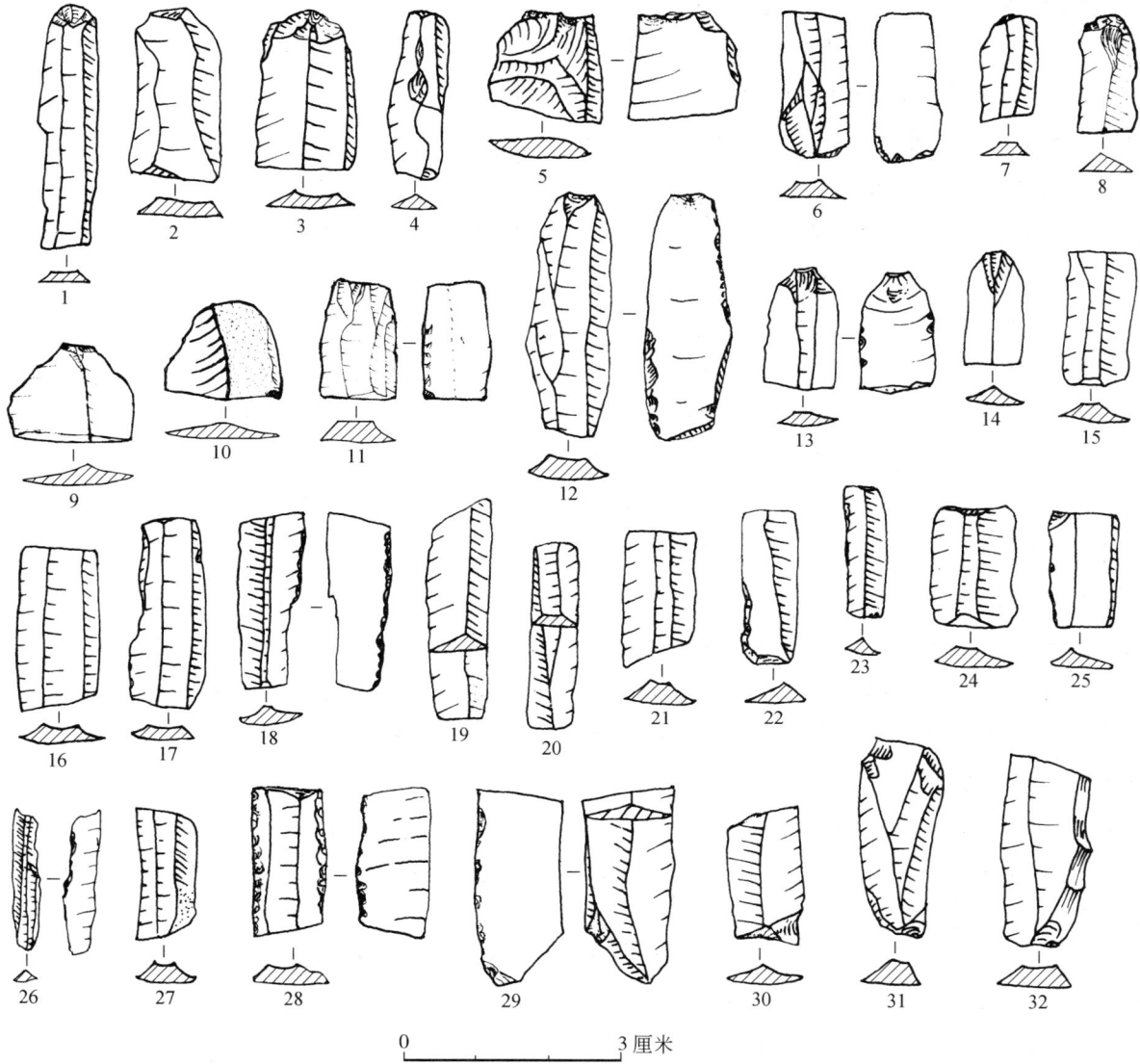

图一〇八　第 4 层出土近端段石叶、中间段石叶、远端段石叶

1～14. 近端段石叶（1.04T5④:20、2.04T5④:21、3.04T5④:22、4.04T5④:23、5.04T5④:24、6.04T5④:25、7.04T5④:26、8.04T5④:27、9.04T5④:29、10.04T5④:28、11.04T5④:30、12.04T5④:123、13.04T4④:12、14.04T4④:13）　15～26. 中间段石叶（15.04T4④:26、16.04T5④:47、17.04T5④:45、18.04T5④:46、19.04T5④:48、20.04T5④:49、21.04T5④:51、22.04T5④:50、23.04T5④:54、24.04T5④:53、25.04T5④:52、26.04T5④:55）　27. 远端段石叶（04T5④:83）　28. 中间段石叶（04T9④:22）　29～32. 远端段石叶（29.04T5④:81、30.04T5④:82、31.04T1-T2④:127、32.04T1-T2④:128）

04T5④:22，白云岩。残长 2.2、宽 1.3、厚 0.3 厘米，重 1.0 克。修理台面，菱形，长 0.5、宽 0.3 厘米，石叶角 99°。背面带有双脊，破裂面台面边缘打击点明显集中，半锥体小而突出，应是间接技术所生产（图一〇八，3；图版二三，17）。

04T5④:23，白云岩。残长 2.3、宽 0.8、厚 0.3 厘米，重 0.6 克。打制台面，近长条形，长 0.5、宽 0.2 厘米，石叶角 81°。背面带有双脊，破裂面台面边缘有 2 个小片疤，故难以推断采用了哪种打击技术所生产（图一〇八，4；图版二三，18）。

04T5④:24，白云岩。残长 1.5、宽 1.5、厚 0.3 厘米，重 0.9 克。修理台面，不规则形，长 0.9、宽 0.3 厘米，石叶角 99°。背面带有不规则形脊，破裂面台面边缘有 3 个小片疤，故难以推断采用了哪种打击技术所生产（图一〇八，5；图版二三，21）。

04T5④:25，燧石。残长 2.0、宽 0.9、厚 0.2 厘米，重 0.9 克。修理台面，不规则形，长 0.7、宽 0.2 厘米，石叶角 100°。背面带有不规则形脊，破裂面台面边缘较为破碎，难以推断采用了哪种打击技术所生产（图一〇八，6；图版二三，19）。

04T5④:26，白云岩。残长 1.5、宽 0.8、厚 0.2 厘米，重 0.4 克。修理台面，近菱形，长 0.5、宽 0.2 厘米，石叶角 97°。背面带有双脊，破裂面台面边缘打击点明显集中，半锥体小而突出，应是间接技术所生产（图一〇八，7；图版二三，20）。

04T5④:27，白云岩。残长 1.6、宽 0.8、厚 0.3 厘米，重 0.4 克。修理台面，近三角形，长 0.5、宽 0.2 厘米，石叶角 97°。背面带有分岔脊，破裂面台面边缘打击点明显集中，半锥体小而突出，应是间接技术所生产，（图一〇八，8；图版二三，22）。

04T5④:28，燧石。残长 1.3、宽 1.5、厚 0.2 厘米，重 0.4 克。线状台面，背面带有单脊，破裂面台面边缘打击点明显集中，半锥体小而突出，应是间接技术所生产（图一〇八，10；图版二三，23）。

04T5④:29，燧石。残长 1.3、宽 1.7、厚 0.3 厘米，重 0.9 克。修理台面，近三角形，长 0.6、宽 0.3 厘米，石叶角 103°。背面带有单脊，破裂面台面边缘打击点明显集中，半锥体小而突出，应是间接技术所生产（图一〇八，9；图版二三，24）。

04T5④:30，白云岩。残长 1.7、宽 1.0、厚 0.3 厘米，重 0.9 克。修理台面，近菱形，长 0.8、宽 0.3 厘米，石叶角 102°。背面带有单脊，破裂面台面边缘打击点明显集中，半锥体小而突出，应是间接技术所生产，一侧保留有清晰的使用痕迹（图一〇八，11；图版二三，25）。

04T5④:123，白云岩。残长 3.5、宽 1.15、厚 0.35 厘米，重 2.2 克。修理台面，近菱形，长 0.6、宽 0.4 厘米，石叶角 86°。背面带有多脊，破裂面台面边缘打击点明显集中，半锥体小而突出，应是间接技术所生产。一侧保留有清晰的使用痕迹，另一侧保留有部分修理痕迹（图一〇八，12；图版二三，26）。

04T4④:12，白云岩。残长 1.6、宽 0.95、厚 0.2 厘米，重 0.4 克。修理台面，近三角形，长 0.3、宽 0.2 厘米，石叶角 108°。背面带有双脊，破裂面台面边缘打击点明显集中，半锥体小而突出，半锥体上保留有崩落的小片疤，采用了间接打击技术所生产（图一〇八，13；图版二三，27）。

04T4④:13，燧石。残长 1.5、宽 0.8、厚 0.3 厘米，重 0.4 克。修理台面，近三角形，长 0.5、宽 0.2 厘米，石叶角 107°。背面带有分岔脊，破裂面台面边缘打击点明显集中，半锥体小而突出，是间接打击技术所生产（图一〇八，14；图版二三，28）。

（2）中间段石叶

45 件。失去近端和远端的中间段石叶，其中的大部分应该是人为的结果，因为这类标本中有许多保留了使用的痕迹。适宜镶嵌于骨或木制的刀梗凹槽内作为工具。

04T4④:26，白云岩。残长 1.8、宽 0.9、厚 0.3 厘米，重 0.7 克。背面带有双脊（图一〇八，15；图版二三，29）。

04T5④:45，白云岩。残长 2.7、宽 1.0、厚 0.2 厘米，重 0.7 克。背面带有双脊（图一〇八，17；图版二三，30）。

04T5④:46，白云岩。残长 2.5、宽 0.9、厚 0.3 厘米，重 0.6 克。背面带有双脊，两侧皆保留有使用痕迹，一侧保留在背面边缘，另一侧保留在破裂面边缘（图一〇八，18；图版二三，31）。

04T5④:47，白云岩。残长 2.3、宽 1.0、厚 0.3 厘米，重 0.7 克。背面带有双脊（图一〇八，16；图版二三，32）。

04T5④:48，白云岩。残长 3.1、宽 0.8、厚 0.3 厘米，重 0.8 克。背面带有单脊（图一〇八，19；图版二三，33）。

04T5④:49，白云岩。残长 2.65、宽 0.7、厚 0.2 厘米，重 0.5 克。背面带有分岔脊（图一〇八，20；图版二三，34）。

04T5④:50，白云岩。残长 2.15、宽 0.75、厚 0.2 厘米，重 0.6 克。背面带有单脊（图一〇八，22；图版二三，35）。

04T5④:51，白云岩。残长 1.9、宽 1.0、厚 0.3 厘米，重 0.5 克。背面带有双脊（图一〇八，21；图版二三，36）。

04T5④:52，白云岩。残长 1.6、宽 0.9、厚 0.2 厘米，重 0.4 克。背面带有双脊，一侧保留有部分使用痕迹（图一〇八，25；图版二三，38）。

04T5④:53，白云岩。残长 1.7、宽 1.1、厚 0.3 厘米，重 0.8 克。背面带有双脊（图一〇八，24；图版二三，37）。

04T5④:54，白云岩。残长 1.8、宽 0.5、厚 0.15 厘米，重 0.2 克。背面带有单脊（图一〇八，23；图版二五，5）。

04T5④:55，玉髓。残长 1.95、宽 0.4、厚 0.2 厘米，重 0.1 克。背面带有多条纵脊，一侧保留有部分使用痕迹（图一〇八，26；图版二五，6）。

04T9④:22，白云岩。残长 2.1、宽 1.0、厚 0.25 厘米，重 0.9 克。背面带有双脊，两侧皆保留有明显的使用痕迹（图一〇八，28；图版二五，7）。

（3）远端段石叶

52 件。石叶的尾部部分。

04T5④:80，白云岩。残长 3.9、宽 1.0、厚 0.2 厘米，重 1.4 克。背面带有多条纵脊（图一〇九，1；图版二五，8）。

04T5④:81，白云岩。残长 2.8、宽 1.2、厚 0.35 厘米，重 1.6 克。背面带有双脊，一侧保留有使用痕迹（图一〇八，29；图版二五，9）。

04T5④:82，白云岩。残长 2.0、宽 1.0、厚 0.3 厘米，重 0.6 克。背面带有单脊（图一〇八，30；图版二五，10）。

04T5④:83，燧石。残长 1.85、宽 0.7、厚 0.3 厘米，重 0.4 克。背面带有双脊（图一〇八，27；图版二五，12）。

04T1-T2④:127，白云岩。残长 2.7、宽 1.1、厚 0.4 厘米，重 0.6 克。背面带有分岔脊（图一〇八，31；图版二五，13）。

04T1-T2④：128，白云岩。残长 2.7、宽 1.2、厚
0.3 厘米，重 1.2 克。背面带有分岔脊（图一〇八，32；
图版二五，14）。

04T1-T2④：130，白云岩。残长 2.6、宽 1.6、厚
0.3 厘米，重 2.1 克。背面带有双脊（图一〇九，6；图
版二五，15）。

04T1-T2④：131，白云岩。残长 3、宽 0.9、厚 0.2
厘米，重 0.9 克。背面带有双脊（图一〇九，3；图版二
五，16）。

04T4④：38，白云岩。残长 3.3、宽 1、厚 0.3 厘米，重
1.9 克。背面带有分岔脊（图一〇九，2；图版二五，11）。

04T4④：39，白云岩。残长 2.5、宽 1.2、厚 0.5 厘
米，重 1.5 克。背面带有多条纵脊（图一〇九，5；图版
二五，17）。

04T4④：40，燧石。残长 1.9、宽 1.1、厚 0.3 厘米，
重 0.6 克。背面带有双脊（图一〇九，4；图版二五，18）。

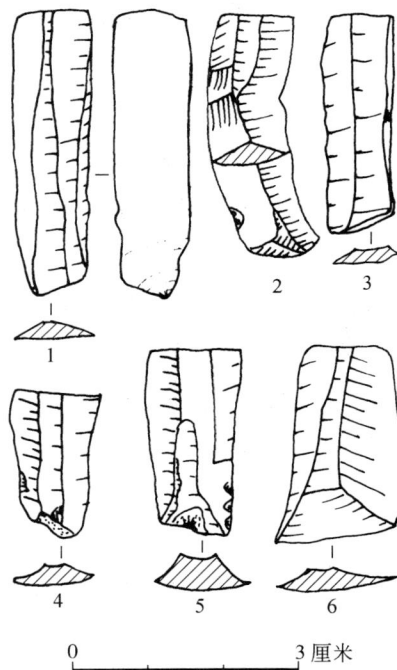

图一〇九　第 4 层出土远端段石叶
1.04T5④：80　2.04T4④：38　3.04T1-T2④：131
4.04T4④：40　5.04T4④：39　6.04T1-T2④：130

（五）细石器

125 件。参考石制品按长度分为 5 个等级的标准，结合哈克遗址的石器特点，将其分为微型、小
型、中型和大型 4 种。其间的界限是：微型标本的长度≤20 毫米，小型标本的长度为 21～40 毫米，
中型标本的长度41～60毫米，大型标本的长度＞60 毫米。哈克遗址的中型石器标本，由石叶制成的石
器占有一定比例，同时，这类石器从尺寸和制作技术上看，不宜划入大型石器标本中，因此，本文将
前三类石器皆划入细石器中。大部分细石器采用压制技术进行第二步加工，少数标本采用其他技术进
行加工。根据不同用途，细石器可以分为用石片制成的端刮器、拇指盖状刮削器、雕刻器、尖状器和
边刮器等，以及用石叶制成的石镞、石钻和石刃等。

1. 端刮器

37 件。是细石器中数量最多的一类，选用石片或石叶作为原材加工而成，刃部修理主要施于石片
远端，而且多数加工方向是从破裂面向背面修理。根据其形状可以分为弧刃和平刃两小类。

（1）弧刃端刮器

17 件。采用石片或石叶于其远端压制修理出弧刃。一般刃缘由破裂面向背面正向加工，个别刃缘
由背面向破裂面反向加工。

04T5④：98，玉髓。残长 2.0、宽 2.1、厚 0.4 厘米，重 3.4 克。石核侧面剥片作为原材，于其远
端压制修理出弧刃，加工方向由破裂面向背面正向修理，刃缘长 1.2 厘米，刃角 67°。背面一侧保留有
自然面，可能在使用过程中被折断（图一一〇，1；彩版一二，21）。

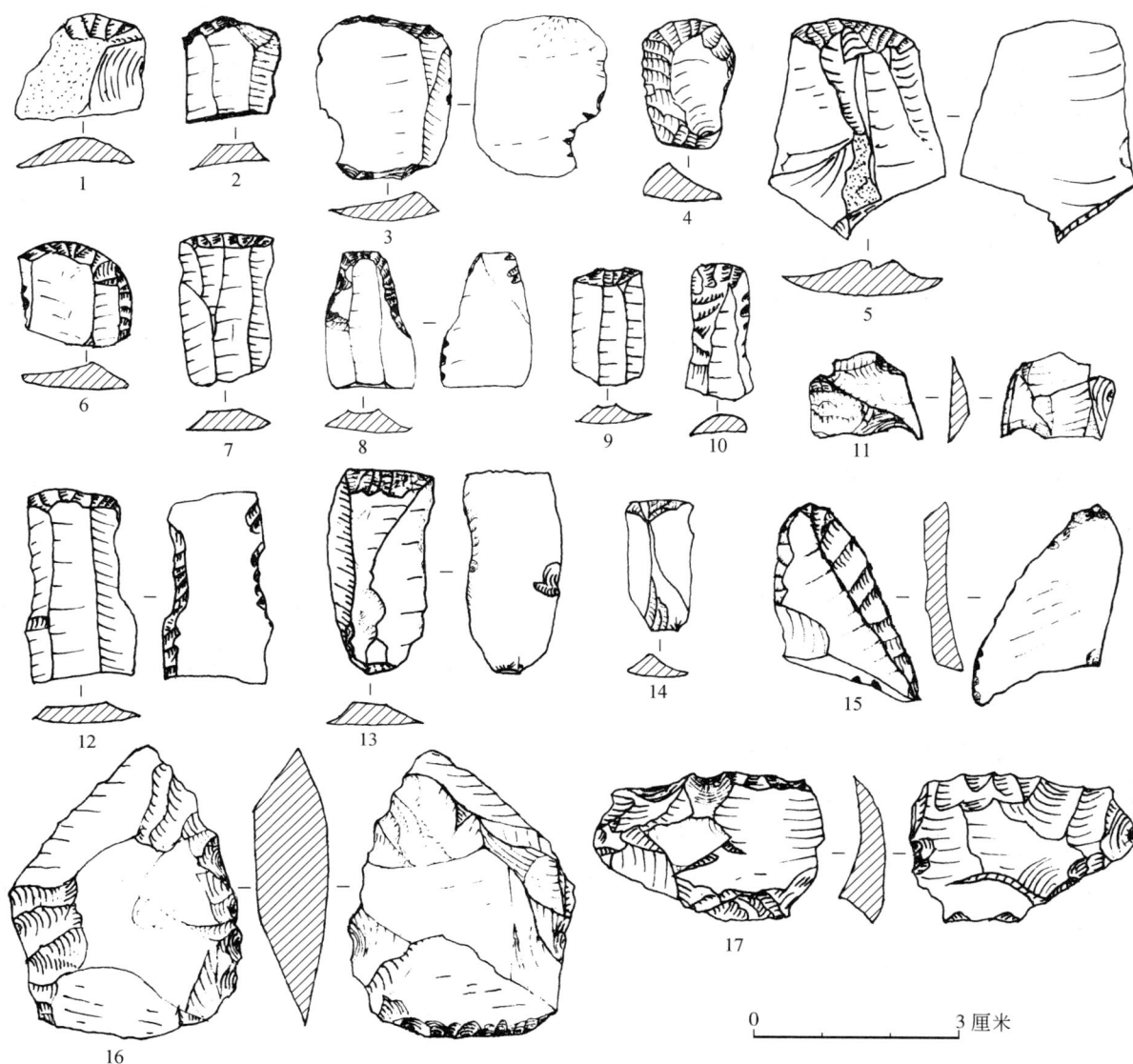

图一一〇 第 4 层出土细石器

1~6. 弧刃端刮器（1.04T5④:98、2.03T1-T2④:152、3.04T1-T2④:142、4.04T1-T2④:143、5.04T5④:437、6.04T1-T2④:145）

7~10. 平刃端刮器（7.04T1-T2④:21、8.03T1-T2④:150、9.03T1-T2④:151、10.03T1-T2④:153） 11. 边刮器（03T1-T2④: 179） 12~14. 平刃端刮器（04T1-T2④:144、04T4④:109、04T4④:110） 15~17. 边刮器（03T1-T2④:129、03T1-T2④:136、04T1-T2④:147）

03T1-T2④:152，白云岩。残长 1.6、宽 1.4、厚 0.3 厘米，重 1 克。选用石叶于其远端压制修理出弧刃，刃缘由破裂面向背面正向加工，刃缘长 1.4 厘米，刃角 85°。可能在使用过程中被折断，其背面一侧保留有加工和使用痕迹（图一一〇，2；彩版一二，22）。

04T1-T2④:142，白云岩。长 2.5、宽 2.0、厚 0.5 厘米，重 2.6 克。石核台面剥片作为原材料，近端和远端压制修理出弧刃。刃缘由破裂面向背面正向加工，刃缘长 1.4 和 1.9 厘米，刃角 59°。刃缘上保留有明显的使用痕迹（图一一〇，3；彩版一二，23）。

04T1-T2④:143，燧石。长1.9、宽1.3、厚0.6厘米，重1.9克。石核台面剥片作为原材料，于其近端和远端压制修理出弧刃。刃缘由破裂面向背面正向加工，周边几乎皆经过连续修理，刃缘总长3.0厘米，刃角74°。刃缘上保留有明显的使用痕迹（图一一〇，4；彩版一二，24）。

04T1-T2④:145，白云岩。残长1.5、宽1.6、厚0.4厘米，重1.3克。石叶作为原材料，其远端压制修理出弧刃，刃缘由破裂面向背面正向加工，端刃长1.5厘米，刃角63°。背面一侧保留有明显的加工痕迹，与端刃缘相连，可能在使用过程中被折断（图一一〇，6；彩版一二，25）。

04T5④:437，白云岩。残长3.35、宽2.6、厚0.6厘米，重4.5克。石片作为原材料，于其远端压制修理出弧刃，刃缘由破裂面向背面正向加工，端刃长1.9厘米，刃角63°。可能在使用过程中被折断（图一一〇，5；彩版一二，29）。

（2）平刃端刮器

20件。采用石片或石叶于其远端压制修理出平刃。一般刃缘由破裂面向背面正向加工，个别刃缘由背面向破裂面反向加工。

04T1-T2④:21，白云岩。残长2.25、宽1.3、厚0.3厘米，重1.3克。选用石叶于远端压制修理出平刃，刃缘由破裂面向背面正向加工，修理得较为精细，刃缘长1.3厘米，刃角58°。可能在使用过程中被折断，破裂面一侧保留有使用痕迹，另一侧保留有部分加工痕迹（图一一〇，7；彩版一二，28）。

03T1-T2④:150，燧石。残长2.1、宽1.3、厚0.3厘米，重1.05克。选用石叶于其远端压制修理出平刃，刃缘由破裂面向背面正向加工，刃缘长0.6厘米，刃角54°。可能在使用过程中被折断，背面两侧保留有部分加工痕迹（图一一〇，8；彩版一二，30）。

03T1-T2④:151，燧石。残长1.7、宽1.1、厚0.3厘米，重0.7克。选用石叶于其远端压制修理出平刃，刃缘由破裂面向背面正向加工，刃缘长1.0厘米，刃角50°。可能在使用过程中被折断（图一一〇，9；彩版一二，31）。

03T1-T2④:153，玉髓。残长2.0、宽1.0、厚0.3厘米，重0.9克。选用石叶于其远端压制修理出平刃，刃缘由破裂面向背面正向加工，刃缘长0.8厘米，刃角80°。可能在使用过程中被折断，背面两侧保留有连续加工痕迹（图一一〇，10；彩版一二，32）。

04T1-T2④:144，白云岩。残长2.9、宽1.55、厚0.3厘米，重2.0克。石叶作为原材料，于其远端压制修理出平刃，刃缘由破裂面向背面正向加工，端刃长1.3厘米，刃角75°。可能在使用过程中被折断，破裂面一侧保留有明显的加工痕迹，另一侧有使用痕迹（图一一〇，12；彩版一二，33）。

04T4④:109，白云岩。长3.0、宽1.5、厚0.4厘米，重2.1克。石叶作为原材料，于其远端压制修理出平刃，刃缘由破裂面向背面正向加工，端刃长1.3厘米，刃角50°。破裂面一侧保留有明显的使用痕迹（图一一〇，13；彩版一二，34）。

04T4④:110，蛋白石。长1.95、宽0.9、厚0.25厘米，重0.65克。石叶作为原材料，远端压剥修理出平刃，刃缘由破裂面向背面正向加工，端刃长0.9厘米，刃角60°（图一一〇，14；彩版一二，35）。

2. 边刮器

8件。选用石片、石块或石核作为原材料加工而成。加工部位多施于石片的一侧或远端，加工方向多从破裂面向背面正向打击，从背面向破裂面反向打击者少于前者，一面加工的多于两面加工的。

从刃部特征观察，采用锤击技术加以修理，也有用压制技术修理者。

03T1-T2④:179，玉髓。长 1.3、宽 1.9、厚 0.4 厘米，重 0.8 克。修理刃缘分布于石片的远端，用压制法由背面向破裂面反向加工成刃，刃缘长 0.9 厘米，刃角 50°（图一一〇，11）。

04T1-T2④:147，燧石。长 3.35、宽 2.25、厚 0.8 厘米，重 6.1 克。修理刃缘分布于石片的一侧，用压制法由两面交互加工成刃，刃缘长 2.8 厘米，刃角 63°（图一一〇，17；图版二四，22）。

03T1-T2④:129，白云岩。长 3.4、宽 1.8、厚 0.4 厘米，重 2.5 克。修理刃缘分布于石片的两侧，用压制法由破裂面向背面正向加工成刃，主刃缘长 3.3 厘米，刃角 50°（图一一〇，15；图版八，29）。

03T1-T2④:136，燧石。长 4.4、宽 3.4、厚 1.3 厘米，重 19.5 克。刃缘采用压制法转向加工而成，修理刃缘分布于石块的大部分边缘，刃缘长 12.5 厘米，刃角 53°（图一一〇，16；图版八，30）。

3. 拇指盖状刮削器

11 件。器形多细小，主要选用小的台面剥片作为原材，原料采用玉髓岩性的数量明显多于其他岩性。加工部位一般在石片的远端进行修理，也有一定数量的拇指盖状刮削器不仅在远端进行修理，而且在石片的一侧或两侧同时进行修理。加工技术主要采用压制法，加工方式主要从破裂面向背面正向加工，个别的采用了从背面向破裂面反向加工。绝大部分标本修理精细，器形周正，而且常常带有经过使用留下的明显用痕。

04T5④:97，白云岩。长 1.9、宽 1.5、厚 0.4 厘米，重 1.8 克。小石片的远端及两侧压制修理出形状呈椭圆形的拇指盖状刮削器，端刃修理的尤为精细，成为典型的标本。刃缘由破裂面向背面正向加工，刃缘长 4.0 厘米，刃角 77°。边刃上保留有使用痕迹（图一一一，1；图版二四，12）。

04T5④:105，玉髓。长 1.4、宽 1.35、厚 0.55 厘米，重 1.0 克。小石片的远端压制修理出刃缘近于圆形的拇指盖状刮削器，刃缘由破裂面向背面正向加工，刃缘长 2.4 厘米，刃角 56°。边刃上保留有使用痕迹（图一一一，2；图版二四，13）。

03T1-T2④:159，玉髓。长 1.7、宽 1.2、厚 0.4 厘米，重 1.9 克。小石片的远端压制修理出刃缘呈圆形的拇指盖状刮削器，端刃修理的极为精细。刃缘由破裂面向背面正向加工，刃缘长 1.9 厘米，刃角 84°。身背面保留有部分自然面，边刃上保留有使用痕迹（图一一一，3；图版二四，14）。

03T1-T2④:160，玉髓。长 1.4、宽 1.5、厚 0.5 厘米，重 1.1 克。小石片的远端及两侧压制修理出端刃呈平直的拇指盖状刮削器，刃缘由破裂面向背面正向加工，刃缘长 4.2 厘米，刃角 76°。端刃上保留有明显的使用痕迹（图版二四，15）。

03T1-T2④:161，燧石。长 1.3、宽 1.2、厚 0.4 厘米，重 0.5 克。小石片的远端及一侧压制修理出端部呈弧刃的拇指盖状刮削器，刃缘由破裂面向背面正向加工，刃缘长 2.0 厘米，刃角 53°。边刃上保留有使用痕迹（图一一一，4；图版二四，16）。

03T1-T2④:162，燧石。长 1.5、宽 1.0、厚 0.3 厘米，重 0.6 克。小石片的远端压制出端部呈弧刃的拇指盖状刮削器，刃缘由破裂面向背面正向加工，刃缘长 1.1 厘米，刃角 53°（图一一一，5；图版二四，17）。

03T1-T2④:163，燧石。长 1.0、宽 1.2、厚 0.3 厘米，重 0.6 克。石片的周边压制修理出形状呈椭圆形的拇指盖状刮削器，刃缘由破裂面向背面正向加工，刃缘长 3.8 厘米，刃角 64°。边刃上保留有

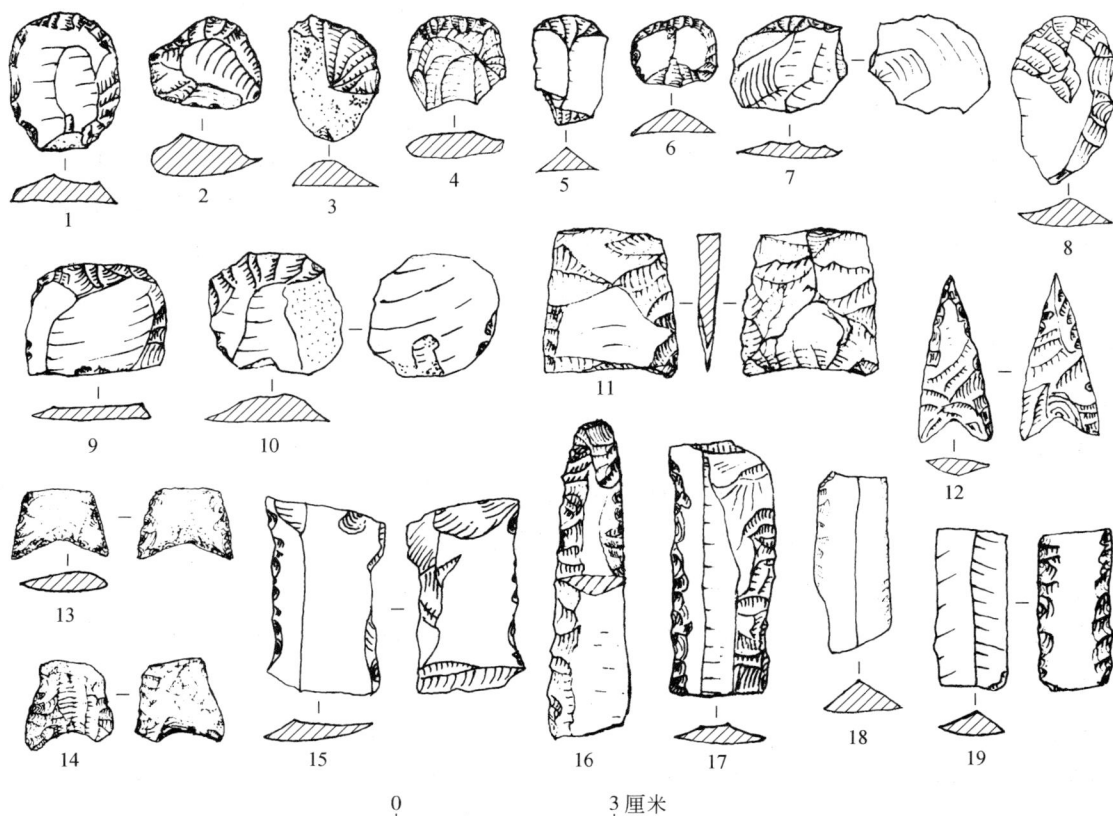

图一一一　第 4 层出土细石器

1～10. 拇指盖状刮削器（1.04T5④：97、2.04T5④：105、3.03T1-T2④：159、4.03T1-T2④：161、5.03T1-T2④：162、
6.03T1-T2④：163、7.04T4④：113、8.04T1-T2④：1497、9.04T4④：116、10.04T9④：25）　11. 平底三角形石镞
（03T1-T2④：126）　12～14. 凹底三角形石镞（04T1-T2④：1495、04T5④：439、04T1-T2④：151）　15. 单刃石刃
（04T4④：22）　16～19. 双刃石刃（16.03T1-T2④：143、17.03T1-T2④：181、18.04T4④：23、19.04T5④：438）

使用痕迹（图一一一，6；图版二四，18）。

　　04T1-T2④：1497，玉髓。长 2.3、宽 1.3、厚 0.4 厘米，重 1.3 克。小石片的远端压制修理出端部呈弧刃的拇指盖状刮削器，刃缘由破裂面向背面正向加工，刃缘长 2.2 厘米，刃角 64°。边刃上保留有使用痕迹（图一一一，8）。

　　04T4④：113，玉髓。长 1.3、宽 1.55、厚 0.2 厘米，重 0.5 克。小石片的远端压制修理出端部略圆的拇指盖状刮削器，刃缘由破裂面向背面正向加工，刃缘长 1.6 厘米，刃角 50°（图一一一，7；图版二四，19）。

　　04T4④：116，白云岩。残长 1.5、宽 1.85、厚 0.2 厘米，重 0.8 克。小石片的远端及一侧压制修理出端部略弧的拇指盖状刮削器，刃缘由破裂面向背面正向加工，刃缘长 2.7 厘米，刃角 50°。可能在使用过程中被折断（图一一一，9；图版二四，20）。

　　04T9④：25，蛋白石。长 1.9、宽 2.0、厚 0.6 厘米，重 2.0 克。小石片的远端及一侧压制修理出端部略弧的拇指盖状刮削器，刃缘由破裂面向背面正向加工，刃缘长 2.6 厘米，刃角 68°。刃缘保留有较明显的使用痕迹（图一一一，10；图版二四，21）。

4. 石镞

7件。细石器中加工技术最好的一类，主要选用石叶或石片作为原材料加工而成，加工技术主要采用的是压制法。该文化层有平底三角形石镞和凹底三角形石镞，以及残品，未发现柳叶形石镞。

（1）平底三角形石镞

1件。周身布满了两面压制修理形成的细长疤痕，体薄而细小呈平底三角形石镞。

03T1-T2④:126，燧石。尖部折断。残长2、宽1.85、厚0.3厘米，重1.6克。修理刃缘残长5.3厘米，刃部夹角51°（图一一一，11；彩版七，25）。

（2）凹底三角形石镞

3件。周身布满了两面压制修理形成的细长疤痕，体薄而细长呈凹底三角形，尾部中间用压制技术两面修出凹底，两侧自然生出带尖的两翼，一般修理得比较精致。

041-T2④:151，燧石。尖部和一翼折断。残长1.2、宽1.1、厚0.25厘米，重0.3克。修理刃缘残长3.7厘米，刃部夹角50°（图一一一，14；彩版七，26）。

04T1-T2④:1495，燧石。完整。长2.25、宽1、厚0.2厘米，重0.4克。修理刃缘长7.7厘米，尖部夹角52°。为一件修理细致并保存完好的难得标本（图一一一，12；彩版七，24）。

04T5④:439，白云岩。尖部折断。残长0.95、宽1.2、厚0.3厘米，重0.25克。修理刃缘残长3.1厘米，刃部夹角50°（图一一一，13；彩版七，27）。

（3）残石镞

3件。标本皆为修理加工好后使用或自然力形成残缺。大部分尖部残断，也有少部分尾部残缺的。

5. 石刃

19件。选用石叶采用压剥技术修理成器，多采用石叶的中间段，一侧或两侧从背面向破裂面或从破裂面向背面单面加工成刃，可进一步分为单刃、双刃和残品。

（1）单刃石刃

6件。多采用石叶的中间段，一侧从背面向破裂面或从破裂面向背面单面加工成刃，有的于石叶一侧未经修理直接使用形成。

04T4④:22，白云岩。长2.7、宽1.5、厚0.3厘米，重1.8克。从破裂面向背面单面一侧使用形成石刃，刃缘长2.1厘米，刃角55°（图一一一，15；彩版八，33）。

（2）双刃石刃

4件。多采用石叶的中间段，于其一侧从背面向破裂面或从破裂面向背面单面加工成刃，有的于石叶两侧未经修理直接使用形成。

03T1-T2④:143，白云岩。长4.4、宽1.2、厚0.3厘米，重2.1克。采用压制技术于石叶的两侧从背面向破裂面单面加工而成的石刃，刃缘长6.6厘米，刃角70°。一端修理得变窄变薄，其一侧用于作工，变窄变薄的一端可能便于镶嵌（图一一一，16；彩版八，37）。

03T1-T2④:181，白云岩。长3.5、宽1.4、厚0.3厘米，重3.0克。采用压制技术于石叶的两侧从破裂面向背面单面加工而成的石刃，刃缘长6.0厘米，刃角51°（图一一一，17；彩版八，36）。

04T4④:23，燧石。长2.4、宽0.9、厚0.4厘米，重1.0克。两侧从破裂面向背面单面使用形成的石刃，刃缘长 3.8 厘米，刃角 50°（图一一一，18；彩版八，34）。

　　04T5④:438，白云岩。长 2.2、宽 1.0、厚 0.4 厘米，重 0.9 克。采用压制技术于石叶的两侧从背面向破裂面单面加工而成的石刃，刃缘长 4.3 厘米，刃角 50°（图一一一，19；彩版八，35）。

　　（3）残石刃

　　9 件。这类标本多为横向断裂，由于它们薄而细长在使用过程中或受自然力影响形成残缺。

　　6. 石钻

　　17 件。采用石叶或石片加工而成，一般从以上材料的左右两侧向远端压剥修理出一个圆钝的小尖，加工方向主要是从背面向破裂面修理，也有从破裂面向背面修理者或两面压制成器者。从形态上来看，可以分为窄长形、宽短形和残品等。

　　（1）窄长形石钻

　　5 件，多选用石叶于其两侧从背面向破裂面或从破裂面向背面压制修理，于其一端修出一个尖，有的于其两侧错向压制修理。

　　04T5④:111，白云岩。尾部已残断。残长 1.4、宽 0.7、厚 0.2 厘米，重 0.2 克。石叶远端部分两侧从破裂面向背面修理而成的窄长形，加工刃缘长 1.6 厘米，远端形成一个小而突出的钝尖，尖部夹角 63°（图一一二，7；图版二五，25）。

　　03T1-T2④:142，白云岩。长 4.2、宽 1.1、厚 0.4 厘米，重 2.9 克。从石条两侧错向压制修理而成的窄长形，远端修出一个小尖，修理刃缘长 6.8 厘米，尖部夹角 70°（图一一二，4；图版二五，29）。

　　03T1-T2④:144，白云岩。长 3、宽 0.9、厚 0.3 厘米，重 0.8 克。石叶两侧从破裂面向背面压制修理而成的单肩窄长形，远端修出一个小尖，修理刃缘长 3.5 厘米，尖部夹角 73°（图一一二，2；图版二五，19）。

　　03T1-T2④:148，白云岩。尾部已残断。残长 2.5、宽 0.9、厚 0.3 厘米，重 0.8 克。石叶两侧错向压制修理而成的单肩窄长形，远端修出一个小尖，修理刃缘长 4.0 厘米，尖部夹角 89°（图一一二，3；图版二五，20）。

　　03T1-T2④:149，白云岩。尾部已残断。残长 1.6、宽 0.75、厚 0.2 厘米，重 0.3 克。石叶两侧从破裂面向背面压制修理而成的双肩窄长形石钻，远端修出一个小尖，修理刃缘长 1.2 厘米，尖部夹角 90°（图一一二，1；图版二五，24）。

　　04T5④:440，白云岩。尾部已残断。残长 1.8、宽 0.75、厚 0.25 厘米，重 0.3 克。石叶两侧从破裂面向背面压制修理而成的单肩窄长形，远端修出一个小尖，修理刃缘长 2.1 厘米，尖部夹角 87°（图一一二，6；图版二五，26）。

　　（2）宽短形石钻

　　1 件。选用石片加工而成，尺寸宽大于长，修理尖部较窄长形者为短。

　　04T5④:101，蛋白石。长 2.3、宽 1.35、厚 0.5 厘米，重 1.2 克。从石片破裂面向背面采用压制技术两侧进行修理，远端修出一个小尖，尖部细小突出，刃缘长 2.3 厘米，尖部夹角 65°。修理精致（图一一二，5；图版二五，21）。

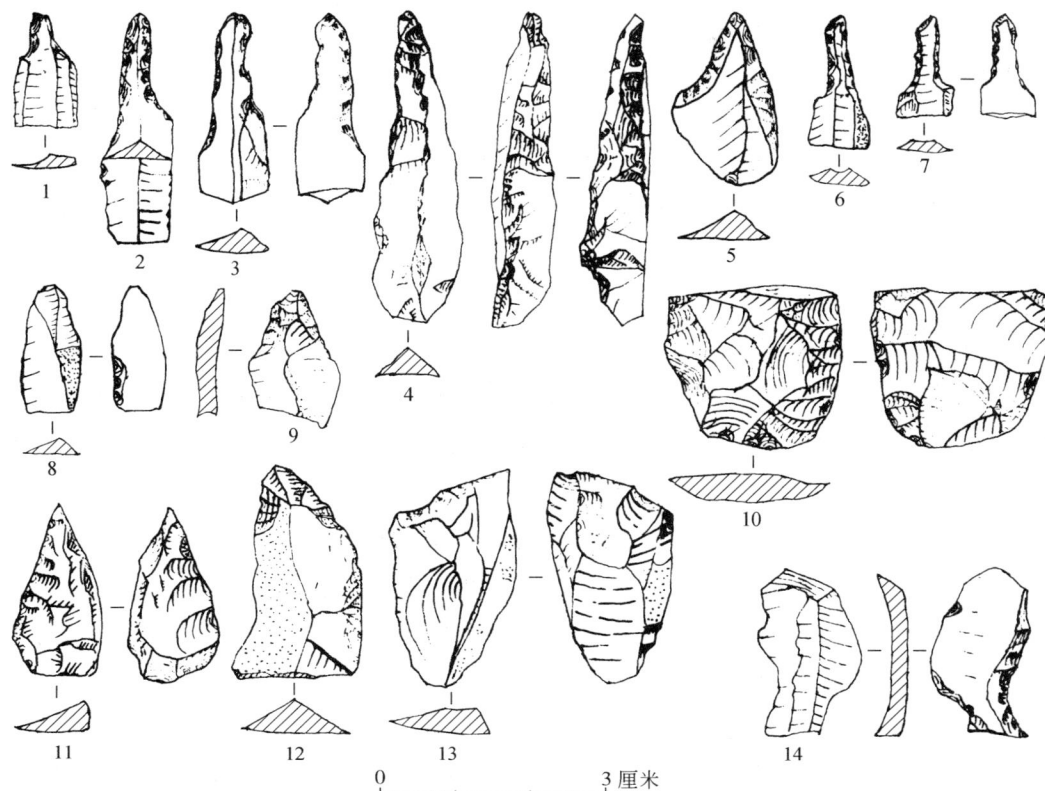

图一一二 第4层出土细石器

1~4. 窄长形石钻（1.03T1-T2④:149、2.03T1-T2④:144、3.03T1-T2④:148、4.03T1-T2④:142） 5. 宽短形石钻
（04T5④:101） 6、7. 窄长形石钻（04T5④:440、04T5④:111） 8. 小型残石器（04T5④:84） 9. 正尖型尖状器
（03T1-T2④:131） 10. 小型残石器（03T1-T2④:127） 11. 正尖型尖状器（04T5④:102） 12. 斜尖型尖状器（03T1-
T2④:130） 13. 雕刻器（04T9④:24） 14. 小型残石器（03T1-T2④:178）

（3）残石钻

11件。标本大部分尖部残断，可能主要是使用过程中被折断，也有自然力形成者。

7. 尖状器

3件。选用石叶或石以压制技术加工而成，尖部呈正尖型或斜尖型。

（1）正尖型

2件。修理尖部位于石片的远端，采用压制技术加工成正尖型。

04T5④:102，玉髓。长2.3、宽1.2、厚0.5厘米，重1.3克。修理尖部位于石片的远端，加工方向一侧是从背面向破裂反向加工，另一侧则从破裂面向背面正向压制加工成器，修理刃缘长2.9厘米，尖部夹角56°（图一一二，11；图版二五，22）。

03T1-T2④:131，玉髓。长1.8、宽1.2、厚0.4厘米，重0.8克。石片两侧从破裂面向背面正向压制修理，远端修出一个正尖，修理刃缘长2.2厘米，尖部夹角79°（图一一二，9；图版二五，23）。

（2）斜尖型

1件。于石片两侧从破裂面向背面正向压制修理，于其远端修出一个斜尖。

03T1-T2④:130，白云岩。长2.9、宽1.6、厚0.65厘米，重2.8克。修理刃缘长3.2厘米，尖部夹角 62°（图一一二，12；图版二五，27）。

8. 雕刻器

1 件。修理工作于石片一侧顺着石片长轴打击一下剥下一件小石片，出现一个小平面，然后于相对的一侧连续打击修出一斜边，修理较精致的斜边雕刻器。

04T9④:24，燧石。长 3.15、宽 1.6、厚 0.4 厘米，重 3.1 克。刃口宽 0.45 厘米，雕刻刃角 78°（图一一二，13；图版二五，28）。

9. 小型残石器

22 件。已不宜辨认出属于那种器类。

04T5④:84，玉髓。残长 1.7、宽 0.7、厚 0.3 厘米，重 0.4 克。修理刃部位于石叶的一侧，采用压制法修理，由背面向破裂面反向加工，修理刃缘残长 0.7 厘米，刃角 59°。可能是一件残断的石刃（图一一二，8）。

03T1-T2④:127，燧石。残长 2.2、宽 2.45、厚 0.4 厘米，重 3.7 克。残存部分两面皆进行了压制技术修理，刃缘锋利，修理刃缘残长 5.3 厘米，刃角 51°。可能是一件残断的石镞（图一一二，10）。

03T1-T2④:178，白云岩。残长 2.2、宽 1.3、厚 0.35 厘米，重 1.2 克。修理刃部位于石叶的两侧，采用压制法，从背面向破裂面反向加工，修理刃缘残长 1.8 厘米，刃角 80°。可能是一件残断的石钻（图一一二，14）。

04T1-T2④:1496，玉髓。残长 1.8、宽 0.8、厚 0.25 厘米，重 0.4 克。修理刃部位于石叶的两侧，采用压制法从破裂面向背面正向加工，修理刃缘残长 3.1 厘米，刃角 60°。可能是一件残断的石刃。

（六）大型石器

21 件。选用砾石、石片或石块加工成的砍砸器，以及加工工具石锤、砺石和石砧等。

1. 石锤

2 件。是用于石核上剥片并加工石器的专门工具。选用长棱状或椭圆形砾石直接使用而成。它的特征是在砾石的一端或两端保留有许多锤击或砸击而形成的小片疤或坑疤，有的周身还散布着一些零星的小坑疤或小斑点。

2. 石砧

4 件。残块，可能使用过程中受力而破碎。主要选用石英砂岩天然石块，在其边缘稍加修理而成。有的一面保留有作为石砧使用后形成的许多小坑疤，有的两面皆保留有作为石砧使用后产生的许多小坑疤。

3. 砺石

12 件。残块。主要选用石英砂岩天然石块，于其边缘稍加修理而成，或者于其两面进行磨制修理。有的一面保留有作为砺石磨制他物所产生的明显条痕，有的两面皆保留有作为砺石磨制他物所产生的明显条痕。

04T1-T2④:24，石英砂岩。残长 4.5、残宽 4.4、厚 2.25 厘米，重 51 克。一面保留有磨制他物所形成的明显凹痕，宽 0.7、深 0.6 厘

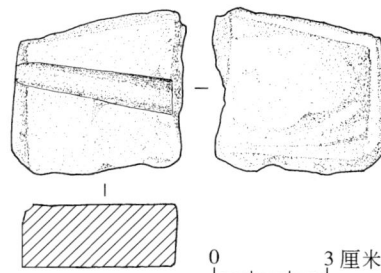

图一一三　第 4 层出土砺石
（04T1-T2④:24）

米；另一面三个边缘皆保留有较明显的凹痕（图一一三）。

4. 砍砸器

3件。选用石片或石块作为原材，修理刃缘分布于石片或石块的周边，用压制技术加工成刃，器形较大而厚，适宜砍砸。

二　其他制品

1. 陶片

T3～T6 第 4 层的陶器虽仍无可复原者，但从一些较大的陶片可看出其所属陶器的大致形态。代表性特征为胎质多是颜色纯正的泥质灰陶，采用轮旋制陶法直接拉坯成型，陶器烧成火候很高，质地坚硬，除素面者外，流行以篦齿状器具刻划和戳印的纹饰。兹以下述 3 件陶片为例作一介绍。

04T5-T6④:7，壶罐类口部残片。泥质灰陶，陶色纯正，表里一致。口部内、外表面皆显出轮旋痕迹。口沿外卷，圆唇。有一段较高的领部，斜直而稍有外敞。肩部略弧。器表在接近领、肩接合部之处有一周篦齿戳印纹（局部在距此排略微靠上的位置还呈现着一小段横向的篦齿戳印纹），这些戳印纹痕均呈尖端向下的锐三角形。残片口径 25、高 9.9、厚 0.5～0.6 厘米（图一一四，1）。

04T5-T6④:8，腹部残片。泥质灰陶，内壁有一层斑驳脱落的浅灰色表皮。内、外表面皆留有明显的轮旋痕迹。弧壁。器表残存上、下两组篦齿划纹，两组纹饰各分上、下两排，但上排和下排每一道纹痕的纵向轨迹都可对应，亦即每组纹饰都是先以篦齿状器具划出上排纹痕，于其终端稍事停顿，而将施纹具抬离器表，再向下划出下排纹痕。从残存的纹痕观察，上面一组纹饰大约是以有着二三个篦齿的器具逐一划出的。这些篦齿划纹的纹痕长短不一，齿痕间距 0.45～0.75 厘米。残片高 12.1、宽 11.5、厚 0.5～0.6 厘米（图一一四，2；图版二六，5）。

04T5-T6④:9，腹部残片。泥质灰陶，内壁有一层斑驳脱落的浅灰色表皮。外表留有轮旋痕迹。器表残存两组篦齿划纹，上面一组纹饰残损较甚，下面一组纹饰分上、下两排，两排的每一道纹痕之纵向轨迹均可对应，其饰纹技法当同于 04T5-T6④:8。从残存的纹痕观察，大约是以有着四个篦齿的器具逐一划出的。划痕长短不一，齿痕间距 0.4～0.75 厘米。残片高 8.1、宽 10.5、厚 0.5～0.6 厘米（图一一四，3；图版二六，6）。

2. 骨雕

1件。采用动物肢骨雕刻而成，器体上残存有两

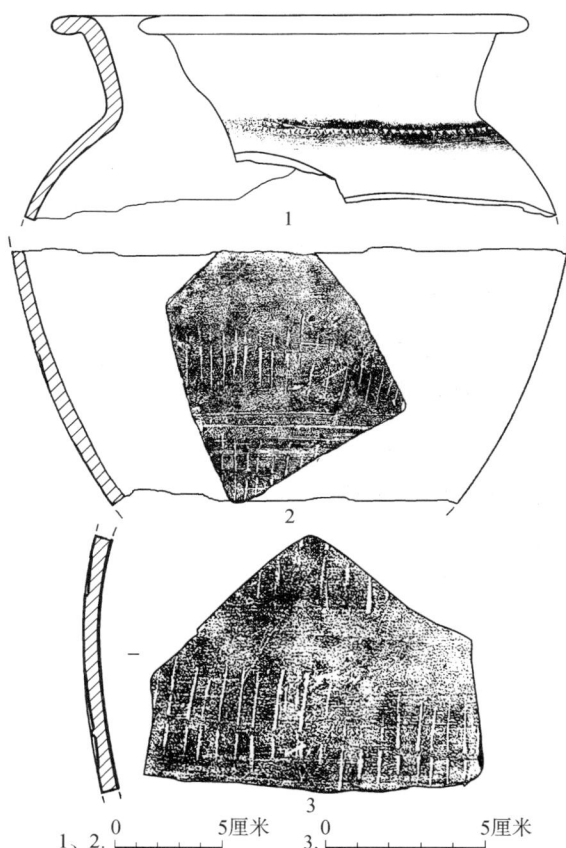

图一一四　第 4 层出土陶片

1. 壶罐类口部残片（04T5-T6④:7）　2、3. 腹部
残片（04T5-T6④:8、04T5-T6④:9）

图一一六　第 4 层出土小砾石

1.04T1-T2④:1498　2.04T7④:170

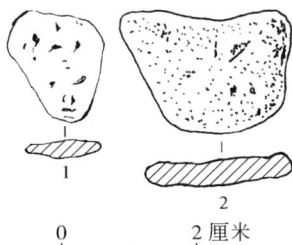

0　　　　1 厘米

图一一五　第 4 层出土骨雕（04T1-T2④:1503）

组刻纹，每组刻纹由环肢骨的两道横纹其间夹有竖纹和斜纹构成，两组刻纹已风化磨蚀的不太清晰。

04T1-T2④:1503，出土时已残，分析原来形状应为长体圆形。残长 5、残宽 1.2～0.7、骨壁厚 0.35 厘米（图一一五）。

3. 带切痕骨片

1 件。采用动物肋骨劈开并切割形成，由于长期的磨蚀和风化其上虽保留有些似人为的刻划痕迹，但已模糊不甚清晰。

04T1-T2④:1504，长条形。一端已残断。残长 4.8、宽 1.8～1.45、厚 0.55～0.45 厘米。

4. 小砾石

2 件。没有明显的雕刻痕迹，但明显为人长期携带之物，保留有油渍。参考民族学材料有类似发现，被称之为"灵魂石"或"圣石"。

04T1-T2④:1498，白云岩。长 1.5、宽 1.45、厚 0.5 厘米，重 1.2 克。上宽下窄，近梯形，两面皆有自然形成的一些小孔，一面下部的一些小孔，恰似人面部的两个眼睛、两个鼻孔和一个嘴巴。并且由于长期携带，表面十分光滑（图一一六，1）。

04T7④:170，白云岩。长轴 1.8、短轴 2.5、厚 0.7 厘米，重 4.5 克。上宽下窄，近梯形，两面虽然没有明显的雕刻痕迹，但由于长期携带，表面不仅十分光滑，而且还带有一些油性光泽（图一一六，2）。

第五章　遗迹和遗物的分析与研究

第一节　遗迹的分析与研究

哈克遗址发掘清理出土的文化遗迹，大部分为该遗址以往所未曾发现的。这些遗迹的发现为我们分析和研究北方草原早期人类的生产、生活和埋葬习俗等提供了重要资料。

一　房　　址

第 7B 层之下发现的房屋遗迹 04、08T5-T6F1，平面呈不甚规则的椭圆形，面积 56.08 平方米。如此大面积的房址可知当时这里的居民建筑技术已经达到了一定水平。同时，从发掘所得资料来看，这处房址不应该仅仅作为当时人类居住的场所。

发掘清理出房屋周边共 13 个柱洞，其中两个大柱洞（D1、D2）分布于房屋的东部边缘，推测它们可能是门柱。由此可知房屋的门是面向朝东，这有利于吸收早上的阳光。柱洞 3（D3），分布在房屋遗迹外部，东南角靠近柱洞 D2。根据其他柱洞与两个门柱的分布情况可知房屋的形状近于椭圆形。清理这些柱洞得知皆为垂直向下延伸，由此判断柱子皆为直立着的。因此，推测房屋的建筑形制大体上应该近似于今天的蒙古包形式。因为没有发现其他的建筑材料，推测屋壁和屋顶可能采用了兽皮、树枝和茅草等建筑构件。

房址西部，有高出东部 12～22 厘米的土台（TT1）。这处平台占据了房屋的整个西部，比较坚实，推测它可能是当时人类的土炕。

房址的中心有沙堆遗迹（SHD1）一处，应是当时人类有意堆积而成，从清理过程来看，沙堆非常纯净始终未发现任何遗物。相同的遗迹现象在俄国远东新石器时代孔东遗址中也有发现，遗址位于杰维亚特卡河既黑龙江下游北岸的一条支流岸边的台地上。发掘清理的第 13 号房址中心部位发现突起的纯净的土和沙子。研究者认为：可能是挖基坑时当时人类特意留下来的[1]。因此，哈克遗址的土炕和沙堆的形成，可能与其类似。

2008 年秋，结束房屋遗迹的整个清理工作后，在位于房址偏西南部布长 180、宽 50 厘米解剖沟（PG1）一条，从房址的地面往下挖 16 厘米，皆是成层的蚌壳，分析建筑房屋时，可能采用大量蚌壳垫为房屋的地基，有利于隔潮，并使房屋经久耐用。

通过清理房屋内的遗迹和遗物现象，进一步得知它的内部情况，并确认这里不仅仅是人类居住的

---

[1]　冯恩学：《俄国东西伯利亚与远东考古》第 207 页，吉林大学出版社，2002 年。

场所，还有更多其他的用途。

位于两个门柱近中间处有保存火种遗留下来的灰堆遗迹（HD1）。它的存在还可以取暖和驱赶野兽。靠近房屋内的南部，发现熏黑的陶片 T5⑦F1：1，其下保存了许许多多碎鱼骨。

从房址靠近南部出土的骨料堆 T5⑦F1：11-1～9，牛头 T5⑦F1：15 和骨角器 T5⑦F1：3、6、8～10、12、13 等，可以说明房屋也是制作骨器的作坊。

此外，大量的细石器制品在房屋地面清理出土，不仅有石叶、石片和细石器，还有加工细石器的工具砺石 T5-T6⑦F1：81 和石砧 T5-T6⑦F1：106 等（图一三），因此，这里同时应该是一处制作细石器的作坊。

从房址规模及出土的一些特殊用途的穿孔骨板 T5⑦F1：10 和 T5-T6⑦F1：172 等遗物来看，这处房屋可能还是当时氏族或部落首领召集成员集体活动的场所。

二　灰　坑

遗址中发现的灰坑较多，形状呈圆形、椭圆形或不规则形。从灰坑中清理出土的文化遗物不多。除 04T6H7 发现于第 6 层之下，08T5-T6H8 发现于第 4 层之下外。其余 H1～H6 和 H9～H14 皆发现于第 7 层之下。其中灰坑 04T5H6、H9～H14 皆分布于大房子的内外（图一一），除了 04T5-T6H9 和 04T5-T6H12 发现于第 7A 层之下外，其他灰坑皆发现于第 7B 层之下，与房址同属一个时期。特别是位于房址西北角的 08T5-T6H14 面积大堆积厚，清理这处灰坑时发现大量成层的鱼骨，以及其他遗物。

三　墓　葬

遗址发掘清理出 5 座墓葬，墓葬皆为平地掩埋，没有墓穴。墓葬保存状况一般，03、07T1-T2M1 为单人葬，04、07T5-T6M2 为多人合葬墓，04、07T5-T6XM3 为二人合葬墓，04T9M4 仅埋葬人的一条股骨，旁边有为其祭祀的兽骨和小砾石等祭品。04T4M5 的情况类似 04T9M4。墓葬中葬有头骨的头向大部分向东，有的朝向东北，人骨皆不完整，由此分析皆为二次葬。墓葬中基本上没有随葬品，只是在清理 04、07T5-T6XM3 时，从 1 号墓主人头骨下发现一件玉饰，人骨周围发现少量的陶片等，应该是随葬之物。哈克遗址墓葬的特征与辉河水坝遗址，以及昂昂溪遗址发现的墓葬有许多相似之处。

2004 年在辉河水坝遗址新石器时代文化层清理出一座墓葬（M1）。清理该墓发现，头向朝西，部分肢骨置于头骨的东部。没有明显的墓穴，仅平地掩埋，直接埋于生土层之上。埋葬的人骨架零散，只有头骨和部分肢骨残段，不见椎骨、髋骨、指骨和趾骨等。由此推断，墓葬为二次葬。随葬品很少，在头骨的右侧有一件残存下部的平底陶器，此外，在头部还发现了一件采用白云岩压制而成的柳叶形石镞[1]。

1930 年，著名考古学家梁思永先生在昂昂溪遗址首次发现并发掘了第一座墓葬[2]。该墓葬和辉河

〔1〕 中国社会科学院考古研究所细石器课题组、内蒙古自治区文物考古研究所、内蒙古自治区呼伦贝尔市民族博物馆：《内蒙古呼伦贝尔辉河水坝细石器遗址发掘报告》，《考古学报》2008 年第 1 期。
〔2〕 梁思永：《昂昂溪史前遗址》，《梁思永考古论文集》，科学出版社，1959 年。

水坝遗址的墓葬从葬俗、葬式等方面与哈克遗址发现的墓葬相一致。

首先，以上三处遗址的墓葬皆没有墓穴和墓圈的痕迹，皆为平地掩埋。其次，昂昂溪遗址的墓葬头骨向北，骨骼的排列已错乱；辉河水坝遗址的墓葬虽然头骨向西，但埋葬的人骨零散，只有头骨和部分肢骨残段；哈克遗址的墓葬人骨虽然头骨向东或东北，但骨骼的排列也是错乱的。因此推测三处遗址的墓葬可能皆为二次葬。

在细石器传统文化中，昂昂溪遗址是我国东北地区发现较早的一处新石器时代遗址。所处的地理位置与哈克和辉河水坝遗址十分接近。从墓葬特征上可以看到它们之间在文化上可能会存在某些联系。从时代上看，昂昂溪遗址没有哈克和辉河水坝遗址那么早，仅相当于哈克和辉河水坝遗址新石器时代地层的上部。昂昂溪的细石器传统文化是否由呼伦贝尔的细石器传统文化发展而来，还是由北向南由西向东多种文化的相互融合而成，这需要今后更多材料的深入研究来加以证实。无论如何它们之间存在着一定的联系是可以肯定的。

第二节　细石器工艺特征、分类及其工艺流程分析

一　细石器定义

关于细石器的定义，在考古学上已经有了较为明确的含义，指的是一种主要以间接打击或压制方法所生产的细石核、细石叶及其加工成的小型而精致的各类细石器工具[1]。著名考古学家安志敏曾解释为，"细石器是一种采用特殊的工艺技术而生产的小型细石核、细石叶和细石叶加工所成的石器，它们是作为装备骨、木等复合工具的石刃而专门制作的"[2]。著名考古学家贾兰坡也认为，"细石器是随着复合工具的发展而发展起来的"，"石器多很细小，主要是用细小的石叶加工成的，目的又多是为了镶嵌，即把细石器镶嵌在骨、角或木柄上作为生产工具或武器"[3]。

对于细石器概念中的如"细石器制品组合"、"细石器"之间的差异应该首先搞清楚，严格地讲"细石器"应是主要采用间接打制或压制方法所产生的细石叶等加工所形成的小型而精细的石器工具；"细石器制品组合"应该包括采用特殊的工艺技术而生产的细石核、石叶（包括细石叶）和用以上材料加工而成的细石器等，以及包括预制石核和预制石核所产生的各类副产品。为了解读和复原细石器工艺技术的全过程，分析和研究细石器制品组合是十分重要的。

二　细石器工艺特征

哈克遗址的细石器是北方草原地区细石器传统文化的典型代表，大量利用细石叶制成的精美石镞、石钻、石刃和端刮器等，显示出细石器工艺发展的成熟阶段，这一时期，细石器工艺技术已经达到了鼎盛。文化层中还发现一些较大型的打制石器，以及预制石核剥离石叶前产生的辅料，这些辅料是研

---

〔1〕 刘景芝、王太明、贾文亮、陈哲英、卫奇：《山西榆社细石器》，《人类学学报》第 14 卷第 3 期，1995 年。

〔2〕 安志敏：《海拉尔的中石器遗存——兼论细石器的起源和传统》，《考古学报》1978 年第 3 期。

〔3〕 贾兰坡：《中国细石器的特征和它的传统，起源与分布》，《古脊椎动物与古人类》1978 年第 2 期。

表二　　　　　　　　　　　　　哈克遗址石制品岩性与利用率统计表

类型	层位	白云岩 件数	%	燧石 件数	%	石英砂岩 件数	%	玉髓 件数	%	蛋白石 件数	%	黑曜石 件数	%	石英岩 件数	%	页岩 件数	%	水晶 件数	%	合计
石核	4	1	50	1	50															2
	5	3	38	3	38			1	13			1	13							8
	6	4	67	1	17			1	17											6
	7	10	59	3	18			4	24											17
石片	4	145	78	24	12.9	3	1.6	9	4.8	4	2.2	1	0.5							186
	5	86	65.6	26	19.8	2	1.5	14	10.7			1	0.8			2	1.5			131
	6	101	70.6	30	21	3	2.1	9	6.2											143
	7	232	65.5	71	20.1	16	4.5	24	6.7	6	1.7	1	0.3			3	0.8	1	0.3	354
石叶与石条	4	134	89.3	12	8					2	1.3	2	1.3							150
	5	165	79.7	26	12.6			12	5.8	1	0.5	2	1	1	0.5					207
	6	166	81	25	12.2			12	5.8	1	0.5									205
	7	343	84.3	45	11.1			9	2.2	3	0.7	6	1.5							407
细石器与大石器	4	76	52.1	23	15.8			31	21.2	6	4.1	1	0.7	2	1.4	1	0.7			146
	5	86	53.1	34	21	7	4.3	27	16.7	6	3.7	1	0.6	1	0.6					162
	6	75	51.7	18	12.4	16	11	25	17.2	8	5.5	1	0.7			1	0.7	1	0.7	145
	7	97	41.6	31	13.3	64	27.5	24	10.3	6	2.6					10	4.3	1	0.4	233
总计		1724	68.9	373	14.9	119	4.7	202	8	43	1.7	17	0.7	4	0.1	17	0.7	3	0.1	2502

究细石器工艺流程的极好资料。

哈克遗址石制品原材料主要为砾石，大部分岩性在遗址附近河流岸边砂砾石层中都可以找到。观察的石制品标本 2502 件，原料共分为 9 种，其中白云岩占 68.9％，燧石占 14.9％，石英砂岩占 4.7％，玉髓占 8.0％，其他原料如蛋白石、黑曜石、石英岩、页岩和水晶等所占比例很小（表二）。

各种类型石制品在第 4～6 和 7 层中岩性数量各自比例不尽相同。从石器不同层位的岩性比较分析中可以看到，第 4～6 层的石器岩性中优质的石材如玉髓和燧石比第 7 层有所增加。

以下对遗址不同层位出土的石制品类型进行一些初步分析。

哈克遗址各文化层中观察的石制品共计 2502 件（表三），经统计，第 7 层观察的石制品标本 1011 件，其中石核 17 件，占该层石制品总数的 1.7％，石片 354 件，占该层石制品总数的 35.1％，石条 15 件，占该层石制品总数的 1.4％，石叶 392 件，占该层石制品总数的 38.8％，石器 233 件，其中细石器 151 件，占该层石制品总数的 14.9％，较大型石器 82 件，占该层石制品总数的 8.1％。

第 6 层观察的石制品标本 499 件，其中石核 6 件，占该层石制品总数的 1.2％，石片 143 件，占该层石制品总数的 28.7％，石条 2 件，占该层石制品总数的 0.4％，石叶 203 件，占该层石制品总数的 40.7％，石器 145 件，其中细石器 98 件，占该层石制品总数的 19.6％，较大型石器 47 件，占该层石制品总数的 9.4％。

第 5 层观察的石制品标本 508 件，其中石核 8 件，占该层石制品总数的 1.5％，石片 131 件，占该

表三　　　　　　　　　　　　　　　　哈克遗址石制品分类统计

类型	层位／数量	第4层 件数	第4层 %	第5层 件数	第5层 %	第6层 件数	第6层 %	第7层 件数	第7层 %	合计
石核	合计	2	0.4	8	1.5	6	1.2	17	1.7	33
	预制石核	1		2		2		7		12
	细石核	1		6		4		10		21
石片	合计	186	38.4	131	25.8	143	28.7	354	35.1	814
	其他剥片	12		20				121		163
	侧面剥片	120		64				106		353
	台面剥片	54		47				127		298
	初期台面剥片	44		38				120		261
	中期台面剥片	10		9				7		37
石条	合计	1	0.2	2	0.4	2	0.4	15	1.4	20
石叶		149	30.8	205	40.4	203	40.7	392	38.8	949
	完整石叶	10		15		20		28		73
	不完整石叶	139		190		183		364		876
	近端段	42		62		49		127		280
	中间段	45		81		77		144		347
	远端段	52		47		57		93		249
细石器	合计	125	25.8	133	26.1	98	19.6	151	14.9	507
	端刮器	37		40		24		46		147
	圆端刃	17		24		14		25		80
	平端刃	20		16		10		21		67
	边刮器	8		8		5		5		26
	拇指盖状刮削器	11		12		2		4		29
	石镞	7		21		11		16		55
	柳叶形			9				5		14
	凹底三角形	3		2		1				6
	平底或弧底三角形	1		1		3		3		8
	残	3		9		7		7		26
	半成品							1		1
	石刃	19		15		22		28		84
	单刃	6		9		16		13		44
	双刃	4		3		3		9		19
	复刃			1		1				2
	残	9		2		2		6		19
	石钻	17		18		18		31		84
	窄长形	5		8		8		12		33
	宽短形	1		2		1		3		7
	残	11		8		9		16		44
	尖状器	3		2		2		2		9
	正尖型	2		2		2		2		8
	侧尖型	1								1

类 型	层 位　数 量	第 4 层 件数	%	第 5 层 件数	%	第 6 层 件数	%	第 7 层 件数	%	合计
	雕刻器	1		2				3		6
	斜边形	1								1
	屋脊形			2				3		5
	凹缺器			2		1		2		5
	残石器	22		13		13		14		62
大石器	合计	21	4.3	29	5.7	47	9.4	82	8.1	179
	砍砸器	3						1		4
	刮削器							3		3
	锛形器							1		1
	多用器							2		2
	磨盘							2		2
	磨棒							1		1
	石刀							1		1
	石锤	2		3		12		24		41
	砺石	12		22		26		18		78
	石砧	4		4		8		25		41
	石垫							3		3
	穿孔石器							1		1
	网坠					1				1
总计		484		508		499		1011		2502

层石制品总数的 25.8%，石条 2 件，占该层石制品总数的 0.4%，石叶 205 件，占该层石制品总数的 40.4%，石器 162 件，其中细石器 133 件，占该层石制品总数的 26.1%，较大型石器 29 件，占该层石制品总数的 5.7%。

　　第 4 层观察的石制品标本 484 件，其中石核 2 件，占该层石制品总数的 0.4%，石片 186 件，占该层石制品总数的 38.4%，石条 1 件，占该层石制品总数的 0.2%，石叶 149 件，占该层石制品总数的 30.8%，石器 145 件，其中细石器 125 件，占该层石制品总数的 25.8%，较大型石器 21 件，占该层石制品总数的 4.3%。

　　从以下石制品分类表中可以看到，出土石片的比例第 7 层高于第 6 和 5 层，到了第 4 层又有一个较高的比例。石叶的比例，第 6 和 5 层却高于第 7 层，而第 4 层又有一个明显较低的比例。细石器的比例第 6、5 和 4 层明显高于第 7 层。

　　遗址出土的细石器中端刮器数量最多，是细石器工业中的典型器物。石刃和石钻的数量居于第二位，其中周边及两面皆进行修理的复刃石刃，技术最佳，在第 7 层和 4 层中没有发现，仅在第 6 和 5 层中发现。细石器工业中的代表性器物，应该是狩猎工具——石镞，这类工具在遗址中也占有较大的比例。遗址第 7 层中的石镞以柳叶形为主，同时存在平底三角形石镞，但不见凹底三角形石镞。凹底三角形石镞是细石器中技术含量最高的工具，可能到了新石器时代晚期才有发现，如哈克遗址第三地点墓葬[1]和东乌珠尔墓葬[2]等发现的这类工具。在遗址第一地点发掘出土的凹底三角形石镞,仅出现在第6、5、4层中,由此可知,细石器加工技术自新石器时代之后在这一地区还有一段兴盛时期。

哈克遗址细石器工艺特征,细石器岩性主要是白云岩、燧石、玉髓、石英岩、石英砂岩、黑曜石和蛋白石等。在晚期地层中优质岩性如玉髓和燧石有所增加。石制品类型有预制石核、细石核、石片、石叶和各类细石器。从各层石片、石叶和各类细石器的比例来看,似乎有一个逐步兴盛而又逐渐衰落的过程。细石器类型有石镞、石刃、石钻、雕刻器和端刮器等,其中三棱形石钻和小雕刻器最具特色,它们可能是随着骨器和装饰品的盛行而发展起来的。大量利用细石叶制成的精美石镞、石钻和石刃等,显示出哈克遗址的细石器处于细石器工艺发展的成熟阶段。虽然哈克遗址存在不同时期的细石器遗存,但是该遗址细石器工艺制作基本技术上延续不变。预制石核工序阶段,主要采用直接打击法,包括硬锤和软锤两种;剥离石叶工序阶段,主要采用间接打击技术,偶用砸击技术和压制技术;加工各类细石器工序阶段,主要采用的是压制技术,加工方式从背面向破裂面反向加工者多于正向加工者,两面加工者也很常见。哈克遗址与辉河水坝遗址在细石器工艺特征上,无论是在细石器岩性和类型,还是剥制石片、石叶和加工细石器工具技术等方面都十分相近。两处遗址细石器工艺中的差别,哈克遗址采用玉髓原料要多于辉河水坝遗址[3],前者发现的凹底形石镞制作更为精致,数量上也多于后者。

三 细石器制品类型

细石器研究通常从类型学入手,在总结前人研究的基础上,笔者结合哈克遗址细石器材料及其特征,对细石器进行了初步的类型学分析。

以哈克遗址出土的大量细石器为素材,将细石器制品组合分为:石核(包括预制石核和细石核)、石片、石条、石叶(包括细石叶)和细石器五大类。

1. 石核类型

本文按工序划分类型,石核可分为预制石核和剥离石叶后形成的细石核两类。依照预制石核的形态又可分为舌形或窄楔形和宽楔形,以及不规则形等;依据细石核的形态又可分为锥状或铅笔头状、宽楔形、窄楔形、柱状和不规则形等。

技术分析,哈克的预制石核和成型细石核,采用了锤击技术、间接技术和砸击技术。锤击技术可进一步分为硬锤即石锤直接打击技术和软锤即骨、角、木槌直接打击技术。通常在预制石核阶段主要采用的是锤击技术;在剥制石叶阶段主要采用的是间接技术,同时也存在有压制技术和个别的砸击技术。砸击技术多施于细小石核,如小型燧石和小型黑曜石石料上。

台面分析,预制石核其中重要的一步是预制台面,石核台面可分为自然台面、打制台面、自然兼

[1] 中国社会科学院考古研究所内蒙古工作队、内蒙古自治区文物考古研究所、呼伦贝尔盟民族博物馆:《内蒙古海拉尔市团结遗址的调查》,《考古》2001年第5期。

[2] 王成:《呼伦贝尔东乌珠尔细石器墓清理简报》,《辽海文物学刊》1988年第1期。

[3] 中国社会科学院考古研究所细石器课题组、内蒙古自治区文物考古研究所、内蒙古自治区呼伦贝尔市民族博物馆:《内蒙古呼伦贝尔辉河水坝细石器遗址发掘报告》,《考古学报》2008年第1期。

打制台面和修理台面等，一般成型的细石核台面皆经过细致的修理。台面形状主要包括三角形、四边形、多边形、椭圆形、圆形和不规则形等。

侧面观察，主要观察石核侧面有无自然面并确定自然面与片疤面的比例；确定成型细石核石叶疤数量，以及打击泡阴痕类型等。确定石核侧面自然面和片疤面的比例，可以了解石核预制情况和细石核剥离石叶的程度。一般情况下预制石核侧面保留有一些自然面，生产了石叶的细石核基本上不保留有自然面或带有较小比例的自然面。其量化后可以有以下 5 个等级：1 级无自然面，2 级小于 25% 的自然面，3 级 25%—50% 的自然面，4 级 51%—75% 的自然面，5 级 76%—99% 的自然面。石叶疤数量，一般情况下典型的锥状或铅笔头状细石核石叶疤数量多于楔形和不规则形细石核。石核侧面打击泡阴痕类型可以分为 1、深凹 2、浅平 3、不确定等。

石核测量，主要包括其高、宽、厚和重，以及台面和侧面的一些测量等。高度：台面缘最高点至远端点之间的垂直距离；宽度：与高度相垂直的标本两端最大距离；厚度：与高和宽相交平面垂直的标本两端最大距离；台面角：台面与片疤面之间的夹角；台面长轴：台面两侧最大距离；台面短轴：与长轴相交 90 度台面两侧的距离；石叶疤面积占石核侧面积的比例有以下 5 个等级：1 级占 100%，2 级占 99%~76%，3 级占 75%~51%，4 级占 50%~25%，5 级小于 25%。石核的尺寸以厘米计算，重量以克计算。

2. 石片类型

哈克遗址细石器制品中数量较多的一类，包括预制石核剥下来的石片以及修理石器打下来的碎片等。这些材料是探讨细石器制作工序的基础。

从动态类型学分析，哈克遗址的石片大致可分为预制石核侧面剥片和台面剥片，以及不确定部位剥片三个类型。预制石核侧面剥片是剥离石叶前修理石核侧面的产品，预制石核台面剥片是修理石核台面的产品。按照其制作工序进程，预制石核台面剥片又分为初期台面剥片和中期台面剥片。石核台面初期剥片是生产石叶前调整石核台面的产物，它的背面常常有部分或全部的自然面，有的经过打制或修理，剥片一般较厚，从打击泡向边缘逐渐变薄；而石核中期台面剥片是生产石叶过程中，重新调整细石核台面，进行再次修理打下的台面剥片。这种台面剥片其背面无自然面，保留有打制和修理的片疤痕，此外，一个重要的特征是其边缘较厚，侧面保留有从石核上剥离石叶的条痕。这种中期台面剥片在海拉尔松山细石器遗址[1]西藏贡嘎县昌果沟新石器时代遗址中都有发现[2]。

对于石片和石叶的区别，学术界通常以长:宽<2:1 的划为石片；以长:宽≥2:1 的划为石叶，此外，石叶还应该是两侧平行或大致平行[3]。

3. 石条类型

石核在剥离石叶之前所产生的一个特殊类型，用硬锤或软锤直接打击调整石核台面和侧面之后，再用交互打击或一侧打击在石核侧面修出一条纵脊，顺着这条纵脊剥下第一件产品即是石条，它的产

〔1〕 安志敏：《海拉尔的中石器遗存——兼论细石器的起源和传统》，《考古学报》1978 年第 3 期。

〔2〕 中国社会科学院考古研究所西藏工作队、西藏自治区文物管理委员会：《西藏贡嘎县昌果沟新石器时代遗址》，《考古》1999 年第 4 期。

〔3〕 J. Bordaz,1970,*Tools of the Old and New Stone Age*，Garden City：The Natwral History Press.

生为下一步剥离石叶准备了条件。以上这种石条它的背面形态很像是鸡冠状，这种类型的石叶在山西下川[1]和榆社[2]旧石器时代晚期细石器遗址中都有发现。它的存在说明，这种工艺技术在不同地区和不同时期有着一定的传承关系。

4. 石叶类型

石叶实际上是一些特定类型的长石片，根据哈克遗址中发现的石叶标本形态，可以将其分为完整者和不完整者两类，其中不完整者又可进一步细分为近端段、中间段和远端段三小类。

技术分析，石片、石条和石叶采用的技术可与石核技术分类相对应，主要包括锤击技术、间接技术、压制技术和砸击技术。通常在预制石核阶段生产的石片主要采用直接锤击技术，根据剥片的特征，采用的技术即有硬锤打击即石锤直接打击法，又有软锤打击即骨、角或木槌直接打击法。石条和石叶的生产主要采用了间接技术，同时也出现有压制技术和少量的砸击技术。

锤击技术包括硬锤和软锤两种方法，根据石叶打制实验的结果可知，采用硬锤和软锤生产的石叶形状和横断面是相同的，台面面积一般也较大。它们之间的区别是，硬锤即石锤生产出来的石叶尺寸较之软锤者无论在长度、宽度和厚度上都要大。打击点和半锥体特征上也有差别，石锤质地坚硬，体积小重量大，在打击石核时着力点集中，施力大而快，因此生产的石叶打击点明显，半锥体突出并常崩落有小片疤，辐射线清晰，背面台面边缘常有破碎；软锤质地软且轻，在打击石核时一般着力点面积大，施力小而慢，因此生产的石叶打击点不明显，半锥体宽平而散漫，其上一般不会崩落有小片疤，辐射线细微，背面台面边缘整齐，破裂面台面边缘呈圆弧形，并与半锥体连接成屋檐状或称唇状[3]。

有关间接技术和压制技术生产的石叶特征，根据观察哈克石叶初步认为，这两种技术生产出来的石叶较之锤击技术者台面上观察面积要小，形状上观察薄长而两侧平行或近于平行。此外，间接法生产出来的石叶打击点明显集中，半锥体小而突出；压制法生产出来的石叶打击点和半锥体不明显，其特征很像软锤直接法生产的石叶，但它们之间的区别是：软锤直接法生产的石叶破裂面与台面边缘相连处呈屋檐状或称唇状，而压制法在石叶破裂面与台面边缘相连处，虽然也比较整齐，多呈完整的弧形，但没有突出来的沿。压制法生产出来的石叶在尺寸上较之间接法要短小。

砸击技术出现在旧石器时代，但在呼伦贝尔新石器时代细石器遗址中也有发现。这种技术主要见于燧石和黑曜石石核上。发现的这种石料原材很小，因此适用于这种技术。砸击技术生产出来的石叶较细小，一般由于这种技术需要在石核下面放置一件石砧，并且在砸击时施力较大，因此这种石叶不仅近端没有明显的台面并形成破碎和辐射线，而且在石叶的远端受反作用力也形成破碎和辐射线，因此，被称之为两极石叶。

台面分析，主要观察石片、石条和石叶台面的性质和形状。台面性质分为自然台面、打制台面、自然兼打制台面和修理台面等。台面形状主要包括三角形、四边形、多边形、椭圆形、圆形、线状、点状和不规则形等。

背面观察，石片背面常保留有部分自然面，有的无自然面或全部为自然面。石条个别背面保留有

〔1〕 王建、王益人：《下川细石核形制研究》，《人类学学报》第 10 卷第 1 期，1991 年。

〔2〕 刘景芝、王太明、贾文亮、陈哲英、卫奇：《山西榆社细石器》，《人类学学报》第 14 卷第 3 期，1995 年。

〔3〕 刘景芝：《石叶直接打制技术的研究》，《史前研究》辑刊，1990～1991 年。

部分自然面外，其最大特征是有一条采用纵向交互打击或一面打击形成的背脊。一般石叶和细石叶无自然面，从其剥制的过程去考察，其背脊的形态具有一定的规律性，一般开始阶段剥离的石叶背面以单脊为主，第二阶段剥离的石叶背面以分岔脊或称"Y"形脊为主，最后阶段剥离的石叶背面出现双脊的几率增多[1]。

石片、石条和石叶形态观察，主要包括其边缘形态和横断面形态，以及有无人工使用痕迹等。边缘形态可以体现其形状，一般有长条形、梯形、三角形、四边形、扇形、椭圆形、圆形和不规则形等。横断面形态，一般有梯形、三角形、四边形、长椭圆形、和不规则形等。由于片状制品本身就有锋利的刃缘，所以常常被古人直接拿来使用，因此，遗址中不乏带有人工使用痕迹的片状制品。根据使用的程度可以分为少许（占周边10％以下）和较多（占周边10％以上），以及不确定（残断者）等。

石片、石条和石叶测量，主要包括其长、宽、厚和重，以及台面的测量等。石片、石条和石叶的长度：台面缘最高点至远端点标本两端最大距离；宽度：与长相垂直的标本两端最大距离；厚度：与长和宽相交平面垂直的标本两端最大距离；台面测量，台面角：台面与腹面之间的夹角；台面长：台面两侧最大直径；台面宽：与长相垂直的台面两侧的直径。片状制品尺寸以厘米计算，重量以克计算。

5. 细石器类型

根据不同用途细石器可以分为用石叶制成的石镞、石钻和石刃等，以及用石片制成的端刮器、拇指盖状刮削器、雕刻器、尖状器和边刮器等。石镞可进一步分为柳叶形、凹底三角形和平底或弧底三角形等；石钻可分为窄长形和宽短形；石刃分为单刃、双刃、复刃等；端刮器可进一步分为弧刃和平刃；雕刻器可分为斜边形和屋脊形；尖状器分为正尖形和斜尖形；边刮器分为单刃、双刃、复刃等。

技术类型分析，绝大部分细石器采用压制技术进行第二步加工，少数石器采用锤击技术，包括有硬锤直接打击和软锤直接打击。

加工位置与方式，石器的加工位置分为近端、远端、一侧、两侧、三侧和周边等。加工方式有正向（从破裂面向背面加工）、反向（从背面向破裂面加工）、错向（两侧不同方向）、转向（一侧不同方向）和交互等，以及一面和两面（非石片原材）。

刃缘形态与片疤形态，刃缘形态可分为单直、单凸、单凹、双直、双凸、双凹、直凸、直凹、凸凹、复直刃、弧刃和尖刃等。加工程度可分为部分、一侧连续、两侧连续、三侧连续和周边连续等。片疤形态鳞状、细长和平远等，前者多采用硬锤打击所形成，后两者多采用压制技术所形成。

石器测量，包括长、宽、厚、重、刃长、疤长、刃角等。此外，细石器加工精细，需要观察和测量的内容相应的较为丰富，通常还应测量刃长与周长比率和片疤面积与标本总面积比率等。并通过测量确定标本的尺寸规格和形态规格等。

石器的长度：标本两端最大距离；宽度：与长度相垂直的标本两端最大距离；厚度：与长和宽相交平面垂直的标本两端最大距离。石器的尺寸以厘米为单位，重量以克为单位。

石器的刃长：经第二步加工的刃缘长度（单位厘米，精确到0.1厘米）；疤长：修理片疤的长度

〔1〕 刘景芝：《石叶直接打制技术的研究》，《史前研究》辑刊，1990～1991年。

（单位厘米，精确到 0.1 厘米）；刃角：修理刃缘两面的夹角。

石器刃长与周长比率：第二步加工刃缘的长度与标本周长的比例，可以分为以下五个级别：（1）刃长与周长之比＜25％。（2）刃长与周长之比 25％～50％。（3）刃长与周长之比 51％～75％。（4）刃长与周长之比 76％～99％。（5）刃长与周长之比 100％；片疤面积与标本总面积比率，可以分为以下五级别：（1）疤痕面积占标本总面积＜25％。（2）疤痕面积占标本总面积 25～50％。（3）疤痕面积占标本总面积 51％～75％。（4）疤痕面积占标本总面积 76％～99％。（5）疤痕面积占标本总面积 100％。

参考以往石制品按标本的长度分为五个等级的标准[1]，结合哈克遗址的石器特点，可以将石器划分为微型、小型、中型和大型四种，它们之间的界限是：微型标本的长度≤20 毫米，小型标本的长度 21～40 毫米，中型标本的长度 41～60 毫米，大型标本的长度＞60 毫米。哈克遗址的中型石器标本，由石叶制成的石器占有一定比例，同时，这类石器从尺寸上看，不宜划入大型石器标本中，因此，本文将以上前三类石器皆划入细石器中。

四　细石器工艺流程

随着史前时期细石器在我国广大地区越来越多地被发现，学术界对于出现于旧石器时代晚期，并延续到新石器时代甚至更晚时期的细石器传统文化给予了特别的关注。呼伦贝尔哈克遗址的细石器是我国北方草原地区细石器工艺传统文化中的典型代表。通过对其类型及其技术特征的分析，可以探索细石器工艺的流程，进而可以了解当时人类细石器制作水平，以及人类的经济和社会生活情况。

哈克遗址细石器以其数量多，类型丰富为其显著特征，加之制作细石器生产出来的副产品，使复原当时人类制作细石器的工艺过程成为可能。结合以往有关细石器方面的实验研究，也为进一步了解细石器制作技术和生产工序创造了条件。

哈克先民首先从遗址附近的河岸或低山坡地上选择坚硬而有韧性的砾石或石块作为石核原材料。然后进行石核的预制，用石锤或软锤直接打击调整石核的侧面和台面，使其形成适于剥片的一个侧面和台面，于是产生出许多预制石核的侧面剥片和台面剥片。之后，在石核侧面采用交互打击或一侧打击纵向修出一条纵脊，随后，在这条纵脊的台面端选择好打击点，剥下第一件石条，于是石核的侧面出现了两条纵脊，以下顺着这两条纵脊便可以顺利地剥离石叶，剥至最终可以形成锥状或柱状细石核。还有一种形式是将石核原材料除台面一端外，其他边缘皆采用交互打击或一面打击修理成舌形，从台面的一侧剥离石叶可以形成窄楔形细石核，如果从台面的两侧剥离石叶便可以形成锥状细石核。另外还有一种形式，技术性能最好，选一件稍扁的椭圆形石核原材料，于其周边或周身采用交互打击进行修理，然后截去一端，再纵向剥离石片，剥下来的第一件石片似石条，但侧面横向观中间厚，两端逐渐内收呈舟状，有日本学者称其为"舟形石片"；剥下来的第二件石片似滑雪板，故称为"滑雪板状石片"；最后，以纵向剥离石片产生的平坦面作为台面，于其一端剥离石叶，可形成宽楔形细石核。这种形式类似日本细石器技术中的涌别技法[2]。

---

〔1〕 卫奇：《石制品观察格式探讨》，邓涛、王原主编：《第八届中国古脊椎动物学学术年会论文集》，海洋出版社，2001 年。

〔2〕 鹤丸俊明：《北海道地方の细石刃文化》，骏台史学第四十七号，1979 年。

哈克先民从石核上剥离石叶，当剥至不易再剥下石叶时，对石核进行再次预制，打下已失去合适角度的原台面，使石核再产生出一个适宜继续剥离石叶的新台面。这种台面剥片称为中期台面剥片，它不同于预制石核初期的台面剥片，其侧面带有细石核已经剥离石叶所形成的条条疤痕。

根据遗址中发现的石叶特征进行观察，可知哈克先民剥离石叶主要采用了间接打击技术，同时存在压制技术和少量的砸击技术。它们一般可以经历以下三个不同阶段：第一阶段，剥下背面呈鸡冠状石条后，生产石叶多顺着石核侧面的单脊剥离，因此，石叶背面多带有单脊，其厚度较大，适宜加工成三棱形钻和柳叶形镞等；第二阶段，多生产出背面带有"Y"形脊即分岔脊的石叶，这是由于前面剥离的石叶在石核上留下片疤和条痕，再次剥离时就连同上次未剥到底的那条纵脊一起剥离下来，形成"Y"字形脊，这类石叶也适宜加工成石镞等；第三阶段，剥离的石叶背面以双脊为主，其形态越趋规整厚度更薄，这是由于前面剥离的石叶使石核侧面出现了多条纵脊，选择石核台面的打击部位落到两脊之间的机会多，因此易剥下背面带有双脊规整的石叶。第三阶段产生的石叶除了适宜加工成柳叶形石镞外，更适宜加工成石刃，便于镶嵌在骨或木质的刀梗凹槽内，制成复合工具。

哈克先民多利用石核侧面剥片加工成边刮器和长身弧刃端刮器等，多利用石核台面剥片加工成圆形的弧刃端刮器和拇指盖状刮削器等。多利用石叶加工成石镞、石刃、石钻等。这些细石器制作精美，多采用压制技术，有的石镞和石刃周身进行压制修理，它们不仅美观而且耐用，成为典型的细石器。

狩猎工具——石镞是细石器工业中的代表性器物。石刃、石钻、端刮器和拇指盖状刮削器等是细石器工业中的典型器物。在哈克遗址中石镞以柳叶形为主，兼有凹底三角形和平底或弧底三角形。后者可能是前两者的中间类型。凹底三角形石镞比柳叶形石镞和平底或弧底三角形石镞在加工技术上要求更高。根据这类石镞的半成品观察，它首先于石片较窄的一端采用压制技术两面修理出石镞的尖部，然后于石片较宽的一端，继续采用压制技术两面修理出石镞的尾部，制作者构思极其巧妙，尾部中间用压制技术两面修出凹底，两侧自然生出带尖的两翼，从力学的角度分析，有利于飞行射中猎物。

从以上细石器制品类型分析中，我们可以看到哈克先民细石器工艺技术已经达到很高的水平。对这些细石器制品组合进行动态类型学分析，可以得出一整套严谨的作业步骤，从这个工艺流程或称"操作链"[1] 我们可以了解到人类制作细石器的全过程，同时也可以解读生产者——哈克先民的技术能力和认知水平。

作业步骤一：选择石料。细石器制品中石料的构成，反映出哈克先民对制作细石器的原料具有严格的挑选。当时的哈克先民对岩性的认识已经具有相当的水平。从选择质地坚硬、结晶纯净的岩性作为细石器的原料来看，反映出人们适应环境，从感性认识到理性认识的思维能力。

作业步骤二：预制石核。选择适宜形状的石料，进行石核预制。遗址中发现了不同类型的预制石核，特别是存在类似日本"涌别技法"的产品，说明哈克先民，根据不同的石核原材的形状和质地预制出不同类型的预制石核，反映出他们已存在有预设目标的决策能力。

作业步骤三：剥离石片。预制石核过程就是剥离石片的过程，它是石核预制的副产品。遗址中发现了不同类型的石片，一般长石片是预制石核侧面的产物，圆形或近于圆形及短宽石片是预制石核台面的

---

〔1〕　陈淳：《"操作链"与旧石器研究范例的变革》，《考古学的理论与研究》，学林出版社，2003 年。

产物，这些石片是解读和复原哈克先民细石器工艺过程不可或缺的要素。台面剥片中的中期台面剥片显示出哈克先民在制作细石器工艺中形成了整套高超的技艺，也反映出人们对石核原料的充分利用。

作业步骤四：利用石片制成细石器。哈克先民将预制石核侧面剥片制成边刮器和长身弧刃端刮器等，用石核台面剥片加工成圆形弧刃端刮器等，这种将预制石核剥离的不同石片制成不同的适宜工具，体现出当时的人们对石器原料的节省。

作业步骤五：剥离石条。对预制石核侧面采用交互打击或一侧打击纵向修出一条纵脊，随后，在这条纵脊的台面端选择好打击点，剥下第一件石条，于是石核的侧面出现了两条纵脊，以利于下一步工序的进行。这种有效的技能，包含了人们巧妙的构思。

作业步骤六：剥离石叶。哈克先民采用间接打击、压制或砸击技术生产出不同阶段不同类型的石叶。第一阶段，当剥下背面呈鸡冠状的石条后，便多生产出背面带有单脊的石叶；第二阶段，多生产出背面带有"Y"形脊即分岔脊的石叶；第三阶段，剥离的石叶背面以双脊为主，其形态越趋平行厚度越薄。以上这些石叶不仅数量多，而且形制规整，为下一步各类细石器工具的制作准备了材料，反映出哈克先民细石器工艺技术的娴熟。

作业步骤七：生产出各类细石核。哈克先民采用不同的剥制石叶技术生产出不同类型的细石核。于石核的两侧及台面周边剥离石叶，形成锥状或柱状细石核；于石核的一侧及台面部分边缘剥离石叶，形成楔形细石核；典型的宽楔形细石核技术性能最高，它类似日本细石器技术中的涌别技法。这些技巧和技术的应用反映出哈克先民细石器工艺技术的灵活性和多样性。

作业步骤八：利用石叶制成细石器。第一阶段生产的石条或石叶背面多带有单脊，其厚度较大，适宜加工成三棱形钻和柳叶形镞等，第二阶段生产的背面多带有"Y"字形脊石叶，也适宜加工成石镞等，第三阶段生产的石叶背面以双脊为主，除了适宜加工成柳叶形镞外，更适宜加工成石刃，便于镶嵌在骨或木质的刀梗凹槽内制成复合工具。这些工具类型体现出哈克先民，不仅具有规范终极产品的意识，而且具有从事生产生活实践目标的认知水平。

以上一些步骤，在实际操作过程中应是连续不断的，或前后顺序会有调整。通过细石器制作的工艺过程可以看到，初步具有应对环境意识的人，通过采用不同的技术方法，生产适用于不同经济活动所需要的各类细石器工具，打造、掌握了细石器工艺较高技能，实践对目标的预期，表达出当时生产力发展的相当水平。

第三节 骨角制品及其他制品分析

一 骨角制品

哈克遗址文化遗物中的骨角制品从类型、用途和制作工艺上体现出哈克先民的生产、生活和意识形态方面的丰富内涵。在第四章中，对不同层位出土的骨角制品分别进行了类型分析。其中第7层出土的骨角制品数量最多，类型最为丰富。在这一部分着重对第7层出土的骨角器及其用途和制作工艺进行分析和研究。

1. 骨角制品的用途

从哈克遗址出土的大量以细石器为主的石制品可知，当时人类主要的生产工具是细石器。然而，从发掘出土的骨角器中可以看到，这类工具用于生产活动中的不乏其数。

在第 7 层和 F1 内共出土两件骨鱼叉。它们皆为扁圆锥状，刻有单排倒钩，由于长期的使用或岁月的磨砺已经残缺不全，一件倒钩保留有三个，另一件保留 1 个。这种工具无疑用于渔猎生产。从遗址文化层中出土的大量鱼骨和蚌壳可知，渔猎经济在当时是先民的主要生活来源之一。第 7 层中出土 1 件骨镞，保存完好，扁体卵圆形。与细石器中的石镞从形态上不尽相同。这种工具应该是用于狩猎生产。由于特殊的地理环境，遗址先民保持了较长时期的狩猎经济活动。出土的骨刀可能直接用于采集。骨刀梗显然需要在凹槽内镶嵌石叶再用，这种复合工具也应该是用于采集。出土的骨铲，其前端磨制痕迹明显并保留有使用磨蚀的痕迹，两侧圆润并残留有长期使用所形成的油性光泽。这件骨铲或用于植物根茎的挖掘，或用于陶器的制作。出土的角锄主要使用而成，挖掘所用齿尖使用磨蚀的十分明显，前端角枝有人工切断的痕迹，在根部残留几道切痕，尾端可能在使用过程中不慎折断。它可能用于挖掘植物根茎。出土的蚌刀斜三角形，两侧边缘磨制痕迹明显，刃部保留有使用磨蚀的痕迹，也可能是采集工具。

从遗址第 7 层中发现的一些骨角等制品反映出哈克先民的生活技能有了较大的提高。出土的骨器中数量最多的一类是骨锥。其中多数保存完好或较好，一般为扁长形，也有长体三棱形，这种类型的骨锥更为耐用。它们可能主要用于缝制兽皮，作为衣服遮体御寒。当然，这类工具可能也用于生产，或其他方面，如作为束发的簪子等。出土的骨筒保存较好，扁体长半圆筒状，可能是作为存放骨针之器。这件骨筒制作精美，也很实用。它反映出当时人类的巧妙构思和生活的多样性。第 7 层文化层中出土的骨针也较多，不过多为残品，保存较好的一件是采用鱼骨刺尖部经过磨制形成，尖端使用痕迹较为明显，尾端为鱼骨刺的椎部保留有脊椎孔，正可以作为穿线的针眼。骨针的出现说明当时人类已经普遍有了衣着，不再是简单的披裹兽皮等。发现的骨笄虽然制作古朴，但很适用束发，从某种角度也反映出先民的审美。发现的两件骨管，皆采用鸟类肢骨制作而成，其中一件管体上带有 6 个人工钻孔，制作十分精巧。分析它们可能是当时人类的装饰品。第 7 层出土两件角饰，其中一件采用羚羊角制成，由于长期使用或佩带残留有较为光亮的油渍，另一件采用鹿角制成，它们可能作为一种佩饰，同时也可作为工具使用。遗址中出土的一些骨制品，从一个方面反映出新石器时代的哈克先民已经具有了较高的思维和智力水平。

在第 7 层文化层中出土的两件骨雕，它们皆采用动物的肢骨于其上雕刻出成组的横纹、竖纹或斜纹。这两件标本虽已残缺，但它们蕴涵了早期先民生产和生活的许多经验和概括总结，值得深入研究。它们的发现为了解当时人类思维和智力的发展，以及文化中较深层次的内涵提供了极为重要的实物证据。

在第 7 层下房址 F1 内出土了两件穿孔骨板，采用动物的肩胛骨和大型动物的肋骨制成，其上带有钻孔。其中一件由于长期使用标本磨蚀严重，并带有一些油性光泽。另外一件由于长期使用磨蚀和风化的较为严重。这两件标本可能是房屋主人的专用物品。分析它们的用途，不适宜作为工具，也不适宜作为装饰品。根据它们的特征可能是作为巫术之用器物。采用动物的肩胛骨制成的穿孔骨板也可能作为占卜之用器物，需要今后更多的材料发现加以进一步证实。根据对赫哲族萨满文化调查的遗物进行比较，其中作为占卜用的鹿或狍子的肩胛骨可能与遗址中发现的采用动物的肩胛骨制成的穿孔骨板有类似的作用[1]。

象牙人面雕像发现于遗址的第 7 层中。由于经过长期的风化和磨蚀，表面一些痕迹已经脱落，不过，其上隆起的鼻子、凹陷的眼睛，部分突起的嘴唇，以及突出的额头和圆润的下巴还可以清晰地辨出。这件标本是非常珍贵之物，它不仅所用材料珍贵，而且它在当时的作用一定是十分重要的。原始社会的早期人们是对自然物的崇拜，之后人们开始对神和祖先的崇拜。从遗址出土的象牙人面雕像可以了解到哈克先民已经进入对神和祖先崇拜的原始社会阶段。

2. 骨角制品的制作工艺

哈克遗址先民的工艺技术中不仅显示有高超的细石器制作技术，以及陶器的制作技术，而且在骨角器制作技术上也反映出了较高的水平。

用于制作骨器的骨料多选用大型动物的肢骨，这种材料骨密度大，质地坚硬，制成骨器后坚固耐用，如骨锥、骨鱼叉和骨雕等多选用这种材料制成。动物的角也是制作生产工具和生活用具的好材料，如遗址中发现的角锄和角饰等。利用动物的牙齿做装饰品是极好的材料，原始社会遗址中这类遗物常常有所发现，哈克遗址中这类标本也有出土。更为重要的是哈克先民能够采用象牙雕刻出人面像，从选料到工艺制作以及它的寓意都显示出这件标本具有极高的价值。此外，在遗址中还发现利用蚌壳制成的工具等。

骨器的制作，从遗址中发现的骨料和骨节废料等标本的分析可知，哈克先民在选择好骨料后一般首先横向截取，在许多骨器一端或两端保留有横向切割的痕迹；同时常常进行纵向劈开，然后采用制作石器修理边刃的方法将骨料修薄修平，有时也需要进一步地刮削；最后磨制成器。角器相对地比骨器制作要简单，一般保持角的原貌，在其上做一些刻画或雕琢等。但与骨器相同的是它也需要第一步横向截取，有的简单做些加工，有的不再做什么加工就直接使用，如遗址中出土的角锄。象牙人面雕像选用象牙截取、刮削和雕刻而成。发现时已经脱离为三层，最上一层采用浮雕技法刻出人面，这种技术显示出哈克先民已有了很高的制作骨、角、牙器等制品的工艺水平。

哈克遗址骨器的制作在某些程度上比石器的制作显示出更高的技术水平，普遍运用了磨制技术，器物上常常出现有钻孔等。此外，骨器的专业化用途比石器更为明显。

二　其他制品

1. 玉器

哈克遗址的生产和生活工具是以细石器为代表，同时也出现了绚丽多彩的玉器工艺制品。1999 年 5 月，在哈克遗址第三地点一农民于农田中挖出玉璧 1 件和玉斧 1 件。经专业人员现场调查，确认该地点应是一处墓葬。后对这座墓葬进行清理，又出土玉斧 1 件、玉锛 1 件、玉璧 1 件、玉环 1 件和绿松石珠 1 个，共发现玉器 7 件。这座墓葬是哈克遗址发现的第二座墓葬，它是呼伦贝尔地区目前发现玉器最多的一处[2]。

2007 年，清理哈克遗址 04、07T5-T6XM3 时，在一号头骨之下发现玉饰 1 件，长椭圆形打磨得十

---

[1]　黄任远、黄永刚：《赫哲族萨满文化遗存调查》第 91~92 页，民族出版社，2009 年。

[2]　中国社会科学院考古研究所内蒙古工作队、内蒙古自治区文物考古研究所、呼伦贝尔盟民族博物馆：《内蒙古海拉尔市团结遗址的调查》，《考古》2001 年第 5 期。

分圆润，靠一端边缘处钻一圆孔，近圆孔处边缘打磨出一个缺口，很像是鱼嘴，圆孔像鱼眼，形象生动。器物端庄带有灵气，通体青绿色夹杂一些白色晕染，半透明，它可能是一件饰品，或为一件礼器。这是哈克遗址发掘出土的第一件玉器。

我国古代玉器是伴随着石器制作技术的发展而产生的。呼伦贝尔地区的细石器，不仅加工工艺处于中国细石器的顶峰，而且在选材方面也进入了新的时期。哈克遗址第三地点发现的墓葬出土的细石器，多以玛瑙、玉髓、绿松石等玉石质料加工而成。哈克遗址发现的玉器不断在增加。当时的人们不仅用玉石加工制造生产工具、生活用具和武器等，而且生产代表身份和权利的宗教礼器。哈克遗址出土的玉器，不同于红山文化、龙山文化和良渚文化，那时，这里可能还没有农耕经济，尤其从地域上看，呼伦贝尔远离长江下游地区、黄河中下游地区和辽河流域中国新石器时代三大玉器分布区，而处于黑龙江上游的海拉尔河流域。在这一地区制作细石器的工艺技术，不仅处于中国细石器的顶峰，而且琢玉工艺也具有一定水平[1]。

2. 小砾石

哈克遗址从第4~7层皆发掘清理出一些很有特点的小砾石。它们中许多似乎带有些人为的雕刻痕迹，并可能由于长期的携带其上皆保留有油渍，表面很光滑。有的小砾石上雕刻有两个圆眼，一对圆鼻孔和一个嘴巴。有的虽然没有明显的雕刻痕迹，但由于长期携带，表面不仅十分光滑，而且还带有油性光泽。参考民族学材料有类似发现，在赫哲族萨满文化遗存中有类似遗址中出土的小砾石物品，其石头上刻有人面等作为石刻偶像供奉[2]。

岩石是原始社会时期人们制作生产工具和生活用具的重要原料。岩石的不寻常的外貌和岩石在人们生产和生活上的效用，使人就会把它当作神物或神赐予的。人们一方面使用它，一方面把它当作神来崇拜。可以肯定人们最初所崇拜的是与人们生产生活最有密切联系的自然对象。人们最初只是把这些自然对象当作有人格、有意志的实体加以崇拜，而其崇拜活动也一定表现的很简单，只是在语言上或姿态上向崇拜对象表示敬意、感谢、祈求和屈服等[3]。

第四节   哈克先民生存方式

一   经济形态

哈克遗址分布在海拉尔河东、北、南三面环绕的半封闭式高平台小岛上，周围有低山丘陵和开阔的疏林草原，很适宜人类在这里生息和繁衍。遗址的第7层堆积最厚，之下发现的文化遗迹最多，文化遗物最为丰富。根据测年结果，这一层应该属于新石器时代。以下根据出土遗物着重讨论这一时期人类的生存方式。同时，对晚期地层出土的遗物情况所反映的人类生存方式做些适当的比较。

遗址第7层和之下的遗迹中发现了大量的以细石器为主的石质工具，其中石镞不仅数量多，而且

---

[1] 刘景芝、赵越：《呼伦贝尔地区哈克文化玉器》，《中国玉文化玉学论丛》3编 下册，紫禁城出版社，2005年。

[2] 黄任远、黄永刚：《赫哲族萨满文化遗存调查》第127页，民族出版社，2009年。

[3] 朱天顺：《原始宗教》，上海人民出版社，1964年。

制作精美适用，它无疑是狩猎的专门性工具，加上遗址中大量动物骨骼的发现，说明狩猎经济是当时主要谋生方式。为数众多的有使用痕迹的石叶和加工的石刃，以及骨铲、角锄、骨刀、蚌刀和用于镶嵌石叶的骨刀梗反映出采集经济的普遍存在。发现于早期地层的带有倒钩的骨鱼叉和晚期地层的铁鱼钩说明渔猎经济很早就存在，并一直延续发展。

　　遗址第 7 层和之下的遗迹中出土的动物骨骼占有较大的比重，大量的鱼骨不仅在地层中发现，尤其在房址的土炕南部边缘成层的出土。大量的野生动物如貉、狐狸、狗獾、黄鼬、马、马鹿、狍、东北野牛、黄牛、羊、猪、仓鼠和兔等，在地层和遗迹中发现的比较集中，特别是在房址中种类较齐全，它们应该是人类狩猎的对象。这些动物骨骼的大量发现也进一步证明狩猎经济的主导地位。动物骨骼中发现有狗，经鉴定为家畜饲养。早期的家畜饲养动物种类可能还不多，但到了晚期地层中发现的马、驴、牛、猪等动物可能已成为饲养的家畜。

　　遗址第 7 层和之下的遗迹中丰富的文化遗物反映出手工业制作技术不仅普遍存在，而且工艺技术具有较高水平。首先，细石器制作工艺十分精湛，有采用石叶制成的精美石镞、石刃、石钻和尖状器等，有采用石片制成的端刮器、边刮器、拇指盖状刮削器和雕刻器等，其中三棱形石钻和小雕刻器最具特色，它们可能是随着骨器和装饰品制作技术的盛行而发展起来的。

　　遗址第 7 层和之下的遗迹中发现大量的制作精美的骨角器，还发现一些残骨器和骨、角废料，说明加工骨角器已成为手工业制作技术中重要部分。骨角器中有采用鹿的炮骨磨制而成的刀柄、有用动物长骨磨制成的骨锥和骨箭头、有用鹿角或羊角磨制成的簪子和配饰等。特别是象牙人面雕像和具有刻划符号的骨雕极为罕见。象牙人面雕像发现时已经脱离为三层，最上一层采用浮雕技法刻出人面。具有刻划符号的骨雕，其上皆刻满了横道、竖道、斜道，并组成符号。这些遗物反映出骨角器制作技术的高超。晚期地层发现的骨角器数量越来越少，显示出晚期骨角器制作技术逐渐走向衰落。

　　陶器的制作技术却与骨角器不同。遗址第 7 层及其之下遗迹中出土的陶片反映出陶器的制作多羼和砂粒，烧成火候不高，陶器造型简单，有圜底或平底的罐。有的陶器表面拍印绳纹，有的陶器素面。第 6 层出土的陶片皆以夹砂陶为主，相当数量的陶片可见轮旋的遗痕。因此，较之第 7 层出土陶器技术上明显提高。这些陶片中器表素面较多，同时也存在许多不同风格的纹饰，有按压或滚压纹、拍印棱格纹、戳印纹、泥条堆纹或凸弦纹，以及细绳纹等。第 5 层出土的陶片与第 6 层陶片差别不大。第 4 层陶器多为泥质灰陶，采用轮旋制陶法直接拉坯成型，陶器烧成火候很高，质地坚硬，除素面者外，流行以篦齿状刻划和戳印的纹饰。地层中发现的石垫可能用于陶器的制作，这里的陶器主要应该产于本地。大量陶片的出土反映出制陶业与当时人们的生活息息相关。

　　从以上分析可以看到，哈克遗址的早期居民出没于丛林草地中以狩猎各种动物为生活的主要来源。同时，他们又在林中和草地上采集野果和植物种子等作为生活的辅助来源。人们傍河而居，不仅解决了用水问题，更重要的是河流还给人们提供了更多更好的水生食物资源。遗址中大量各种鱼类、蚌类等遗骨的发现说明，渔猎经济在人们生存方式中占有较大比重。当时人们的经济生活以狩猎为主，兼有采集和渔猎经济，家畜饲养和农业经济可能在定居的聚落生活中逐步出现。细石器的制作由于特殊的地理环境和特定的经济形态使得工艺技术十分精湛，并延续使用时期较长。制陶业和骨角器的制作都较为发达。

二　社会生活

　　根据遗址第7层之下发掘清理出的房址、灰坑、祭祀堆，以及墓葬等各类遗迹现象，哈克遗址在新石器时代应是一处相对稳定并具有一定规模的聚落遗址。虽然，当时的经济以狩猎为主，但是，遗址周围的自然环境给当时的人类提供了丰富的野生动物和水生动物，以及各类野果和植物使得人们不再过着到处游猎无定所的生活，而相对地定居下来。从遗址的面积，以及发现的主要用于集体活动的房址来看，社会处于氏族部落阶段。

　　在第7层之下清理出的灶坑遗迹旁边堆积的动物骨堆，经鉴定主要是狐狸和野兔的骨骼，其上并无烧烤的痕迹，可能是人们在此剥制狐狸和野兔的兽皮。细石器中的端刮器主要是刮兽皮用的，骨器中的骨锥和骨针等是作为缝纫用的，这些遗迹和遗物说明人们普遍使用了兽皮等材料作为衣物遮体，它不仅可以驱寒，而且有利于进行狩猎和采集等生产活动。

　　从房址内的西南部发掘清理出一件熏得十分漆黑的陶片，揭开这件陶片下面压着许多碎鱼骨，由此分析这时的人们已经普遍地进行熟食。

　　在遗址第7层和之下的遗迹中发现用石片和小陶片穿孔和磨制而成的装饰品，以及利用动物的牙齿穿孔而成的饰件和出土的玉饰、角饰等反映人们在生产之余，有了闲暇和审美。

　　第7层及其之下房址中出土的骨雕、穿孔骨板和象牙人面雕像等遗物，从一个侧面反映了当时人类意识形态的发展。带有刻纹的骨雕，其上多组的横纹、竖纹或斜纹符号，蕴涵了早期先民生产和生活的经验和概括总结，反映出当时人类的思维和智力已经有了很高的水准。采用动物的肩胛骨和大型动物的肋骨制成的穿孔骨板发现在房址内，可能为房屋主人的专用物品，它们是作为巫术之用，还是作为占卜之用，无疑都是体现意识形态的超现实物品，它们可能与原始宗教有着一定的关系。象牙人面雕像是非常罕见的珍贵标本，它的发现说明哈克先民已经从对自然物的崇拜进入对神和祖先崇拜的原始社会阶段。

　　哈克遗址发掘出土的文化遗迹和遗物，从一定程度上反映出当时人类的某些组织结构，生产和生活情景，以及社会发展的基本状况。

第六章 人类遗骸

一 人类遗骸的鉴定

哈克遗址自 1985 年以来经历了多次调查。2001 年 9 月，呼伦贝尔民族博物馆曾对该遗址进行了试掘。2004 年，中国社会科学院考古研究所和内蒙古自治区文物考古研究所对这一遗址进行了正式发掘，取得了重大收获。值得注意的是，该遗址出土的新石器时代古人遗骸为研究呼伦贝尔草原地区古代人群的状况增添了一份重要的材料。2007 年 10 月，笔者前往呼伦贝尔市对保存在海拉尔区博物馆内的哈克遗址出土人骨进行了观察鉴定，现将结果刊布如下。

哈克遗址时代较早，受埋藏环境、埋葬方式等因素的影响，人骨保存状况较差。经细致辨别，共鉴定人骨 8 例，其中男性 2 例，女性 1 例，倾向男性特征个体 2 例，倾向女性特征个体 1 例，2 例性别不详。

No. 1（M1:1）：该个体保存相对较好。脑颅部分仅右侧颞骨、蝶骨破损。面颅部分的右侧颧骨、鼻骨、泪骨、上颌骨等则有不同程度的破损。此外，下颌骨左侧髁突也缺失。在颅顶矢状缝后段还发现有一个矢状直径约 2 厘米的良性骨瘤，周围未发现病变溃疡痕迹。此外，在上颌骨左侧第一臼齿以及上颌右侧第一臼齿均发现龋齿病变。在上颌右侧第一臼齿齿根部颊侧发现根尖脓肿痕迹。从牙齿磨耗及颅骨性别年龄特征来看，该个体大致为一例年龄在 35 岁左右的男性。

No. 2（M2:2）：该个体保留较完好的仅一块顶骨，骨骼边缘已磨蚀，很难进行进一步的性别、年龄判断。

No. 3（M2:3a）：该个体保留有残破的颞骨、枕骨、顶骨以及上颌骨。从颅骨性别年龄特征以及牙齿磨耗情况来看，该个体为男性的可能性较大，年龄大致在 20 岁左右。

No. 4（M2:3b）：该个体仅保留有残破的上颌骨以及数颗上颌牙齿。从这些牙齿的磨耗来看，门齿磨耗明显重于臼齿磨耗，可能说明该个体存在着较为严重的牙齿磨耗不均、咀嚼部位靠前的现象，也有可能在一定程度上说明该个体的死亡年龄相对较小。从牙齿磨耗来看，该个体年龄大致在 20 岁左右，保留骨骼不足以判定性别。

No. 5（M2:4）：该个体额骨、顶骨保存较好，另外还有残破的枕骨和颞骨。从颅骨骨骼发育来看，该个体为女性的可能性较大，从牙齿磨耗来看，死亡年龄大致在 35 岁左右。

No. 6（M2:5）：该个体保存状况较差，仅保留额骨和颞骨且不完整。从骨骼发育程度来看，该个体为男性的可能性较大，从牙齿磨耗来看，死亡年龄大致在 20 岁左右。

No. 7（M3:1）：该个体保留有较完整的额骨、顶骨、枕骨、颞骨、鼻骨、颧骨、上颌骨以及下

表四　　　　　　　　　　　　哈克新石器时代遗址人骨性别年龄鉴定简表

序号	个体号	性别	年龄（岁）	鉴定依据
1	M1：1	男	35±	牙齿磨耗及颅骨性别年龄特征
2	M2：2	不详	不详	骨骼保存很差，仅剩一些碎头骨片
3	M2：3a	男？	20±	牙齿磨耗及颅骨性别年龄特征
4	M2：3b	不详	20±	牙齿磨耗
5	M2：4	女？	35±	牙齿磨耗及颅骨性别年龄特征
6	M2：5	男？	20±	牙齿磨耗及颅骨性别年龄特征
7	M3：1	男	20±	牙齿磨耗及颅骨性别年龄特征
8	M3：2	女	20±	牙齿萌出与磨耗及颅骨性别年龄特征

说明："男？"表示倾向男性特征较多，"女？"表示倾向女性特征较多，"不详"表示保存材料不足以判定性别特征。

颌骨。骨骼保存相对较好，但颅骨整体受压变形严重且零散。从颅骨性别年龄特征以及牙齿磨耗情况来看，该个体大致为一例20岁左右的男性。

No.8（M3：2）：该个体保留有较完整的额骨、顶骨、枕骨、颧骨、鼻骨和部分颞骨，还有上颌骨以及残破的下颌骨。颅骨整体保存状况较差，脑颅大部分破损零散，面颅保存相对完好，颅骨基底缝未愈合。在下颌骨右侧第一臼齿齿根颊侧部位发现根尖脓肿骨骼病变。从颅骨骨骼发育及牙齿萌出、磨耗情况来看，该个体应为女性，死亡年龄大致在20岁左右。

通过对以上8例人骨标本的牙齿萌出和磨耗情况以及身体其他部分骨骼的年龄变化来看，这些个体的死亡年龄大多集中在20岁左右（见表四）。青年期死亡个体所占比例较高，能活到壮年期的个体很少，一定程度上反映出当时人们的生产力水平较低，生存环境较为恶劣，营养健康状况、生活质量都是比较差的。这点与我国史前时期黄河中下游地区人们的平均死亡年龄以及生存状况是基本相似的[1]。另外，值得注意的是发掘中未见幼年个体骨骼保存，具体原因有待进一步研究。

二　人类遗骸的研究

（一）颅骨的形态观察与测量

在体质人类学研究中，对古代人骨的研究通常采用非测量性形态特征的观察以及测量性特征的比较研究来进行。非测量性形态特征又称为观察项目，是指难于用测量值的大小来表示，仅能根据一定的形态观察标准，用形容词描述的方法来加以区别的性状。测量性形态特征是指通过测量的方法来研究的一些颅骨形态特征[2]。本文对颅骨非测量性形态特征的观察以及测量性特征的研究主要依据《人体测量方法》[3]和《人体测量手册》[4]的相关著述。

No.1（M1：1）：该个体颅骨整体上表现为卵圆形颅，眉弓发育中等，前额倾斜，无额中缝，矢状缝较简单，乳突、枕外隆突发育中等，翼区呈顶蝶形连接。面颅部分无鼻根凹，眶形为方形、梨状孔

〔1〕　王建华：《黄河中下游地区史前人口年龄构成研究》，《考古》2007年第4期。
〔2〕　邵象清：《人体测量手册》，上海辞书出版社，1985年。
〔3〕　吴汝康、吴新智、张振标：《人体测量方法》，科学出版社，1984年。
〔4〕　邵象清：《人体测量手册》，上海辞书出版社，1985年。

形状高而窄呈梨形，梨状孔下缘为钝型，犬齿窝发育较弱、腭形为抛物线形，无腭圆枕、下颌骨颏形为方，左右两侧各有一个颏孔，下颌角区外翻，下颌圆枕发育较弱。体质特征主要表现为圆颅型、正颅型结合阔颅型的颅形特点，此外还有狭额，高眶以及较为扁平的上面部形态等特征。

No. 2（M2∶3a）：该个体乳突发育中等，枕外隆突稍显，左右两侧各有一个顶孔，无矢状脊发育，腭形为U型，腭圆枕略显呈丘状，梨状孔下缘为钝型，门齿铲型，犬齿窝发育中等。

No. 3（M2∶4）：该个体眉弓发育中等，前额中等倾斜，无额中缝，颅顶矢状缝顶段和后段为深波型，顶孔段为微波型，枕外隆突发育不明显，无矢状脊发育，乳突发育中等。

No. 4（M2∶5）：该个体眉弓发育较弱，乳突发育中等，不存在额中缝。

No. 5（M3∶1）：该个体颅骨为卵圆形，眉弓发育较弱，前额平直，无额中缝，颅顶矢状缝前囟段、顶孔段和后段为微波型，顶段为深波型，乳突发育中等，枕外隆突稍显，无矢状脊，眶形为圆形，梨状孔高而窄呈梨形，梨状孔下缘为钝型，鼻前棘不显，犬齿窝发育较弱，无鼻根凹，腭形为抛物线形，无腭圆枕，下颌角区略外翻，无下颌圆枕。此外还有狭鼻，中腭以及颇为扁平宽阔的上面部。

No. 6（M3∶2）：该个体整体上表现为卵圆形颅，眉弓发育较弱，前额平直，无额中缝，颅顶缝全部为微波型，乳突发育中等，无枕外隆突，无矢状脊，翼区呈顶蝶形连接。眶形为斜方形，梨状孔形状高且窄呈梨形，梨状孔下缘为钝型，犬齿窝发育中等，无鼻根凹，腭形为U型，腭圆枕呈脊状，上颌骨右侧存在上颌圆枕，颏形为方形，下颌角区稍外翻，无下颌圆枕发育。此外，还有中眶以及颇为扁平的上面部形态等特征。

总结以上颅骨标本的测量性与非测量性特征可知，哈克组新石器时代居民的体质特征基本表现为长宽指数的圆颅型，偏高的正颅型，阔颅型，狭额型，中腭，正颌，中眶，狭鼻倾向及颇为扁平的上面形态。此外，这些个体主要以卵圆形颅为主，简单的颅顶缝，欠发达的犬齿窝和鼻根凹、宽阔扁平的上面部形态等为特点，表现出更多的亚洲蒙古人种的颅面形态特征。

（二）比较与分析

1. 与现代亚洲蒙古人种各区域类型的比较

为了明确哈克组颅骨标本的种系归属，我们将其保存相对完好的颅长、颅宽、颅高、最小额宽、颅指数、颅长高指数、颅宽高指数、颧宽、鼻颧角、眶指数、鼻指数以及鼻根指数等12项颅面部特征与现代亚洲蒙古人种中的北亚、东北亚、东亚、南亚四个区系类型[1]相比较，探讨他们之间的相似程度。由于哈克组仅一例颅骨保存相对较好且面部破损，故额角、上面高、垂直颅面指数、上面指数和面角5项数值未作对比研究。具体比较的测量项目见表五。

在上述12个项目的比较中，哈克组落入北亚蒙古人种界值范围的项目最多。有颅长、颅宽、颅高、最小额宽、颅指数、颅长高指数、颅宽高指数、鼻颧角、眶指数、鼻指数和鼻根指数共11项，未落入其变异范围的颧宽值也接近该组的下限。由于该组颅骨个体数较少，颅骨的残损一定程度上影响了个别项目的测量，但主要用于对比的项目大都落入北亚类型范围。用于比较的左侧眶指数和个体

---

[1]　韩康信、潘其风：《安阳殷墟中小墓人骨的研究》，《安阳殷墟头骨研究》，文物出版社，1985年。

| 表五 | | | 哈克组颅骨与现代亚洲蒙古人种各区域类型的比较(男性) | | | | |

长度：毫米；角度：度；指数：%

马丁号	组别／项目	哈克组	现代亚洲蒙古人种				
			北亚类型	东北亚类型	东亚类型	南亚类型	变异范围
1	颅长 (g-op)	176.60	174.90～192.70	180.70～192.40	175.00～182.20	169.90～181.30	169.90～192.70
8	颅宽 (eu-eu)	144.80	144.40～151.50	134.30～142.60	137.60～143.90	137.90～143.90	134.30～151.50
17	颅高 (ba-b)	129.00	127.10～132.40	132.90～141.10	135.30～140.20	134.40～137.80	127.10～141.10
9	最小额宽 (ft-ft)	92.30	90.60～95.80	94.20～96.60	89.00～93.70	89.70～95.40	89.00～96.60
8:1	颅指数	81.99	75.40～85.90	69.80～79.00	76.90～81.50	76.90～83.30	69.80～85.90
17:1	颅长高指数	73.05	67.40～73.50	72.60～75.20	74.30～80.10	76.50～79.50	67.40～80.10
17:8	颅宽高指数	89.09	85.20～91.70	93.30～102.80	94.40～100.30	95.00～101.30	85.20～102.80
45	颧宽 (zy-zy)	138.00	138.20～144.00	137.90～144.80	131.30～136.00	131.50～136.30	131.30～144.80
77	鼻颧角 (fmo-n-fmo)	148.00	147.00～151.40	149.00～152.00	145.00～146.60	142.10～146.00	142.10～152.00
52:51	眶指数 R	85.45L	79.30～85.70	81.40～84.90	80.70～85.00	78.20～81.00	78.20～85.70
54:55	鼻指数	46.15	45.00～50.70	42.60～47.60	45.20～50.20	50.30～55.50	42.60～55.50
SS:SC	鼻根指数	29.47	26.90～38.50	34.70～42.50	31.00～35.00	26.10～36.10	26.10～42.50

说明：颧宽、鼻指数采用 M3:1 的数据。

M3:1的颧宽值、鼻指数值也一定程度上反映了与北亚类型最为相似的特点。从可以对比的项目来看，哈克组无疑与亚洲蒙古人种的北亚类型最为相似。

哈克组与东北亚类型相比较，落入其变异范围的有颅长高指数、颧宽和鼻指数3项，其余对比项目均超出了东北亚类型的变异范围。东北亚类型居民通常具有较长而褊狭的颅型以及颇为宽阔扁平的上面部形态，这些特征与哈克组颅骨之间的差异还是比较显著的。

哈克组落入东亚类型变异范围的有颅长、最小额宽和鼻指数3项，其余项目均超出了东亚类型的界值范围，反映了本文标本与东亚类型二者在基本颅面部形态特征上存在着较为明显的差异。亚洲蒙古人种东亚类型在颅型上具有中颅型、高颅型和狭颅型相结合的颅形特征以及较窄、较为扁平的上面部形态。这些特征与本文标本所反映出的圆颅型、正颅型结合阔颅型的颅型特征及颇为扁平的上面形态特点形成了较为鲜明的差异。

在全部12项比较项目中，哈克组落入南亚类型变异范围的有颅长、最小额宽、颅指数和鼻根指数等4项，其他项目均超出南亚类型的变异范围。本文标本在颅面形态等主要种系特征上与南亚类型相距甚远。

通过上述比较分析可以得出以下结论：以哈克组颅骨为代表的古代居民的基本体质特征可以概括为圆颅型、正颅型结合阔颅型的颅型特征，同时伴有颇为扁平宽阔的上面部形态，这些特征所反映的基本种系特征与北亚蒙古人种类型最为相似，而与东亚类型、东北亚类型和南亚类型之间均存在较大的形态距离。

2. 与亚洲若干近代颅骨组的比较

为了进一步考察哈克组古代居民与现代亚洲蒙古人种各地区居民在种族类型上的渊源关系，我们选择了近代华北组、华南组[1]、爱斯基摩组、蒙古组、通古斯组[2]等 5 个近代颅骨组的 15 项指标与其进行比较，采用计算本文标本与各近代颅骨组之间的欧氏距离系数值[3]的方法来进行定量分析。对比组项目详见表六，计算结果详见表七。

表六　　　　　　　　　　　哈克组颅骨与亚洲各近代颅骨组的比较（男性）

长度：毫米；角度：度；指数：％

马丁号	组别 / 比较项目	哈克组	华北组（步达生）	华南组（哈弗罗）	爱斯基摩组（杰别茨）	蒙古组（杰别茨）	通古斯组（杰别茨）	同种系标准差
1	颅长（g-op）	176.60	178.50	179.90	181.80	182.20	185.50	5.73
8	颅宽（eu-eu）	144.80	138.20	140.90	140.70	149.00	145.70	4.76
17	颅高（ba-b）	129.00	137.20	137.80	135.00	131.40	126.30	5.69*
9	最小额宽（ft-ft）	92.30	89.40	91.50	94.90	94.30	90.60	4.05
45	颧宽（zy-zy）	138.00	132.70	132.60	137.50	141.80	141.60	4.57
51	眶宽（mf-ek）R	37.80L	44.00	42.10	43.40	43.20	43.00L	1.67
52	眶高 R	32.30L	35.50	34.60	35.90	35.80	35.00	1.91
54	鼻宽	24.00	25.00	25.25	24.40	27.40	27.10	1.77
55	鼻高（n-ns）	52.00	55.30	52.60	54.60	56.50	55.30	2.92
8:1	颅指数	81.99	77.56	78.75	77.60	82.00	78.70	2.67
17:1	颅长高指数	73.05	77.02	77.02	〈74.26〉	〈72.12〉	〈68.09〉	2.94
17:8	颅宽高指数	89.09	99.53	97.80	〈95.95〉	〈88.19〉	〈86.68〉	4.30
9:8	额宽指数	63.74	〈64.69〉	〈64.94〉	〈67.45〉	〈63.29〉	〈62.18〉	3.29*
52:51	眶指数 R	85.45L	80.66	84.90	83.00	82.90L	81.50L	5.05
54:55	鼻指数	46.15	45.23	47.40	44.80	48.60	49.40	3.82

说明：1. 标注 "＊" 的采用挪威组同种系标准差，其余采用埃及 E 组（Morant G. M.，A First Study of Tibetan Skull. *Biometrika*. 14,1923.）的同种系标准差。

2. 标注 "〈〉" 内的数值是根据平均数计算的近似值。

3. 用于对比的哈克组的颧宽、鼻指数、鼻宽、鼻高数据来自个体 M3:1。

4. 用于对比的眶宽、眶高和眶指数由于右侧破损，采用左侧的测量值代替。

---

[1] 转引自朱泓、魏东：《内蒙古敖汉旗水泉墓地人骨研究》，《东北、内蒙古地区古代人类的种族类型与DNA》，吉林人民出版社，2006 年。

[2] 韩康信、潘其风：《安阳殷墟中小墓人骨的研究》，《安阳殷墟头骨研究》，文物出版社，1985 年。

[3] 欧氏距离系数计算公式为：$D_{ij}=\sqrt{\dfrac{\sum\limits_{k=1}^{m}(x_{ik}-x_{jk})^2}{m}}$

公式中的 i、j 代表颅骨组，k 代表比较项目，m 代表比较项目数

表七		哈克组与各近代对比组的欧氏距离函数值（Dij 值）			
组别	华北组	华南组	爱斯基摩组	蒙古组	通古斯组
欧氏距离值	5.04	4.20	3.89	3.27	3.90

从表七的计算结果来看，与哈克组形态距离较近的是近代蒙古组，其次为爱斯基摩组和通古斯组，而华北组和华南组与哈克组之间则有不同程度、相对较大的形态距离。

3. 与我国北方地区古代各组、各类型的比较

为详细了解哈克组古代居民与我国古代北方地区各类型居民的关系，探讨他们之间是否有一定的渊源关系，我们选择了东北及内蒙古长城地带先秦时期属于"古华北类型"的庙子沟组和朱开沟组居民、属于"古蒙古高原类型"[1] 的板城 A 组和井沟子组居民，中原地区先秦时期属于"古中原类型"的仰韶文化合并组和庙底沟组古代居民，西北地区属于先秦时期"古西北类型"的柳湾合并组和火烧沟组古代居民[2]，以及同属于呼伦贝尔草原地区的汉代扎赉诺尔组和时代更晚的谢尔塔拉组共 10 个地点的材料来进行对比，详细探讨他们之间的关系。

庙子沟组材料出自内蒙古自治区乌兰察布盟察右前旗境内黄旗海南岸的庙子沟新石器时代遗址，其年代相当于仰韶时代晚期[3]。1985~1987 年间，内蒙古自治区文物考古研究所对该遗址进行了大规模的连续发掘，除获得丰富的文化遗物之外，在遗址中的房屋内以及房屋周围的窖穴中发现了 70 余具人类遗骨。有关学者推测他们可能是一次突发性灾难中的牺牲者[4]。经有关学者对该组人类颅骨的研究，可以看出庙子沟新石器时代居民具有中颅型、高颅型和狭颅型相结合的颅部形态特征，另外还体现出中等褊狭的面形和垂直方向上较为平直的面部和较明显的齿槽突颌性质以及偏低的眶形和中等较阔的鼻形。此外，庙子沟居民还普遍具有较大的鼻颧角，显示出他们面部颇为扁平的特点。在与现代亚洲蒙古人种各区域类型的比较中，他们的多数特征接近于现代东亚蒙古人种，但在较为后倾的前额以及面部扁平度和略高的鼻根部形态上却明显区别于后者，而与现代北亚蒙古人种较为相似[5]。

朱开沟遗址位于内蒙古自治区鄂尔多斯市伊金霍洛旗纳林塔乡的朱开沟村，地处鄂尔多斯高原东部，为青铜时代早期遗存。1977~1984 年间，内蒙古文物考古研究所对该遗址先后进行了 4 次发掘，共清理墓葬 329 座[6]。潘其风先生对该批人骨资料进行研究后指出，朱开沟青铜时代居民的颅面部形态特征为偏短的中颅型，结合高颅型和中颅型，窄额、眶型偏低，鼻型较阔，中等的面宽和面高，鼻颧角普遍较大，反映出他们具有较为扁平的上面部形态。"朱开沟遗址古代居民的体质特征属单一的蒙

---

[1] 张全超：《内蒙古和林格尔县新店子墓地人骨研究》，吉林大学博士学位论文，2005 年。

[2] 朱泓：《体质人类学》，高等教育出版社，2004 年。

[3] 魏坚：《察右前旗庙子沟新石器时代遗址》，《中国考古学年鉴（1987）》，文物出版社，1988 年。

[4] 魏坚：《庙子沟与大坝沟有关问题试析》，《内蒙古中南部原始文化研究文集》，海洋出版社，1991 年。

[5] 朱泓：《内蒙古察右前旗庙子沟新石器时代颅骨的人类学特征》，《人类学学报》第 13 卷第 2 期，1994 年。

[6] 内蒙古自治区文物考古研究所、鄂尔多斯博物馆：《朱开沟—青铜时代早期遗址发掘报告》，文物出版社，2000 年。

古人种，并与东亚（远东）蒙古人种最为接近，同时也含有某些北亚蒙古人种的因素"[1]。

板城组材料出自内蒙古凉城县境内岱海北岸的板城墓地，西距毛庆沟墓地 3 公里。2003 年 5 月至 10 月间，内蒙古文物考古研究所对该墓地进行了抢救性考古发掘，共清理墓葬 67 座，出土了丰富多样的文化遗存。经研究，板城墓地年代大约在春秋晚期。经有关学者对该墓地出土颅骨的研究，认为该组居民在种族特征上可以划分为两组：A 组标本的体质特征为圆颅型、偏低的正颅型、阔颅型，中等偏大的面宽，较大的面部扁平度，低眶型和褊狭的中鼻型，与现代北亚蒙古人种的体质特征较为一致，应当属于先秦时期古代人种类型中的"古蒙古高原类型"；B 组标本的体质特征为：中颅型、高颅型结合狭颅型，中等的面宽，中等的面部扁平度，偏低的中眶型和中鼻型。其形态特征与现代亚洲蒙古人种的东亚类型和南亚类型更为接近，属于先秦时期古代人种类型中的"古中原类型"[2]。用于本文对比的为 A 组的材料。

井沟子组材料出自内蒙古林西县双井店乡敖包吐村井沟子自然村北约 400 米处的井沟子遗址，西北距林西镇约 40 公里，南距双井店乡政府所在地约 7 公里。2002 年 5~7 月，2003 年 8~9 月间内蒙古文物考古研究所与吉林大学边疆考古研究中心联合对该遗址西区墓群进行了抢救性考古发掘，清理墓葬 58 座，其年代初步判断为春秋晚期至战国早期前后。在文化性质分析上，该批墓葬代表了赤峰地区一种新的考古学文化类型[3]。井沟子组材料体现出的主要体质特征为圆颅型、偏低的正颅型和阔颅型，面部高、宽，具有颇大的面部扁平度，平颌、狭额、中鼻型、中眶型和阔腭型等特征。该组材料的基本体质特征与北亚蒙古人种类型最为相似[4]。

仰韶文化合并组包括同属于仰韶文化的半坡组、宝鸡组、华县组和横阵组四个颅骨组的材料。据相关研究者意见，认为以上四组仰韶文化居民在颅骨形态学和测量特征上表现出的同质性比他们之间的变异性更明显，因此将其归并为一组材料来研究[5]。仰韶文化合并组居民在颅面形态特征上表现出具有高而褊狭的颅型，中等的面部扁平程度，偏低的眶型以及低面和阔鼻倾向，使其与现代人群中的华南地区居民显示出更大的可比性。他们应属于先秦时期古代人种类型划分中的"古中原类型"[6]。

庙底沟组材料出自河南省陕县庙底沟新石器时代遗址的庙底沟二期文化墓葬，该遗址共发掘龙山时期墓葬一百四十五座，大部分人骨保存较好，这些墓葬有固定的方向和葬式，均为单人葬。庙底沟二期文化可能是"龙山早期或由仰韶到龙山文化的一种过渡性质的文化"[7]。经过有关学者对出土人骨的研究，认为庙底沟组新石器时代居民与现代亚洲蒙古人种中的远东类型存在较近的关系，在古代组的对比中，该组居民与仰韶文化及大汶口文化各组之间的系数居于密切联系范围，并且与华南近代

〔1〕 潘其风：《朱开沟墓地人骨的研究》，《朱开沟—青铜时代早期遗址发掘报告》，文物出版社，2000 年。

〔2〕 张全超：《内蒙古和林格尔县新店子墓地人骨研究》，吉林大学博士学位论文，2005 年。

〔3〕 吉林大学边疆考古研究中心、内蒙古文物考古研究所：《2002 年内蒙古林西县井沟子遗址西区墓葬发掘纪要》，《考古与文物》2004 年第 1 期。

〔4〕 朱泓、张全超：《内蒙古林西县井沟子遗址西区墓地人骨研究》，《人类学学报》第 26 卷第 2 期，2007 年。

〔5〕 韩康信：《仰韶新石器时代人类学材料种系特征研究中的几个问题》，《史前研究》，1988 年第 2 期。

〔6〕 朱泓：《中原地区的古代种族》，《庆祝张忠培先生七十岁论文集》，科学出版社，2004 年。

〔7〕 中国科学院考古研究所：《庙底沟与三里桥—黄河水库考古报告之二》，科学出版社，1959 年。

组之间关系较为密切[1]。

　　柳湾合并组材料出自青海省乐都县境内的柳湾墓地，在该墓地共发掘清理出包含马家窑文化的半山类型、马厂类型和齐家文化及辛店文化四种不同文化类型的墓葬一千五百多座，该组包括了马厂类型、齐家文化和半山类型三组古代居民颅骨资料，时代从新石器时代到早期青铜时代。据研究者意见，柳湾墓地的半山组、马厂组和齐家组的居民在形态学上没有差别，属于相同的体质类型，将其合并研究。该组居民主要的体质特征表现为长颅型、正颅型结合狭颅型以及高而狭的面型，偏宽的中鼻型，中眶，平颌及中等的齿槽突颌等颅面特征。柳湾合并组的体质特征与现代东亚蒙古人种较为接近，尤其是与东亚类型中的近代华北组关系最为密切。在古代对比组中，其与甘肃河南新石器组、史前混合组和杨家洼组之间的关系较为接近。此外，与殷墟中小墓①组也呈现比较接近的趋势，而与仰韶合并组和西夏侯组之间的关系较为疏远[2]。

　　火烧沟组颅骨材料出自甘肃省玉门市火烧沟清泉遗址，遗址年代大约为公元前 16 世纪。约相当于夏代或早商阶段。其文化定名为"火烧沟类型"，被认为可能是羌族的一支[3]。据相关研究者意见，火烧沟组居民的体质特征与现代亚洲蒙古人种东亚类型最为接近，与其他古代人群比较时，其形态特征与步达生的甘肃史前组和安阳殷墟中小墓组最为接近，而与仰韶合并组有较大的形态距离[4]。

　　扎赉诺尔组材料出自内蒙古自治区呼伦贝尔盟新巴尔虎右旗的木图那雅河东岸坡地的扎赉诺尔汉代墓地，1959 年和 1960 年，内蒙古文物工作队先后进行了两次调查和发掘，共清理墓葬 31 座[5]，采集到成年颅骨 9 例。时代上大约相当于东汉时期，从出土遗物分析，该墓地是以游牧为主的古代民族的墓葬遗迹。关于扎赉诺尔墓群的族属问题，多数学者倾向认为是鲜卑族的遗存。经潘其风、韩康信对出土人骨的研究，认为扎赉诺尔古代居民的颅面形态具有阔颅、宽阔及极为扁平的面部等形态特征，体质特征可能是以西伯利亚（北亚）蒙古人种和北极（东北亚类型）蒙古人种的混血类型为主，同时在某些个体上显示出较强烈的西伯利亚蒙古人种的性状，个别的甚至还可以看到某种程度的东亚蒙古人种的因素[6]。1986 年，内蒙古文物考古研究所对扎赉诺尔墓地又进行了第三次发掘，清理墓葬 15 座，朱泓经过对出土的 8 例颅骨的研究，认为第三次发掘材料具有低而阔的颅型与长宽比例上的中颅型相结合，较宽、高并且颇为扁平的面部形态，主要接近于西伯利亚蒙古人种，此外，与北极、东亚蒙古人种在某些个别体质因素上或许也存在着不同程度的联系[7]。后朱泓又根据扎赉诺尔居民体质特征的不同，将三次发掘的颅骨材料划分为两个体质形态特征差异较明显的颅骨组，即扎赉诺尔 A 组和

〔1〕韩康信、潘其风：《陕县庙底沟二期文化墓葬人骨的研究》，《考古学报》1979 年第 2 期。
〔2〕潘其风、韩康信：《柳湾墓地的人骨研究》，《青海柳湾——乐都柳湾原始社会墓地》附录一，文物出版社，1984 年。
〔3〕甘肃省博物馆：《甘肃省文物考古工作三十年》，《文物考古工作三十年》，文物出版社，1979 年。
〔4〕韩康信、谭婧泽、张帆：《甘肃玉门火烧沟古墓地人骨的研究》，《中国西北地区古代居民种族研究》第二部分，复旦大学出版社，2005 年。
〔5〕A. 内蒙古文物工作队：《内蒙古扎赉诺尔古墓群发掘简报》，《考古》1961 年第 12 期。
　　B. 郑隆：《内蒙古扎赉诺尔古墓群调查记》，《文物》1961 年第 9 期。
〔6〕潘其风、韩康信：《东汉北方草原游牧民族人骨的研究》，《考古学报》1982 年第 1 期。
〔7〕朱泓：《扎赉诺尔汉代墓葬第三次发掘出土颅骨的初步研究》，《人类学学报》第 8 卷第 2 期，1989 年。

B组。A组颅骨以低而阔的颅形结合宽而扁平的面形为基本体质特征；B组主要颅面部形态特征为中等的颅高、较阔的颅形结合较为扁平的面部和略窄的鼻形[1]。考虑到扎赉诺尔组颅面部主要形态特征上存在的相似性以及在考古学文化上表现出的一致性，朱泓先生建议将其合并为一组，本文对比数据就是三次发掘所得颅骨数据合并之均值[2]。

谢尔塔拉墓地位于海拉尔区东北约 15 公里、南距海拉尔河约 2 公里的台地上。1997 年、1998 年秋季，中国社会科学院考古研究所内蒙古工作队、呼伦贝尔民族博物馆和海拉尔区文物管理所联合对该墓地进行了调查与发掘，清理了 10 座墓葬，出土了金、银、铜、铁、陶和桦树皮器等多种文物和人骨标本，被认为是一种新发现的北方草原民族的文化遗存，年代相当于公元 9～10 世纪。经有关学者对该墓地出土人骨的研究，认为谢尔塔拉组人骨材料体现出的基本体质特征为短阔颅型、正颅、低颅以及中鼻型、趋高的中等眶型，中颌型，扁平宽阔的上面部形态等颅面特征，与亚洲蒙古人种的北亚类型最为接近[3]。

用于比较所选的项目及对比组数据见表八，采用计算哈克组与各古代组之间的欧氏距离系数的方法进行定量分析，并根据欧氏距离系数绘制出聚类图，所有的统计分析都在 SPSS16.0 for windows 下完成，所有用于统计分析的数据均经过标准化。比较结果见表九和图一一七。

表八　　　　　　　　　哈克组与古代各颅骨组的比较（男性）

长度：毫米；角度：度；指数：％

比较项目＼组别	哈克组	庙子沟组	朱开沟组	板城 A 组	井沟子组	仰韶合并组
颅长	176.60	177.63	179.07	178.46	184.43	180.70
颅宽	144.80	137.03	139.89	146.85	147.88	142.56
颅高	129.00	140.93	138.10	127.88	131.50	142.53
最小额宽	92.30	90.36	90.84	91.00	93.83	93.64
鼻颧角	148.00	149.81	149.32	150.50	153.57	146.17
颅指数	81.99	77.22	78.22	82.33	80.39	79.10
颅长高指数	73.05	79.57	77.58	71.76	71.76	78.62
颅宽高指数	89.09	102.95	98.57	87.13	89.51	99.41
眶指数 R	85.45L	74.94	76.00	75.86	75.88	77.18
鼻指数	46.15	49.90	51.74	47.36	47.99	52.08
额宽指数	63.74	66.03	64.18	62.13	61.77	65.59
比较项目＼组别	庙底沟组	柳湾合并组	火烧沟组	扎赉诺尔组	谢尔塔拉组	同种系标准差
颅长	179.43	185.93	182.78	185.65	177.20	5.73
颅宽	143.75	136.41	138.78	147.84	150.80	4.76
颅高	143.17	139.38	139.27	130.64	127.10	5.69*
最小额宽	93.69	90.30	90.06	93.57	88.70	4.05
鼻颧角	147.56	146.49	145.07	147.76	151.40	—

[1] 朱泓：《从扎赉诺尔汉代居民的体质差异探讨鲜卑族的人种构成》，《北方文物》1989 年第 2 期。
[2] 张敬雷：《青海省西宁市陶家寨汉晋时期墓地人骨研究》，吉林大学博士学位论文，2008 年。
[3] 张君：《谢尔塔拉墓地的人骨初析》，《海拉尔谢尔塔拉墓地》，科学出版社，2006 年。

续表八

比较项目　　　　组别	哈克组	庙子沟组	朱开沟组	板城A组	井沟子组	仰韶合并组
颅指数	80.31	73.92	75.90	79.68	80.60	2.67
颅长高指数	77.64	74.74	76.12	70.41	71.80	2.94
颅宽高指数	99.47	100.96	100.66	88.38	91.90	4.30
眶指数R	77.71	78.46	78.45	79.18	83.20	5.05
鼻指数	50.15	49.09	49.92	47.68	48.70	3.82
额宽指数	〈65.18〉	65.94	64.89	〈63.31〉	〈58.82〉	3.29*

说明：1. 标有"＊"的采用挪威组同种系标准差，其余采用莫兰特埃及E组的同种系标准差。

　　　2. 标注"〈〉"内的数值是根据平均数计算的近似值。

　　　3. 用于对比的哈克组鼻指数数据来自个体M3:1。

　　　4. 用于对比的哈克组眶指数由于右侧破损，采用左侧的测量值代替。

表九　　　　　　　　　哈克组与其他古代组的组间欧氏距离系数矩阵

组名	哈克组	庙子沟组	朱开沟组	板城A组	井沟子组	仰韶合并组	庙底沟组	柳湾合并组	火烧沟组	扎赉诺尔组	谢尔塔拉组
哈克组	0.00										
庙子沟组	7.37	0.00									
朱开沟组	5.74	2.15	0.00								
板城A组	3.28	7.56	5.72	0.00							
井沟子组	4.41	7.09	5.25	2.65	0.00						
仰韶合并组	6.49	2.92	2.20	6.80	6.02	0.00					
庙底沟组	6.19	3.07	2.40	6.55	5.78	1.04	0.00				
柳湾合并组	7.02	3.49	3.27	7.44	6.51	3.58	4.01	0.00			
火烧沟组	6.31	2.82	2.27	6.80	6.15	2.49	2.93	1.52	0.00		
扎赉诺尔组	3.69	7.59	5.69	2.97	2.20	6.14	6.03	6.32	5.96	0.00	
谢尔塔拉组	3.19	7.99	6.22	3.25	4.04	7.19	6.85	7.80	7.03	4.07	0.00

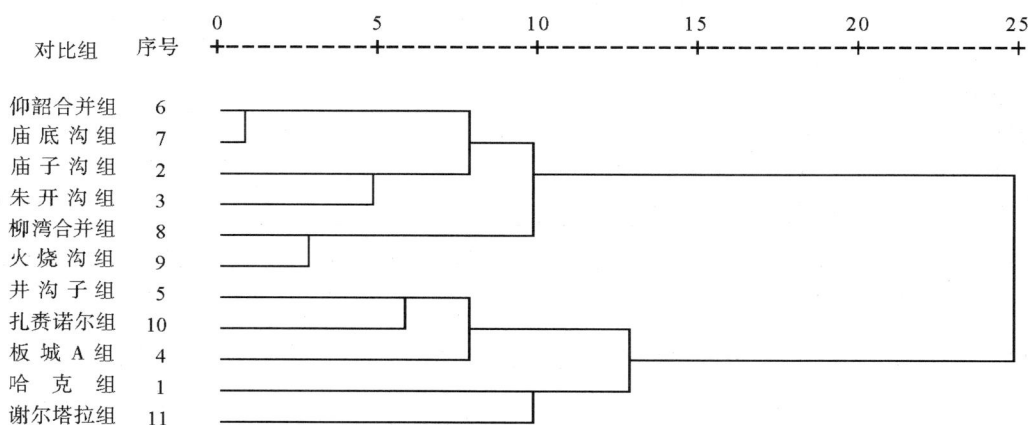

图一一七　哈克组古代居民与其他组古代居民组间联系的树状聚类图

　　图一一七很直观的反映出哈克组古代居民与其他相关古代居民之间的关系，在刻度小于15的范围内，11个古代颅骨组大致可以区分为两个聚类群，第一聚类群包括仰韶文化合并组、庙底沟组、庙子沟组、朱开沟组、柳湾合并组和火烧沟组。第二聚类群包括井沟子组、扎赉诺尔组、板城A组、哈克

组和谢尔塔拉组。可以看出，哈克组与同属于呼伦贝尔草原地区的谢尔塔拉组、扎赉诺尔组以及内蒙古中南部等地区的板城 A 组和井沟子组应有较近的亲缘关系。这也许在一定程度上表明哈克组古代居民的主要颅面特征与"古蒙古高原类型"居民有更多的相似之处。同时，哈克组与谢尔塔拉组古代居民首先聚类可能说明了哈克组新石器时代居民的体质因素在呼伦贝尔草原地区可能要延续到公元 9～10 世纪谢尔塔拉居民生活的年代。

（三）小结

经过对哈克遗址出土古人骨的研究，主要有以下几点收获。

（1）经过对颅骨标本的观察与测量，哈克组古代居民的基本体质特征可以概括为圆颅型，正颅型结合阔颅型，狭额，中腭，正颌，中眶，狭鼻倾向及颇为扁平的上面部形态等特征。表现出更多的亚洲蒙古人种的形态特征（表一〇）。

（2）通过与现代亚洲蒙古人种各区域类型的比较，哈克组颅骨所反映的基本体质特征与北亚蒙古人种类型最为相似，而与东亚、东北亚和南亚类型之间均存在较大的形态距离。

（3）通过与亚洲各近代颅骨组之间欧氏距离函数值的比较，哈克组与近代蒙古组之间有较近的形态距离，其次为爱斯基摩组和通古斯组，而与华北组、华南组则有不同程度、相对较大的形态距离。

（4）通过与北方地区古代各组的聚类分析，可以看出哈克组与同属于呼伦贝尔草原地区的扎赉诺尔组、谢尔塔拉组等有较近的亲缘关系，而哈克组先民与扎赉诺尔组、谢尔塔拉组居民体质特征的一致性很可能反映出这种圆颅型、正颅型结合阔颅型，伴有颇为扁平的上面部形态的体质特征正是东汉时期扎赉诺尔先民，公元 9～10 世纪的谢尔塔拉先民的祖先类型之一。在呼伦贝尔草原地区，这种体质类型居民可能较少受到来自其他地区古代人群基因交流的影响，直到公元 10 世纪时期，仍很好的保留了其基本的体质因素。

（5）从颅骨测量以及聚类分析结果还可以看出，哈克组古代居民颅骨上所体现出来的这种圆颅型、正颅型结合阔颅型的颅形特点，以及颇为扁平的上面形态等颅面特征与"古蒙古高原类型"的井沟子组、板城 A 组有较多的相似性，这也许表明哈克组古代居民的基本体质特征应当划属到"古蒙古高原类型"居民的范畴。

表一〇　　　　　　　　　　　哈克新石器时代颅骨个体测量表

长度：毫米；角度：度；指数：％

马丁号	个体号	M1	M3:1	M3:2	M2:3a	M2:4
	性别	男	男	女	男?	女?
	年龄	35±	20±	20±	20±	35±
	测量项目					
	径线及弧线项目					
1	颅骨最大长（g-op）	176.60	172.30*	—	—	—
5	颅基底长（n-enba）	99.70*	98.80*	—	—	—
7	枕骨大孔长（ba-o）	34.80	37.00	36.00	—	—

马丁号	测量项目	M1 男 35±	M3:1 男 20±	M3:2 女 20±	M2:3a 男? 20±	M2:4 女? 35±
8	颅骨最大宽（eu-eu）	144.80	140.50*	—	—	—
9	最小额宽（ft-ft）	92.30	—	102.00	—	—
11	耳点间宽（au-au）	—	—	—	—	—
12	枕骨最大宽（ast-ast）	113.40	108.80	—	—	—
16	枕骨大孔宽	25.80	29.00	29.80	—	—
17	颅高（ba-b）	129.00	138.80	—	—	—
21	耳上颅高（po-po）	—	—	—	—	—
23	颅周长（g，op）	—	—	—	—	—
24	颅横弧（po-b-po）	—	—	—	—	—
25	颅矢状弧（arc n-o）	361.00	—	—	—	—
26	额骨矢状弧（arc n-b）	125.00	132.00	—	—	125.00
27	顶骨矢状弧（arc b-l）	124.00	115.00	105.00	—	120.00
28	枕骨矢状弧（arc l-o）	111.00	—	—	—	—
29	额骨矢状弦（chord n-b）	111.00	116.00	—	—	113.00
30	顶骨矢状弦（chord b-l）	107.50	101.00	93.00	—	106.50
31	枕骨矢状弦（chord l-o）	93.70	—	—	—	—
40	面基底长（pr-enba）	—	96.30	—	—	—
43	上面宽（fmt-fmt）	105.20	—	107.30	—	—
43（1）	两眶内宽（fmo-fmo）	94.80	—	97.80	—	—
FS	鼻根点至两眶内宽之矢高（sub. fmo-n-fmo）	13.00	—	10.00	—	—
44	两眶宽（ec-ec）	95.50	99.00	—	—	—
45	颧宽（zy-zy）	—	138.00	—	—	—
46	中面宽（zm-zm）	—	100.50	—	—	—
47	全面高（n-gn）	—	—	—	—	—
48	上面高（n-pr）	—	68.00*	—	—	—
48	（n-sd）	—	70.50*	—	—	—
49a	眶内缘点间宽（d-d）	—	—	—	—	—
50	前眶间宽（mf-mf）	—	21.00	16.30	—	—
51	眶宽（mf-ek）L	37.80	39.00	—	—	—
51	R	—	41.00	44.00	—	—
51a	眶宽（d-ek）L	—	—	—	—	—
51a	R	—	—	41.00	—	—
52	眶高 L	32.30	—	—	—	—
52	R	—	—	36.00	—	—

马丁号	个体号 性别 年龄 测量项目	M1 男 35±	M3：1 男 20±	M3：2 女 20±	M2：3a 男？ 20±	M2：4 女？ 35±
54	鼻宽	—	24.00	—	—	—
55	鼻高（n-ns）	—	52.00	—	—	—
SC	鼻骨最小宽	9.50	9.00	—	—	—
SS	鼻骨最小宽高	2.80	1.30	—	—	—
60	上颌齿槽弓长（pr-alv）	—	46.00	46.00	—	—
61	上颌齿槽弓宽（ecm-ecm）	—	68.50	61.20	67.00	—
62	腭长（ol-sta）	—	42.00	38.00	—	—
63	腭宽（enm-enm）	36.80	35.00	34.20	43.00	—
MH	颧骨高（fmo-zm）L	44.50	45.00	49.80	—	—
	R	43.80	—	47.20	—	—
MB	颧骨宽（zm-rim.orb）L	26.00	—	28.00	—	—
	R	26.70	27.00	26.20	—	—
65	下颌髁突间宽（cdl-cdl）	—	—	—	—	—
66	下颌角间宽（go-go）	107.00	—	102.00	—	—
67	颏孔间宽	47.50	—	47.00	—	—
68	下颌体长	79.50	—	69.00	—	—
68（1）	下颌体最大投影长	—	—	—	—	—
69	下颌联合高（id-gn）	36.40	—	29.00	—	—
MBH	下颌体高Ⅰ（颏孔位）L	32.30	—	28.50	—	—
	R	33.30	30.00	—	—	—
MBH	下颌体高Ⅱ（臼齿位）L	27.20	—	26.00	—	—
	R	28.20	27.00	25.50	—	—
MBT	下颌体厚Ⅰ（颏孔位）L	16.00	—	15.00	—	—
	R	16.30	15.60	—	—	—
MBT	下颌体厚Ⅱ（臼齿位）L	15.50	—	22.00	—	—
	R	16.60	21.00	22.00	—	—
70	下颌支高 L	—	—	—	—	—
	R	51.00	—	46.00	—	—
71	下颌支宽 L	—	—	—	—	—
	R	44.20	—	44.20	—	—
71a	下颌支最小宽 L	37.10	—	—	—	—
	R	36.00	—	35.00	—	—
79	颏孔间弧	55.00	—	53.00	—	—
	下颌角	118.00	—	125.00	—	—
	角度项目					
32	额侧角Ⅰ（n-m FH）	—	—	—	—	—

马丁号	个体号 性别 年龄 测量项目	M1 男 35±	M3：1 男 20±	M3：2 女 20±	M2：3a 男？ 20±	M2：4 女？ 35±
	额侧角Ⅱ（g-m FH）	—	—	—	—	—
	前囟角（g-b FH）	—	—	—	—	—
72	总面角（n-pr FH）	—	—	—	—	—
73	鼻面角（n-ns FH）	—	—	—	—	—
74	齿槽面角（ns-pr FH）	—	—	—	—	—
75	鼻梁侧角（n-rhi FH）	—	—	—	—	—
72~75	鼻梁角	—	—	—	—	—
77	鼻颧角（fmo-n-fmo）	148.00	—	—	—	—
SSA	颧上颌角（zm-ss-zm）	—	134.00	—	—	—
	上齿槽点角（n-pr-ba）	—	—	—	—	—
	鼻根点角（pr-n-ba）	—	—	—	—	—
	颅基底角（n-ba-pr）	—	—	—	—	—
	指数项目					
8：1	颅长宽指数	81.99	81.54*	—	—	—
17：1	颅长高指数	73.05	80.56*	—	—	—
17：8	颅宽高指数	89.09	98.79*	—	—	—
21：1	颅长耳高指数	—	—	—	—	—
9：8	额宽指数	63.74	—	—	—	—
16：7	枕骨大孔指数	74.14	78.38	82.78	—	—
40：5	面突指数	—	97.47*	—	—	—
45：8	颅面宽指数	—	98.22*	—	—	—
47：45	全面指数	—	—	—	—	—
48：17	垂直颅面指数 pr	—	48.99*	—	—	—
	sd	—	50.79*	—	—	—
48：45	上面指数（K）pr	—	53.13*	—	—	—
	sd	—	55.08*	—	—	—
48：46	中面指数（V）pr	—	67.66*	—	—	—
	sd	—	70.15*	—	—	—
52：51	眶指数ⅠL	85.45	—	—	—	—
	R	—	—	81.82	—	—
52：51a	眶指数ⅡL	—	—	—	—	—
	R	—	—	87.80	—	—
54：55	鼻指数	—	46.15	—	—	—
54：51	鼻眶指数 L	—	61.54	—	—	—
	R	—	58.54	—	—	—
54：51a	鼻眶指数 L	—	—	—	—	—
	R	—	—	—	—	—
SS：SC	鼻根指数	29.47	14.44	—	—	—

马丁号	个体号 性别 年龄 测量项目	M1 男 35±	M3：1 男 20±	M3：2 女 20±	M2：3a 男? 20±	M2：4 女? 35±
61：60	上颌齿槽弓指数	—	148.91	133.04	—	—
63：62	腭指数	—	83.33	—	—	—
68：65	下颌骨指数	—	—	—	—	—
71：70	下颌支指数 L	—	—	—	—	—
	R	86.67	—	96.09	—	—
45：(1+8)/2	横颅面指数	—	—	—	—	—
17：(1+8)/2	高平面指数	—	—	—	—	—

说明：标注 * 为残破，参考值。

第七章　动物遗骸

一　动物种属鉴定

（一）种类分类

哈克遗址发掘所获得动物遗骸中可鉴定标本（NISP）计有 2087 件，重 16134.1 克。动物种类分类如下。

软体动物　Mollusca

　　　　无齿蚌　*Anodonta* sp.

　　　　圆顶珠蚌　*Unio douglasiae*（Grittith et. Pidgeon，1833）

　　　　珍珠蚌　*Margaritifena* sp.

脊椎动物　Vertebrata

　硬骨鱼纲　Osteichthyes

　　　　鲤鱼　*Cyprinus carpio*

　　　　草鱼　*Ctenopharyngodon idellus*

　鸟纲　Aves

　　雁形目　Anseriformes

　　　　鸭　*Anas* sp.

　　　　雁　*Anser* sp.

　　隼形目　Falconiformes

　　　　隼　*Falco* sp.

　　　　鹰　*Accipiter* sp.

　　　　雕　*Aquila* sp.

　　鸡形目　Galliformes

　　　　雉　*Phasianus* sp.

　　　　马鸡　*Crossoptilon* sp.

　　鹳形目　Ciconiiformes

　　　　池鹭　*Ardeola bacchus*

　　　　鹭　*Ardea* sp.

　　　　鹳　*Ciconia* sp.

　　鸻形目　Charadriiformes
　　　鹬　*Tringa* sp.
哺乳动物纲　Mammalia
　食肉目　Carnivora
　　犬科　Canidae
　　　貉　*Nyctereutes procynoides*
　　　狐　*Vulpes vulpes*
　　　狗　*Canis familiaris*
　　鼬科　Mustelidae
　　　狗獾　*Meles meles*
　　　黄鼬　*Mustela sibirica*
　奇蹄目　Perissodactyla
　　马科　Equidae
　　　马　*Equus przewalskyi*
　　　驴　*Equus asinus*
　偶蹄目　Artiodactyla
　　鹿科　Cervidae
　　　马鹿　*Cervus elaphus*
　　　狍　*Capreolus* sp.
　　牛科　Bovidae
　　　野牛　*Bison* sp
　　　黄牛　*Bos taurus*
　　　羊　*Caprinae*
　　猪科　Suidae
　　　野猪　*Sus scrofa*
　兔形目　Lagomorpha
　　兔科　Leporidae
　　　野兔　*Lepus* sp.
　啮齿目　Rodentia
　　仓鼠科　Cricetidae
　　　仓鼠　*Cricetulus* sp.

（二）分类概述

1. 软体动物

主要是贝壳残块，种类有无齿蚌、圆顶珠蚌和珍珠蚌（图版二七，1～3）。

2. 脊椎动物

（1）硬骨鱼纲

鱼的骨骼有脊椎骨、肋骨和头骨残块，计有 324 件，重 332 克。由于骨骼很破碎，很难鉴定种属，根据咽齿看有鲤鱼和草鱼。

（2）鸟纲

鸟的骨骼主要是肢骨残段，共有 210 件，重 275.7 克。根据保存较完整的喙骨、肱骨、桡骨、腕掌骨、胫跗骨、锁骨和胸骨鉴定种类至少有鸭、雁、隼、鹰、雕、雉、马鸡、池鹭、鹭、鹳和鸥等 11 种（图版二八，1～9），鸟的喙骨和肱骨测量数据见表一一。

（3）哺乳动物纲

A. 食肉目　保存较好的标本计有 315 件，重 980.1 克。种类有貉、狐、狗、狗獾和黄鼬。

貉：可鉴定标本，有寰椎、下颌骨和上颌骨残块。04T5-T6⑦：588，貉左侧下颌骨，保存M1-M2，M1 长 23.1、宽 13.1 毫米（图版二七，4）。

狐：可鉴定标本 201 件。有肢骨、脊椎骨和残上下颌骨等（图版二七，5；图版二九，8）。上下颌骨测量数据见表一二和表一三。

表一一		鸟喙骨和肱骨测量表				长度单位：毫米	
标本编号	骨骼名称	种属	左/右	最大长	近端宽	远端宽
04T5F1：A8	喙骨	鸭	右	51.4	10.9	21.6
03T1-T2⑦：1349	喙骨	隼	左	33.3	7.3	14.2
03T1-T2⑤：545	喙骨	马鸡	左	58.6	12.1	18.8
04T5⑦：1663	肱骨	雕	左			24.3
04T5-T6⑦：652	肱骨	雉	左		20.1	
04T5-T6⑦：667	肱骨	池鹭	左	78	14.5	10.4
04T5-T6⑦：636	肱骨	鹭	右	85.8	18.1	12.2
04T5-T6⑦：603	肱骨	鸥	右	61.2	10.2	8.9
04T5⑦：1663	肱骨	雕	左			24.3

表一二					狐下颌骨测量表			长度单位：毫米	
标本编号	左/右	犬齿槽后缘-M3	P1-M3	P1-P4	M1-M3	M1 长	M1 宽	P2 后下颌高	M1 后下颌高
04T1-T2⑦：486	左	67.2	63.9	37.4	26.4	16.3	6.4	14.4	14.7
04T1-T2⑦：483	左		64.4	34.5	29.4	15.2	6.5		
04T1-T2⑦：309	左				28.8	17.4	6.7		16.3
04T1-T2⑦：410	左					15.6	6		13.9
04T1-T2⑦：296	右	67.2	64.7	36.1	29.2	16.6	6.7	13.7	14.3
04T1-T2⑦：490	右		63.7	36.6	29.1	16.5	6.4	12.7	
04T1-T2⑦：485	右	67.7	63.6	37.5	27.2	16.3	6.1	13.7	15.3
04T1-T2⑦：484	右		62	35.1	27.5	15.6	6.2		13.7
04T1-T2⑦：1474	左					16.6	6.4		
04T1-T2⑦：1309	右					15.4	6		
04T1-T2⑦：1419	右				26.1	15.3	5.9		13.4

表一三　　狐上颌骨测量表　　长度单位：毫米

标本编号	保存部位	左/右	P4长	P4宽	M1-M2
04T1-T2⑦:488	P4-M2	右	14.4	7.5	14.5
04T1-T2⑦:487	P2-M2	左	13.5	7.1	16.3
04T1-T2⑦:489	P4-M2	右	13.5	7.3	16.2

狗：可鉴定标本21件。有头骨残块、下颌骨、枢椎、肱骨、桡骨、股骨、胫骨等。03T1-T2⑥:2314，狗右侧下颌骨，保存C-M3，带P3-M2。P4后附尖与M1下前尖的外侧叠压，下颌骨颏孔3个，其中前面一个颏孔在P2下方，颏孔圆，后一个颏孔与前一个颏孔相距13.3毫米，两个颏孔之间有一个很小的颏孔（图版二七，6）。P4后与M1前重叠以及颏孔的特征与狗的相同而与狼的不同，狼的下颌骨P4与M1前后排列，下颌骨颏孔为长圆形，紧靠其后有一个很小的孔。犬齿槽后缘到M3齿槽后缘长76.8毫米，P1-M3长74.5毫米，P1-P4长40.8毫米，M1-M3长35.9毫米，M1长22.8、宽9.1毫米。

狗獾：可鉴定标本31件。有头骨、下颌骨、肩胛骨、肱骨、桡骨、尺骨、股骨、跟骨和距骨等。03T1-T2⑦:2362，狗獾头骨，保存基本完整（图版三〇，1），测量数据见表一四。04T5⑦B:1716和04T5⑦B:1715是一件保存有左侧和右侧的狗獾下颌骨（图版三〇，2）。狗獾下颌骨测量数据见表一五。

黄鼬：可鉴定标本4件。为左下颌骨和前颌骨残块。03T1-T2⑥:2293，黄鼬左侧下颌骨，保存P2-M1段，仅存M1（图版三〇，5）。黄鼬下颌骨测量数据见表一六。

表一四　　狗獾头骨测量表　　长度单位：毫米

标本编号	颅全长	颅基长	基长	腭长	颧宽	眶间宽	后头宽	鼻骨长	听泡长	齿列长	C前缘-M1	C后缘-M1	P2-P4	M1长	M1宽	左/右
03T1-T2⑦:2362	130.7	121.5	112.6	65.5	72.7	残	58.7	残	27.5	49.7	40.6	33.4	18	13.2	10.8	左
									28.6		40.8	33.6	18.6	13.1	10.9	右

表一五　　狗獾下颌骨测量　　长度单位：毫米

标本编号	保存部位	左/右	I1-髁突长	I1-M2	C后缘-M2	P2-M2	P2-P4	M1-M2	M1长	M1宽	P3后下颌高	M1后下颌高	下颌枝高
04T5⑦B:1716	完整	右	82.7	56.1	41.2	39.3	16.9	22.7	16.1	7.5	16.3	18.5	39
04T5⑦B:1715		左	82.6	55	41.4	38.9	17.1	22.4	16.2	7.5	16.1	18.1	残
03T1-T2⑥:2292	C—髁突	左				39.1	17.9	22.2	16.9	7.8	16.9	18.5	残
03T1-T2⑤:2252	M1-枝	左						22.4	17.1	7.9			36.4
04T5-T6⑦:612	C—M1	左					15.9		17.9	8.2	14.8		
04T1-T2 H4:60	完整	左	78.7	54.4	40.3	39.3	16.1	23.4	17.5	7.6	14.9	17.4	34.5

表一六　　黄鼬下颌骨测量表　　长度单位：毫米

标本编号	保存部位	左/右	I1-M2	C-M2	P2-P4	M1-M2	M1长	M1宽
03T1-T2⑥:2293	P2-M1	左			9.5		8.9	3.3
04T5-T6⑦:645	I3-M，仅存M1	右	23.4	18.1	8.3	9.4	7.9	残

表一七				马中间指（趾）骨测量与身高推算表			长度单位：毫米
标本编号	最大长（GL）	近端宽（Bp）	远端宽（Bd）	骨干最小宽（SD-SD）	以指骨推算身高（厘米）	以趾骨推算身高（厘米）	平均身高（厘米）
04T5-T6X④:136	42.2	43.6	41.1	37.9	129.6	123.5	126.6
04T5-T6X⑥:405	42.7	41.6	38.8	35.4	131.2	125.1	128.2
04、07T5-T6 XM3:26	42.1	45.2	41.6	37.6	129.3	123.2	126.3

B. 奇蹄目

a. 马：可鉴定标本34件，有头骨残块、上下颊齿残块、肋骨残块、髋骨残块、桡骨下端、掌骨残块、跖骨残块、距骨、跟骨、中央跗骨、跖骨、指骨和趾骨等。保存完好的标本有距骨、跟骨、中央跗骨和指（趾）骨。我们参照林田重幸、山内忠平[1]有关从马骨长度推算身高的方法推算马的身高，测量数据和推算马身高的结果如下：04T5⑤:675，右侧距骨，最大宽（GB）48.1、距骨内侧部长（LmT）53.9、最大高（BFd）43.6毫米。马身高117.3厘米。马的中间指（趾）骨测量和推算身高见表一七。04T5-T6X⑥:407，右侧中央跗骨，最大宽（GB）52.6毫米。04T5-T6X⑥:389～401，是同一匹马右侧的跟骨、距骨、中央跗骨、第3跗骨和第3跖骨的上端，在跟骨结节的前后面留有砍痕，显然是肢解动物所留下的，因而是当时人类吃后遗弃的（图版三〇，3）。03T1-T2④:2069，马左侧下颊齿，长28.1毫米。

b. 驴：仅有两件标本。04T3⑥:537，驴第1节指骨，最大长73.2毫米，近端宽40.5、远端宽33.1毫米。04T3⑥:536，驴左侧上颊齿，长22.7毫米。

C. 偶蹄目

a. 马鹿：可鉴定标本16件，主要有桡骨、尺骨、股骨、胫骨、掌骨以及跟骨、距骨和指（趾）骨等。04T5-T6X④:133，马鹿左侧股骨下端残段，下端宽88.9、长118.1毫米。04T6⑤:313，马鹿掌骨下端残块，下端宽45.6、长30.9毫米。04T1-T2JS2:12，马鹿右侧桡骨下端残块，下端宽49.4、长37.4毫米。04T5-T6⑥:198，马鹿右侧距骨，外侧长66、前宽42.7毫米。

b. 狍：可鉴定标本172件，有残头骨、角残块、脊椎骨及肢骨等。04T5-T6⑦:622，狍残头骨，保存部分颅顶及颅后，无角，为雌性个体。04T3④:14，狍残角，保存角柄及角环和部分角（图版三〇，4）。04T1-T2⑦:1353，狍右侧下颌骨残块，带M1-M3，P2-M3齿列长73.2、P2-P4长28.7、M1-M3长45.1、M3长19.2、宽9.7毫米（图版三〇，6）。04T5-T6⑦:614，狍上颌骨，保存左右颊齿齿列，其中右侧M3残。左侧P2-M3长72.6、P2-P4长36.5、M1-M3长41.4、M3长13.7毫米（图版二九，1）。遗址出土的狍上、下颌骨颊齿齿列的长度与现生东北狍的大小相似，现生东北狍的下颊齿齿列平均长72.1毫米（♂）和72.2毫米（♀），上颊齿长64.3毫米（♂）和64.1毫米（♀）[2]。04T5-T6⑦:627，狍左侧髋骨。狍的髋骨有明显的性别差异，雄性的耻骨联合面几乎为椭圆形，雌性的

---

〔1〕　Shigeyuki Hayashida，Chuhe Yamauchi. 1957. Deduction of withers heigth from the length of the bone in the horse(馬における骨長より体高の推定法)．Bulletin of the Faculty of Agriculture，Kagoshima University，6：146－156.

〔2〕　盛和林等著：《中国鹿类动物》第236页，华东师范大学出版社，1992年。

细而窄，几乎成S形[1]。04T5-T6⑦:627，耻骨联合面宽，近似椭圆形，为雄性个体（图版二九，2）。

　　c. 野牛和黄牛：可鉴定标本共79件，标本残破，有上下颌残块、脊椎骨和肋骨残块以及肢骨残块等。从保存较好的肢骨和上下颌骨看，可以分为了大小两种。

　　体型较大的牛有如下标本。04T1-T2JS2:1，牛左侧桡骨下端，宽105.2、长56.7毫米。04T1-T2JS2:6，牛右侧跟骨，长170、宽62、高68毫米。04T5-T6⑦:499，牛右侧距骨外侧长81.7、内侧长73.4、远端宽54.4、内侧厚42.5、外侧厚43.3毫米，稍小于或接近于吉林榆树采集的野牛距骨，后者外侧长82.4～90.3、内侧长74.5～82.4、宽47.8～55.8毫米[2]。04T5⑤674，牛掌骨下端，下端宽82.5、长42.3毫米，其大小在吉林周家油采集的野牛掌骨下端测量数据区间，后者的下端宽73.5～93毫米[3]。04T1-T2⑤:509，牛第1趾骨，长73.2毫米，近端长44.5、宽38.7毫米。04T1-T2⑤:510，牛第1趾骨，长74.9毫米，近端长45.5、宽40.8毫米。04T5F1:A19，牛右侧上颌骨P4-M1残段，带P4和M1（图版二九，3）。04T5-T6⑦:706，牛左侧上颌骨P4-M1残段，带P4和M1。这两件标本的牙齿磨蚀程度相似，P4均刚开始磨蚀，可能为同一个体。M1嚼面成长方形，右侧M1长31.6、宽22.3毫米；左侧M1长31.5、宽22.6毫米，其特征和大小与东北野牛相似，后者M1长32.5、宽24.3毫米[4]。

　　体型较小的牛有如下标本。04T5F1:15，牛左侧上颌骨M1-M3残段，带M1-M3，M1-M3长70.8毫米，M1长20.2、宽19.4毫米；M2长25.6、M3长25.7毫米。M1的嚼面呈方形，前后两叶向后斜，牙齿比04T5F1:A19明显小，牙齿的特征和大小与黄牛相似（图版二九，4）。04T6⑤:314，牛右侧中央跗骨，最大宽72.1、长65.7毫米，小于吉林五棵树采集的野牛中央跗骨，后者宽84、长66毫米[5]。

　　由于没有发现牛角和头骨，确定种属较为困难，但掌骨、跟骨、距骨和中央跗骨的特征明显不同于水牛，根据牙齿和骨骼的大小比较，体型较大的牛很可能是一种野牛（Bison sp.），而体型较小的牛是黄牛（Bos taurus）。

　　d. 羊：仅有1件。04T4GH1:34，右下M2牙齿稍许磨蚀，长19.1、宽12.6毫米（图版二九，5）。

　　e. 猪：可鉴定标本38件。04T5-T6⑦:666，猪下颌骨前部，仅存右侧犬齿根部，雌性，在左侧下颌前面有切割痕。03T1-T2④:2070，猪左上M3，长34.2、宽18.5毫米（图版二九，6）。

　　D. 兔形目

　　野兔：可鉴定标本56件，有上下颌骨和肢骨等（图版二九，7）。

二　脊椎动物骨骼出土概况

　　哈克遗址共分7层，除上面的第1～3层是后期扰乱层外，其下的第4～7层是文化层。第4层至

[1]　盛和林等著：《中国鹿类动物》第237页，华东师范大学出版社，1992年。
[2]　古脊椎动物研究所高等脊椎动物组：《东北第四纪哺乳动物化石誌》第69页，科学出版社，1959年。
[3]　古脊椎动物研究所高等脊椎动物组：《东北第四纪哺乳动物化石誌》第70页，科学出版社，1959年。
[4]　古脊椎动物研究所高等脊椎动物组：《东北第四纪哺乳动物化石誌》第62页，科学出版社，1959年。
[5]　古脊椎动物研究所高等脊椎动物组：《东北第四纪哺乳动物化石誌》第68页，科学出版社，1959年。

第7层及其之下遗迹内出土的动物骨骼可鉴定标本共2061件，最小个体数61个，各层及遗迹内出土的动物骨骼数量统计见表一八，其中以第7层出土的动物骨骼数量最多，占可鉴定标本总数的66.9%，占最小个体数总数的57.8%；第6层动物骨骼的数量分别占17.5%和17.2%；第5层占10.7%和14.1%；第4层占4.9%和10.9%（图一一八）。

表一八是各地层及遗迹内脊椎动物动物骨骼出土的情况统计表。试从各遗迹出土骨骼的种类和数量分析人类的活动。

第7层的脊椎动物骨骼发现在地层中有908件，其余的发现在第7层之下房址、灰坑、墓葬等遗迹中，灶坑遗迹附近发现动物骨骼共有319件，主要是狐狸和野兔的骨骼；房址F1中共有29件，种类有仓鼠、马、鸟、牛、狍、猪，以及鱼骨等，动物种类多，但每种动物骨骼的数量不多；墓葬04T4M5中有人的肱骨、股骨、胫骨和距骨等，另外还有9件狍的距骨骨片骨料，均是沿骨体的内、外侧连续敲击获取的距骨体的后面骨片（图版三一，1～9）；墓葬04T5-T6M3中有鸟、马和

动物属种	第7层及相关遗迹内		第6层		第5层及相关遗迹内		第4层及相关遗迹内	
	可鉴定标本	最小个体数	可鉴定标本	最小个体数	可鉴定标本	最小个体数	可鉴定标本	最小个体数
鱼	248		63		21		10	
鸟类	219		42		14		17	
貉	3	1						
狐狸	200	5			1	1		
狗	8	1	10	1	2	1	1	1
狗獾	24	5	5	1	2	1		
黄鼬	2	1	1	1	1	1		
马	13	1	10	1	6	1	6	1
驴			2	1				
马鹿	9	1			3	1	3	1
狍	137	5	21	1	12	1	1	1
牛	19	2	19	1	36	1	5	1
羊					1	1		
猪	27	4	8	1	1		3	1
仓鼠	1	1						
啮齿类	2	1	2	1	1			
兔	56	5						
人	15	2	2	1			5	1
哺乳动物肢骨残块未定种	250		93		95		44	
碎骨	146		83		23		7	
合计	1379	35	361	10	219	9	102	7
百分比	66.9%	57.8%	17.5%	17.2%	10.7%	14.1%	4.9%	10.9%

表一八　　　　　　　　　脊椎动物种类和数量统计表

狍的骨骼共 9 件；灰坑 04T1-T2H4 发现 70 件骨骼，除有少量的狗獾和野兔的骨骼外，主要是鱼和鸟的骨骼，其余几个灰坑发现的动物骨骼数量和种类都不多（表一九）。

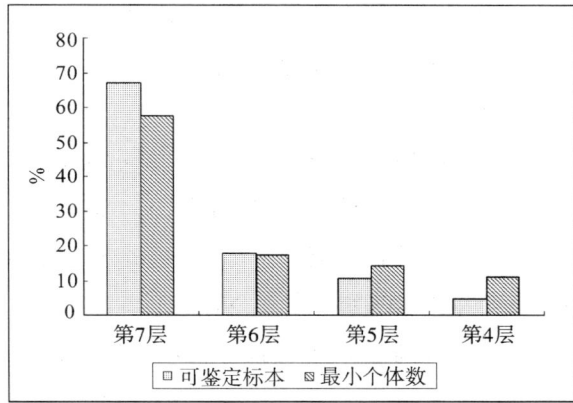

图一一八　脊椎动物骨骼数量统计图

灶坑 04T1-T2Z1 遗迹附近狐狸的骨骼有 193 件，主要是上下颌骨、脊椎骨、前后肢骨等，其中在 3 件下颌骨、桡骨和股骨上有肢解动物时留下的切割痕。根据狐狸的骨骼中保存数量最多的 4 件右侧胫骨和 4 件左右侧下颌骨计算，最少代表 4 个个体。野兔的骨骼有 42 件，骨骼有头骨、上下颌骨、脊椎骨和前后肢骨，最少代表 4 个个体。灶坑中还有 1 件猪的残头骨（04T1-T2⑦：479），带左右 dp4-M1，M2 在齿槽中尚未萌出，死亡年龄约 8～9 月龄。野猪一般在每年的 4～5 月产仔，该猪应是在当年的 12 月或次年的 1 月捕获的。另外发现在地层中的 04T5-T6⑦：597，为狍左侧上颌骨，保存 dm1-M1，

表一九　　　　　　　　　　　　　　脊椎动物遗骸分布统计表

层位	遗迹	可鉴定标本	种类及数量
第7层及之下遗迹内	F1	29	鱼 8/鸟 1/食肉类 1/马 2/狍 8/牛 4/猪 2/仓鼠 1/哺乳动物肢骨残块 2
	04T1-T2H3	24	鱼 7/鸟 7/狍 1/哺乳动物肢骨残块 9
	04T1-T2H4	70	鱼 24/鸟 25/狗獾 2/兔 4/哺乳动物肢骨残块 15
	04T3H5	1	哺乳动物肢骨片 1
	08T5-T6H10	2	鱼 1/狍 1
	04T4M5	17	狍 9/人 8
	04T5-T6M3	9	鸟 6/马 2/狍 1
	04T1-T2Z1 附近	319	狐 193/狍 1/猪 1/兔 42/碎骨 82
	地层	908	鱼 208/鸟 180/貉 3/狐 7/狗 7/狗獾 22/黄鼬 2/马 9/马鹿 9/狍 116/牛 19/猪 24/啮齿类 2/兔 10/人 7/哺乳动物肢骨肋骨脊椎骨残块 283
	合计	1379	
第6层	地层	361	鱼 62/鸟 42/狗 10/狗獾 5/黄鼬 1/马 10/驴 2/马鹿 1/狍 21/牛 19/猪 8/啮齿类 2/人 2/哺乳动物肢骨残块 176
	合计	361	
第5层及之下遗迹内	03T1-T2H1	13	鱼 3/食肉类 1/牛 2/羊 2/碎骨 5
	04T1-T2JSD2	27	马鹿 1/牛 26
	地层	179	鱼 18/鸟 14/狐 1/狗 2/狗獾 2/黄鼬 1/马 5/马鹿 2/狍 12/牛 9/猪 1/啮齿类 1/哺乳动物肢骨残块 111
	合计	219	
第4层	04T1-T2JSD1	1	哺乳动物肋骨 1
	地层	102	鱼 10/鸟 17/狗 1/马 6/马鹿 3/狍 1/牛 5/猪 3/人 5/哺乳动物肢骨残块 51
	合计	103	

M2 未萌出，死亡年龄约6～7月龄左右。狍5月底至6月上旬产仔[1]，该狍也是在当年的12月或次年的1月，即冬季捕获的。因而可以推测第7层堆积形成期间，该遗址至少在冬季曾有猎人在此短暂的停留过。

灶坑遗迹可能是冬季人们处理狐狸和野兔，或许是为了剥取兽皮，所以骨骼保留较为集中。灰坑04T2⑦H4可能是处理鸟和鱼的地方。墓葬04T4M5发现的9件骨料应是随葬品。04、07T5-T6XM3的动物骨骼都是单个的骨骼，没有某一部位相连结的骨骼，其中有1件马的肩胛骨和1件马的第2节指骨，1件狍的残头骨和6件鸟的肢骨，因而不是随葬而是填土中的。其他地方可能是当时人类抛弃的生活垃圾。

第6层和第4层的脊椎动物骨骼全部发现在地层中，是当时人类抛弃的生活垃圾。

第5层的脊椎动物骨骼发现在地层及其之下的篝火、祭祀堆，其中祭祀堆04T1-T2JS2中主要是牛的骨骼，有脊椎骨和肢骨等26件，可能是属于同一个个体的，其中股骨上端和颈椎、腰椎的椎间盘没有愈合，牛的死亡年龄小于3.5岁，是用年轻的牛来祭祀。

三　软体动物——蚌类

采集的蚌类标本共170件，种类有无齿蚌、圆顶珠蚌和珍珠蚌，其中无齿蚌30件、圆顶珠蚌的蚌壳137件和珍珠蚌3件。出土情况如下。

第7层及其之下遗迹内：房址F1中发现28件无齿蚌残块。地层中发现2件珍珠蚌残块、1件无齿蚌残块和3件圆顶珠蚌残块。

第6层及其之下遗迹内：蚌堆遗迹中（04T3BD1）出土的蚌壳均为圆顶珠蚌，计有133件，其中有29件是保存左右侧两个完整的贝壳，左侧49件，右侧44件，残块11件。另外还有鱼棘和鱼的头骨残块22件和动物肢骨残块12件。地层中发现无齿蚌和圆顶珠蚌各1件。

第5层：在T4的第5层发现1件珍珠蚌属的残块。

四　其　他

废骨器和骨、角废料有42件，其中发现于第7层有32件，第6层9件和第5层1件。原料主要是狍的掌跖骨、马鹿的角、兔和鸟的肢骨。除狍的掌跖骨是用敲击法取料的外，其他的骨料都是切割的方法取料。

狍的掌跖骨制品及废料：计有14件，均发现于第7层，其中9件发现在04T4M5中，1件发现在04T1-T2H3，其余几件发现于地层堆积中。在04T4M5中发现的9件标本都是用敲击法取得的狍跖骨骨片骨料。04T5-T6⑦:514和04T5-T6⑦:605，是用狍的跖骨骨片磨制成的骨锥残段（图版三一，10、11）。

鹿角废料：鹿角片，两端是锯切的平齐截面，有磨制痕。04T1-T2⑦:1461，鹿角片，长30.5、两端磨平，发现于第7层。04T5-T6X⑥:410，鹿角片，长31毫米，两端磨平，发现在第6层（图版三一，12）。这两件标本制法和器形均相似。

鸟骨废料：有7件鸭的肱骨，其中2件是上端残段，5件下端残段，断口保留切割痕，是沿着骨

---

[1]　盛和林等著：《中国鹿类动物》第240页，华东师范大学出版社，1992年。

体周边切割下料的（图版三一，14、15）。5 件发现在第 7 层，2 件在第 6 层，下料的方法没有区别。有 1 件鹳的胫骨下端残段（04T6⑥:496），发现于第 6 层，也是用切割的方法下料的（图版三一，16）。

装饰品：1 件，发现在第 7 层之下的 04T1-T2H4 内。04T1-T2H4:20，用狐狸的犬齿制成，在齿根一面钻孔，是一件佩戴的饰件（图版三一，13）。

五　结　论

哈克遗址第 7 层距今 7710±40 年（测年样品实验编号 BA081790，样品原编号 08T5-T6B⑦－5），属于新石器时代。在第 7 层出土的动物种类有无齿蚌、珍珠蚌、圆顶珠蚌、鱼、鸭、隼、雉、池鹭、鹭、鸬、鹳、鹰、狗、貉、狐狸、狗獾、黄鼬、马、马鹿、狍、野牛、黄牛、羊、野猪、仓鼠和野兔等 26 种，其中狗是家畜，其他的都是野生动物。动物群代表一种森林草原环境。当时的人类是以采集和狩猎为生。他们靠狩猎和在河边捕捞涉禽和河蚌等来获取肉类食物资源。动物骨骼散布在地层和房址、灰坑、祭祀坑和灶坑等遗迹中。在遗迹中发现的动物骨骼种类比较集中，可能与人类的活动有关。如在房址 F1 中动物种类较齐全，但数量不多，尤其引人注意的是 30 件无齿蚌壳中有 28 件发现于 F1 中，无齿蚌壳大而厚，适合制作蚌器，可能人们将其带入室内保存，作为制作蚌器的原材料保存。灶坑遗迹中主要是狐狸和野兔的骨骼，骨骼上并无烧烤的痕迹，可能人们在此剥制狐狸和野兔的兽皮。第 7 层不仅发现有大量的制作精美的骨角器，还发现一些残骨器和骨、角废料，说明加工骨角器也是当时的生产活动之一。从残存的废骨料看，制作工具的原材料主要是狍的掌跖骨、马鹿的角、兔和鸟的肢骨。主要用狍的掌跖骨制作骨锥类工具，其制作方法是先沿骨体两侧敲击，取得长的骨片，再将一端磨制成尖部。野兔和鸟的肢骨，则用切割的方法取得骨体，将两端磨平，制成骨管类器物。

第 7 层发现的鸟，种类丰富，其中的鹭和池鹭是夏候鸟。现呼伦贝尔市有苍鹭和草鹭，栖息于湿地、芦苇或蒲草丛中，均属夏候鸟，每年 3 月迁入，10 月下旬迁离。池鹭在内蒙古也有分布，栖息在江河和芦苇沼泽地，也是夏候鸟，在内蒙古 4 月迁入，10 月中旬迁走[1]。这些鸟类是遗址居住的主人猎获的，说明遗址的主要使用时间应在 3～10 月，即春季到秋季。

第 6 层和第 5 层出土的动物种类相似，第 6 层上部距今 1785±35 年（测年样品实验编号 BA071295，样品原编号 07NHH⑥）；第 5 层底部距今 1750±35 年（测年样品实验编号 BA071294，样品原编号 07NHH⑤底），测年的年代也相近。第 6 层鸟的种类有鸭和鹳，第 5 层鸟的种类有鸭、隼、马鸡和鹭。哺乳动物群中的马、驴、牛，虽然数量很少，标本残破，但鉴于时代较晚，可能应是家畜了。用小于 3.5 岁的年轻牛来祭祀可能是这一时期出现的新的文化现象。第 5 层和第 6 层发现鹳和鹭等夏候鸟，遗址至少在 3～10 月期间曾居住过。

第 4 层参考辉河水坝遗址相同层位的测年数据：距今 900±30 年（测年样品实验编号 BA05452，样品原编号 03NEHT15-①），哈克遗址第 4 层的年代应与其相当。出土的动物有鱼、鸭、鹰、狗、马、马鹿、狍、牛和猪等 8 种，鉴于骨骼数量不多，不能做更详细的分析，但与前期文化层发现的

---

〔1〕　旭日干主编：《内蒙古动物志》第三卷第 72～81、90～92 页，鸟纲，非雀形目，内蒙古大学出版社，2007 年。

动物种类相比没有发生明显的变化，可能人们仍然采用狩猎和捕捞的方式来获取部分肉类资源。

应该提及的是在哈克遗址发现的马，根据中间指（趾）骨推算的身高在 126～128 厘米之间，和现在内蒙古高原的蒙古马身高相似，可能是现在该地区三河马的祖先种之一[1]。遗址中发现的黄牛，在第 7 层和第 5 层均有，尤其是第 7 层发现的上颌骨标本（04T5F1：15），无论是牙齿形态还是大小均与家养的黄牛相似，但因材料太少，尚不能确定为家养的黄牛，还有待今后的发现和研究。

---

〔1〕　郑丕留主编：《中国家畜生态》第 165、166 页，农业出版社，1992 年。

第八章 孢 粉 分 析

一 样品的采集

哈克遗址的孢粉样品是配合 2007 年中国社会科学院考古研究所对哈克遗址进行补充发掘时采集的。共分析了 14 个样品，想了解遗址所处时期生态环境状况。样品采自遗址的 T5 探方，是在探方南壁采集的垂直序列样品。从下往上，生土层分析了 1 个样品，第 7 层（距今 8000～7000 年前）堆积分析了 4 个样品，第 6、5 层（距今 2000 年前后）堆积分析了 5 个样品，第 4 层（公元 8～10 世纪前后）堆积分析了 3 个样品，第 1 层分析了 1 个现代表土样品（表二〇）。14 个样品的孢粉分析，根据每一样品的岩性、岩相变化，采用 30 克、50 克、100 克不等的土样，选用氢氟酸处理法，经酸碱处理、显微镜观察鉴定，统计到 749 粒孢粉时，共鉴定出 39 个植物科属的孢粉，其中乔木及灌木植物花粉有 9 种，草本植物花粉有 21 种，蕨类植物孢子有 9 种，另有 3 种藻类（表二一、二二）。哈克遗址 T5 探方南壁孢粉含量不高，可能与沉积物的颗粒大小、人类活动、孢粉产量、搬运、堆积、保存率等有一定的关系。

表二〇　　　　　　　　　　　　　内蒙古哈克遗址孢粉样品登记表

样品编号	采样位置	文化性质	简单岩性描述	采样年月
1	T5 南壁生土层	生土层	中黄色含砾细砂，含 0.5～1 厘米砾粒	2007 年 9 月
2	T5 南壁第 7B 层	新石器时代早期	浅褐色泥质粉砂	2007 年 9 月
3	T5 南壁第 7B 层	新石器时代早期	浅褐色泥质粉砂	2007 年 9 月
4	T5 南壁第 7A 层	新石器时代晚期	黑褐色泥质粉砂	2007 年 9 月
5	T5 南壁第 7A 层	新石器时代晚期	黑褐色泥质粉砂	2007 年 9 月
6	T5 南壁第 6 层	汉代前后	浅黑褐色粉砂	2007 年 9 月
7	T5 南壁第 6 层	汉代前后	浅黑褐色粉砂	2007 年 9 月
8	T5 南壁第 5 层	汉代前后	黑褐色泥质粉砂	2007 年 9 月
9	T5 南壁第 5 层	汉代前后	黑褐色泥质粉砂	2007 年 9 月
10	T5 南壁第 5 层	汉代前后	黑褐色泥质粉砂	2007 年 9 月
11	T5 南壁第 4 层	公元 8～10 世纪前后	浅黑褐色泥质粉砂	2007 年 9 月
12	T5 南壁第 4 层	公元 8～10 世纪前后	浅黑褐色泥质粉砂	2007 年 9 月
13	T5 南壁第 4 层	公元 8～10 世纪前后	浅黑褐色泥质粉砂	2007 年 9 月
14	T5 南壁第 1 层	现代表土样品	浅褐色泥质粉砂	2007 年 9 月

二　孢粉分析所揭示的环境信息

孢粉分析结果表明，该遗址 T5 探方各层位的孢粉含量偏低，孢粉浓度在 0.7～613.5（粒/克）之间变化，其中第 7B 层（新石器早期）的文化层孢粉浓度最低（0.7 粒/克），其次依次为生土层（1.6 粒/克）、第 7A 层（新石器晚期）的文化层（15～22 粒/克）和第 6、5 层（汉代前后）的文化层（11.3～25.9 粒/克），第 4 层（公元 8～10 世纪）的文化层的孢粉浓度最高（109.7～613.5 粒/克）。下面按自老到新的顺序，逐一叙述。

在生土层堆积时期，哈克遗址 T5 探方所处地点的生土层下部堆积了中黄色含砾细砂，砾粒粒径 0.5～1 厘米，分布不均匀，是海拉尔河的河道沉积物，由此判断哈克遗址所处位置是河流阶地。生土层上部为中黄色粉沙质细砂，分选好，厚度较大，是一个河漫滩沉积环境。因此，生土层堆积时期，河流三角洲沉积物已由粗变细，经历了由河床相向河漫滩相的演变过程。生土层的孢粉样品采自上部的河漫滩相沉积物，其孢粉含量很低，统计出 16 粒孢粉，浓度只有 1.6 粒/克，以草本及灌木植物花粉为主，占 62.5%，乔木植物花粉占 25%，蕨类植物孢子占 12.5%，包括菊、松、蒿、藜、莎草、唇形科、毛茛科、麻黄、榛、绣线菊、柏、榆、中华卷柏等孢粉，指示早全新世温和偏干气候条件下的稀树灌木草原环境。

（一）第 7 层的古植被、古气候

遗址第 7 层文化堆积时期（表二〇中的 2～5 号样品堆积时期），沉积物粒度进一步变细，颜色由浅变深，人类活动强度逐渐增强，腐殖质含量逐渐增多，孢粉浓度上部比下部高，整体环境从早到晚逐渐好转，形成了河湾半岛类型的自然地理环境。新石器时代，哈克遗址所处位置可能是海拉尔河的一级阶地，目前遗址的居住面比现今的海拉尔河水面高出了 11 米，但当时海拉尔河的下切程度应没有现今深，当时的河面高度可能与一级阶地的高度相差不大，一级阶地当时可能还没有形成，或现今的一级阶地就是当时的河漫滩。在距离海拉尔河不远的当时的一级阶地面上，哈克遗址的新石器时代人类居住下来，过着狩猎、渔猎、采集为主的安稳的生活。2～4 号样品中的禾本科花粉个体很小，均为个体在 30 微米左右或以下的野生禾草花粉，而在 4 号样品中包含 1 粒中禾，但因禾本科中区分种属困难等原因，未能区分出栽培作物还是野生禾草。且只含 1 粒中禾，其数量极少，因此，新石器时代该地区可能没有农业耕作活动。

2 号样品的孢粉浓度在分析的所有样品中呈现出最低值，只统计到了 5 粒孢粉，不足以全面反映当时的环境状况。但从麻黄、菊科、百合科花粉的组合来看，当时可能是冷凉干旱环境下河边居住的聚落。从 3 号样品开始孢粉浓度迅速增加，在 3～5 号样品中，以草本植物花粉占优势，蕨类植物孢子次之，乔木灌木植物花粉最少。草本以蒿、菊、藜、百合、禾本、豆科、唇形科为主，蕨类植物以真蕨纲、蹄盖蕨为主，乔木灌木有栎、桦、松、榛、麻黄等，还偶见淡水藻类盘星藻[1]，当时哈克遗

---

[1]　张玉兰、宋建、赵泉鸿：《上海志丹苑遗址元代水闸的再现及古河道演变》，《科学通报》第 48 卷第 19 期，2003 年。

表二一   内蒙古哈克遗址孢粉统计表（一）

样号 粒数及百分比 孢粉名称	1(生土层)		2(第7层)		3(第7层)		4(第7层)		5(第7层)		6(第6层)		7(第6层)	
	粒数	%	粒数	%	粒数	%	粒数	%	粒数	%	粒数	%	粒数	%
孢粉总浓度（粒/克）	1.57		0.73		8.66		22.0		15.0		11.3		19.23	
孢子花粉总数	16	100	5	100	21	100	37	100	40	100	41	100	43	100
乔木植物花粉总数	4	25	0	0	1	4.8	1	2.7	4	10.0	3	7.3	6	14.0
草本及灌木植物花粉总数	10	62.5	3	60	12	57.1	28	75.7	26	65.0	33	80.5	27	62.8
蕨类植物孢子总数	2	12.5	2	40	8	38.1	8	21.6	10	25.0	5	12.2	10	23.3
乔木植物花粉														
松属（Pinus）	2	12.5			1	4.8							2	4.7
落叶松属（Larix）													1	2.3
柏科（Cupressaceae）	1	6.25									3	7.3		
桦属（Betula）									1	2.5				
栎属（Quercus）							1	2.7	3	7.5			2	4.7
榆属（Ulmus）	1	6.25											1	2.3
灌木及草本植物花粉														
麻黄属（Ephedra）	1	6.25	1	20					2	5.0				
榛属（Corylus）	1	6.25			1	4.8								
绣线菊（Spiraea）	1	6.25											1	2.3
蒿属（Artemisia）	1	6.25					8	21.6	3	7.5	5	12.2	4	9.3
菊科（Compositae）	2	12.5	1	20	2	9.5	3	8.1	6	15.0	4	9.8	5	11.6
菊属（Chrysanthemum）					1	4.8	4	10.8	2	5.0	4	9.8	5	11.6
藜科（Chenopodiaceae）	1	6.25			1	4.8	3	8.1	3	7.5	6	14.6	4	9.3
十字花科（Cruciferae）							1	2.7						
唇形科（Labiatae）	1	6.25			1	4.8	1	2.7	2	5.0	1	2.4		
毛茛科（Ranunculaceae）	1	6.25					3	8.1	1	2.5	1	2.4	1	2.3
乌头属（Aconitum）							1	2.7						
报春花科（Primulaceae）							1	2.7						
豆科（Leguminosae）					2	9.5								
莎草科（Cyperaceae）					1	4.8					2	4.9		
蓼属（Polygonum）									1	2.5				
玄参科（Scrophulariaceae）							1	2.7					1	2.3
唐松草（Thalictrum）													1	2.3
百合科（Liliaceae）			1	20	2	9.5	2	5.4	1	2.5	4	9.8	1	2.3
蔷薇科（Rosaceae）									1	2.5			2	4.7
羊膜草属（Hemiphragma）									1	2.5				
丁香属（Syringa）											1	2.4		
葎草属（Humulus）	1	6.25												
禾本科（Gramineae）					1	4.8			3	7.5	5	12.2	2	4.7

续表二一

样号 孢粉名称	1(生土层) 粒数	%	2(第7层) 粒数	%	3(第7层) 粒数	%	4(第7层) 粒数	%	5(第7层) 粒数	%	6(第6层) 粒数	%	7(第6层) 粒数	%
蒿/藜		1.0		1.0		0.5		2.7		1.0		0.8		1.0
蕨类植物孢子														
铁线蕨(Adiantum)							2	5.4	1	2.5				
卷柏属(Selaginella)													1	2.3
中华卷柏(S. Sinensis)	1	6.25											1	2.3
石松属(Lycopodium)													1	2.3
膜蕨科(Hymenophyllaceae)	1	6.25											2	4.7
蹄盖蕨(Athyrium)					1	4.8	2	5.4	3	7.5			1	2.3
真蕨纲(Filicale)			2	40	7	33.3	4	10.8	6	15.0	5	12.2	4	9.3
盘星藻(Pediastrum)							1	2.7						

表二二　　　　　　　　　　　内蒙古哈克遗址孢粉统计表(二)

样号 孢粉名称	8(第5层) 粒数	%	9(第5层) 粒数	%	10(第5层) 粒数	%	11(第4层) 粒数	%	12(第4层) 粒数	%	13(第4层) 粒数	%	14(第1层) 粒数	%
孢粉总浓度(粒/克)	16.8		25.9		24.2		109		471		613		325	
孢子花粉总数	22	100	66	100	27	100	103	100	108	100	118	100	104	100
乔木植物花粉总数	2	9.1	3	4.5	3	11.1	8	7.8	9	8.3	7	5.9	27	26.0
草本及灌木植物花粉总数	14	63.6	43	65.2	20	74.1	65	63.1	95	88.0	105	89.0	76	73.1
蕨类植物孢子总数	6	27.3	20	30.3	4	14.8	30	29.1	4	3.7	6	5.1	1	1.0
乔木植物花粉														
云杉属(Picea)													1	1.0
松属(Pinus)			1	1.5	1	3.7			2	1.9	6	5.1	21	20.2
落叶松属(Larix)			1	1.5			1	1.0					4	3.8
柏科(Cupressaceae)							1	1.0						
桦属(Betula)					1	3.7	3	2.9	5	4.6	1	0.8		
栎属(Quercus)	2	9.1	1	1.5	1	3.7	3	2.9	2	1.9				
大戟科(Euphorbiaceae)													1	1.0
灌木及草本植物花粉														
麻黄属(Ephedra)			2	3.0			4	3.9	1	0.9	2	1.7		
接骨木属(Sambucus)	1	4.5												
绣线菊(Spiraea)											1	0.8		
蒿属(Artemisia)			9	13.6	5	18.5	20	19.4	29	26.9	17	14.4	6	5.8
菊科(Compositae)	2	9.1	6	9.1	3	11.1	14	13.6	16	14.8	14	11.9	20	19.2
菊属(Chrysanthemum)	3	13.6	6	9.1	2	7.4	9	8.7	3	2.8	4	3.4	4	3.8
紫菀属(Aster)					2	7.4			2	1.9				

续表二二

孢粉名称	8(第5层) 粒数	%	9(第5层) 粒数	%	10(第5层) 粒数	%	11(第4层) 粒数	%	12(第4层) 粒数	%	13(第4层) 粒数	%	14(第1层) 粒数	%
藜科(Chenopodiaceae)	1	4.5	4	6.1	3	11.1	1	1.0	25	23.1	52	44.1	36	34.6
石竹科(Caryophyllaceae)			1	1.5										
十字花科(Cruciferae)													2	1.9
唇形科(Labiatae)	1	4.5	4	6.1	1	3.7	3	2.9	1	0.9	4	3.4	1	1.0
毛茛科(Ranunculaceae)	1	4.5	4	6.1	1	3.7	3	2.9					1	1.0
报春花科(Primulaceae)									1	0.9				
豆科(Leguminosae)	2	9.1									1	0.8		
莎草科(Cyperaceae)			1	1.5	1	3.7	1	1.0	2	1.9				
蓼属(Polygonum)							2	1.9	6	5.6	5	4.2	1	1.0
玄参科(Scrophulariaceae)			3	4.5	1	3.7	1	1.0			1	0.8		
唐松草(Thalictrum)							1	1.0	1	0.9				
百合科(Liliaceae)							1	1.0			1	0.8	2	1.9
蔷薇科(Rosaceae)	1	4.5	2	3.0			1	1.0	2	1.9				
旋花科(Convolvulaceae)									1	0.9				
葎草属(Humulus)	1	4.5												
禾本科(Gramineae)	1	4.5	1	1.5	1	3.7	4	3.9	5	4.6	3	2.5	3	2.9
蒿/藜		0.5		2.2		1.7		19.6		1.2		0.3		0.2
蕨类植物孢子														
铁线蕨(Adiantum)			3	4.5			2	1.9			1	0.8		
卷柏属(Selaginella)							1	1.0	1	0.9				
中华卷柏(S. Sinensis)			1	1.5			1	1.0					1	1.0
石松属(Lycopodium)							1	1.0						
膜蕨科(Hymenophyllaceae)			2	3.0										
蹄盖蕨(Athyrium)	1	4.5	2	3.0										
水龙骨科(Polypodiaceae)			2	3.0			2	1.9						
水龙骨属(Polypodium)					1	3.7	1	1.0						
真蕨纲(Filicale)	5	22.7	10	15.2	3	11.1	22	21.4	3	2.8	5	4.2		
环纹藻(Concentricystis)	1	4.5												
双星藻(Zygnema)							2	1.9						

址周围是一个温凉偏干环境下发育的疏树灌木草原植被景观,和郭殿勇在 T2 探方的分析结果基本相吻合[1]。

哈克遗址新石器时代先民定居以后,利用丰富的动物资源、水资源、植物资源等自然资源,依靠

---

[1] 郭殿勇、刘景芝:《哈克地区全新世生态环境演变与人类文化的发展轨迹》,《人类学学报》第 26 卷第 3 期,2007 年。

狩猎、渔猎和采集作为谋生的主要手段。遗址发现的栎属、榛属花粉也揭示了遗址周围的采集植物的种类，但当时人是否吃了这些植物的果实，还需与植物遗存的浮选、人骨的食性分析相结合才能得出准确的结论。

（二）第 6、5 层的古植被、古气候

遗址第 6、5 层文化堆积时期（表二一、二二中的 6～10 号样品堆积时期），在哈克遗址周围草本植物花粉占 59.1～80.5%，蕨类植物孢子占 12.2～30.3%，木本及灌木植物花粉最少，占 7.3～16.3%。乔木植物包括针叶树种松、柏和落叶树种栎、桦、榆等，草本植物花粉以蒿、禾本、菊、藜、莎草科为主，蕨类植物孢子有真蕨纲、膜厥科、水龙骨科、卷柏属、铁线蕨等，偶见淡水藻类环纹藻[1]，发育了温和偏湿气候条件下的疏树灌木草原植被。其中，第 6 层样品堆积的初期阶段（6 号样品，可能是汉代前期），孢粉浓度很低，11.3 粒/克，比新石器晚期还要低，植物生长稀疏，乔木只有柏树生长，蒿/藜比值偏低，指示干旱环境的藜科含量增多，蕨类植物只含少量真蕨纲，植物以草本植物为主，占 80.5%，植物种类减少，植被覆盖率降低，可能是寒冷干旱环境下发育的草原植被。第 6、5 层文化堆积时期（汉代前后）在其禾本科花粉中包含 2 粒中禾（35～57 微米），但因禾本科中区分种属困难等原因，未能区分出栽培作物还是野生禾草。因所含中禾数量少，该时期这一地区没有农作物种植活动的可能性是很大的。该时期土层中泥质成分增多，虽然第 6 层沉积厚度不大，却是古地理、古气候短期波动时期。因一级阶地的形成年代我们未能进行测定，因此，历史时期一级阶地是否早已形成，不得而知。如果汉代前后一级阶地早已形成，那么，此时期该遗址可能已位居在当时的二级阶地面上，如果是这样，当时的河面高度可能比现今一级阶地的高度要低。

（三）第 4 层的古植被、古气候

遗址第 4 层文化堆积时期（表二二中的 11～13 号样品堆积时期），哈克遗址周围以草本植物占优势，占 59.2～87.1%，蕨类植物孢子次之，占 3.7～29.1%，木本及灌木植物花粉最少，占 8.4～11.7%。草本植物花粉以蒿、菊、禾本科、藜、莎草为主，还有唇形科、蓼属、唐松草、蔷薇科、毛茛科、豆科、百合科、旋花科、报春花科等，植物种类丰富，其中湿生莎草科植物花粉含量 1～1.9%，蕨类植物孢子有真蕨纲、水龙骨科、铁线蕨、卷柏等，偶见淡水藻类双星藻[2]，乔木及灌木植物包括针叶树种松、柏和落叶树种桦、栎以及灌木树种麻黄、绣线菊等，发育了温暖湿润气候条件下的疏树灌木草原植被。

但第 4 层样品堆积的晚期阶段（尤其是 13 号样品，可能是公元 8～10 世纪的后半段），虽其孢粉浓度很高，但其树种减少，植物种类单调，湿生莎草花粉和蕨类植物消失或减少，蒿/藜比值呈现低值，指示干旱环境的藜科花粉明显增多，占 44.1%，丘陵地区针叶林面积扩大，落叶阔叶林面积缩

〔1〕　张玉兰、宋建、赵泉鸿：《上海志丹苑遗址元代水闸的再现及古河道演变》，《科学通报》第 48 卷第 19 期，2003 年。

〔2〕　张玉兰、宋建、赵泉鸿：《上海志丹苑遗址元代水闸的再现及古河道演变》，《科学通报》第 48 卷第 19 期，2003 年。

小，可能是温凉干旱气候条件下的草原植被。在 12、13 号样品的禾本科花粉中，含 1 粒大禾和含 1 粒中禾花粉，因禾本科花粉的基础研究薄弱、生物显微镜的放大倍数小等原因，未能鉴定出具体的植物种属。12 号样品中的 1 粒大禾可能是栽培植物，但不知从表层渗透下去的可能性有多大。如果不是从表层迁移的大禾，辽代契丹人依山傍水，通过狩猎、渔猎、采集等途径获取食物资源外，在其生业活动中可能还包括极少量的农业种植活动。但因其所含禾本科花粉的含量太少，不能排除 1 粒大禾从表层迁移的可能性，因此，我们不能轻易获得第 4 层堆积时期古人种植农作物的结论，在以后的研究中，需要通过植物遗存的浮选、人骨的食性分析相结合，得出此时古人经济形态的准确结论。

遗址第 4 层堆积时期（公元 8～10 世纪），其生态环境与第 6、5 层堆积时期相比显著好转，孢粉浓度在整个剖面中呈现出最高值，植物生长繁盛，可能属中世纪温暖期。北京大学韩茂利教授对西辽河流域的生态环境变化研究结果表明，辽代中期是西辽河流域气候由暖湿向冷干的重要转折期[1]，与本文的分析结果早期温暖湿润晚期温凉干旱的结论基本一致。

在《辽史》帝王纪中记载了各代辽帝临幸的平地松林，平地松林是分布在高原或平原地区的针叶林。辽代的平地松林主要有两处，一处在大兴安岭山地西侧，另一处在大兴安岭山地东侧[2]。在本文第 4 层堆积时期（8～10 世纪）的样品中含有松属和落叶松属，但其含量不多，可能遗址距当时的平地松林还有一定的距离，说明这一时期的人类活动范围较广，骑马打猎的林木位置距遗址较远。

此外，表层样品（表二二中的 14 号样品）的孢粉分析结果与第 4 层堆积时期（公元 8～10 世纪）的 12、13 号样品的分析结果比较类似，是温凉干旱环境下的疏树草原植被。但其孢粉浓度较前期偏低，植被覆盖率没有前期高，植树造林等人类活动的强度明显增强。

三　初步结论与讨论

哈克遗址所处的大兴安岭西麓的低山丘陵与蒙古高原东部边缘的交接地带，地貌类型多样，多样性的地貌无疑能够给在此区域栖息的人类集团提供相对丰富的食物来源。哈克遗址出土的动植物遗存及孢粉分析结果表明，当时的人除了狩猎、渔猎、采集等生业活动外，到了历史时期可能还包括少量驯养业。在样品中不含较多个体较大的禾本科花粉或禾本科花粉的极少出现来看，该地区的人类当时可能没有从事农业耕作活动。

哈克遗址现今位居海拉尔河的二级阶地上。但在全新世早期，现今的二级阶地可能是当时的一级阶地，新石器早期的人类，在当时的一级阶地上居住了下来。那时河流下切程度应没有现在深，现今的一级阶地可能是当时的河漫滩或河床。在冷凉干旱至温凉偏干的气候条件下，在以草原植物为主、以灌木和乔木为辅的稀树灌木草原生态环境中，当时人通过狩猎、渔猎、采集等生业活动，从自然界中获取食物资源，可见，当时的经济发展仍处于比较低级的阶段。

到了汉代前期阶段，出现了一次冷干事件，植被覆盖率降低，沉积物中泥质成分高于后期，是古地理、古气候短期波动时期。此时期，河流下切加快，一级阶地可能在此时期已经形成，哈克遗址所

---

〔1〕 韩茂利：《辽代西辽河流域气候变化及其环境特征》，《地理科学》第 24 卷第 5 期，2004 年。

〔2〕 邓辉：《论辽代的平地松林与千里松林—兼论燕北地区辽代的自然景观》，《地理学报》第 53 卷增刊，1998 年。

处的地貌部位可能已变成二级阶地。此次对一级阶地的形成时代未能进行测年，区域地貌演变过程尚待进一步深入研究。到了汉代后期，气候变得温和偏湿，水草丰美，发育疏树灌木草原植被，与历史资料所揭示的"黄河中下游两汉时期的温暖湿润气候带来了充沛的降水，河流溢满引起汉代大规模兴修水利的高潮"[1] 的结论相一致。

　　到了公元 8～10 世纪前后，孢粉浓度升高，植被茂密，可能是中世纪温暖期。其中，前期是暖湿，晚期是温凉干旱，发育了疏树灌木草原植被，与现今环境相近，但当时的植被覆盖率比现今要高。在晚期的凉干气候阶段，遗址周围植被以旱生植物藜科为主，在丘陵地区针叶林面积扩大，落叶阔叶林面积缩小，当时的人类活动受到植物资源、气候资源等各种资源的限制，遗址人类活动的持续时间缩短，表现出第 4 层的沉积厚度变薄。需要指出的是，本文所提及的冷热干湿等词语是在一个区域内，空间区域不变的情况下，相对于时间轴上前后进行对比的结果。在中世纪温暖期阶段，居住在纬度偏低地区的宋人来到辽国时，仍会感到寒冷，因为这是同一时期不同纬度、不同区域间的气候对比。这一时期东北地区独特的自然地理条件，对生活在这里的古代人类的生活与习俗文化产生了重大影响。草原环境孕育了人与畜牧相关的习俗文化，山（林）水（畔）环境孕育了古人与狩猎、渔猎相关的习俗文化。而受这一时期东北地区冬季漫长、寒冷而多雪的气候条件的影响，又使古人的习俗文化生发出了许多与气候特征相关的特质内容，使其更具地域性特征[2]。

　　因作者时间关系，本报告中未能完成所有采集样品的分析鉴定。分析采用的样品数量有限、遗址文化层受人类活动干扰等原因，文中揭示的植被、气候环境难免出现漏洞，仅供参考。因样品采样不连续，从而无法反映在其文化内部的微小环境变化，它只反映某一文化内部短暂的环境状况。如距今 8000～7000 年时段只分析了 4 个样品，1 个样品跨越将近 250 年的持续时间，仅靠几个孢粉数据说明当时人类生存环境条件，其说服力欠佳，有待增加样品数量、通过野外区域考察、河流阶地测年和典型自然剖面的系统采样多种分析来提高环境复原的精度。

〔1〕　马新：《气候与汉代水利事业的发展》，《中国经济史研究》第 30～38 页，2003 年第 2 期。
〔2〕　张国庆：《生态环境对辽代契丹习俗文化的影响》，《文史哲》第 26～30 页，2003 年第 5 期。

第九章 结 语

一 文化分期

哈克遗址的发掘揭出几个若干时期的遗存，对说明当地古代文化的变迁有着积极的作用。

（一）哈克分期

通过对出土文化遗存尤其是陶器的考察，可将此项发掘所获得的资料大体分为 3 个不同阶段。

1. 第一阶段

哈克遗址第一阶段遗存以 T1～T6、T9 的第 7 层以及 F1、H1 和 M3 这些遗迹单位为代表。它们出土的陶片体现了较为明显的原始性。虽然未能复原陶器，但可推知这些陶片所代表的陶器造型都很简单，不外乎圜底和平底的罐类器皿，所有陶器的上部几乎都是直壁直口，下腹向底部过渡的部分则是弧壁，器口常经拍压而成平唇沿，这也是制作上少有变化的一个反映。特别是占到绝对比重的 A 类陶片，其胎土往往羼和较大的砂粒，烧制火候普遍较低，陶质疏松，胎壁起层乃至分层脱落的现象屡见不鲜，其中的 Aa 型陶片尤其厚重，器壁厚达 1～2 厘米。凡此，均与西辽河上游至燕山南北地区的兴隆洼文化有着相似之处[1]。

A 类陶片器表的绳纹当理解为拍印所致，其特点为基本布满整个器表，除接近底部的纹饰较为错杂外，其余部位的绳纹一律呈现为纵向或纵斜向。俄罗斯境内贝加尔湖以东至黑龙江中游一带较早的新石器遗址亦不乏外表饰绳纹的陶器，位于结雅河流域的格罗马图哈（Громатуха）遗址的一件饰细密绳纹的圜底罐，被认为是距今 1 万年前的陶器[2]，尽管这件圜底罐的绳纹并非拍印所致，且纹饰风格也和哈克遗址 A 类陶片的绳纹不同，但绳纹圜底罐在这个广袤的地带起步很早则是可以肯定的。

另一方面，同属呼伦贝尔市的辉河水坝遗址所出较早阶段新石器时代的陶器器表纹饰"多为绳纹"，但该遗址的绳纹实际上是一种类似网格状的线纹，而且，出现了网格状线纹饰于硬质薄胎平底陶器的现象，这都和哈克遗址第一阶段饰粗绳纹的 A 类陶片有着很大区别，其代表的制陶水平较之哈克遗址第一阶段明显要高，可能是辉河水坝遗址网格状线纹陶比哈克遗址第一阶段陶器的年代要晚的一个反映。辉河水坝这批遗存有距今 7000 多年前的测年值，M1 的人骨测年甚至达到 8000 多年前，前者或不失为推测其年代的参考[3]。

---

[1] 中国社会科学院考古研究所内蒙古工作队：《内蒙古敖汉旗兴隆洼遗址发掘简报》，《考古》1985 年第 10 期。

[2] 可児通宏 1992「復元されたシベリアの縄文施文の土器」『季刊考古学』38。

[3] 中国社会科学院考古研究所细石器课题组、内蒙古自治区文物考古研究所、内蒙古自治区呼伦贝尔市民族博物馆：《内蒙古呼伦贝尔辉河水坝细石器遗址发掘报告》，《考古学报》2008 年第 1 期。

在哈克遗址第一阶段的遗存中未能收集到木炭，除了用骨骼标本进行测年外，我们还请北京大学考古文博学院第四纪地质与考古年代学实验室，从哈克遗址第一阶段的 A 类陶片中挑选了两件胎土含炭末的陶片，从中提取碳样直接进行碳十四测年，其结果为距今 7710±40 年（测年样品实验编号 BA081790，样品原编号 08NHHT5-T6B⑦-5）和距今 7355±35 年（测年样品实验编号 BA081791，样品原编号 04NHHT5-T6⑦-10）。

综合以上的分析，我们推测哈克遗址第一阶段遗存的年代当不晚于兴隆洼文化，所处时间可初步推定在距今 8000～7000 年前左右。

2. 第二阶段

哈克遗址第二阶段的遗存以 T3～T6 的 6 层和 T3～T6 的 5 层为代表。其中，08T5-T6B⑥-①：18、08T5-T6B⑥-②：19 和 04T6⑥：662 这些陶片外表的拍印棱格纹与陈巴尔虎旗完工墓地 M1B：71 这件短颈鼓腹罐的"斜方格印纹"雷同[1]，也近似于科右中旗北玛尼吐墓地 M37：1 这件陶壶器表的"重菱纹"[2]，而 04T5-T6X⑤：655 这件陶片上的细凸线纹构成的纹样亦与完工墓地 M1B：60 这件鬲的篦纹纹样不无相似之处[3]，二者皆为在横复线之间填以三道一组的短竖线，上、下短竖线的横向位置彼此相错。

由此可见，哈克遗址第二阶段遗存所处时间应约略相当于完工和北玛尼吐墓地代表的年代，亦即大体相当于汉代前后。参考 2007 年第 5 层底部和第 6 层上部出土动物骨骼的碳十四测年值，测得结果前者距今 1750±35 年（实验编号 BA071294，样品原编号④07NHH⑤底），后者距今 1785±35 年（实验编号 BA071295，样品原编号⑥07NHH⑥）。

3. 第三阶段

哈克遗址第三阶段的遗存以 T3～T5 和 T6 的 4 层为代表。04T5-T64：7 这件轮制壶罐类陶器的篦齿戳印纹与海拉尔区谢尔塔拉墓地 M6：1 和 M8：2 这两件陶壶颈、肩部的"一或二排倒三角形纹"[4]甚为相像，而 04T5-T6④：8 和 04T5-T6④：9 两件陶片的篦齿划纹则近似于上述谢尔塔拉两件陶壶以及陈巴尔虎旗西乌珠尔墓地某种陶壶的主体纹饰，亦即谢尔塔拉墓地发掘者所称述的"横排短竖线纹"[5]。

也就是说，哈克第三阶段遗存的年代应大约相当于公元 8～10 世纪前后。参考辉河水坝遗址03NEHT15-1 出土动物骨骼的碳十四测年值，测得结果距今 900±30 年（测年样品实验编号 BA05452，样品原编号 03NEHT15-1）。

（二）哈克新石器时代文化遗存发现的意义

以上这三个阶段的遗存，二、三两阶段在以往的田野工作中早有揭示，第一阶段则是新发现的内

---

〔1〕 内蒙古自治区文物工作队：《内蒙古陈巴尔虎旗完工古墓清理简报》图四，5，《考古》1965 年第 6 期。

〔2〕 钱玉成、孟建仁：《科右中旗北玛尼吐鲜卑墓群》图八，4，《内蒙古文物考古文集》第一辑，中国大百科全书出版社，1994 年。

〔3〕 内蒙古自治区文物工作队：《内蒙古陈巴尔虎旗完工古墓清理简报》图四，6，《考古》1965 年第 6 期。

〔4〕 中国社会科学院考古研究所内蒙古工作队、内蒙古自治区呼伦贝尔市民族博物馆：《内蒙古呼伦贝尔市海拉尔区谢尔塔拉墓地》第 34 页和图三三，科学出版社，2006 年。

〔5〕 中国社会科学院考古研究所内蒙古工作队、内蒙古自治区呼伦贝尔市民族博物馆：《内蒙古呼伦贝尔市海拉尔区谢尔塔拉墓地》第 33～34 页，科学出版社，2006 年。

容。虽缺乏可复原的陶器，但仍可初步了解第一阶段遗存的主要内涵，其面貌较为新颖，从有限的遗存量已可窥出与贝加尔湖以东地带的一些关联，而和南面西辽河流域的文化系统区别明显。

值得注意的是，这类遗存尽管年代较早，但从陶器构成上看，也表现出一定的复杂性。如 A、B 两类陶器，不仅质地有别，器表处理方式迥异，烧制火候和器体造型也都明显不同。不难想象，在贝加尔湖到大兴安岭北段的这个地域，还会存在年代比这更早的陶器。因此，哈克遗址第一阶段遗存的确认，为进一步揭示这一广袤地带新石器时代之初的文化面貌提供了认识起点。

（三）伊敏河—海拉尔河流域考古学文化分期

根据哈克遗址三个阶段的材料，结合近年发掘的辉河水坝遗址，可将伊敏河—海拉尔河流域目前已揭示的考古学遗存初步划分为以下 5 个时段。

（1）以哈克遗址第一阶段遗存为代表。时间大致为距今 8000～7000 年前。

（2）以辉河水坝遗址 M1 等遗迹为代表。其典型遗存为饰网格状线纹的平底陶器，时间较上一阶段可能要晚些[1]。

（3）以辉河水坝遗址 T3H1 为代表。其典型陶器为饰方格纹的罐类，这类方格纹不甚规则，与此地区汉代及其之后的方格纹相比格型偏大，陶罐略显弧壁，造型仍较简单，除方格纹外，还在口沿之下的部位加饰两三道横向篦点戳印纹带。若参考 T3H1 的碳十四测年值，此类遗存的年代约在距今 4000 年前左右[2]此类遗存的年代当不早于青铜时代。

（4）以完工墓葬为代表，哈克遗址第二阶段遗存属之。年代大体在汉代前后。

（5）以谢尔塔拉和西乌珠尔的墓葬为代表，哈克遗址第三阶段遗存属之。时间约当公元 8～10 世纪前后。

上述 5 个时段的遗存，除了第一段，其余各段的陶器，似可窥出彼此之间一定的承继关系。如第三段的"原始型"方格纹可能以第二段的网格状线纹为其祖型，第四段的方格纹不妨视作第三段"原始型"方格纹长期演变的结果，而属第五段的谢尔塔拉墓地的陶器外表"多施以密集的压印方格纹"[3]，显然是第四段方格纹发展的继续。

因此，哈克遗址的发掘，为廓清伊敏河—海拉尔河流域考古学遗存的发展谱系再次提供了依据，使得我们有条件将该地隋唐时期的文化根基追溯到遥远的新石器时代。

二　呼伦贝尔细石器传统文化研究的目的与意义

呼伦贝尔大草原，从 1928 年发现海拉尔松山细石器文化遗存以来，陆续调查发现细石器文化遗址或地点 240 多处。海拉尔松山遗址的细石器时代可能最早[4]，其他许多细石器遗址以新石器时代文化

〔1〕　中国社会科学院考古研究所细石器课题组、内蒙古自治区文物考古研究所、内蒙古自治区呼伦贝尔市民族博物馆：《内蒙古呼伦贝尔辉河水坝细石器遗址发掘报告》图一三，5，《考古学报》2008 年第 1 期。

〔2〕　中国社会科学院考古研究所细石器课题组、内蒙古自治区文物考古研究所、内蒙古自治区呼伦贝尔市民族博物馆：《内蒙古呼伦贝尔辉河水坝细石器遗址发掘报告》图一三，5，《考古学报》2008 年第 1 期。

〔3〕　中国社会科学院考古研究所内蒙古工作队、内蒙古自治区呼伦贝尔市民族博物馆：《内蒙古呼伦贝尔市海拉尔区谢尔塔拉墓地》第 32 页和图三〇，科学出版社，2006 年。

〔4〕　安志敏：《海拉尔的中石器遗存——兼论细石器的起源和传统》，《考古学报》1978 年第 3 期。

为主，兼有青铜时代至辽代的文化遗存。其中除哈克细石器遗址外，较为重要的还有辉河水坝、塔头山、呼和诺尔和铜钵好赉等细石器遗址[1]。

呼伦贝尔草原细石器工业十分发达，目前掌握的材料就极其丰富而多姿多彩，对这些宝贵资料进行类型学分析，配合石器实验，复原其工艺技术全过程，是当今考古学研究中的重要内容之一；对于细石器起源地的研究目前还未定论，了解这一地区细石器与华北旧石器时代晚期业已出现的细石器和西伯利亚细石器的关系，可能为解决这一学术问题提供依据。

细石器工艺技术的研究是史前考古学研究中重要的研究内容之一。呼伦贝尔调查和发掘出土了大量精美的细石器说明，这里是研究细石器及其工艺技术发展的重要地区。呼伦贝尔地处我国与俄罗斯西伯利亚和蒙古人民共和国的交界处，特殊的地理位置，使得呼伦贝尔的细石器研究成为带有国际性研究意义的课题。

探讨中国北方草原早期文明是中华文明探源的重要组成部分，呼伦贝尔草原是古代游牧民族的历史摇篮，研究这一地区的早期人类及其文化；探讨这一地区人类的迁徙与融合、生产工具和生活用具的改进与提高，原始经济由狩猎采集向游牧和兼有农业的发展，以及社会形态和宗教信仰等等方面，将丰富以往我们对这一地区考古研究工作内容的匮乏，填补这一地区考古研究中存在的许多空白。发掘这一地区早期人类的文化遗产，提高有关草原文明时期的考古学研究的学术水平成为弘扬中华古代文明不可或缺的重要内容之一。

呼伦贝尔是连接俄罗斯、蒙古和我国东北的重要区域，研究我国北方草原文明必须以呼伦贝尔草原早期人类及其文化研究为主线，对其周边做国内外早期人类及其文化关系的研究，这也是本课题不可或缺的重要研究内容。

对这一地区的早期文化进行年代学、动物考古学、环境考古学等多学科的综合研究。完善这一研究课题的内容，并加以应有的重视和有计划的实施，将弥补这一地区过去考古研究工作的不足，甚至是填补过去考古研究的空白，充实我国北方草原地区早期人类文明的研究成果。通过运用先进的科学手段以及新的考古学研究方法，提高这一地区考古学研究的学术水平，深入探讨我国北方草原早期人类文明，进一步弘扬中华文明。

呼伦贝尔是研究北方游牧民族起源及其文明发展的重要地区，哈克细石器遗址具有丰富的文化内涵，它为研究这里的自然变迁、游牧民族及其文化起源、社会进步具有不容忽视的作用。哈克细石器遗址的文化面貌具有自身的特点，细石器、陶器和骨角器的制作风格独特，特别是象牙人面雕像和具有刻划符号的骨雕，体现出当时人类已具备了较高的工艺技术水平。这些遗物是当时人们社会、氏族、宗教等多方面意识形态的产物，为研究这一地区独具风格的"哈克文化"增加了新的重要内容。本次发现的人骨架亦是我们进行人种鉴定的重要材料，为研究这一地区游牧民族的起源提供了直接证据。特别重要的是，这一地区原始文化遗存中居住遗迹和墓葬的发现使我们对当时社会结构和埋葬习俗有所认识；为我们研究游牧民族从迁移狩猎向居舍相对集中的氏族部落的过渡提供了重要线索。此外，通过呼伦贝尔的考古，了解这一地区古气候、古环境对认识现代我国北方的气候环境也具有十分重要的意义。

---

〔1〕 刘景芝、赵越、刘昭棣、王希平、巴图：《内蒙古呼伦贝尔呼和诺尔和铜钵庙两处细石器遗址》，《考古学研究（七）——庆祝吕遵谔先生八十寿辰暨从事考古教学与研究五十五年论文集》，科学出版社，2008 年。

附录 1 哈克遗址大事记

赵艳红　宿振华
（内蒙古呼伦贝尔市海拉尔博物馆）

1985 年

5 月 8 日，呼伦贝尔盟文物文物管理站米文平、王成、白劲松、赵玉明进行文物普查时，在海拉尔河左岸哈克镇团结村一五窑（即今哈克村一组）居民区，发现一些石镞、石片、石叶、石核等遗物。之后将这里确定为哈克细石器遗址第一地点。

1986 年

5 月 24 日，经哈克镇团结村村民高俊杰报告，呼伦贝尔盟文物管理站米文平、白劲松和内蒙古文物考古研究所的郭治中等在哈克镇团结村学校东南约 1.5 公里的风蚀沙坑中，发现了墓葬一处，随葬有大量细石器等文化遗物。之后将这里确定为哈克细石器遗址第二地点。

8 月 18 日，米文平、王成陪同间国年调查哈克遗址第一地点。

1999 年

春，哈克镇团结村村民沙金山在团结村西南翻地时，拾到几件奇怪的石头，找到呼伦贝尔民族博物馆，要求鉴定，当得知这些石头都是出土文物时，他同意上交给国家。呼伦贝尔盟文物管理部门高度重视，立即报告自治区文物主管部门，自治区文化厅文物处委托呼盟民族博物馆对此地点进行清理发掘。之后将这里确定为哈克细石器遗址第三地点。

8 月 18 日，呼伦贝尔民族博物馆赵越、白劲松、赵玉明、肖海昕、奥奇赴哈克遗址第三地点现场调查并认真清理，在 5 米×5 米范围内清理出大批文化遗物和零星的人骨，被确定为一处墓葬。

11 月 20 日，中央电视台"新闻 30 分"节目向全国发布了哈克遗址出土玉器的重大考古新闻，引起了国内外历史界广泛关注。

9 月 13 日，呼伦贝尔民族博物馆赵越馆长在北京周口店博物馆，找到中国社会科学院考古研究所内蒙工作队队长刘国祥，向他介绍了哈克遗址发现墓葬和玉器的情况。刘国祥随即表示要再对该地点进行考古调查。

10 月 21 日，刘国祥带领王瑞昌、刘海文来海拉尔，与呼伦贝尔民族博物馆联合调查哈克遗址第三地点。

10 月 22 日，赵越、陈凤山等陪同刘国祥一行第四次调查哈克遗址第三地点。这次在 5 米×10 米范围内又采集文化遗物 20 余件，其中包括玉器、细石器和陶片等，还意外发现彩陶片和玉锛。经过 13 天整理、绘图、拍照，11 月 3 日，刘国祥等三位返回北京。

11 月 20 日，中央电视台新闻 30 分节目向全国发布了哈克遗址出土玉器的重大考古新闻，引起了国内外历史界广泛关注。

2000 年

2 月 20 日，呼伦贝尔盟文化局肖海昕执笔的《重现久远的辉煌》在《呼伦贝尔日报》第 1 版发表，详细介绍了哈克遗址第三地点发现经过。

5 月 25～26 日，呼伦贝尔民族博物馆赵玉明、肖海昕、苗国祥、苏顺义、奥奇对哈克遗址第三地点墓葬再一次细致地清理，筛出陶片、细石器等文化遗物 72 件。

2001 年

5 月，由中国社会科学院考古研究所乌恩、刘国祥，呼伦贝尔民族博物馆赵越执笔的《内蒙古海拉尔市团结遗址的调查》，发表在 2001 年《考古》第 5 期。

8 月，呼伦贝尔民族博物馆赵越发表一篇题为《论哈克文化》的文章，刊载在 2001 年《内蒙古文物考古》第一期上，自此哈克文化正式提出。

9 月 22 日，呼伦贝尔民族博物馆赵越与赵玉明、陈凤山、肖海昕、夏德兴、肖演义等同志对哈克镇团结村一五窑（即今哈克村一组）进行试掘，并发表了由赵越执笔的《呼伦贝尔市哈克遗址试掘简报》。

2002 年

8 月 8 日，在内蒙古考古研究所举办的中国北方八省、市、区考古界学术会议上，呼伦贝尔民族博物馆赵越向与会专家介绍了哈克文化，60 多名考古界专家学者均表示赞同，会后，呼伦贝尔日报、内蒙古日报、光明日报等十几家媒体盛赞呼伦贝尔草原发现、命名新的考古学文化——哈克文化。

8 月 8 日，《内蒙古晨报》第 2 版发表了由燕燕飞执笔的《哈克文化惊现呼伦草原》。

8 月 13 日，《呼伦贝尔日报》第 1 版发表了由金瓴执笔的《哈克文化被提出并命名》。

8 月 19 日，《内蒙古日报》第 3 版发表了由内蒙古文化厅文物处处长王大方执笔的《呼伦贝尔草原发现并命名新的考古学文化》。

8 月 28 日，《呼伦贝尔日报》第 3 版发表了由内蒙古文化厅王大方处长执笔的《哈克文化——土生土长的原生文化》。

9 月 6 日，《中国民族报》第 5 版发表了由王大方处长执笔的《哈克文化现身呼伦贝尔草原》。

2003 年

8 月，呼伦贝尔民族博物馆请来了中国社会科学院考古研究所石器考古专家刘景芝来海拉尔考古调查。经过实地调查，根据 2001 年 9 月赵越馆长试掘的情况，9 月下旬农作物收割后，刘景芝率队在曾试掘部位的北面开了一条 2 米×9 米的探沟。此次试掘不仅弄清了地层关系，出土了 2000 多件以细石器为主的文化遗物，还在属于新石器时代文化地层中，发掘清理出墓葬一座和灰坑两个。

2004 年

7～9 月，中国社会科学院考古研究所与内蒙古文物考古研究所合作，正式发掘哈克遗址第一地点。在呼伦贝尔民族博物馆、海拉尔区文物管理所的积极配合下，组建了哈克遗址考古队。领队刘景芝，参加的人员有：中国社会科学院考古研究所考古专家陈超，呼伦贝尔民族博物馆业务骨干敖卫东、赵艳芳、苏顺义、哈达、王连行等。

8 月 12 日，内蒙古电视台《探奇》摄制组到哈克遗址考古工地采访，制作专题片，报道哈克遗址考古发掘实况。

9 月 5 日，海拉尔区政府副区长李娟，在区文化局局长刘淑梅、海拉尔区文物管理所所长李明忠和哈克镇政府领导的陪同下，来到哈克发掘工地进行视察和慰问。

2005 年

春，呼伦贝尔民族博物馆派哈达到北京协助工作，承担出土遗物的整理和绘图，工作一直进行到 2005 年夏季才告一段落。

9 月 1 日至 8 日，内蒙卫视《顶级探访》摄制组，来海拉尔拍摄《永远呼伦贝尔》，为哈克遗址的发现采访赵越，制作专题片宣传报道哈克文化的发现。

2006 年

7 月，刘景芝第三次来海拉尔，在呼伦贝尔民族博物馆赵艳芳、海拉尔博物馆赵艳红和马奎生的协助下，继续整理哈克遗址出土遗物。

9 月 27 日，中国社会科学院考古研究所副研究员刘景芝，呼伦贝尔民族博物馆研究员赵越，海拉尔区文体局局长王珊等，在海拉尔区副区长李娟的办公室，具体商讨保护哈克遗址的意见，会议一致认为在遗址上建遗址博物馆是最理想的保护方式，责成赵越具体编制保护方案，委托他撰写建《哈克遗址博物馆可研报告》，并决定向内蒙文物局正式报告。

2007 年

6 月 19 日，海拉尔区副区长李娟及王珊、赵越到呼和浩特，见到内蒙文物局文物处处长王大方，递交了在哈克遗址上建遗址博物馆的报告，不久就得以批复。至此，筹建哈克遗址博物馆的工作正式开始。

9～10 月，刘景芝第四次来海拉尔。此次工作主要是中国社会科学院考古研究所与吉林大学边疆考古研究中心合作，在呼伦贝尔民族博物馆和海拉尔博物馆的配合下，在哈克遗址原发掘部位清理回填的墓葬。清理人骨工作主要由朱泓教授的博士生张敬雷完成。在清理 04、07T5-T6XM3 墓葬人骨的同时在头骨下发现一件随葬的玉器。随后，测量人骨的工作由朱泓教授的博士生原海兵完成。

2008 年

8~9月，刘景芝为保护哈克遗址筹建博物馆第五次来海拉尔，8月25日，呼伦贝尔市委常委、海拉尔区委书记段志强主持召开专题会议，研究落实哈克遗址博物馆建设相关问题。区政府主要领导，张玉军区长等到会。段书记要求，努力争取博物馆工程今年开工，明年完成。为此，刘景芝教授重新组织发掘队伍，在呼伦贝尔民族博物馆和海拉尔区博物馆，以及海拉尔区档案局的支持和配合下，重新打开哈克遗址已发掘的 252 平方米探方，找准遗址位置，为博物馆建设施工设计提供资料。同时，为筹建哈克遗址博物馆，海拉尔区政府请刘景芝早日出版哈克遗址发掘报告，作好考古研究、文物保护和旅游开发的有机结合工作，海拉尔区政府向刘教授表示提供各方面的支持，同时也希望刘教授在两年内出版哈克遗址发掘报告。

8月26日，在海拉尔区档案史志局局长白福君和哈克镇镇长阎果等领导们的支持和陪同下，刘景芝来哈克遗址做开工前的考察和准备工作。

8月29日，刘景芝领队，哈克遗址工地的工作正式开始。工作期间，邀请中国社会科学院考古所副研究员贾笑冰对遗址地形地貌，以及地层和出土遗物进行全站仪的测量、记录、照相和绘图，参加工作的还有呼伦贝尔民族博物馆原馆长赵越、王连行，海拉尔区博物馆馆长邢锐、书记裴彦以及工作人员赵艳红、马奎生、侯正维和于世芹等。在发掘工地工作即将结束时，海拉尔区档案史志局局长白福君，亲自登上吊车的最高处拍下了精彩的工地发掘探方和遗迹全景。至此，哈克遗址的发掘以及补充发掘圆满告一阶段。

10月7日，由大连规划设计院设计的哈克遗址博物馆破土动工，海拉尔区文物管理所所长邢锐，组织 50 多人的现场清理队伍，配合施工单位，认真清理施工现场，清理、采集遗物 1000 余件，保证了基础施工顺利进行。

2009 年

3月，成立哈克遗址博物馆工程指挥部，由海拉尔区委区政府领导段志强、张玉军、李娟等组成。

3月19日，海拉尔区领导李娟及顾问赵越、局长王珊、馆长邢锐在北京会见中国社会科学院考古研究所副所长陈星灿，以及该所的刘国祥、刘景芝、朱延平、李新伟等研究员。研究保护哈克遗址及在遗址博物馆挂考古研究所细石器研究基地牌子等议题，刘国祥还提出请中央电视台作专题片宣传哈克文化。

3月31日至4月8日，中央电视台《人与社会》栏目组编导陈力、李周等来海拉尔拍宣传哈克文化的专题片，段志强、赵越、白劲松、沙金山等与保护哈克遗址相关人员入镜。

4月22日，呼伦贝尔日报发表了由徐俊峰、邢锐、宿振华执笔的《哈克文化——远古的文明》。

5月27日，呼伦贝尔日报发表了由徐俊峰、邢锐、宿振华执笔的《哈克石器神秘的文明记忆》。

6月12日18时，中央电视台十频道《人与社会》栏目《护宝传奇》系列节目，播放了保护哈克遗址专题片——《探寻宝藏》。

2010 年

7月，哈克遗址博物馆正式建成开馆。

附录 2　再论哈克文化——哈克遗址与周边各遗址出土石镞形制的比较研究

赵　越

（内蒙古呼伦贝尔民族博物馆）

哈克遗址位于呼伦贝尔市海拉尔区哈克镇哈克村一组，在呼伦贝尔草原上同类文化遗存有 240 多处，这些遗址基本都分布在河流两岸、湖泊周围地势较高的沙丘和台地上。比较集中在鄂温克自治旗、陈巴尔虎旗、新巴尔虎左旗、新巴尔虎右旗、满洲里市、额尔古纳市、海拉尔区，并且在大兴安岭的一些石洞中也有发现，遗址出土的器物以细石器为特点表明文化内涵的一致性。为了进一步探讨同一地域、同一时代、同一特征的考古学文化，有必要再深入对哈克遗址和周边几处典型遗址出土和采集的细石器，尤其是对石镞进行比较研究，进而再次论证哈克文化的客观存在。

一　哈克文化周边区域自然概况

哈克文化诸遗址主要分布在呼伦贝尔市境内，这里位于内蒙古自治区东北部，大兴安岭纵贯南北，占全市面积的 53.8%，岭西为著名的呼伦贝尔草原，面积十多万平方公里。

大兴安岭的特点是山都不高，由许多方向不同，规模不等的山岭及高台地组成，形成山中有平原，平原上有小山的地貌。大兴安岭是蒙古高原与东北平原的分界线，也是额尔古纳河与嫩江两大水系的分水岭，在呼伦贝尔市境内，有 3000 多条河流发源于大兴安岭，岭东的河水向南流，汇入嫩江；岭西的河水向北淌，注入额尔古纳河；这两条中国北方著名的江河，千回百转最后与黑龙江一起归入大海。在呼伦贝尔市境内，还有 500 多个湖泊和数不清的湿地分布在大兴安岭和呼伦贝尔草原上。这些河流、湖泊、湿地使这里的生态保持的一直很稳定，让大兴安岭森林生机盎然。作为天然屏障，大兴安岭制服了西北高原吹来的风沙，送来了西伯利亚和东北平原飘洒的雨雪，成为呼伦贝尔草原的忠诚卫士。即使呼伦贝尔草原遭到破坏，在大兴安岭森林卫士的精心呵护下，相隔一段时间，又恢复了生机勃勃的草原生态。大兴安岭本身是绿色世界，虽然地处高纬度，气候寒冷，但潮湿的土壤，让兴安岭落叶松成为大兴安岭的优势植被，同时红皮云杉、樟子松、偃松、蒙古栎、白桦、山杨、黑桦、红柳、榆树都有广泛的分布。呼伦贝尔得天独厚的自然条件为野生动物提供了良好的栖息繁殖环境。天上飞的鸟类繁多达 300 余种；水中游的鱼类分出 78 种；林中跑的野兽难以数得清楚，能叫上名的有驼鹿、马鹿、驯鹿、梅花鹿、黑熊、貂熊、猞猁、雪兔、野猪、野马、野牛、狍子、黄羊、苍狼、东北虎……应有尽有。大兴安岭和呼伦贝尔草原是远古人类狩猎捕鱼的天堂，当渔猎经济高度发展以后，呼伦贝尔草原正是转向游牧的理想王国,在这里发现史前渔猎、游牧经济的遗迹是必然的。

　　自上 20 世纪 30 年代以来,在呼伦贝尔市发现以"细石器"为特点的新石器时期遗存数百处,充分说明当时的原始人主要是从事渔猎、狩猎经济,对不同遗址出土的"细石器"进行比较分析,是深入研究呼伦贝尔史前文明的需要。

二　石镞的比较及分类

　　细石器制品中主要由石镞、石叶、石钻、石刃、石片、刮削器和属于原料或废料的石核组成,其中工艺最为复杂,科技水平含量最高的是石镞。深入研究细石器,如果从石镞的类型比较、分类入手,理出先后顺序,就可以摸清一些史前狩猎经济中以食肉为主的先民社会发展演化脉络。

　　纵观呼伦贝尔各遗址先后出土的石镞,仅从器型方面划分可分为四大类,即柳叶形、桃形、三角形和四棱形。

1. 柳叶形石镞

　　柳叶形石镞是以石叶为原料再深入加工的,器形细长如柳叶。把石叶较窄的一端压剥成镞锋,另一端修平为镞底。此类石镞多是在遗址中采集来的,也有在地层较深部出土的,如海拉尔西山沙坑内,鄂温克旗辉河水坝遗址地层中,苏格尔嘎特山(俗称塔头山)遗址上,海拉尔哈克遗址第一地点等都有柳叶形石镞出土[1]。然而,此类石镞在新石器时期墓葬中却没有发现。从石器生产工艺角度看,应是比较简单的石镞,即在石叶基础上,略加压剥而成,而且从材质上观察,均为沉积岩石料,至今未见玛瑙质的柳叶形石镞出土,从时间上看应属于早期石镞。

2. 桃形石镞

　　桃形石镞是以石片为原料进一步加工成的石镞。哈克遗址第三地点出土 14 件桃形石镞[2],在调查报告中称其为 C 型石镞。均由玛瑙石料制成,镞身较宽,如桃形,两侧呈对称状,斜弧鼓成刃,镞锋内收成尖弧状,底平直或为凹,也有微外弧者,两面多留下不规则状压剥痕。此类石镞在哈克遗址第二地点出土 4 件,当时认为是加工石镞的半成品,即为"石镞毛坯",称之为"镞形器"[3],"是加工石片经过再次压剥后形成的石镞毛坯,器表面均经大面积的压剥加工,尖部明显处于器身一端的中部,两侧边外弧……"。这二处地点均为墓葬,此类石镞同为随葬品,不应是"半成品或毛坯",理应是珍贵的器物,是重型石镞,而且均为玛瑙制品,是广义的"玉兵"。此类石镞在其他遗址也多次采集到,其中塔头山遗址就曾一次采集到 12 件[4],"平面形状已接近镞,但较石镞宽,……长 3.1～5 厘米,宽 2.1～2.7 厘米,厚 0.4～0.7 厘米"。被称作"镞形器"的还有东乌珠尔墓出土的 38 件石镞。均通体压剥,表面疤痕大,加工粗糙,两侧刃缘加工不规整,刃口不直,呈曲线状,薄厚不均但都有明显的尖部,底基本为圆形,整体呈桃状。按照外形不同可分为三式。一式、二式器形宽大,有的尖

〔1〕　王成:《伊敏河下游及海拉尔地区细石器遗存调查》,《呼伦贝尔文物》总第 4 期,1997 年。
〔2〕　中国社会科学院考古研究所内蒙古工作队、呼伦贝尔民族博物馆:《内蒙海拉尔市团结遗址调查》,《考古》2001 年第 5 期。
〔3〕　王成:《伊敏河下游及海拉尔地区细石器遗存调查》,《呼伦贝尔文物》总第 4 期,1997 年。
〔4〕　王成:《伊敏河下游及海拉尔地区细石器遗存调查》,《呼伦贝尔文物》总第 4 期,1997 年。

部已出现脊棱，"器身宽，两侧边较圆底部明显内凹，平面呈桃形。最大的一件长4.4厘米，宽2.1厘米，厚0.6厘米"。"三式的形状接近石镞"。发现者认为"这类镞形器在以前的调查中曾有过发现，因只限于地面采集，数量又很有限，不能进行综合对比和深入研究。这次在同一遗迹中同时发现成批的这类器物，而且又与石镞等细石器同出，为进一步探讨和研究提供了可靠的资料"[1]。在新巴尔虎左旗的呼和诺尔遗址也采集到4件此类石镞，称之为"椭圆形石镞"。"几乎周边都保留了薄而细长的疤痕。尖部夹角36°，从两面修理的疤痕观察，应采用了压剥技术。"[2]显然，桃形石镞加工技术要比柳叶形石镞复杂、先进些，选料也更加高级，如玛瑙、玉髓等硬度高的材料，而且压剥技术已更趋于成熟了，在时间先后顺序中理应晚于柳叶形石镞。

3. 三角形石镞

三角形石镞是呼伦贝尔地区最有特色的新石器时期遗物，在哈克文化分布众多遗址点内均有采集品，比较集中出土的是哈克遗址二座墓葬和陈巴尔虎旗东乌珠尔墓葬。其中哈克遗址第二地点，即原称"哈克乡团结学校细石器墓"发现虽然较早[3]，但没有及时报道，且发现者已故，现在仅能从资料中得知：出土石镞79件。其中三角形凹底石镞78件。分为两种形式。一种为弧边凹底形石镞，"约占石镞数量的三分之二，均经通体压剥，体积普遍较小，平面呈三角形，横断面为菱形，两侧边略外弧，两尾翼略显内收，多数凹底较深，其中两件近似柳叶形状。最大的一件长3.9厘米，宽1.5厘米，厚0.4厘米，最小的一件长1.1厘米，宽0.9厘米，厚0.2厘米"。另一种形式为直边三角凹底形石镞，也是通体压剥，体积较小，两侧边较平直，两尾翼舒展，平面呈三角状，凹底较深也为三角形。长在1.6～2.7厘米之间，宽1.0～1.6厘米，厚0.3厘米以内。材质很宽泛，有硬度高的玛瑙、玉髓，也有硬度较低的红色、褐色、绿色沉积岩，加工工艺更为先进，有的是在石叶的基础上压剥而成的，如两件近似柳叶形状的石镞，一定是在很长的石叶基础上，不仅把镞锋及两侧刃压剥成锯齿状，而且把镞底也进一步加工成燕尾状，制作十分精美。

1985年7月，在陈巴尔虎旗东乌珠尔苏木发现一座新石器时期的墓葬，出土细石器、骨器270余件，其中148件均为三角凹底形石镞[4]。王成同志根据器身形态将这些石镞分成四种型式，一式为弧边三角凹底形12件；二式为直边三角凹底形35件；三式为纤细直边三角凹底形38件；四式为亚腰三角凹底形56件，有别于其他遗址出土的石镞。通体压剥，器身两侧下半部略内收，成亚腰状双尾翼外张似燕尾，镞尖部脊棱明显，断面较厚。长在3.2～6.7厘米之间。当佟柱臣先生1987年来呼伦贝尔盟文物站，在库房中见到这批石镞后，在他的著作中赞叹："制作石镞的工艺水平，无论大型、中型、小型的哪一型，大小都近似；无论大型、中型、小型的哪种形式都非常相似，如同一范制成；无论大型、中型、小型的哪一种型都是压剥，工艺方法也一致，这种大小相似、形式一样、工艺一致，类似

〔1〕 王成：《呼伦贝尔东乌珠尔细石器墓清理简报》，《辽海文物丛刊》1988年第1期。

〔2〕 刘景芝、赵越、刘昭棣、王希平、巴图：《内蒙古呼伦贝尔呼和诺尔和铜钵庙两处细石器遗址》，《考古学研究（七）——庆祝吕遵谔先生八十寿辰暨从事考古教学与研究五十五年论文集》，科学出版社，2008年。

〔3〕 王成：《伊敏河下游及海拉尔地区细石器遗存调查》，《呼伦贝尔文物》总第4期，1997年。

〔4〕 王成：《呼伦贝尔东乌珠尔细石器墓清理简报》，《辽海文物丛刊》1988年第1期。

范制，实为手制，表明了工艺的娴熟稳定程度，登上了细石器的顶峰"[1]。

1999 年 8 月，在哈克遗址第三地点发现一座新石器时期墓葬，当时在报道时称之为"团结遗址"[2]。出土 27 件三角凹底形石镞，加工精美，为表述方便分为二类六型。第一类 12 件，镞身呈三角形，前锋及尾翼尖部突出，底部呈三角状内凹，中部略鼓，至边缘渐薄，横截面呈菱形或棱形，靠近两侧边缘留有细密的竖排压剥痕，侧刃呈锯齿状，较锋利，依镞身长短不同分三型。其中 A 型 6 件，均为白色玛瑙石制成，镞身窄长，横截面呈菱形，长 4.5～4.1 厘米之间，宽仅 1.2 厘米左右；B 型 2 件，镞身略短，尾部稍宽，平面呈等腰三角形，横截面近菱形，其中一件也是用玛瑙石料制成，另一件为深褐色沉积岩材质，长 3.5 厘米，宽 1.5 厘米左右；C 型 4 件，镞身扁薄短小，横截面呈菱形，一件为玛瑙材质，另三件是浅绿、浅褐色沉积岩石料。长在 2.1～1.8 厘米之间，宽仅 1 厘米左右。第二类 15 件，镞身近三角形，加工方法与第一类相同，主要区别点在底部呈圆弧或斜弧状内凹，依镞身长短和宽窄不同也分三型：A 型 1 件，为白色玛瑙材质，镞身较长，两侧斜直，前端呈斜弧状内收成镞尖部，横截面为菱形，底部呈圆弧状内凹，尾翼略直，它是此批石镞中最大的一枚，长 6.2 厘米，宽 2.1 厘米；B 型 5 件，镞身窄长，尖部突出，两侧斜直，横截面呈菱形，尾翼尖部突出，材质有玛瑙也有浅绿、浅黄色沉积岩，长 3～2.5 厘米，宽 1.4 厘米左右；C 型 9 件，镞身较宽，两侧略外弧，前端及尾翼尖部锋利，横截面呈菱形，多为白色玛瑙材质。长 3.4～2.5 厘米之间，宽 1.5 厘米以内。

哈克遗址第三地点距第二地点 2 公里，同处一条河谷台地沙丘中，同为一个时期的墓葬。在石镞的比较分析方面，由于第二地点的研究人员与第三地点的分类标准不同，研究深度不等，所以研究结果就有差别。从整体看，第二地点是以石镞侧边的直与鼓的区别而分出二类来，第三地点则不仅仅如此，而是又比较石镞的底和横截面不同形态分出六种类型。如果把这六种类型套用第二地点的分类标准也完全符合，反之亦然。正如佟柱臣先生的评价："形式很丰富，两叶及底部进行的压剥工艺，达到细石器工艺的高峰"[3]。虽然这些三角形凹底石镞与桃形石镞同出一个墓葬，是同时代的遗存，但二者工艺水平是有先进和落后之分的，正因为如此，桃形石镞被有的学者称之为"毛坯"、"半成品"或"镞形器"，它应早于三角形石镞。

4. 四棱形石镞

四棱形石镞截面为菱形或方形，有梃，也有两头尖呈梭形。呼盟文物管理站在文物普查时，曾在鄂温克旗孟根楚鲁苏木北约 5 公里的乌兰哈日嘎查（村）北约 5 公里处，伊敏河右岸的二级台地上采集一件四棱形有梃石镞：通体压剥，镞锋较长。断面近似四棱形，宽 0.7 厘米，厚 0.6 厘米. 梃窄而短并稍残断，残长 4.7 厘米，其中镞锋长 3.8 厘米，余为梃已残[4]。在呼伦贝尔民族博物馆馆藏中，

〔1〕 佟柱臣：《中国新石器研究》，巴蜀书社，1998 年。
〔2〕 中国社会科学院考古研究所内蒙古工作队、呼伦贝尔民族博物馆：《内蒙海拉尔市团结遗址调查》，《考古》2001 年第 5 期。
〔3〕 佟柱臣：《中国新石器研究》，巴蜀书社，1998 年。
〔4〕 王成：《伊敏河下游及海拉尔地区细石器遗存调查》，《呼伦贝尔文物》总第 4 期，1997 年。

有梃中菱形石镞多为沙坑采集品[1]。这种数量少的四棱形石镞，加工精细，造型独特，材质宽泛，但不见玛瑙玉石料。因其常与青铜、铁、骨镞等遗物同时出于汉代墓葬中，如陈巴尔虎旗完工墓[2]、额尔古纳市拉布达林墓群[3]，均有报道，可见这种四棱形石镞出现的时代应该较晚，说明细石器在呼伦贝尔地区延续到汉代或更晚。

三　结　语

呼伦贝尔地区是相对独立的自然生态区，大兴安岭地处高寒地带，是绿色王国，自古以来是猎场；而呼伦贝尔草原与之紧紧相连，两者没有明显的界线，是由森林草原向蒙古高原过渡的地带，正是渔猎转向游牧的天堂草原。原始人类无论猎或牧，都需用锋利的工具或武器来满足食肉生活的需要，所以细石器能在这里发展到极致是历史的必然。细石器中的石镞是最普遍、最复杂而且也是发展到最高级的工具和武器。如果仅依细石器来确定某种考古学文化，显然是不科学、不规范的。因为细石器的使用时间跨度太漫长，包括中国北方旧石器晚期、中石器时期、新石器时期、青铜器时期，直至延至秦、汉或以后时期。

在呼伦贝尔地区，能代表旧石器晚期的考古学文化遗址是"扎赉诺尔人"出土地点，即满洲里市扎赉诺尔区露天煤矿遗址。从 1927 年起至今，先后有俄国人巴娄夫斯基、多尔玛秋夫，日本人远藤隆次、赤崛英三；法国人德日进、桑志华；中国学者裴文中、佟柱臣等到此调查，发表一批研究成果[4]。压制石镞的存在，表明扎赉诺尔人已发明使用弓箭了，这是一种复合工具。恩格斯说："弓、弦、箭已经是很复杂的工具，发明这些工具需要有长期积累的经验和较发达的智力，因而也要同时熟悉其他许多发明。"[5] 弓箭是在旧石器时代长期使用投掷武器的基础上发展起来的，同旧石器时代的一般投掷武器相比，总是最准确，携带最便利，射程最远的武器，是狩猎经济发展程度的标志，是人类征服自然的尺度[6]。

扎赉诺尔人及其文化的后继环节是海拉尔西山中石器文化遗存[7]。出土的石镞基本都是在石叶基础上加工的柳叶型和在石片上压剥的桃形。被称之为"细石叶尖状器"、"尖端细石叶"、"石矛"等，其实这些细石器均可以当作"镞"用。

哈克遗址是呼伦贝尔新石器时期细石器遗址的典型代表，不仅它有地层、有居住址、有墓葬、有典型的器物，包括陶器、玉器、骨器和细石器，尤其是细石器中的石镞，以三角形凹底石镞为代表，登上了细石器工艺的顶峰，难能可贵，无与伦比。呼伦贝尔细石器发展历程是其他地区不可替代的，顶峰过后即走向低谷，随着社会的进步，金属器的发明和应用，细石器逐步被青铜器、铁器所取代，只有考古研究才能再现哈克文化的远古辉煌。

---

〔1〕　苏顺义：《呼伦贝尔草原沙坑考古及探索》，《呼伦贝尔文物》总第 2 期，2002 年。
〔2〕　内蒙古文物工作队：《内蒙古陈巴尔虎旗完工古墓清理简报》，《考古》1965 年第 6 期。
〔3〕　赵越：《内蒙古额右旗拉布达林发现鲜卑墓》，《考古》1990 年第 10 期。
〔4〕　佟柱臣：《东北旧石器时代问题》，《沈阳博物院汇刊》1947 年 10 月。
〔5〕　恩格斯：《家庭、私有制和国家的起源》，《马克思恩格斯选集》第 4 卷第 19 页，人民出版社，1972 年。
〔6〕　干志耿、孙秀仁：《黑龙江古代民族史纲》，黑龙江人民出版社，1986 年。
〔7〕　安志敏：《海拉尔的中石器遗存》，《考古学报》1978 年第 3 期。

　　简言之，细石器工艺起源于旧石器晚期，它的形成、发展达到顶峰，以及逐渐走向低谷和消亡历经了数以万年。细石器在呼伦贝尔大致可划分三个阶段。

　　第一阶段为中石器时期，以海拉尔西山遗址出土的柳叶形石镞为标准器物，代表着从旧石器跨入新石器的"中石器革命"历史瞬间，具体时间是距今 8000 年前，分布范围不仅仅在海拉尔西山遗址，还包括扎赉诺尔遗址等。

　　第二阶段为新石器时期，以哈克遗址出土的三角形石镞为标准器物，代表着细石器发展到顶峰时期，时间为距今 8000～4000 年之间的呼伦贝尔地区考古学文化。石镞外形发展顺序应从柳叶形→桃形→三角形→四棱形，在桃形石镞基础上形成了更高的加工技术，生产出三角形凹底石镞。最具代表性的遗址应为哈克遗址，并包括了这一地区曾经发现的 200 多处细石器遗址中的绝大多数，因此，将这一时期的考古学文化称之为哈克文化[1]。

　　第三阶段已进入历史时期，呼伦贝尔草原仍沿用着细石器，当青铜器、铁器走进千家万户后，细石器才悄然离去。这段时间当在距今 4000～2000 年间，四棱有铤石镞与金属镞同出一墓的现象就是最好的说明。

---

〔1〕　赵越：《论哈克文化》，《内蒙古文物考古》2001 年第 1 期。

附录3 哈克遗址出土玉饰件检测报告

杨颖亮

（北京大学考古文博学院科技考古实验室）

使用美国热电公司生产的尼高力 380 型红外光谱仪的显微镜附件对哈克遗址出土的玉饰（07T5-T6XM3：33）进行了显微红外光谱分析。

由于其体积较大，且必须无损检测，因此选择红外显微镜的反射模式进行检测。检测谱图经过一系列的数据处理和修正后，得到如下谱图（图一）。

通过与文献中闪石玉的红外光谱进行对比发现，这件玉饰的玉质属于闪石玉，也就是通常所说的软玉。

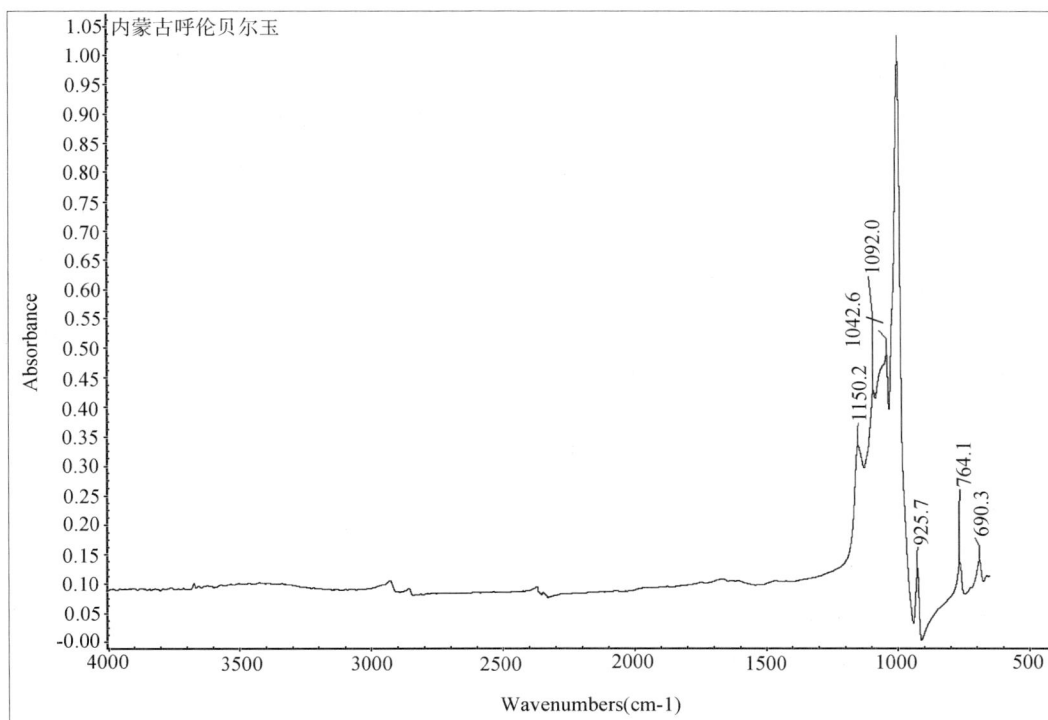

图一 哈克遗址出土玉饰显微红外反射光谱

附录 4　哈克遗址出土和征集金属器的鉴定报告

李延祥　杜　宁

（北京科技大学冶金与材料史研究所）

2004 年发掘哈克遗址，在 04T1-T2 第 6 层发现铁鱼钩 1 件；在 04T5-T6 西部扩方的第 5 层又发现铁鱼钩 1 件，在第 6 层发现残青铜刀 1 件；此外，征集青铜镞 1 件。以下对这 4 件金属器进行鉴定报告。

一　样　品　状　况

样品状况、形貌及取样分析部位见表一及图一，1～4。

表一　　　　　　　　　　　　　　被检测样品状况与取样部位

器物名称	器物编号及坐标	尺寸（毫米）			样品描述	取样部位
		长	宽	厚		
青铜刀	04T5-T6X⑥：658 N105 E98	74	18	3	仅余刃部及脊部前端，柄部已缺，中后部有血槽，刃部已卷口；表面为暗灰及暗绿色锈迹	刃部近刀柄处
青铜镞	04ZHJ：1	37	11	10	三棱形，有血槽，三面带鸣镝，圆铤；表面乌黑色	翼后部
铁鱼钩	04T5-T6X⑤：657 N104 E99	37	15	3	有倒钩；表面为暗红色锈	钩柄处
铁鱼钩	04T1-T2⑥：779 N224 E220	56	25	4	有倒钩；表面为暗红色锈	钩柄处

二　取样及实验方法

取样原则为：取自残破部位，尽量不影响器物的整体形貌；在满足检测分析需要的情况下，取样尽可能的小，并尽可能在检测完后能够修复。

样品取下后，以切割面为检测面用镶样机进行镶样；用不同粒度的砂纸按由粗至细的顺序进行均匀打磨，再经过抛光以达到进行金相观察和拍照的要求。在金相显微镜下观察样品的质地、夹杂与锈蚀程度，对青铜器用 5% 的三氯化铁盐酸酒精溶液进行侵蚀，对铁器用 4% 的硝酸酒精溶液进行侵蚀，再在金相显微镜下观察其组织形态，并与未侵蚀前组织形态进行对比，并拍金相照片。所使用仪器为莱卡（Leica）DM4000M 显微镜。

经金相检验过的样品经喷碳处理使之导电，用扫描电子显微镜进行样品形貌的观察；通过 X 射线能谱仪测定样品成分。所使用仪器为日本电子公司 JSM6480LV 型扫描电子显微镜和美国热电公司 Noran System Six 型能谱仪。

三　实验结果

通过金相观察及扫描电子显微镜和 X 射线能谱仪的分析，结果如下。

（1）青铜刀（04T5-T6X⑥：658），成分为锡青铜，含锡 11.98%（质量百分比，下同），并含有微量的铅（约 0.53%）。金相观察显示其基体组织为 α 固溶体，有少量（α＋δ）相析出；存在有大量孪晶和滑移线，未发现明显的晶粒变形。表明其加工工艺为热锻成型，并经过冷加工，显示其为实用器（图一，1；图版三二，1）。

（2）征集青铜镞（04ZHJ：1），为锡青铜，含锡 20.42%。金相观察显示其基体为 α 枝晶及（α＋δ）共析组织，表明其加工工艺为铸造成型（图一，2；图版三二，2）。

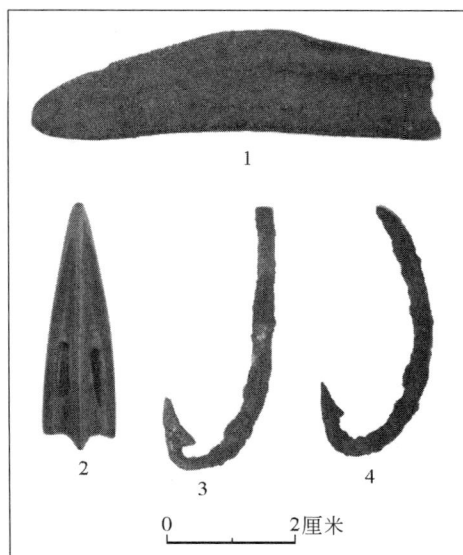

图一　哈克金属器

1. 青铜刀（04T5-T6X⑥：658）　2. 青铜镞（04ZHJ：1）
3. 铁鱼钩（04T5-T6X⑤：657）　4. 铁鱼钩（04T1-T2⑥：779）

（3）铁鱼钩（04T5-T6X⑤：657），金相观察显示其基体为铁素体和珠光体，为亚共析钢组织，含碳量较均匀；夹杂物较多，呈长条状分布，扫描电镜及能谱显示其成分为氧化亚铁—铁橄榄石共晶型夹杂。由此可知，此样品为块炼渗碳钢制品（图一，3；图版三二，3、4）。

（4）铁鱼钩（04T1-T2⑥：779），金相观察显示其基体为铁素体和珠光体，为亚共析钢组织，含碳量较不均匀；夹杂物较多，扫描电镜及能谱显示其成分为浮氏体—铁橄榄石共晶型夹杂。由此可知，此样品为块炼渗碳钢制品（图一，4；图版三二，5、6）。

四　讨　论

（1）青铜刀为含锡接近 12% 的锡青铜，其硬度比纯铜有很大的提高，又具有一定的韧性；经过热锻加工能使其晶粒细化，缩孔等铸造缺陷也得以削弱。由此看来其制造和加工工艺比较熟练。由卷口的刃部和金相组织中大量存在的滑移线可以推断此铜刀经过了相当长的使用。

（2）青铜镞形制较为复杂，做工精良。金相分析显示其成分均匀，夹杂物和铸造缺陷较少；20% 以上的锡含量使其硬度得以保证。综合看来此箭头的制造工艺比较成熟。

（3）两件铁鱼钩虽然外观有所区别，但其材质均为块炼渗碳钢。在冶铁技术发明的初始阶段，只能生产出杂质较多，硬度较低的块炼铁。但将块炼铁在炭火中加热锻打，使其渗入一定量的碳从而达到钢的成分，便可以得到块炼渗碳钢。块炼渗碳钢有着较好的硬度和韧性，可以适应较多场合的需要。这两件鱼钩由块炼渗碳钢制成，说明当时的人们已经能够较为熟练的运用渗碳工艺对不同场合需要不同性质的铁器有了较为明确的理解。

后　记

　　本报告是中国社会科学院 2007～2010 年度重点研究课题之一。集 2003～2008 年哈克遗址调查、发掘材料和研究成果，由中国社会科学院考古研究所、内蒙古自治区文物考古研究所、内蒙古自治区呼伦贝尔民族博物馆和内蒙古自治区呼伦贝尔市海拉尔博物馆合作完成。报告的出版由国家文物局和内蒙古自治区呼伦贝尔市海拉尔区政府资助。

　　哈克遗址发掘报告出版之际，恰逢中国社会科学院考古研究所老所长，中国考古学泰斗夏鼐先生诞辰 100 周年、中国社会科学院考古研究所建所 60 周年内蒙古自治区呼伦贝尔市海拉尔区哈克遗址博物馆建成，谨以此报告向以上盛典献礼。

　　在哈克考古报告出版之际，我们难忘这处遗址的发现、调查和发掘的经历。从 1985 年春，呼伦贝尔盟文物管理站在一五窑村（当时为哈克镇团结村的一个自然村）海拉尔河湾处发现该遗址，至 2001 年 9 月，呼伦贝尔民族博物馆馆长赵越等对哈克遗址进行了小面积的试掘，并将该遗址由"团结遗址"改称"哈克遗址"。多年来考古工作者在哈克遗址取得了重要的收获。但至 2003 年，这一重要遗址却未进行正式的考古发掘。2003 年 9 月在赵越馆长的极力推荐，以及内蒙古自治区文物考古研究所塔拉所长和中国社会科学院考古研究所内蒙工作队刘国祥队长的支持下，中国社会科学院考古研究所刘景芝在哈克遗址进行了小面积试掘。2004 年 7 月，经国家文物局正式批准，在内蒙古自治区文化厅文物处领导和内蒙古自治区文物考古研究所塔拉所长的支持下，中国社会科学院考古研究所和内蒙古自治区文物考古研究所合作对哈克遗址进行了第一次正式发掘。同时，在内蒙古自治区呼伦贝尔民族博物馆、海拉尔区文物管理所的积极配合下，组建了哈克遗址考古队。领队刘景芝，参加的考古工作人员有：中国社会科学院考古研究所陈超，呼伦贝尔民族博物馆敖卫东、赵艳芳、苏顺义、哈达、王连行，以及技工侯正维和于世芹等。

　　2007 年秋，吉林大学边疆考古研究中心对墓葬中的人骨进行了初步研究。2008 年秋，为哈克遗址博物馆建设提供学术资料，又再次揭开了过去发掘的探方。时值中秋佳节，海拉尔区政府李海春副区长，在区档案史志局白福君局长的陪同下，代表区政府领导来遗址工地慰问田野工作人员。特别是在工地工作结束时，海拉尔区政府段志强书记、张玉军区长和李娟副区长等领导来工地视察，并筹划哈克遗址博物馆的施工建设。哈克遗址博物馆的筹建极大地促进了本发掘资料的整理和研究。

　　在海拉尔区政府和区文化局领导的大力支持和热情关怀下，在各级文物考古单位的积极配合和同仁们的通力合作下，2003～2008 年的发掘顺利进行。经过两年多资料的整理，终于完成了这部考古报告。该报告的问世不仅是呼伦贝尔考古方面的一件大事，同时也是为我国北方草原地区早期文化的探索提供了重要的资料和研究成果。

　　这部报告的整理和出版凝结了各级领导的支持，许多文物考古部门的关心和配合，以及诸多考古工作者的积极参与和辛勤劳作。在对 2003 和 2004 年发掘资料的整理过程中，中国社会科学院考古研究所刘景芝重点对出土的大量细石器进行了研究，在赵艳芳、哈达、赵艳红、马奎生、于世芹和侯正维等人的协助下对细石器进行编号、分类、测量、观察、制表和绘制线图等，细石器照片以及工地部分照片由摄影师杨润新完成；细石器的统计以及统计图表的制作由刘海骅和刘冬昕完成；中国社会科学院考古研究所朱延平重点对出土的大量陶片进行了细致的观察、分类、测量和研究；毕道传绘制陶片线图，照片由朱延平拍摄；骨角器、玉器和青铜器由刘景芝整理研究；玉器和青铜器照片由朱延平拍摄；墓葬出土人骨由吉林大学边疆考古研究中心教授朱泓指导，原海兵整理研究。此外，在资料收集和写作过程中，呼伦贝尔民族博物馆赵越、白劲松、陈凤山等领导，海拉尔博物馆邢锐馆长等，南京大学张敬雷老师等都给予了无私的帮助；动物遗骸由北京大学考古文博学院教授黄蕴平和呼伦贝尔民族博物馆哈达整理研究，中国科学院动物研究所的研究员刘月英先生鉴定了蚌类标本；中国科学院古脊椎动物与古人类研究所的研究员侯连海先生鉴定了鸟类标本；北京大学考古文博学院的张颖、张艳、赵静芳和郑哲轩同学参加动物标本的整理工作；年代数据由北京大学考古文博学院第四纪地质与考古年代学实验室测定。孢粉采样和分析研究由中国社会科学院考古研究所齐乌云和刘景芝完成，并得到国家科技支撑计划项目"公元前 3500 年至前 1500 年黄河、长江及西辽河流域的人地关系研究（2010BAK67B02）"课题和国家文物局文物保护科学和技术研究（20070110）资助。朱延平和郭殿勇对呼伦贝尔地区以及遗址的地质地理环境进行了专门研究。全书的统稿和审定工作由刘景芝和朱延平完成。

　　本报告主编刘景芝、朱延平。特邀北京大学考古文博学院教授吕遵谔、内蒙古自治区呼伦贝尔市海拉尔区段志强书记和张玉军区长为本报告作序言一和序言二。

　　各章节的撰写者如下：

　　前言：刘景芝、朱延平。第一章第一节：朱延平、郭殿勇；第一章第二节：塔拉、赵越、白福君、邢锐。第二章第一节：赵越、陈桂婷、赵艳红；第二章第二节：赵越、白劲松、陈凤山；第二章第三节：刘景芝、敖卫东、哈达。第三章：刘景芝、赵艳芳、哈达。第四章：刘景芝、朱延平、哈达、赵艳芳。第五章：刘景芝。第六章：原海兵、朱泓。第七章：黄蕴平、哈达。第八章：齐乌云、刘景芝。第九章：朱延平、刘景芝。附录 1：赵艳红、宿振华；附录 2：赵越；附录 3：杨颖亮；附录 4：李延祥、杜宁。英文提要：李新伟。

　　在本报告的整理和编写过程中得到了北京大学考古文博学院吕遵谔和严文明教授、中国考古学会理事长张忠培先生的热情指导。中国科学院古脊椎动物与古人类研究所研究员卫奇曾亲临现场做地质和地层方面的考察指导，并对出土的骨器用材进行了鉴定。

　　本报告由文物出版社出版，李媛媛和王霞为本报告的出版付出了艰辛努力。同时，在报告的编辑过程中，特邀编辑张静、杨毅对报告内容进行了认真的审改、校订。报告的英文提要是由中国社会科学院考古研究所史前考古研究室副主任李新伟抽出宝贵时间精心译成。在此对为本书付出贡献的各级领导、专家和考古工作人员，以及各方面的工作者致以最诚挚的谢意。

　　《哈克遗址—2003～2008 年考古发掘报告》的出版，由于时间紧，研究和技术人员缺少，以及其他各方面原因，不足之处在所难免，万望文物考古学界专家学者不吝赐教，为此表示衷心感谢。

Abstract

The Hulun Buir Grasslands is named after the Hulun and Buir Lakes and consists of the grasslands in the basins of the Hailar River, the Halaha River and the Kerulen River. Chinese and foreign archaeologists had found a number of important sites in this area as early as in the 1920s. In 1927, 19 skulls of early human species were discovered at the Zalainoer Mine. In 1928 and 1938, Russian and Japanese scholars found microlithic remains in the Songshan Mountains. In 1960s, more microlithic remains had been found in Songshan and late Paleolithic remains had been discovered at several locations in the Mogushan Mountains in Zalainoer. By present, more than 280 Neolithic sites with microlithic remains have been recorded in this area, which are valuable for the research on early human societies in the Steppe area in Northern China. In addition, as Hulunbair is in the middle of Northern China, Russian Siberia and Mongolia, researches on the microlithic remains in this area have risen international attention.

The Hag Site is a typical representative of the microlithic remains in Hulun Buir. In the excavations from 2003 to 2008, a large number of features and artifacts dating to 7710 ± 40 BP had been unearthed, together with remains of the Han, Sui and Tang Dynasties. As an important settlement site of our early ancestors in the Hulun Buir area, the site is particularly significant for the research on the development of early cultures in Northern Steppe and the communication between ancient Hulun Buir and surrounding areas.

I. General Introduction

The site (49°13′00 "N, 120°04′41" E, 630 m above sea level) which was discovered in 1985 is located at the Group One of the Hag Village on the left bank of the Hailar River. Surveys conducted from 1985 to 1999 found three locations at the site. The first excavation launched in 2001 demonstrated the importance of the site with abundant unearthed artifacts. In 2004, the site entered the List of Important Culture Heritage of the Hulun Buir municipal government. In 2006, it entered the List of Important Culture Heritage of Inner Mongolia.

More excavations had been conducted from 2003 to 2008, during which 1 large house, 14 pits, 1 damaged hearth, 2 burnt areas, 2 shell piles, 3 sacrificial features and 5 burials, together with more than 10,000 artifacts and animal bones had been unearthed within the 296 sq meters exposed area. The artifacts include finely made microlithic tools, bone/horn tools, ceramic sherds, ornaments with drilled holes, jade objects, bronze knives and iron fishhooks.

II. The Features

1. The House

The large house is in the shape of an irregular ellipse 56. 08 sq meters in floor area. Thirteen post-holes were found around the house. The two biggest ones – D1 and D2 at the eastern side of the house might be the remains of the posts holding the door. An ash remain (HD1) was found between the two post-holes. A low platform which is 740 cm from north to south and 346 cm from east to west was found at the western part of the house. A pile of sand (SHD1) was found in the middle of the house. Similar feature had also been found at the Кондон site in Russian far-east. A thick layer of shells was piled under the house, probably as the foundation.

Artifacts found in the house indicate that the house might have been used as a public meeting room and a location for bone tools and microlithic tools making.

2. The Pits

The 14 pits found at Hag are round, ellipse and irregular in shapes. Most of them are inside or beside the house, indicating that they might be contemporary.

3. The Burials

The five burials are all secondary burials with one, two or five in-complete skeletons, or just pieces of human bones. They all have no shaft. The skeletons were just buried on the ground. Heads of the skeletons oriented to the east or northeast. A jade object was discovered under the skull of individual No. 1 in burial M3. Some sherds were found around the skeletons in this burial. Other burials have no offerings. These burials show some similarities with those found at the Huiheshuiba and Angangxi Sites.

III. The Artifacts

1. Microlithic Tools and other Stone Tools

Totally 4135 pieces of stone artifacts were unearthed at the site. Totally 1466 stone artifacts were found in layer 7. The 1011 observed artifacts consist of 17 cores, 354 flakes, 15 strips, 392 blades and 233 tools (including 151 microlithic tools and 82 large tools). Totally 895 stone artifacts were found in layer 6. The 499 observed artifacts consist of 6 cores, 143 flakes, 2 strips, 203 blades and 145 tools (including 98 microlithic tools and 47 large tools). Totally 966 stone artifacts were found in layer 5. The 508 observed artifacts consist of 8 cores, 131 flakes, 2 strips, 205 blades and 162 tools (including 133 microlithic tools and 29 large tools). Totally 811 stone artifacts were found in layer 4. The observed 484 artifacts consist of 2 cores, 186 flakes, 1 strips, 149 blades and 146 tools (including 125 microlithic tools and 21 large tools).

Main raw materials of Hag microlithic artifacts include dolomite, flint, chalcedony, quartzite, obsidian and opal. Artifacts made of fine chalcedony and obsidian increased in the later layers. Main types of stone artifacts include the prepared-core, microlithic core, flake, blade and different kinds of microlithic tools. Percentage of these types had been changing through time. Main types of microlithic tools include arrow-head, blade, borer, burin and round-head scraper. The three-edged borer and small burin which might have been used as the tools for bone tools and ornaments making are especially typical. The large number of finely make microlithic arrow-heads, borers and blades demonstrates that microlithic industry of Hag had achieved a high standard.

2. Bone/horn artifacts

Abundant types of bone/horn tools reflect rich contends of the life of Hag residents.

Tools for production include bone made fish-forks, arrow-heads, knives, spades and horn made hoes. Other artifacts include bone made awls, pillar-boxes, needles, hair-pins, tubes and horn made ornaments. Bone with carving designs, holed bones and an ivory figurine with human face were also found. The ivory figurine might be an object used in ritual ceremonies of ancestor or super-nature worship.

Generally speaking, the manufacture techniques of bone/horn objects, especially the polishing and drilling techniques, show a higher standard than that of stone artifacts.

3. Pottery

Pottery found in layer 7, house F1, pit H1 and burial M3 are similar, and might belong to the same period. The pottery has sand as tamper, and is simple in shape and low in burning temperature. Most vessels are pots with round or flat bottoms. They can be divided into two types based on surface decoration.

Type A has vertical or oblique cord-pattern on the surface. Vessels of this type (about 70% of the total ceramic assemblage) are thick in body, low in burning temperature, and have cracks on the inner surface. They usually have a flat lip, straight or slightly flared upper body, thin lower body and round bottom.

Type B has no decoration on the surface. Shallow thin parallel lines, probably left by shell tools for shaping the clay body, can be recognized on the outer and inner surfaces. Vessels of this type (about 30% of the total ceramic assemblage) have fine sand as tamper and almost no cracks on the surface. Comparing with Type A vessels, they are smaller in size, higher in burning temperature and harder. They also have a straight upper body, thin lower body, but usually a flat bottom.

A large number of sherds were found in layer 6, yet few of them can be reconstructed into a complete vessel. Most of the sherds have fine sand as tamper. Some have marks of wheel-making. Although many of the sherds have no surface decoration, those who have are different in styles and can be divided into five types: A) sherds with pressed patterns, B) sherds with patted patterns, C) sherds with stamped patterns, D) sherds with attached clay strips and stamped, curved patterns, and E) sherds with cord-patterns.

Pottery found in layer 5 is similar with that of layer 6. Surface decorations on the pottery can be divided into three types: A) pressed patterns, B) geometrical patterns, and C) line patterns (pottery with this type of decoration usually has shell powder as tamper).

None sherd from layer 4 can be reconstructed into complete vessels. However, based on some large sherds, we can know that vessels in this layer are mainly made of fine grey clay with wheel-making technique, high in burning temperature and hard. Patterns probably left by comb-like tools were popular.

We divided the Hag assemblage into three phases mainly based on typological research on pottery. Carbon date of the carbon grains in two sherds of phase I is 7710 ± 40 BP. Hence we suggest that the date of Hag phase I is about 8000 to 7500 BP, and might be contemporary with the Xinglongwa culture. Hag phase II might be contemporary with the remains of the Han Dynasty represented by the Wangong and Beimanitu cemeteries. Vessels with patterns probably left by comb-like tools are similar to the vessels found in the Xieertala cemetery and the Xiwuzhuer cemetery in Chenbaerhu Banner, and can be dated to the 8th to 10th century AD.

IV. The Human Skeletons

1. Among the 8 identified individuals, 2 are males, 1 is female, 2 have male characteristics, 1 has female characteristics, the 2 others have no strong gender characteristics. Most of them died around 20 years old.

2. Observation and measurement of skulls indicates that Hag people have the characteristics of the Asia Mongolian people.

3. Detailed comparison indicates that Hag people have more similarities with the Northern Asia Mongolian people than with the Eastern Asia, Northeastern Asia and Southern Asia Mongolian peoples.

4. Statistic analysis on skull measurement data shows that Hag people have closer relationship with modern Mongolian people than with Southeast Eskimo and Tungus, and is different from Northern China and Southern China peoples.

5. Distance cluster analysis shows that Hag people have close relationship with the Zalainoer and Xieertala ancient peoples, and probably was the ancestor of them.

6. Distance cluster also indicates that Hag people have close relationship with the Jinggouzi and Bancheng A peoples, both of whom belong to the "Ancient Mongolian Plateau Type".

V. The Animal Bones and Pollen

Identified animal species found in layer 7 of Hag site include: *Anodonta sp.*, *Margaritifena sp.*, *Unio douglasiae*, *Cyprinus carpio*, *Ctenopharyngodon idellus*, *Anas sp.*, *Anser sp.*, *Ardeola bacchus*, *Ardea sp.*, *Tringa sp.*, *Aquila sp.*, *Accipiter sp.*, *Canis familiaris*, *Nyctereutes procynoides*, *Vulpes vulpes*, *Meles meles*, *Mustela sibirica*, *Equus sp.*, *Cervus elaphus*, *Capreolus sp.*, *Bison sp.*, *Bos taurus*, *Caprinae*, *Sus scrofa*, *Cricetulus sp.* and *Lepus sp.*. Except for the dog which might be domesticated, all the others are wild living in forest-steppe environment. It seems that hunting and fishing was important in the subsistence economy. Animals found in layer 6 and layer 5 include: *Anas sp.*, *Ciconia sp.*, *Falco sp.*, *Crossoptilon sp.*, *Ardea sp.*, *Equus caballus*, *Equus asinus*, *Bos taurus* and *Sus scrofa*. Some cattle younger than 3. 5 years old might have been used for sacrificial ceremony. Animals found in layer 4 include fish, *Anas sp.* 、 *Accipiter sp.* 、 *Canis familiaris* 、 *Equus caballus* 、 *Cervus elaphus* 、 *Capreolus sp.* 、 *Bos taurus and Sus scrofa*. It seems that hunting and fishing was still important for obtaining meat.

The conjunctional area of the western foot of the Daxing' anling Mountains and the eastern margin of the Mongolian Plateau where the Hag site is located consists of various landscapes to provide diverse food resources. Pollen analysis and plant remains indicate that beside hunting and fishing, Hag people also conducted gathering for their food. The absence of gramineae pollen shows that they might have not practiced agriculture.

Ⅵ. Conclusion

The abundant cultural assemblage of the Hag site is important for the researches on the origin of nomadic peoples, social development and environmental changes in this area. The characteristic microlithic objects, pottery and bone/horn tools, especially the ivory figurine and bone objects with curved marks, exhibit the high standard of craft industry of the Hag people. These artifacts form the core of the Hag Culture. Human remains provide direct evidence for the origin and migration of nomadic peoples in this area. Besides, the houses and burials shed lights on the interpretation on the social structure and mortuary practice in this area.

The Hulunbuir Grasslands is the cradle of ancient nomadic peoples. Researches on the migration, amalgamation, development of productivity and economy of ancient peoples in this region will fill a gap which has hitherto existed in our archaeological literature, and rise international interests.

1. 哈克遗址环境（西—东）

2. 遗址位于海拉尔河河岸台地上（南—北）

哈克遗址地貌

1. 探方 T1～T6 全景（西—东）

2. 房址 04、08T5－T6F1 全景（西—东）

哈克遗址发掘探方

1. 探方 04T5-T6 东部扩方东壁地层剖面（西北—东南）

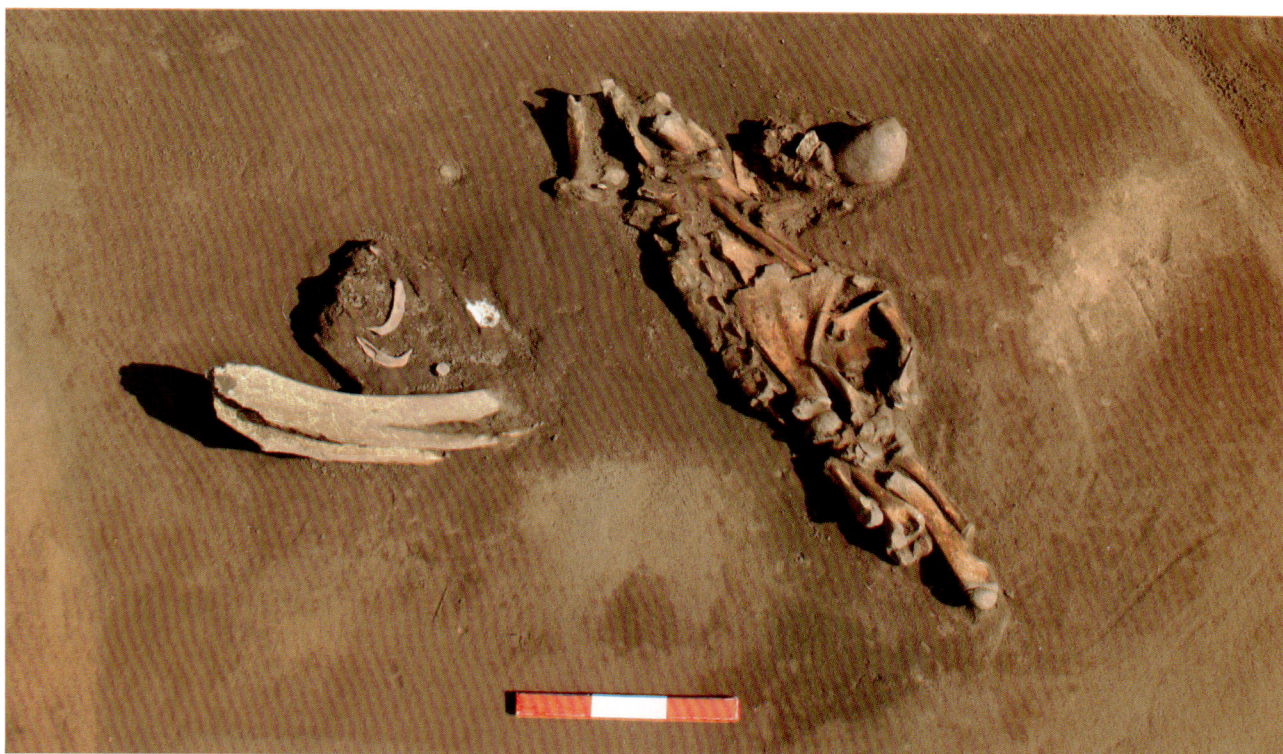

2. 祭祀遗迹 08T5-T6DJS3（西—东）

哈克遗址地层剖面及祭祀遗迹

1．墓葬 03、07T1—T2M1（北—南）

2．墓葬 04、07T5—T6M2（西—东）

哈克遗址墓葬

1. 墓葬 04、07T5-T6XM3（西—东）

2. 墓葬 04、07T5-T6XM3 中 1 号墓主人头骨下出土玉饰（南—北）

哈克遗址墓葬及出土玉饰

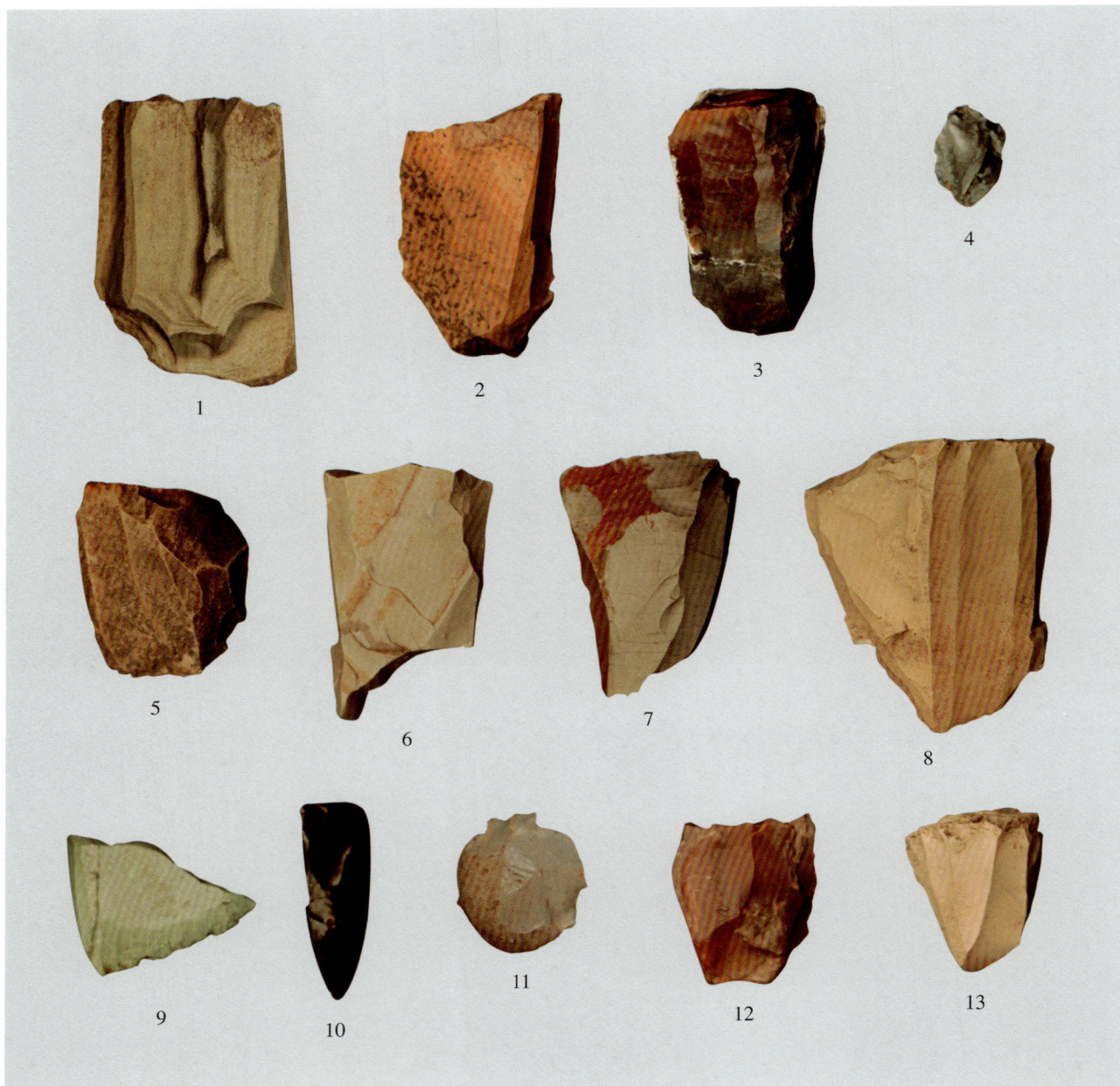

1~3. 窄楔形细石核（04T3⑦：717、04T4⑦：663、04T5-T6⑦：226）　4. 两极细石核（04T1-T2⑦：1430）　5、6. 残细石核（04T4⑦：664、04T4⑦：662）　7. 不规则形细石核（04T6⑥：373）　8. 残细石核（04T5-T6H9：1）　9. 宽楔形细石核（03T1-T2⑤：606）　10. 锥状细石核（04T5⑤：628）　11. 砸击细石核（04T5⑤：618）　12. 不规则形细石核（04T9⑤：46）　13. 锥状细石核（04T4④：2）

哈克遗址出土细石核

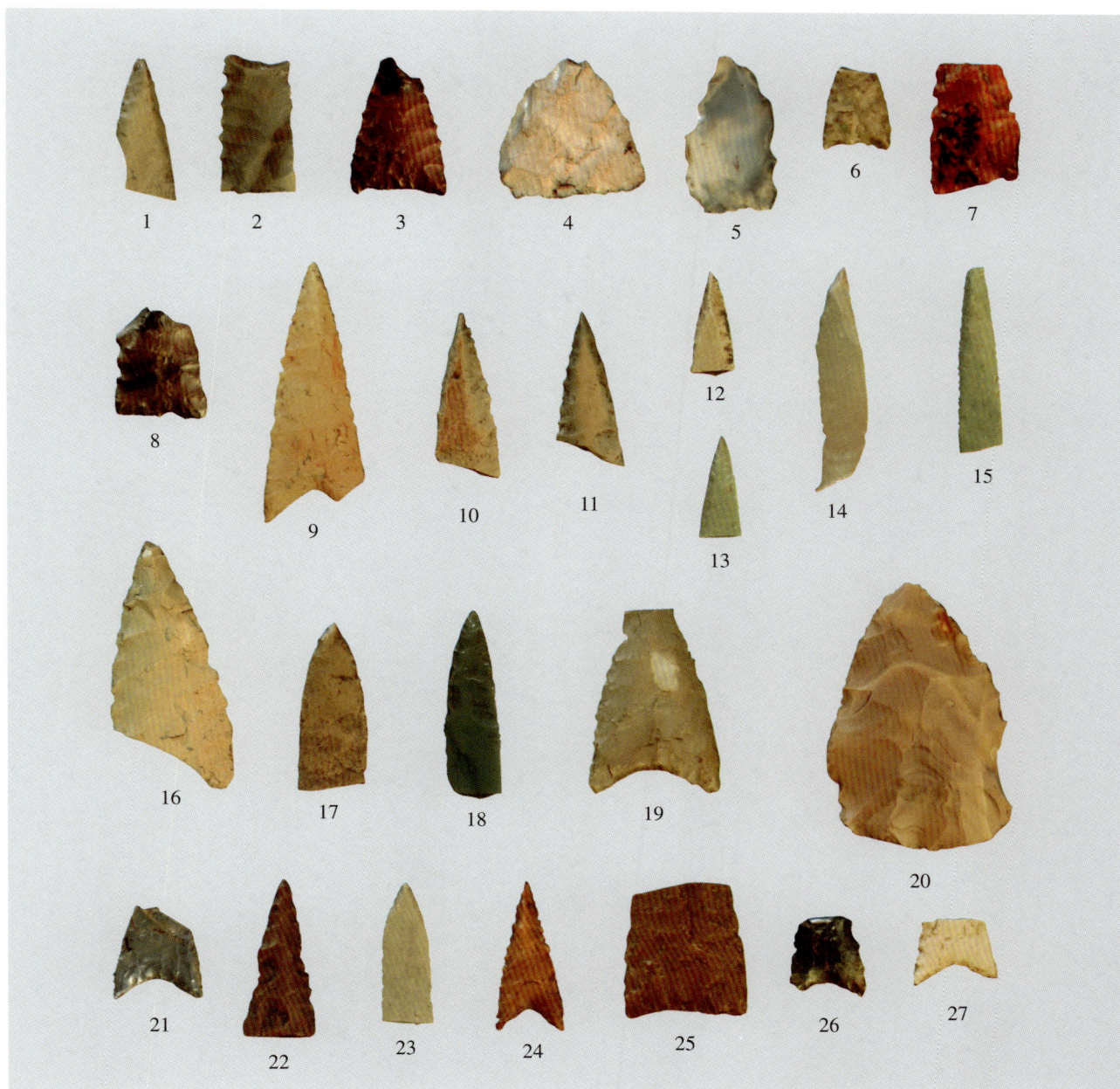

1、2. 柳叶形石镞（04T3⑦：704、04T3⑦：705）　　3～8. 平底三角形石镞（3.04T5-T6⑦：10、4.
04T5-T6⑦：184、5.04T5-T6⑦：273、6.04T1-T2⑥：659、7.04T1-T2⑥：662、8.04T1-T2⑥：
663）9. 凹底三角形石镞（04T1-T2⑥：655）　　10～18. 柳叶形石镞（10.03T1-T2⑤：627、11.
03T1-T2⑤：629、12.03T1-T2⑤：633、13.04T5⑤：604、14.04T5⑤：605、15.04T5⑤：609、16.
04T5⑤：617、17.03T1-T2⑤：631、18.04T5⑤：625）　　19. 凹底三角形石镞（04T3⑤：577）20.
弧底三角形石镞（04T3⑤：576）　　21. 凹底三角形石镞（03T1-T2⑤：630）　　22、23. 残石镞（03T1-
T2⑤：628、04T5⑤：611）　　24. 凹底三角形石镞（04T1-T2④：1495）25. 平底三角形石镞（03T1-
T2④：126）　　26、27. 凹底三角形石镞（04T1-T2④：151、04T5④：439）

哈克遗址出土石镞

彩版八

1～8.单刃石刃（1.03T1－T2⑦：1471、2.03T1－T2⑦：1472、3.03T1－T2⑦：1473、4.04T1－T2⑦：1261、5.04T5F1：A33、6.04T5－T6DF1：139、7.04T5－T6⑦：283、8.04T9⑦：99）　9～14.双刃石刃（9.04T1－T2⑦：1246、10.04T3⑦：706、11.04T5⑦：880、12.04T5F1：A21、13.04T5－T6⑦：87、14.04T5－T6⑦：173）　15、16.单刃石刃（04T1－T2⑥：604、04T1－T2⑥：656）　17.双刃石刃（04T5⑦：879）　18～21.单刃石刃（18.04T1－T2⑥：657、19.04T3⑥：448、20.04T4⑥：498、21.04T6⑥：418）　22.双刃石刃（04T1－T2⑥：664）　23.复刃石刃（04T6⑥：414）　24～29.单刃石刃（24.03T1－T2⑤：634、25.04T1－T2⑤：331、26.03T1－T2⑤：637、27.04T1－T⑤：332、28.04T3⑤：142、29.04T3⑤：239）　30、31.双刃石刃（03T1－T2⑤：636、04T5⑤：610）　32.复刃石刃（04T5⑤：614）　33.单刃石刃（04T4④：22）　34～37.双刃石刃（34.04T4④：23、35.04T5④：438、36.03T1－T2④：181、37.03T1－T2④：143）

哈克遗址出土石刃

1. 罐类口部残片（04T5—T6 ⑦：557，外壁）

2. 罐类口部残片（04T5—T6 ⑦：557，内壁）

3. 敞口罐口部残片（04T9 ⑦：107）

4. 口部残片（04T5—T6 ⑦：428）

5. 腹部残片（04T5—T6X ⑦：473）

哈克遗址出土 Aa 类陶片

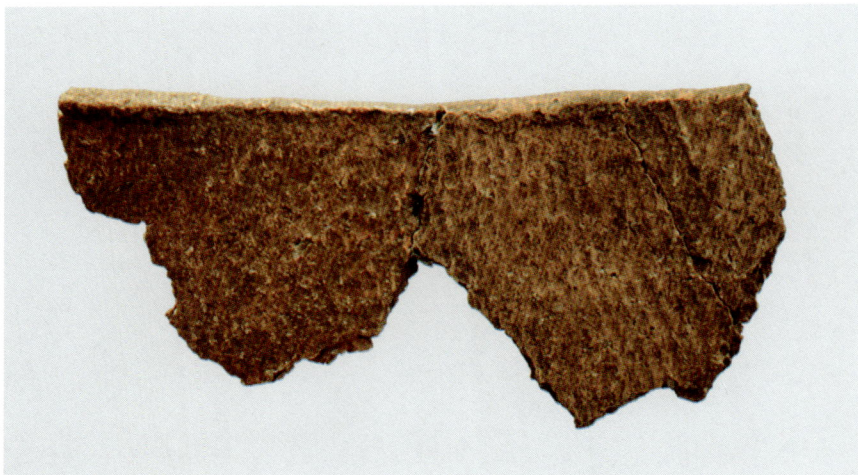

1. Ab类（罐类口部残片
04T5 ⑦ B：1697、1689）

2. B类（罐类腹部残
片 04T5F1：A60）

3. B类（罐类口部残片 04T5 ⑦ B：1691）　　　4. Aa类（罐类口部残片 04T1－T2 ⑦：1295）

哈克遗址出土陶片

1. 骨雕（03T1-T2⑦：
2162，正面）

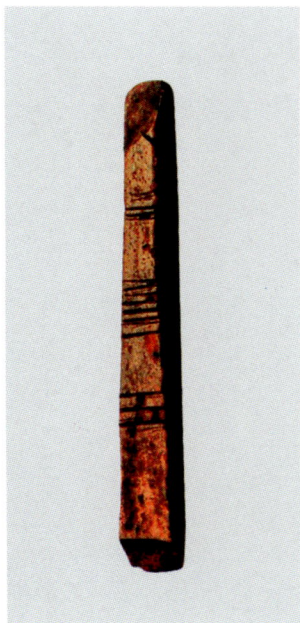

2. 骨雕（03T1-T2
⑦：2162，背面）

3. 玉饰（07T5-
T6XM3：33，正面）

4. 玉饰（07T5-
T6XM3：33，背面）

5. 骨雕（04T5F1：6）

6. 象牙人面雕像（03T1-T2⑦：2151）

哈克遗址出土遗物

1. 弧刃端刮器（04T1-T2⑥：1074） 2~4. 平刃端刮器（04T1-T2⑥：1073、04T4⑤：624、04T4⑤：271） 5~11. 弧刃端刮器（5.03T1-T2⑤：621、6.03T1-T2⑤：620、7.03T1-T2⑤：623、8.04T1-T2⑤：329、9.04T1-T2⑤：344、10.04T1-T2⑤：1549、11.04T1-T2⑤：328） 12、13. 平刃端刮器（03T1-T2⑤：622、04T3⑤：147） 14. 弧刃端刮器（04T5⑤：623） 15~19. 平刃端刮器（15.03T1-T2⑤：619、16.04T1-T2⑤：330、17.04T1-T2⑤：1505、18.04T3⑤：139、19.04T3⑤：141） 20~25. 弧刃端刮器（20.04T3⑤：143、21.04T5④：98、22.03T1-T2④：152、23.04T1-T2④：142、24.04T1-T2④：143、25.04T1-T2④：145） 26~28. 平刃端刮器（04T4⑤：270、04T3⑤：238、04T1-T2④：21） 29. 弧刃端刮器（04T5④：437） 30~35. 平刃端刮器（30.03T1-T2④：150、31.03T1-T2④：151、32.03T1-T2④：153、33.04T1-T2④：144、34.04T4④：109、35.04T4④：110）

哈克遗址出土端刮器

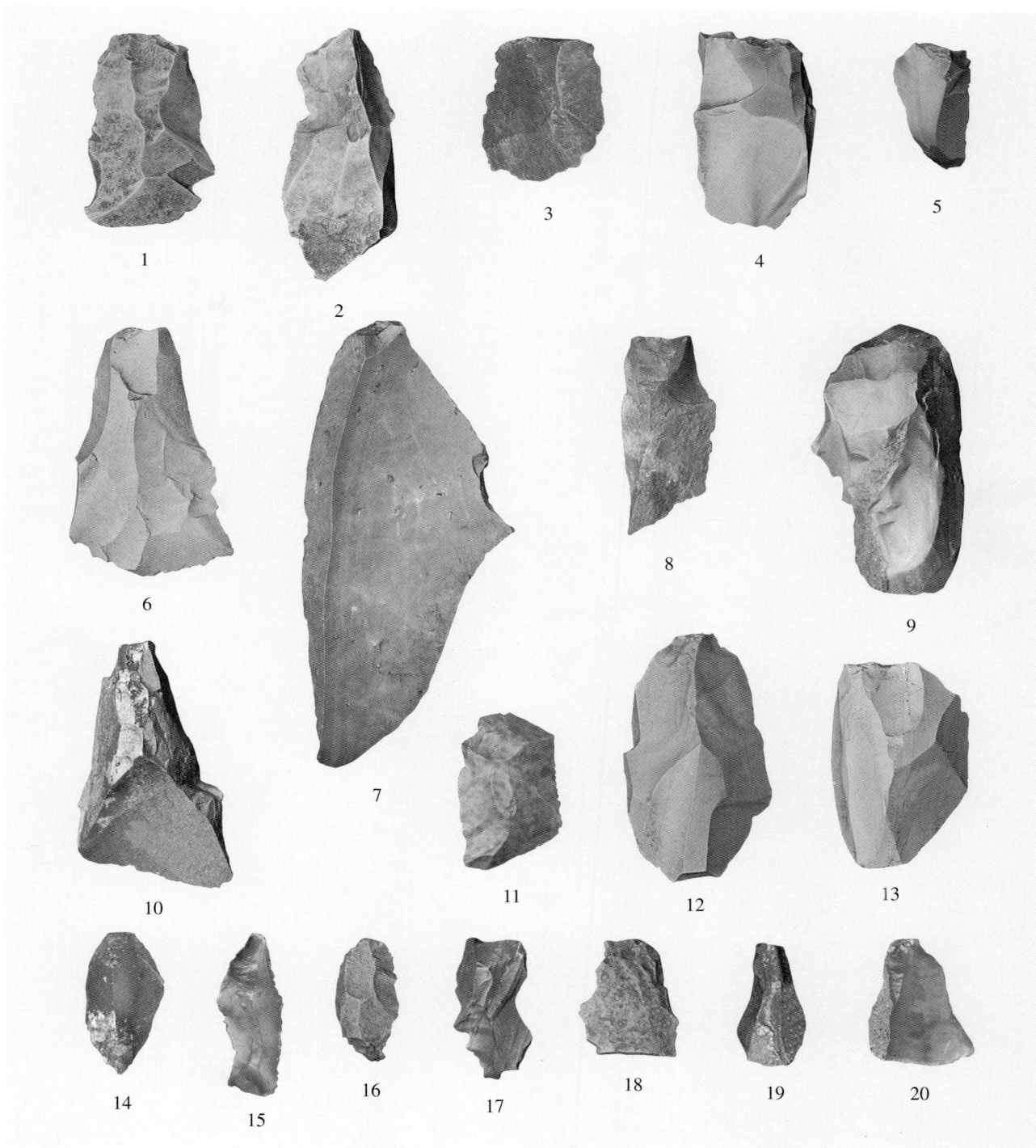

1. 03T1-T2⑦：1455　2. 03T1-T2⑦：1456　3. 03T1-T2⑦：1463　4. 04T3⑦：588　5. 04T3⑦：591　6. 04T4⑦：665　7. 04T5⑦：845　8. 04T5-T6⑦：216　9. 04T5⑥：705　10. 04T9⑦：88　11. 04T5⑥：711　12. 04T1-T2④：45　13. 04T9④：4　14. 04T3⑤：40　15. 04T3⑤：90　16. 04T1-T2④：46　17. 04T1-T2④：47　18. 04T1-T2④：48　19. 04T1-T2④：49　20. 04T3⑤：240

哈克遗址出土预制石核侧面剥片

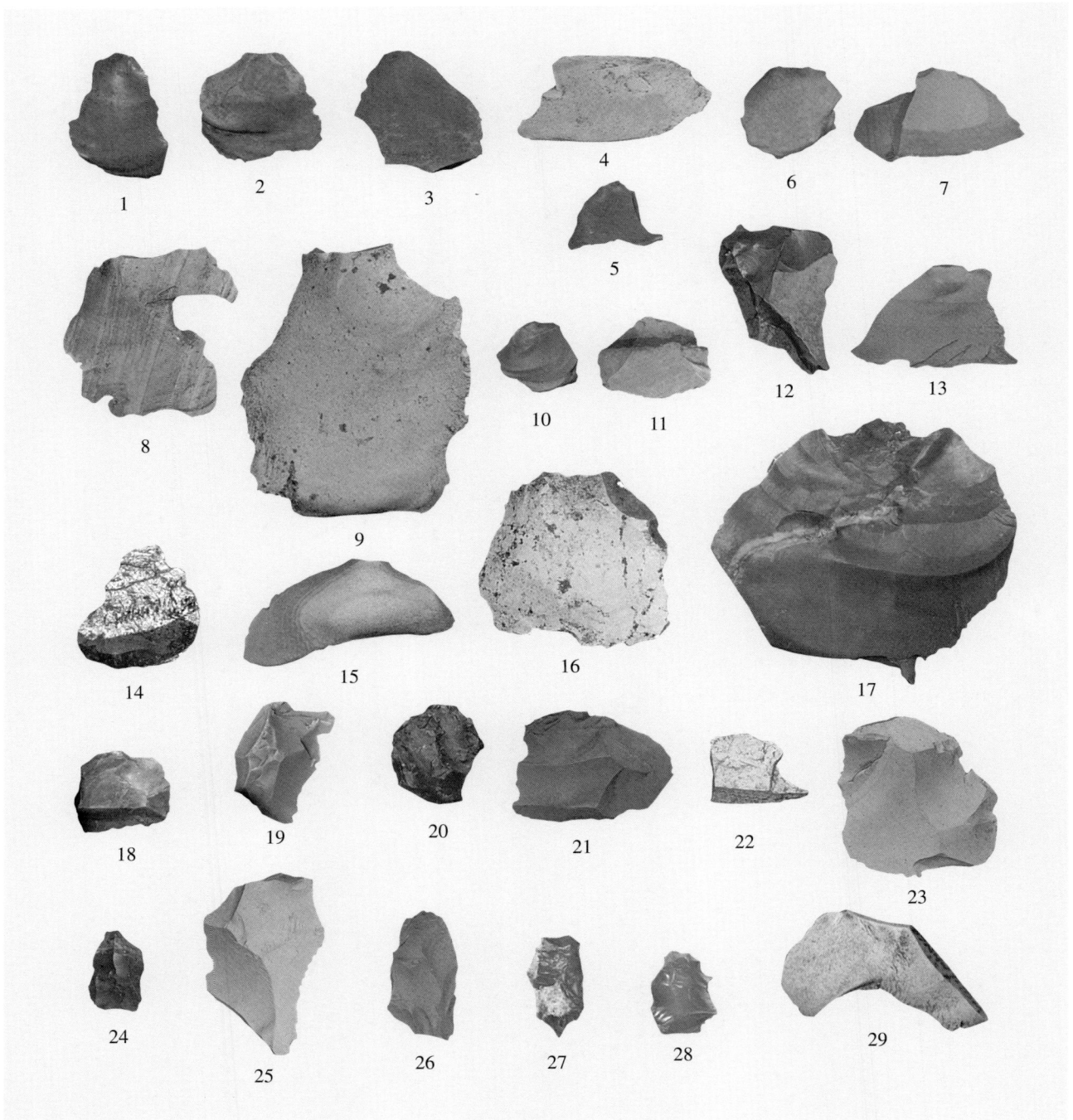

1. 03T1-T2⑦：1464　2. 03T1-T2⑦：1465　3. 03T1-T2⑦：1466　4. 04T1-T2⑦：1156　5. 04T1-T2⑦：1166　6. 04T1-T2⑦：1275　7. 04T1-T2⑦：1260　8. 04T1-T2⑦：1179　9. 04T3⑦：587　10. 04T1-T2⑦：1289　11. 04T1-T2⑦：1431　12. 04T3⑦：589　13. 04T3⑦：592　14. 04T3⑦：594　15. 04T3⑦：593　16. 04T3⑦：597　17. 04T5⑦：848　18. 04T5⑦：851　19. 04T5-T6⑦：132　20. 04T5-T6⑦：172　21. 04T5-T6⑦：208　22. 04T5-T6H9：2　23. 04T5-T6⑦：230　24. 04T5-T6H9：3　25. 04T9⑦：87　26. 04T9⑦：89　27. 04T5-T6H9：4　28. 04T9⑦：90　29. 07T1-T2M1：3

哈克遗址出土预制石核初期台面剥片

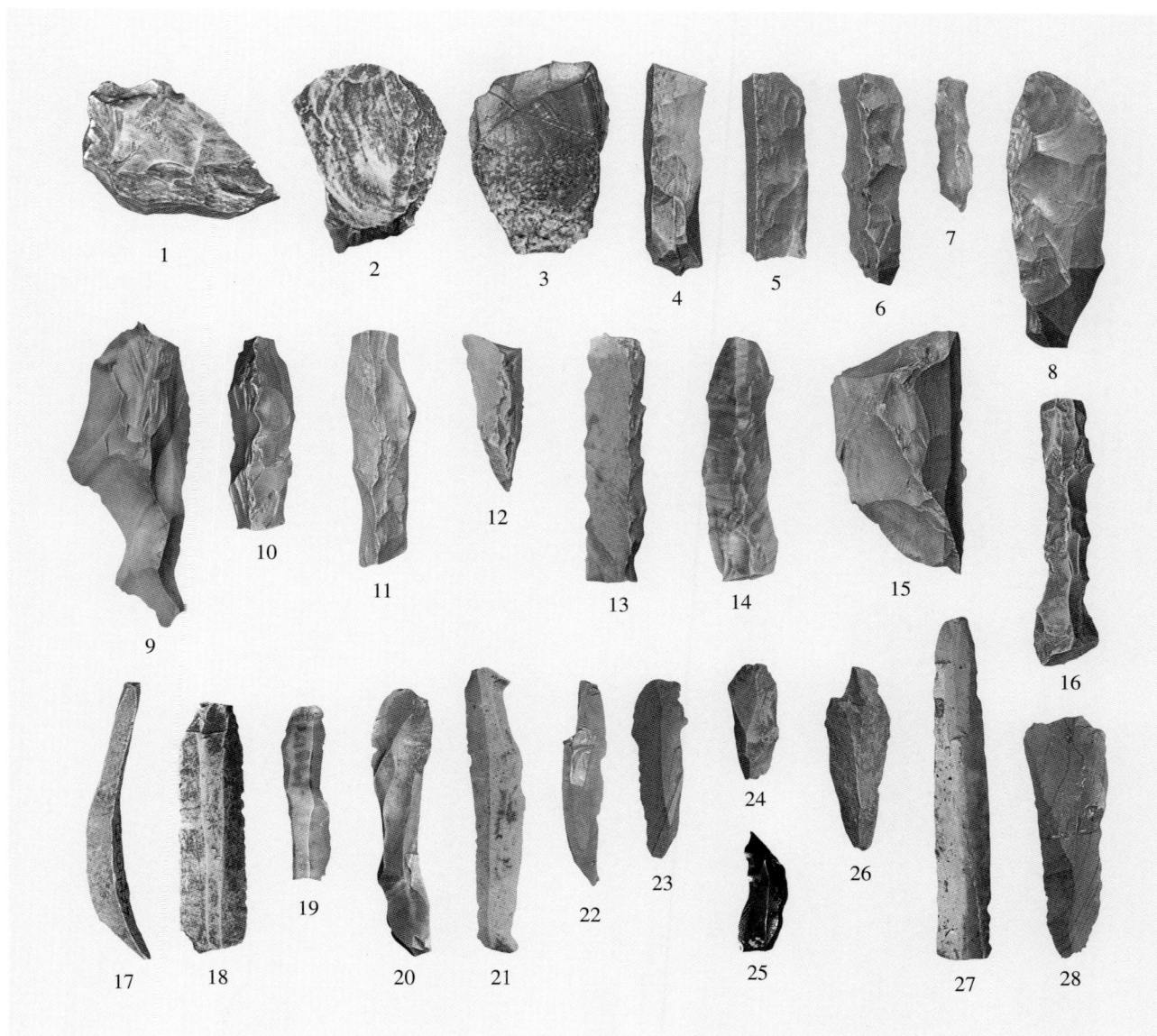

1~3.预制石核中期台面剥片（03T1-T2⑦：1462、04T4⑦：682、04T4⑦：683）　4~15.石条（4.03T1-T2⑦：1579．5．03T1-T2⑦：1533、6．03T1-T2⑦：1580、7．03T1-T2⑦：1589、8.04T3H5：2、9.04T5-T6F1：99、10．04T3⑦：666、11．04T5-T6⑦：156、12．04T5-T6⑦：241、13．04T9⑦：9、14．07T5-T6XM3：5、15．07T5-T6XM3：8）　16．凹缺器（03T1-T2⑦：1488）　17~28．完整石叶（17．03T1-T2⑦：1489、18．03T1-T2⑦：1490、19．04T1-T2⑦：1208、20．04T1-T2⑦：1436、21．04T5-T6⑦：176、22．04T5-T6⑦：195、23．04T3⑦：645、24．04T3⑦：646、25．04T3⑦：647、26．04T5-T6⑦：14、27．04T5-T6⑦：219、28．07T5-T6XM3：6）

哈克遗址出土细石器制品

图版四

1. 03T1－T2⑦：1491　2. 03T1－T2⑦：1492　3. 03T1－T2⑦：1493　4. 03T1－T2⑦：1494　5. 03T1－T2⑦：1495　6. 03T1－T2⑦：1496　7. 03T1－T2⑦：1497　8. 03T1－T2⑦：1498　9. 03T1－T2⑦：1499　10. 03T1－T2⑦：1500　11. 03T1－T2⑦：1501　12. 03T1－T2⑦：1502　13. 03T1－T2⑦：1503　14. 03T1－T2⑦：1504　15. 03T1－T2⑦：1505　16. 04T1－T2⑦：1135　17. 04T1－T2⑦：1163　18. 04T1－T2⑦：1187　19. 04T1－T2⑦：1219　20. 04T1－T2⑦：1255　21. 04T1－T2⑦：1229　22. 04T1－T2⑦：1271　23. 04T1－T2⑦：1272　24. 04T1－T2⑦：1280　25. 04T1－T2⑦：1437　26. 04T1－T2⑦：1438　27. 04T3⑦：648　28. 04T3⑦：651　29. 04T3⑦：652　30. 04T3⑦：650　31. 04T3⑦：649　32. 04T3⑦：653　33. 04T3⑦：654　34. 04T3⑦：655

哈克遗址出土近端段石叶

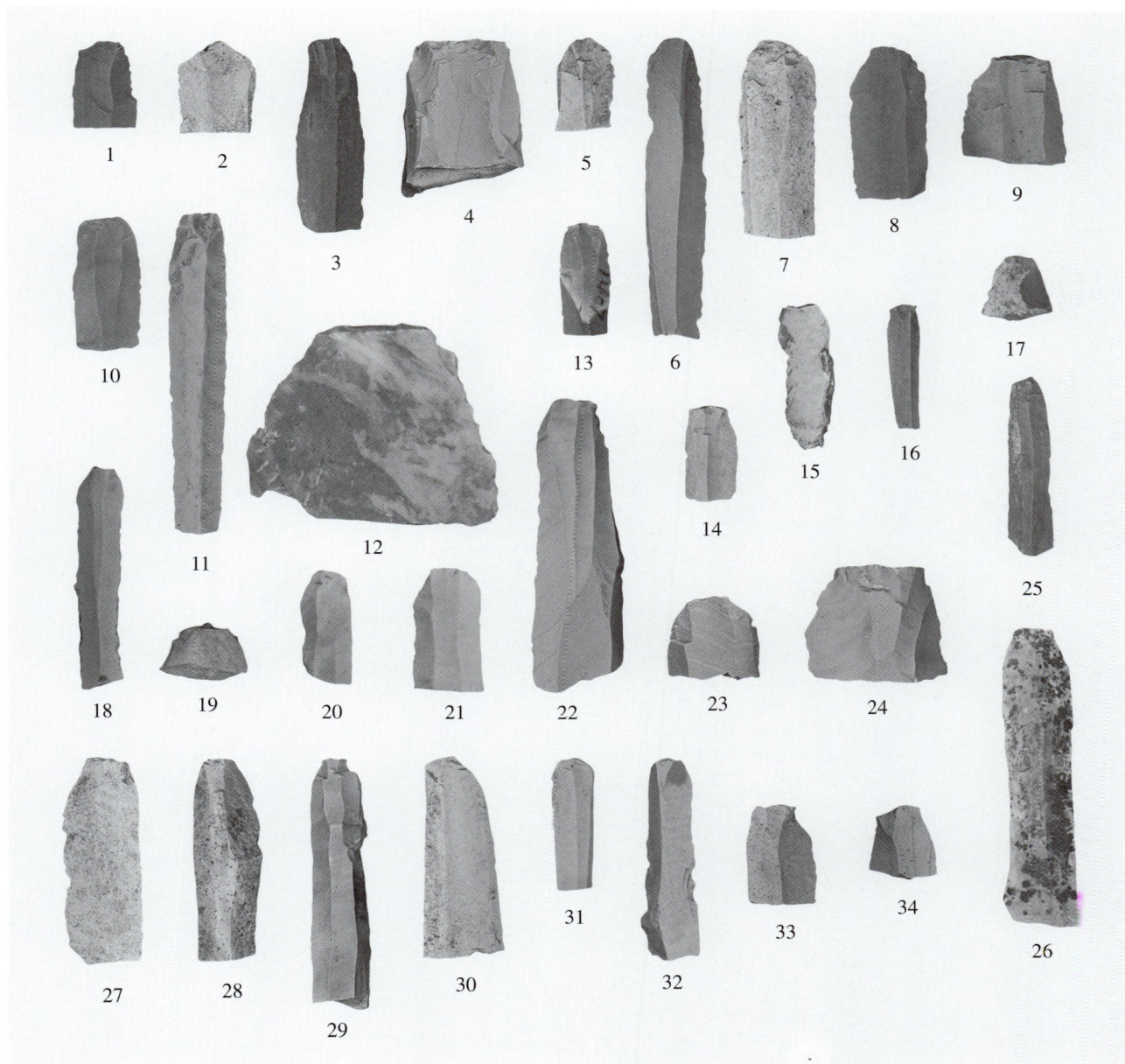

1. 04T3 ⑦：656　2. 04T3 ⑦：657　3. 04T3 ⑦：658　4. 04T3 ⑦：661　5. 04T3 ⑦：664　6. 04T3H：
7　7. 04T4 ⑦：684　8. 04T4 ⑦：685　9. 04T4 ⑦：686　10. 04T4 ⑦：687　11. 04T5 ⑦：854　12.
04T5F1：A4　13. 04T5F1：A17　14. 04T5F1：A49　15. 04T5F1：72　16. 04T5-T6F1：102　17.
04T5-T6 ⑦：29　18. 04T5-T6 ⑦：93　19. 04T5-T6 ⑦：52　20. 04T5-T6 ⑦：147　21. 04T5-T6：
152　22. 04T5-T6 ⑦：146　23. 04T5-T6 ⑦：153　24. 04T5-T6 ⑦：177　25. 04T5-T6 ⑦：213
26. 04T5-T6 ⑦：248　27. 04T5-T6 ⑦：255　28. 04T5-T6 ⑦：258　29. 04T5F1：A57　30. 03T1-
T2M1：2　31. 04T9 ⑦：93　32. 04T9 ⑦：94　33. 04T9 ⑦：95　34. 04T5-T6H9：6

哈克遗址出土近端段石叶

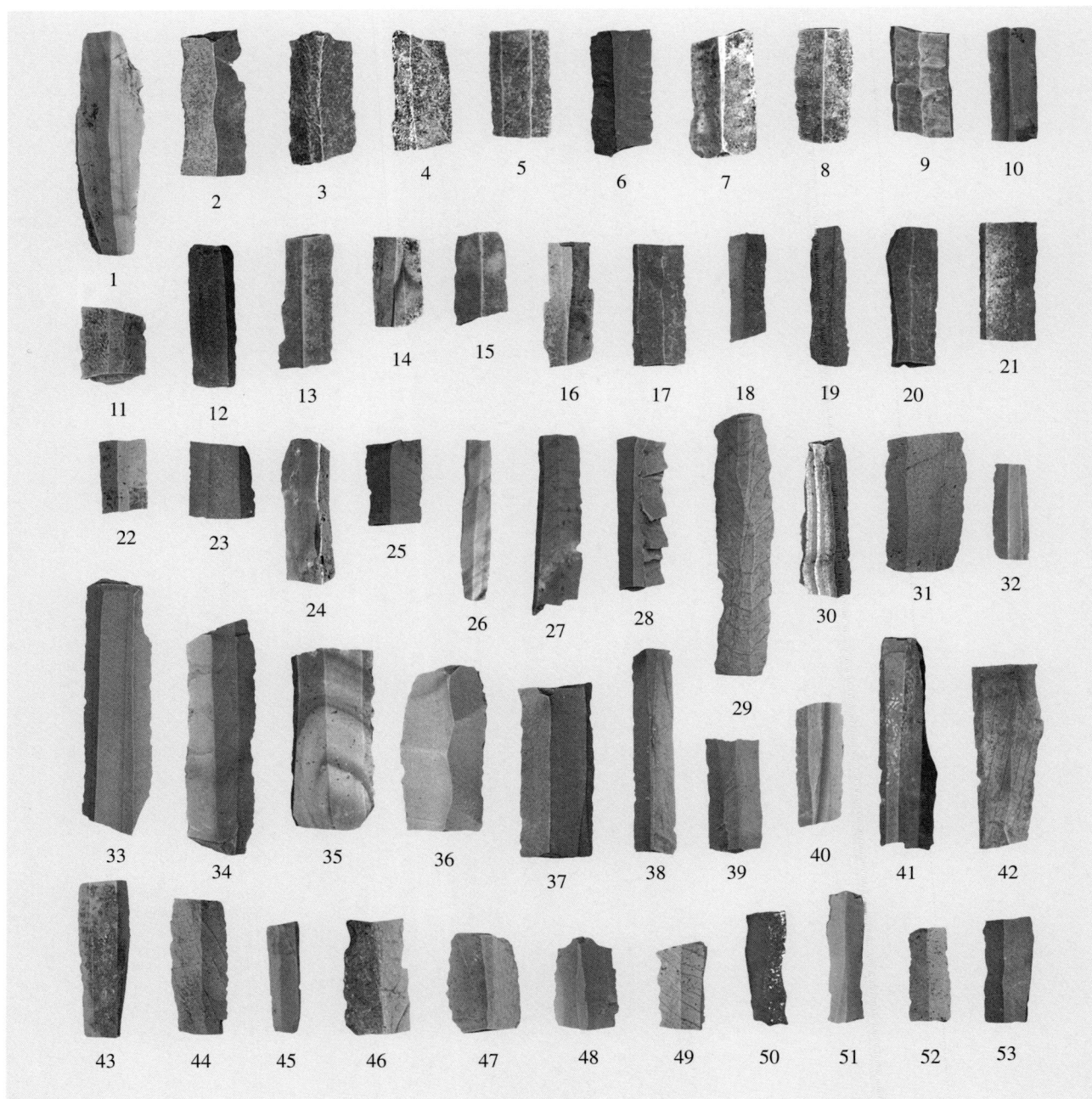

1. 03T1-T2⑦：1506　2. 03T1-T2⑦：1507　3. 03T1-T2⑦：1508　4. 03T1-T2：1510　5. 03T1-T2⑦：1534　6. 03T1-T2⑦：1535　7. 03T1-T2⑦：1536　8. 03T1-T2⑦：1537　9. 03T1-T2⑦：1538　10. 03T1-T2⑦：1539　11. 03T1-T2⑦：1541　12. 03T1-T2⑦：1540　13. 03T1-T2⑦：1542　14. 03T1-T2⑦：1543　15. 03T1-T2⑦：1544　16. 03T1-T2⑦：1545　17. 03T1-T2⑦：1546　18. 03T1-T2⑦：1547　19. 03T1-T2⑦：1548　20. 04T1-T2⑦：1131　21. 04T1-T2⑦：1160　22. 04T1-T2⑦：1164　23. 04T1-T2⑦：1184　24. 04T1-T2⑦：1215　25. 04T1-T2⑦：1253　26. 04T1-T2⑦：1270　27. 04T1-T2⑦：1274　28. 04T1-T2⑦：1487　29. 04T3⑦：667　30. 04T3⑦：668　31. 04T3⑦：671　32. 04T3⑦：676　33. 04T3⑦：679　34. 04T4⑦：700　35. 04T4⑦：701　36. 04T4⑦：702　37. 04T4⑦：703　38. 04T4⑦：704　39. 04T4⑦：705　40. 04T4⑦：706　41. 04T5F1：A14　42. 04T5F1：A23　43. 04T5F1：A48　44. 04T5F1：A55　45. 04T5F1：A58　46. 04T5-T6F1：45　47. 04T5-T6F1：61　48. 04T5-T6⑦：20　49. 04T5-T6⑦：43　50. 04T5-T6⑦：46　51. 04T5-T6⑦：72　52. 04T5-T6⑦：111　53. 04T5-T6⑦：114

哈克遗址出土中间段石叶

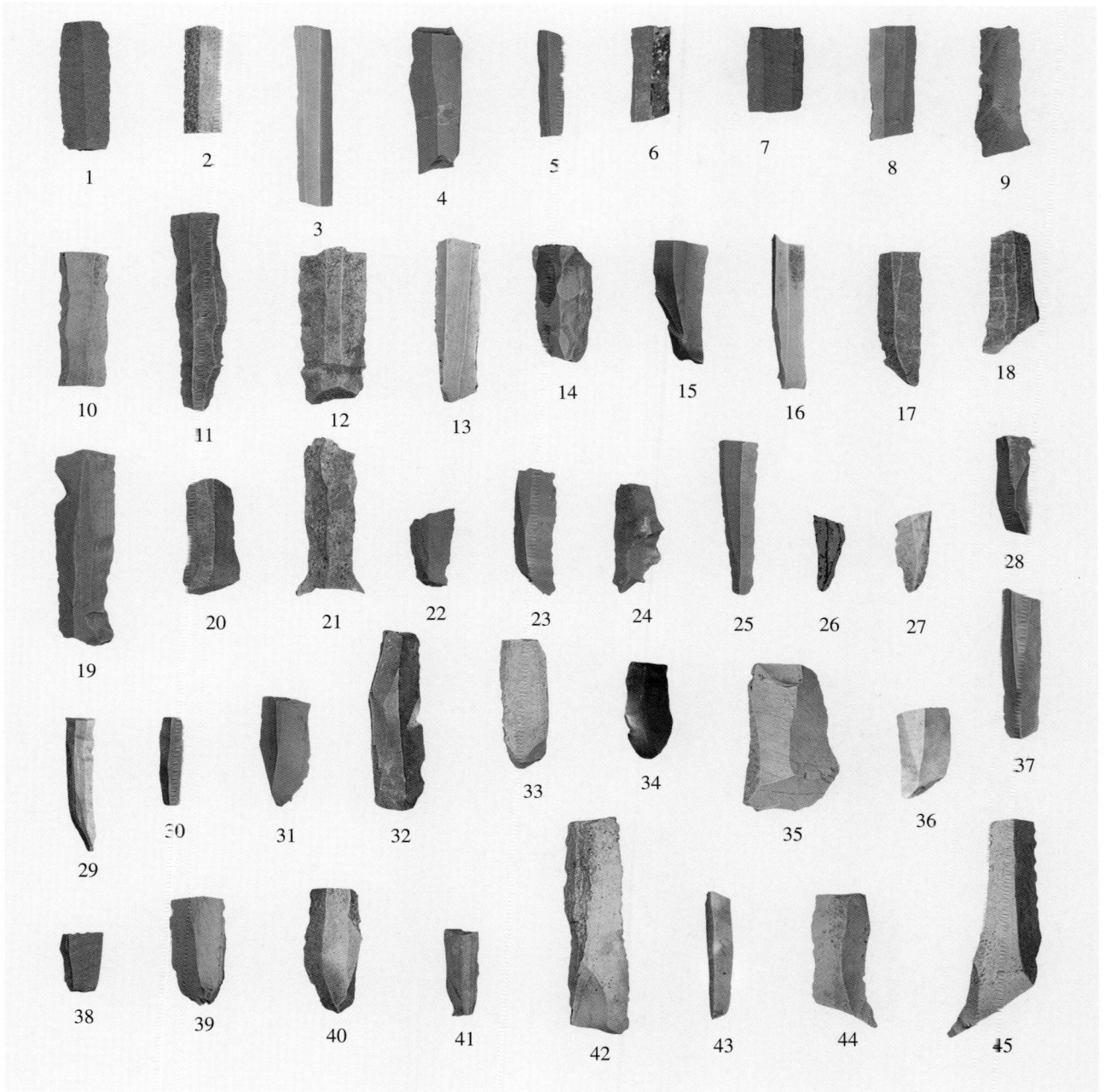

1~10．中间段石叶（1. 04T5-T6 ⑦：192、2. 04T5-T6 ⑦：207、3. 04T5-T6 ⑦：225、4. 04T5-T6 ⑦：235、5. 04T5-T6 ⑦：253、6. 04T5-T6 ⑦：290、7. 04T5-T6F1：19、8. 04T5-T6H9：5、9. 07T5-T6XM3：7、10. 04T9 ⑦－92）　11~45．远端段石叶（11. 03T1-T2 ⑦：1581、12. 03T1-T2 ⑦：1582、13. 03T1-T2 ⑦：1583、14. 03T1-T2 ⑦：1509、15. 03T1-T2 ⑦：1584、16. 03T1-T2 ⑦：1586、17. 03T1-T2 ⑦：1587、18. 03T1-T2 ⑦：1590、19. 03T1-T2 ⑦：1591、20. 03T1-T2 ⑦：1593、21. 03T1-T2 ⑦：1594、22. 04T1-T2 ⑦：1132、23. 04T1-T2 ⑦：1143、24. 04T1-T2 ⑦：1167、25. 04T3 ⑦：680、26. 04T1-T2 ⑦：1222、27. 04T1-T2 ⑦：1273、28. 04T1-T2 ⑦：1439、29. 04T3 ⑦：682、30. 04T1-T2 ⑦：1441、31. 04T1-T2 ⑦：1186、32. 04T3 ⑦：685、33. 04T3 ⑦：686、34. 04T3 ⑦：696、35. 04T5-T6XF1：170、36. 04T5-T6XF1：195、37. 04T3 ⑦：681、38. 04T5-T6 ⑦：44、39. 04T5-T6 ⑦：122、40. 04T5-T6 ⑦：160、41. 04T5-T6 ⑦：263、42. 04T5-T6 ⑦：168、43. 04T5-T6 ⑦：254、44. 07T5-T6XM3：4、45. 04T5-T6 ⑦：135）

哈克遗址出土石叶

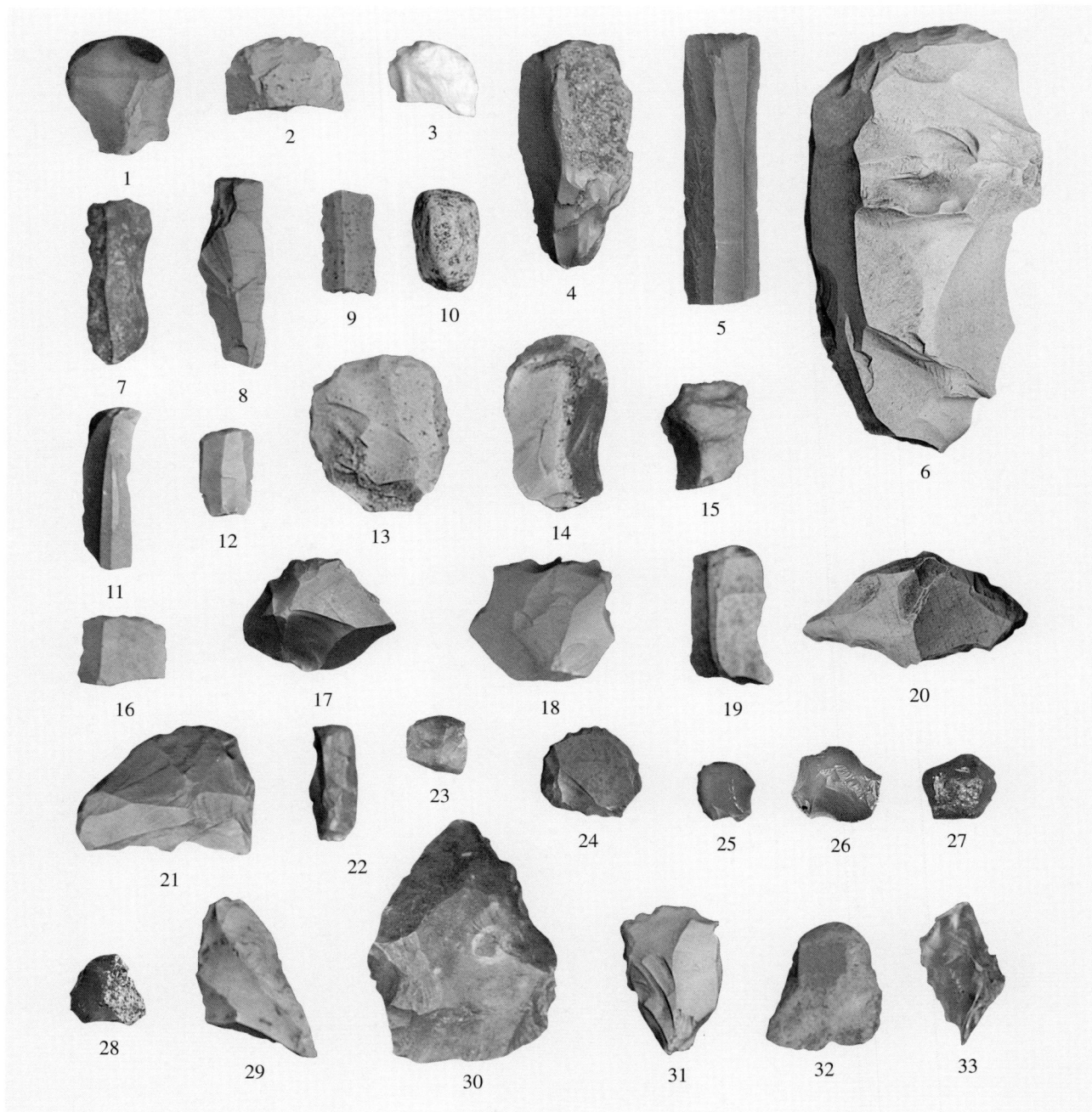

1~4. 弧刃端刮器（1. 04T3⑦：697、2. 04T3⑦：699、3. 04T3⑦：700、4. 04T5-T6⑦：268） 5. 平刃端刮器（04T3H5：8） 6. 弧刃端刮器（04T3⑦：713） 7~12. 平刃端刮器（7. 03T1-T2⑦：1469、8. 03T1-T2⑦：1470、9. 04T1-T2⑦：1287、10. 04T5-T6⑦：1、11. 04T5-T6⑦：38、12. 04T5-T6F1：112） 13~15. 弧刃端刮器（04T3⑥：446、04T6⑥：411、04T6⑥：412） 16. 平刃端刮器（04T6⑥：413） 17. 边刮器（07T5-T6XM3：3） 18、19. 平刃端刮器（04T3⑥：365、04T1-T2⑥：653） 20、21. 边刮器（04T1-T2⑦：1235、04T1-T2H3：8） 22. 平刃端刮器（04T3⑥：447） 23~28. 拇指盖状刮削器（23. 04T4⑦：1063、24. 04T5-T6⑦：112、25. 04T5-T6⑦：130、26. 04T5-T6⑦：182、27. 04T1-T2⑥：654、28. 03T1-T2⑥：1021） 29~33. 边刮器（29. 03T1-T2④：129、30. 03T1-T2④：136、31. 04T3⑤：138、32. 04T1-T2⑤：336、33. 04T5⑤：627）

哈克遗址出土细石器

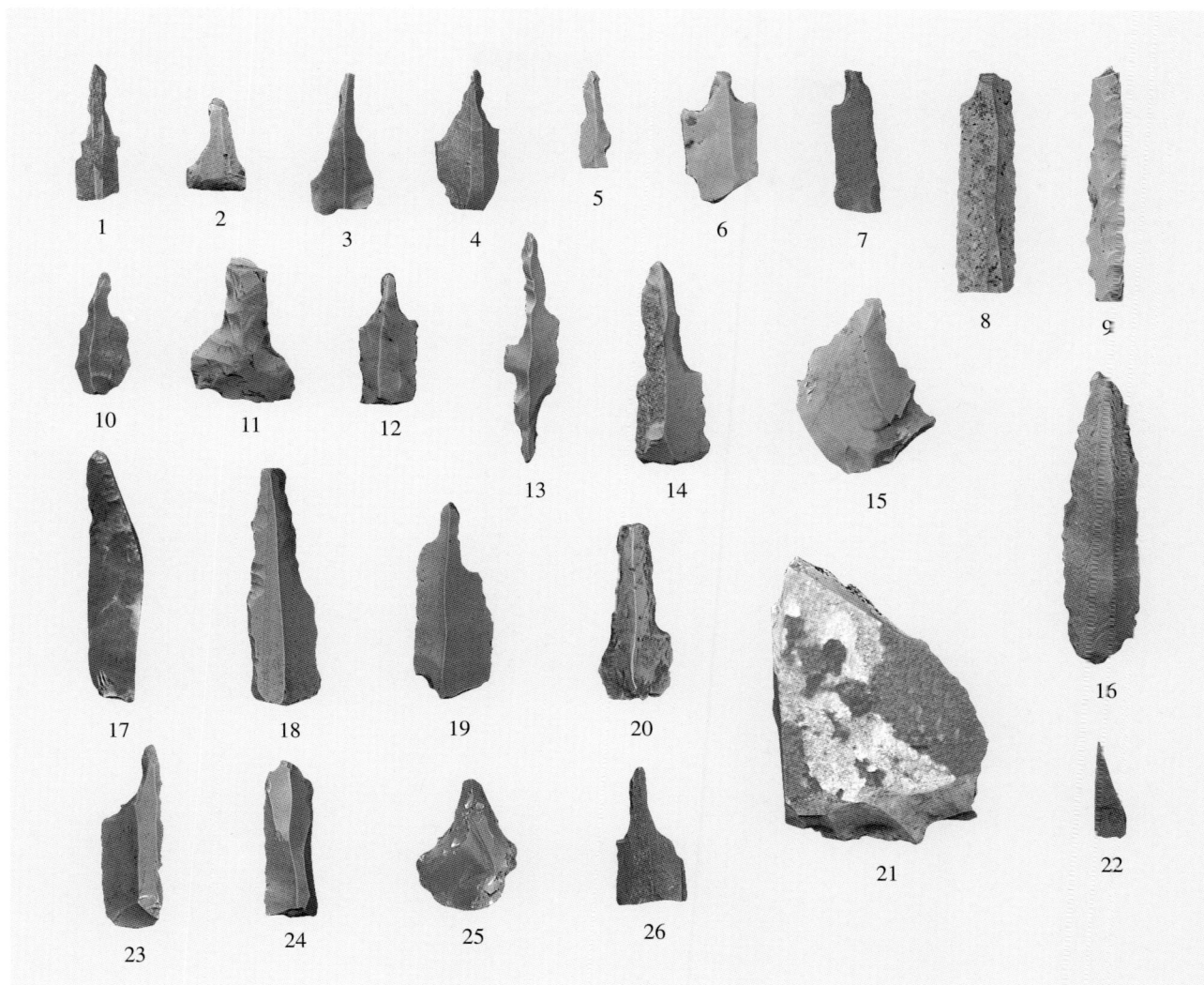

1~7. 窄长形石钻（1. 03T1-T2⑦：1480、2. 03T1-T2⑦：1481、3. 03T1-T2⑦：1482、4. 03T1-T2 ⑦：1483、5. 04T1-T2⑦：1251、6. 04T1-T2⑦：1265、7. 04T1-T2⑦：1277） 8~14. 窄长形石钻 （8. 04T1-T2⑦：1442、9. 04T4⑦：1062、10. 04T4⑦：1064、11. 04T5-T6⑦：144、12. 04T5-T6 ⑦：179、13. 04T5-T6⑦：198、14. 04T5-T6D⑦：35） 15. 宽短形石钻（03T1-T2⑦：1479） 16、 17. 尖状器（07T5-T6XM3：9、04T1-T2⑦：1257） 18~20. 窄长形石钻（04T6⑥：415、04T6⑥： 416、03T1-T2⑥：1017） 21、22. 雕刻器（04T1-T2⑦：1263、03T1-T2⑦：2150） 23、24. 窄长形 石钻（04T4⑥：499、04T6⑥：417） 25. 宽短形石钻（04T1-T2⑥：1018） 26. 窄长形石钻（04T1- T2⑥：658）

哈克遗址出土细石器

1. 砍砸器（04T1—T2H3：11）

2. 刮削器（04T5F1：5）

3. 刮削器（04T5F1：A12）

4. 刮削器（04T5—T6F1：42）

5. 蚌刀（04T3⑦：898）

6. 多用器（04T1—T2⑦：1486）

哈克遗址出土石器及蚌刀

1. 罐类腹部残片（04T5-T6 ⑦：458）

2. 罐类腹部残片（04T5-T6 ⑦：458　细部）

3. 口部残片（04T5-T6X ⑦：548，外壁）

4. 口部残片（04T5-T6X ⑦：548，内壁）

5. 残片（04T4 ⑦：790）

6. 罐类下腹残片（03T1-T2H1：21）

哈克遗址出土 Aa 类陶片

1．Aa 类（罐类腹部残片 03T1−T2H1∶23）

2．Aa 类（罐类口部残片 08T5−T6F1PG1∶3，
正面、侧面）

3．Ab 类（口部残片 08T5−T6B ⑦−③∶195）

4．Ab 类（残片 04T5−T6X ⑦∶374）

5．Ab 类（口部残片 04T5−T6XF1∶182）

6．Ab 类（腹部残片 04T5−T6X ⑦∶563）

哈克遗址出土 A 类陶片

1．Ab类（罐类腹部残片 04T5－T6 ⑦：380）

2．Ab类（口部残片 04T5－T6 ⑦：426）

3．Ab类（腹部残片 04T3 ⑦：727）

4．Ab类（罐类腹部残片 03T1－T2 ⑦：1785）

5．Ab类（罐类口部残片 03T1－T2 ⑦：1811）

6．B类（罐类口部残片 04T9 ⑦：106）

哈克遗址出土陶片

1．罐类口部残片（08T5-T6B ⑦-⑤：28）

2．底部残片（04T5-T6X ⑦：537）

3．口部残片（04T5-T6X ⑦：532）

4．罐类口部残片（03T1-T2 ⑦：1821）

5．罐类腹部残片（07T5-T6XM3：11）

6．罐类残片（04T5-T6F1：96）

哈克遗址出土 B 类陶片

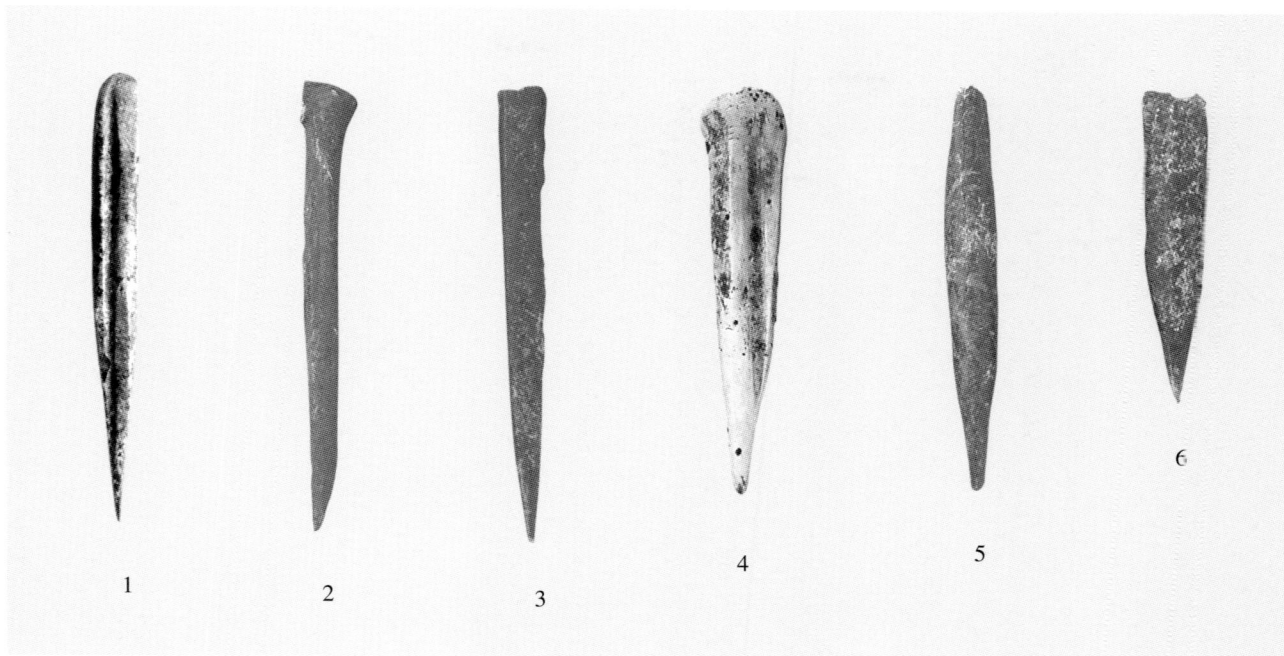

1～6. 骨锥（1. 03T1-T2 ⑦：2159、2. 03T1-T2 ⑦：2160、3. 03T1-T2 ⑦：2161、
4. 04T3 ⑦：899、5. 03T1-T2 ⑦：2163、6. 04T4 ⑦：1075）

7. 骨鱼叉（04T5F1：13）　8. 骨刀梗（04T5F1：12）　9、10. 骨筒（04T4 ⑦：1077，背面、正面）
11. 骨铲（04T4 ⑦：1074）　12. 骨笄（03T1-T2 ⑦：2158）

哈克遗址出土骨器

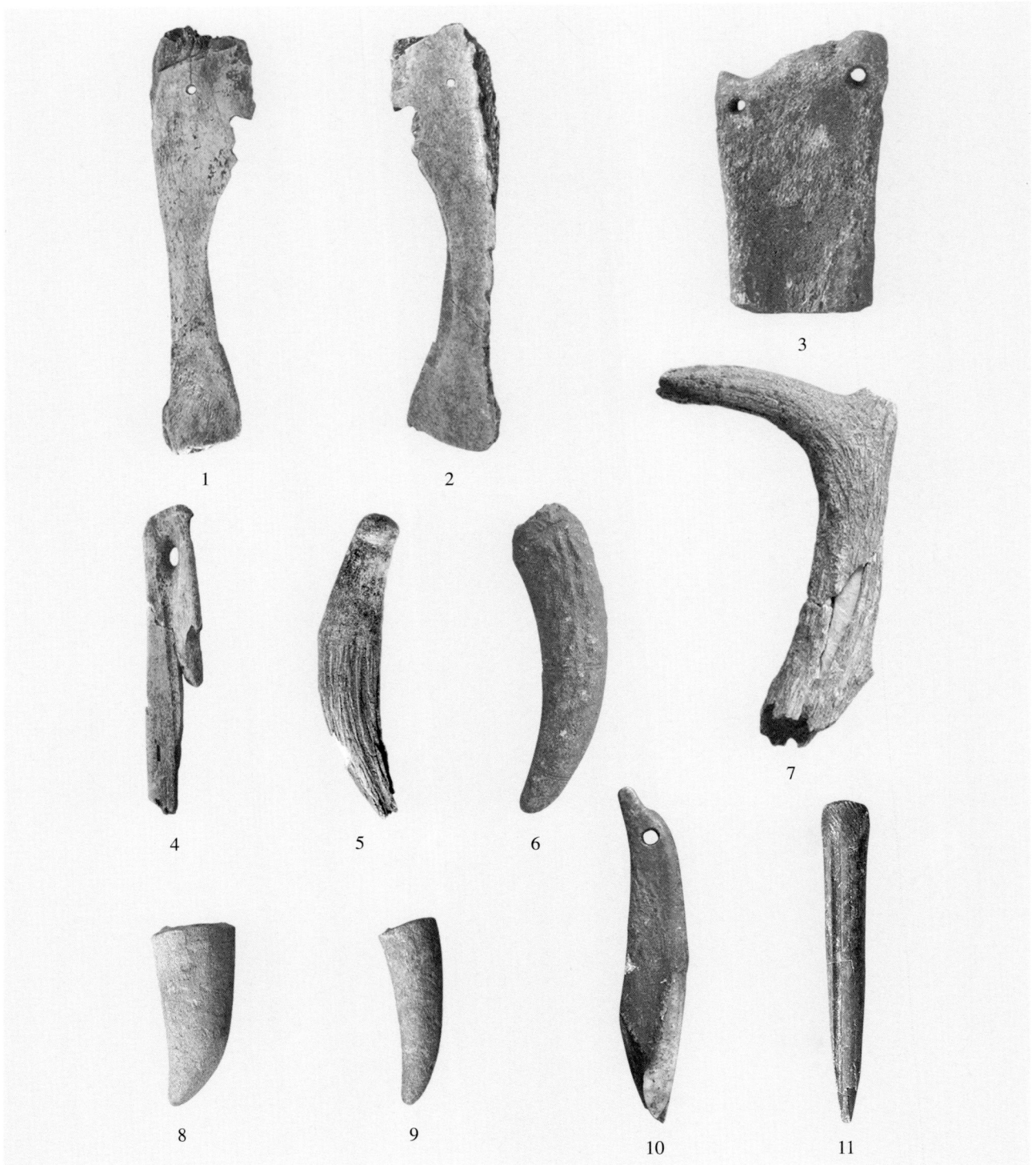

1、2. 穿孔骨板（04T5-T6XF1∶172，正面、背面）　3. 穿孔骨板（04T5F1∶10）　4. 骨刀（03T1-T2 ⑦∶2157）　5、6. 角饰（03T1-T2 ⑦∶2152、04T5F1∶3）　7. 角锄（04T4 ⑦∶1078）　8、9. 角制品（04T4 ⑥∶1071、04T4 ⑥∶1072）　10. 牙饰（04T5 ⑥∶1470）　11. 骨匕（04T6 ⑥∶664）

哈克遗址出土骨、角、牙器

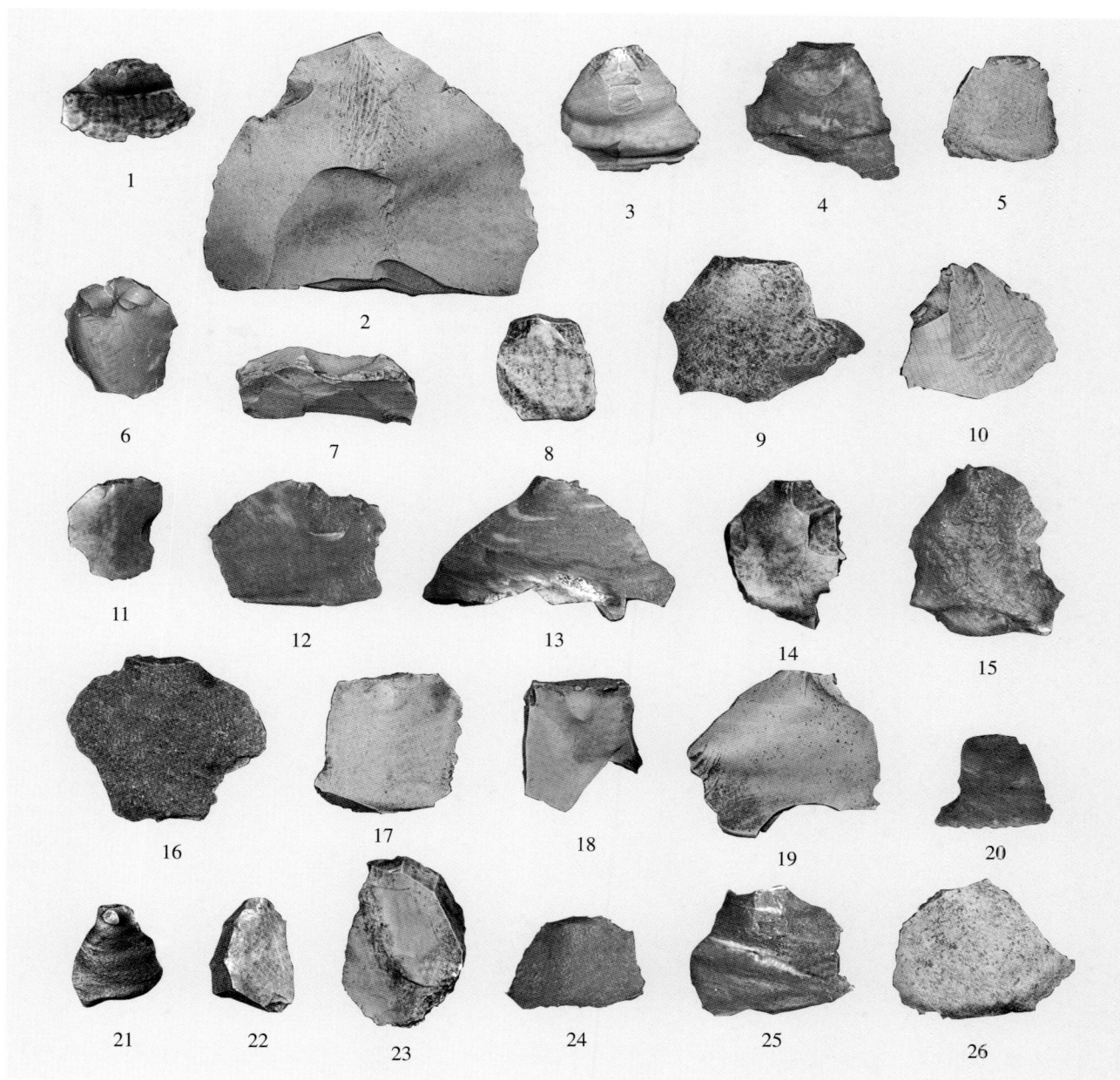

1~5. 初期台面剥片（1. 04T1-T2⑥：592、2. 04T4⑥：406、3. 04T4⑥：407、4. 04T4⑥：408、5. 04T5⑥：708）　6、7. 中期台面剥片（04T3⑥：367、04T5⑥：709）　8~21. 初期台面剥片（8. 04T1-T2⑤：257、9. 04T1-T2⑤：266、10. 04T3⑤：32、11. 04T1-T2⑤：270、12. 04T3⑤：41、13. 04T3⑤：42、14. 04T4⑤：193、15. 04T5⑤：600、16. 04T5⑤：601、17. 04T5⑤：602、18. 04T5⑤：603、19. 04T5⑤：593、20. 04T5⑤：594、21. 04T9⑤：34）　22、23. 中期台面剥片（04T4⑤：194、04T3⑤：159）　24~26. 初期台面剥片（04T4④：5、04T5④：423、04T9④：7）

哈克遗址出土预制石核台面剥片

1~6. 完整石叶 (1. 04T1－T2⑥：600、2. 04T1－T2⑥：601、3. 04T1－T2⑥：611、4. 04T3⑥：374、5. 04T6⑥：382、6. 04T6⑥：383) 7~27. 近端段石叶 (7. 03T1－T2⑥：1028、8. 03T1－T2⑥：1029、9. 03T1－T2⑥：1030、10. 03T1－T2⑥：1031、11. 03T1－T2⑥：1032、12. 03T1－T2⑥：1033、13. 03T1－T2⑥：1034、14. 03T1－T2⑥：1035、15. 03T1－T2⑥：1036、16. 04T1－T2⑥：602、17. 04T1－T2⑥：603、18. 04T1－T2⑥：649、19. 04T3⑥：370、20. 04T3⑥：371、21. 04T3⑥：378、22. 04T4⑥：462、23. 04T4⑥：463、24. 04T4⑥：467、25. 04T4⑥：464、26. 04T6⑥：385、27. 04T6⑥：384) 28~36. 中间段石叶 (28. 03T1－T2⑥：1052、29. 03T1－T2⑥：1053、30. 03T1－T2⑥：1054、31. 03T1－T2⑥：1055、32. 03T1－T2⑥：1056、33. 04T1－T2⑥：617、34. 04T1－T2⑥：618、35. 04T1－T2⑥：619、36. 03T1－T2⑥：1051)

哈克遗址出土石叶

1~13. 中间段石叶（1. 04T1-T2 ⑥：620、2. 04T1-T2 ⑥：621、3. 04T1-T2 ⑥：622、4. 04T1-T2 ⑥：623、5. 04T3 ⑥：380、6. 04T3 ⑥：442、7. 04T4 ⑥：469、8. 04T4 ⑥：470、9. 04T4 ⑥：471、10. 04T3 ⑥：441、11. 04T4 ⑥：472、12. 04T6 ⑥：396、13. 04T6 ⑥：397）　14~32. 远端段石叶（14. 03T1-T2 ⑥：1075、15. 04T1-T2 ⑥：637、16. 04T1-T2 ⑥：638、17. 04T1-T2 ⑥：639、18. 04T1-T2 ⑥：640、19. 04T1-T2 ⑥：646、20. 04T1-T2 ⑥：647、21. 04T1-T2 ⑥：648、22. 04T1-T2 ⑥：650、23. 04T3 ⑥：381、24. 04T3 ⑥：383、25. 04T3 ⑥：389、26. 04T4 ⑥：486、27. 04T4 ⑥：487、28. 04T4 ⑥：488、29. 04T4 ⑥：489、30. 04T6 ⑥：395、31. 04T6 ⑥：404、32. 04T6 ⑥：405）

哈克遗址出土石叶

1．A 类带纹饰陶片（残片 08T5-T6B ⑥-①：15）

2．B 类带纹饰陶片（残片 08T5-T6B ⑥-①：18）

3．B 类带纹饰陶片（腹部残片 04T6 ⑥：662）

4．C 类带纹饰陶片（口部残片 04T3 ⑥：721）

5．D 类带纹饰陶片（口沿残片 04T3 ⑥ BD1：106）

6．E 类带纹饰陶片（残片 04T3 ⑥：461）

哈克遗址出土陶片

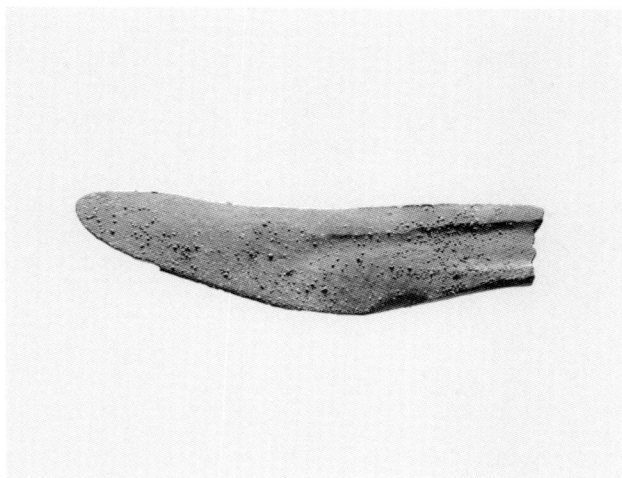

1. 青铜刀（04T5-T6X ⑥：658，正面）

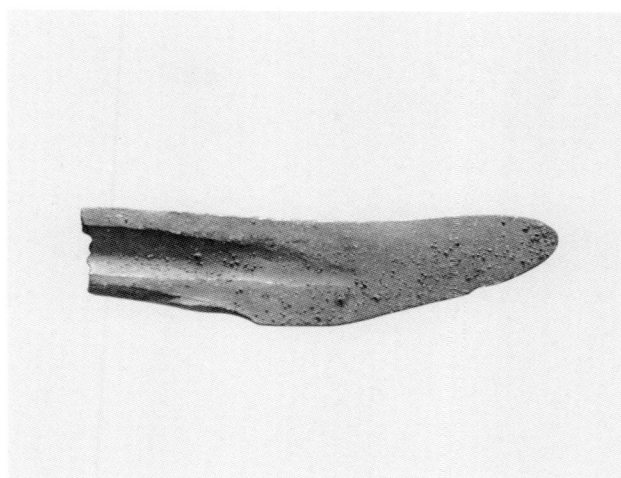

2. 青铜刀（04T5-T6X ⑥：65 背面）

3. 征集青铜镞（04ZHJ：1）

4. 铁鱼钩（04T1-T2 ⑥：779）

5. 铁鱼钩 （04T5-T6X ⑤：657）

哈克遗址出土遗物及征集文物

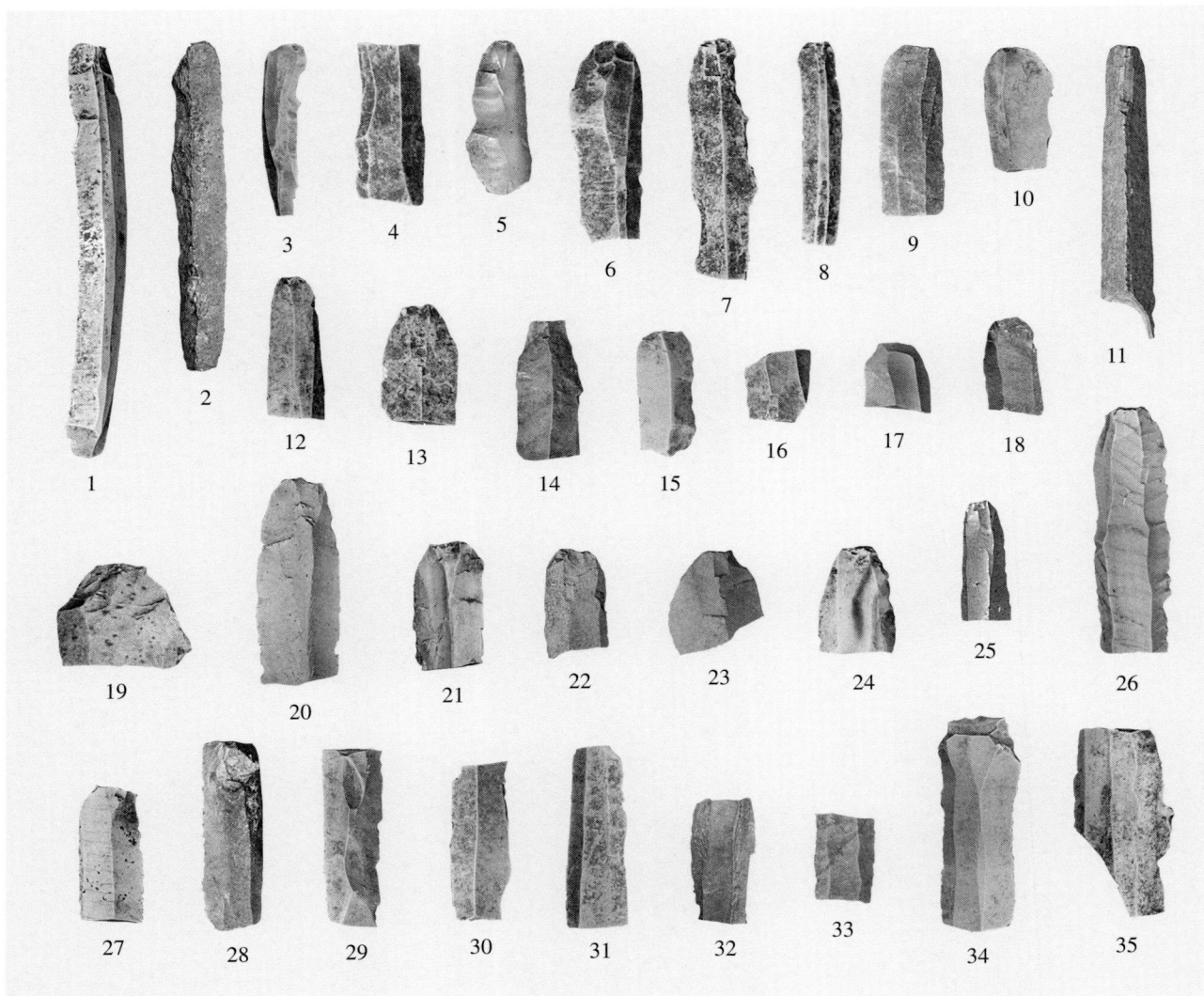

1~3. 完整石叶（04T4⑤：256、04T5⑤：595、04T1-T2⑤：278） 4. 中间段石叶（03T1-T2⑤：661）
5. 完整石叶（04T1-T2⑤：279） 6~27. 近端段石叶（6. 03T1-T2⑤：645、7. 03T1-T2⑤：646、8.
03T1-T2⑤：647、9. 03T1-T2⑤：648、10. 03T1-T2⑤：649、11. 04T1-T2⑤：274、12. 04T1-T2
⑤：275、13. 04T1-T2⑤：276、14. 04T1-T2⑤：277、15. 04T1-T2⑤：280、16. 04T1-T2⑤：281、
17. 04T1-T2⑤：282、18. 04T1-T2⑤：283、19. 04T3⑤：95、20. 04T3⑤：92、21. 04T3⑤：96、
22. 04T3⑤：97、23. 04T3⑤：99、24. 04T3⑤：218、25. 04T3⑤：219、26. 04T5⑤：596、27. 04T5
⑤：598） 28~35. 中间段石叶（28. 03T1-T2⑤：635、29. 03T1-T2⑤：662、30. 03T1-T2⑤：663、
31. 03T1-T2⑤：681、32. 04T1-T2⑤：297、33. 04T1-T2⑤：299、34. 04T1-T2⑤：313、35. 04T1-
T2⑤：314）

哈克遗址出土石叶

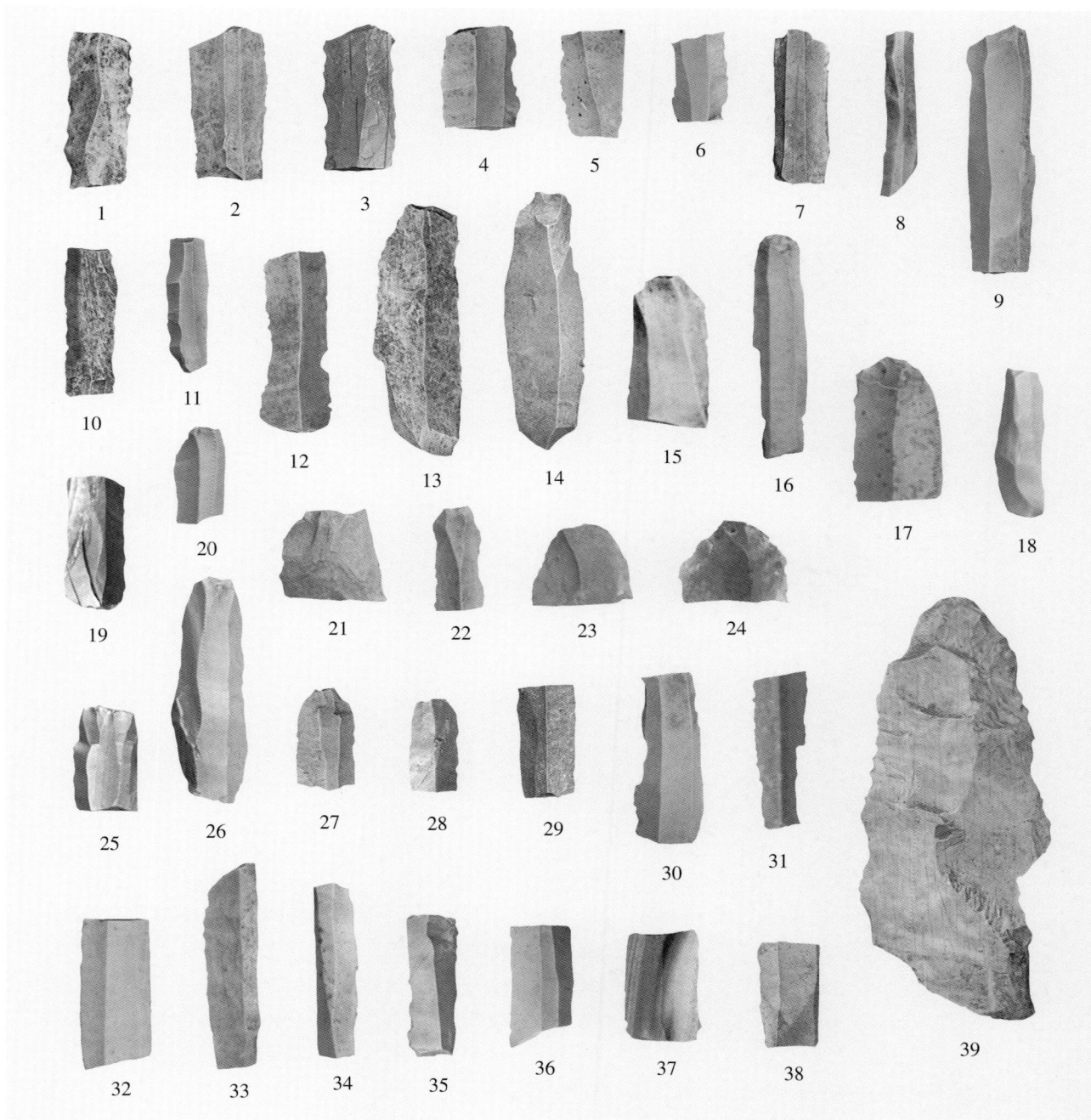

1～7．中间段石叶（1．04T1-T2⑤：315、2．04T1-T2⑤：316、3．04T1-T2⑤：317、4．04T1-T2⑤：318、5．04T3⑤：109、6．04T3⑤：112、7．04T5⑤：599）　8．远端段石叶（03T1-T2⑤：682）　9．中间段石叶（04T5⑤：597）　10～12．远端段石叶（04T1-T2⑤：298、04T3⑤：124、04T1-T2⑤：296）　13、14．完整石叶（04T1-T2④：111、04T1-T2④：112）　15～28．近端段石叶（15．04T5④：21、16．04T5④：20、17．04T5④：22、18．04T5④：23、19．04T5④：25、20．04T5④：26、21．04T5④：24、22．04T5④：27、23．04T5④：28、24．04T5④：29、25．04T5④：30、26．04T5④：123、27．04T4④：12、28．04T4④：13）　29～38．中间段石叶（29．04T4④：26、30．04T5④：45、31．04T5④：46、32．04T5④：47、33．04T5④：48、34．04T5④：49、35．04T5④：50、36．04T5④：51、37．04T5④：53、38．04T5④：52）　39．完整石叶（04T1-T2④：1）

哈克遗址出土石叶

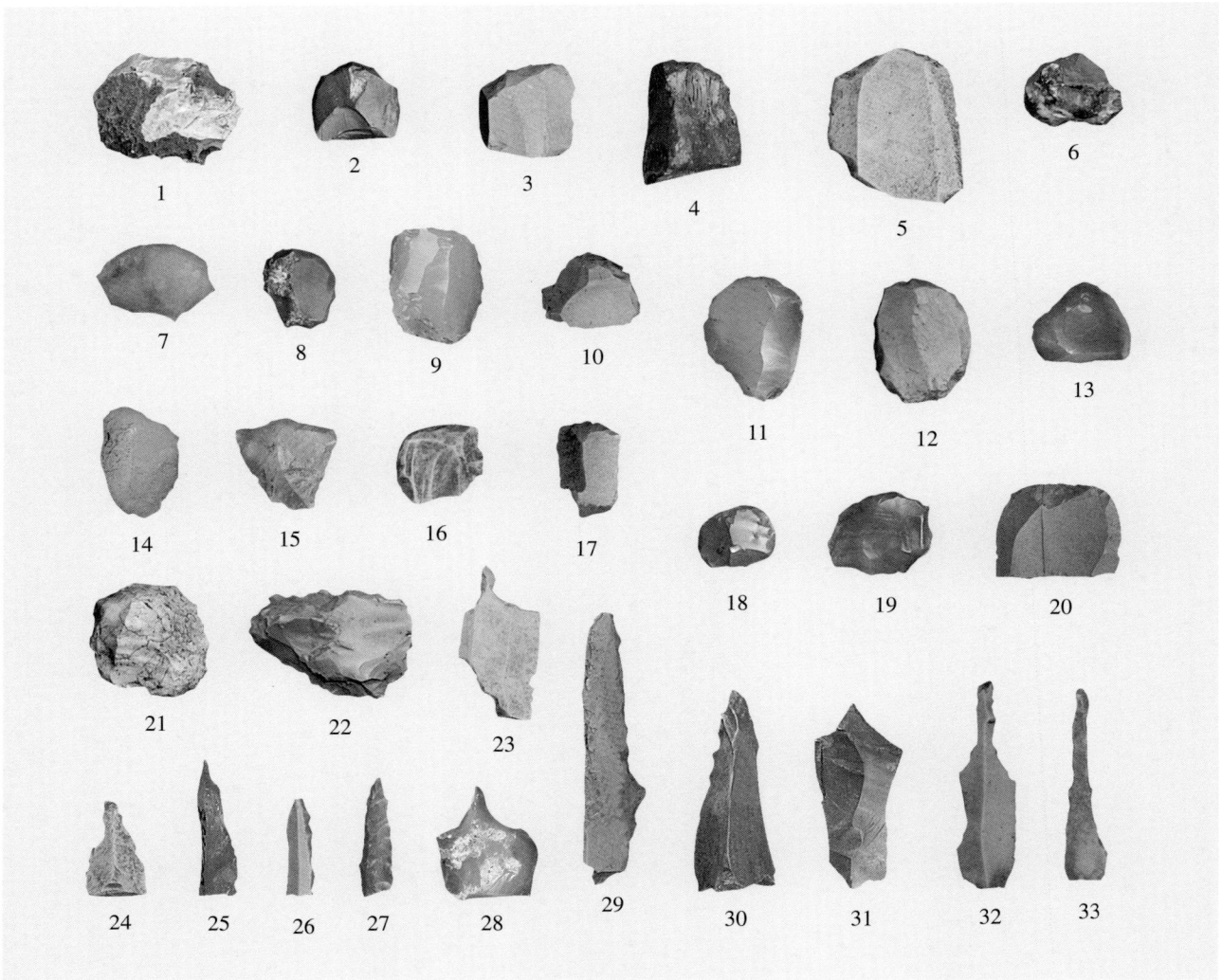

1~21. 拇指盖状刮削器（1. 04T3 ⑤：140、2. 04T3 ⑤：246、3. 04T3 ⑤：580、4. 04T5 ⑤：621、5. 04T5 ⑤：622、6. 04T5 ⑤：606、7. 04T5 ⑤：612、8. 04T5 ⑤：615、9. 04T5 ⑤：626、10. 04T6 ⑤：238、11. 04T9 ⑤：35、12. 04T5 ④：97、13. 04T5 ④：105、14. 03T1-T2 ④：159、15. 03T1-T2 ④：160、16. 03T1-T2 ④：161、17. 03T1-T2 ④：162、18. 03T1-T2 ④：163、19. 04T4 ④：113、20. 04T4 ④：116、21. 04T9 ④：25） 22. 边刮器（04T1-T2 ④：147） 23. 宽短形石钻（04T3 ⑤：241） 24~27. 窄长形石钻（24. 04T1-T2 ⑤：334、25. 04T1-T2 ⑤：338、26. 04T1-T2 ⑤：339、27. 04T5 ⑤：608） 28. 宽短形石钻（04T3 ⑤：578） 29~33. 窄长形石钻（29. 03T1-T2 ⑤：640、30. 03T1-T2 ⑤：641、31. 04T1-T2 ⑤：333、32. 04T5 ⑤：616、33. 04T5 ⑤：613）

哈克遗址出土细石器

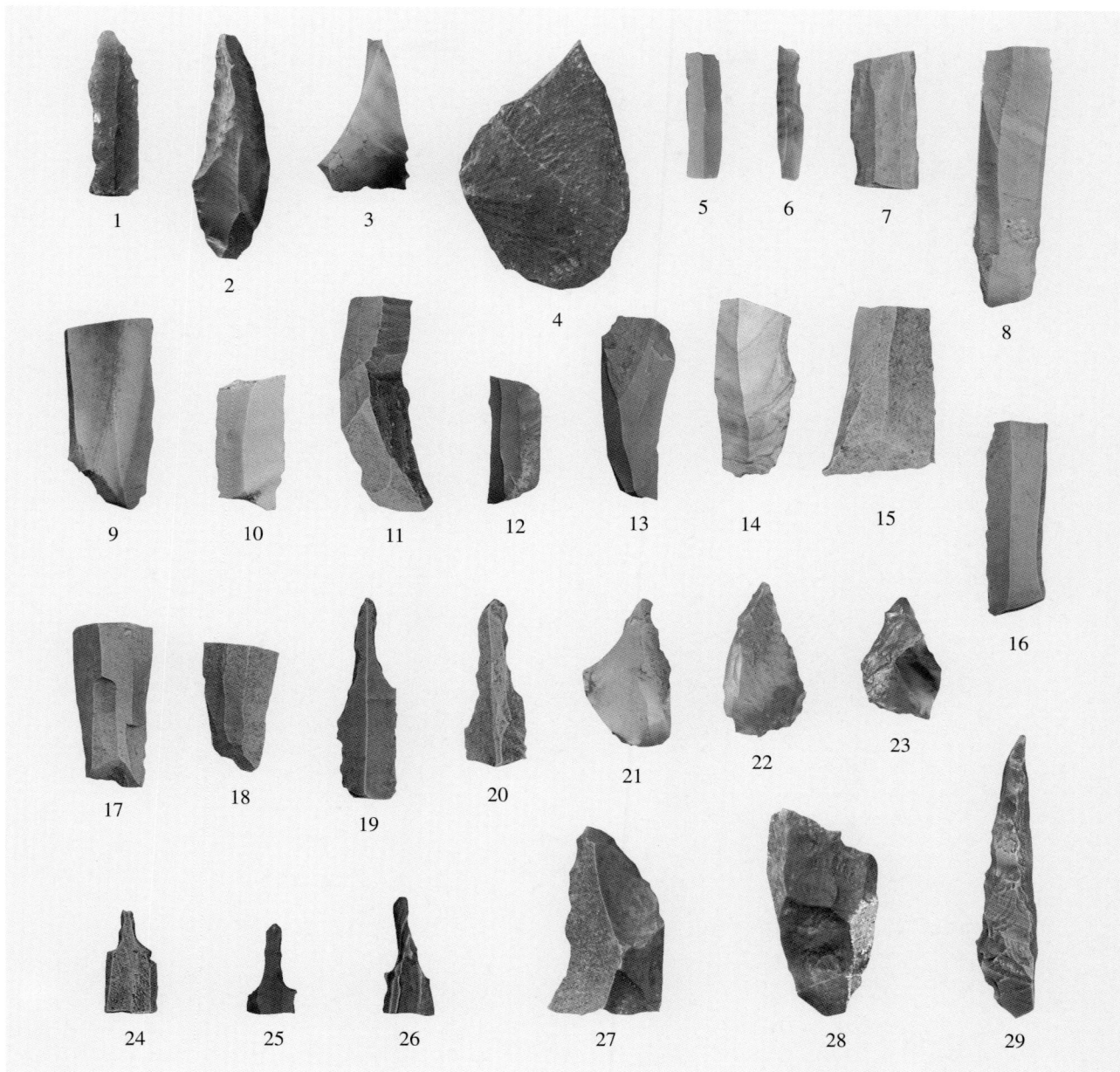

1、2. 尖状器（04T5 ⑤：607、04T6 ⑤：234） 3、4. 雕刻器（04T5 ⑤：619、04T6 ⑤：235） 5～7. 中间段石叶（04T5 ④：54、04T5 ④：55、04T9 ④：22） 8～18. 远端段石叶（8. 04T5 ④：80、9. 04T5 ④：81、10. 04T5 ④：82、11. 04T4 ④：38、12. 04T5 ④：83、13. 04T1－T2 ④：127、14. 04T1－T2 ④：128、15. 04T1－T2 ④：130、16. 04T1－T2 ④：131、17. 04T4 ④：39、18. 04T4 ④：40） 19、20. 窄长形石钻（03T1－T2 ④：144、03T1－T2 ④：148） 21. 宽短形石钻（04T5 ④：101） 22、23. 尖状器（04T5 ④：102、03T1－T2 ④：131） 24～26. 窄长形石钻（03T1－T2 ④：149、04T5 ④：111、04T5 ④：440） 27. 尖状器（03T1－T2 ④：130） 28. 雕刻器（04T9 ④：24） 29. 窄长形石钻（03T1－T2 ④：142）

哈克遗址出土细石器

1．A 类带纹饰陶片（口部残片 08T5-T6B ⑤：101）

2．B 类带纹饰陶片（腹部残片 04T5-T6X ⑤：656）

3．C 类带纹饰陶片（口部残片 04T5-T6X ⑤：655）

4．无纹饰陶片（壶罐类口沿残片 04T5 ⑤：632）

5．带纹饰陶片（腹部残片 04T5-T6 ④：8）

6．带纹饰陶片（腹部残片 04T5-T6 ④：9）

哈克遗址出土陶片

1. 无齿蚌（08T5-T6F1PG1：4）

2. 珍珠蚌（04T4 ⑤：358）

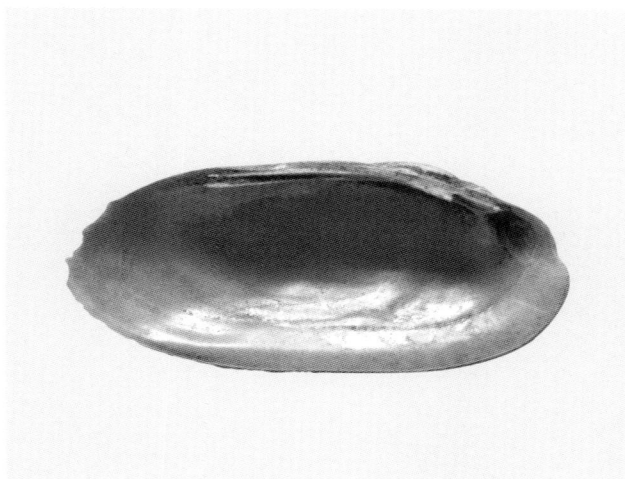

3. 圆顶珠蚌（04T3BD1：29）

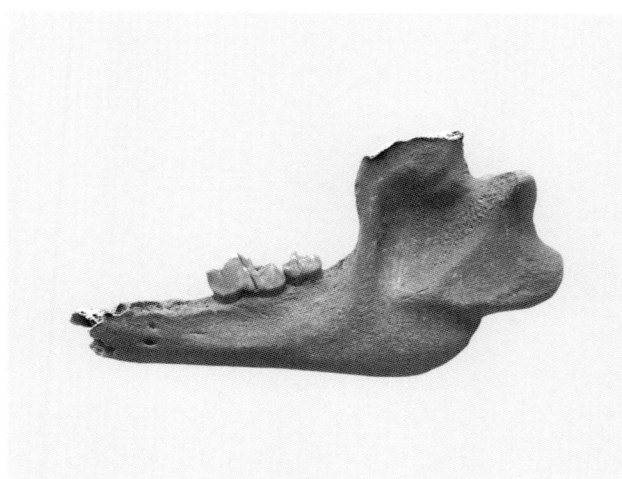

4. 貉下颌骨（04T5-T6 ⑦：588）

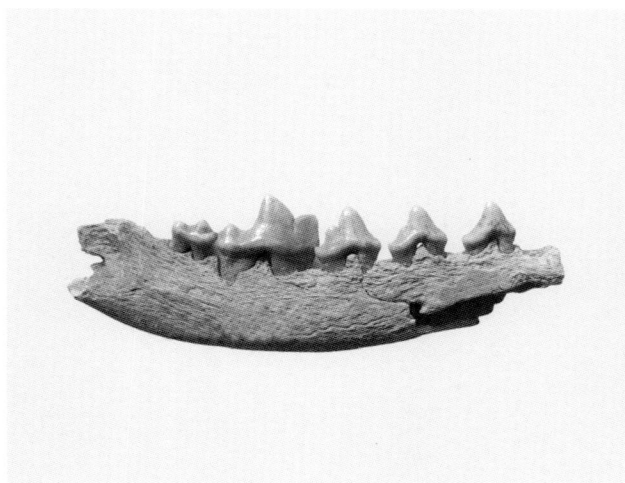

5. 狐右侧下颌骨（04T1-T2 ⑦：484）

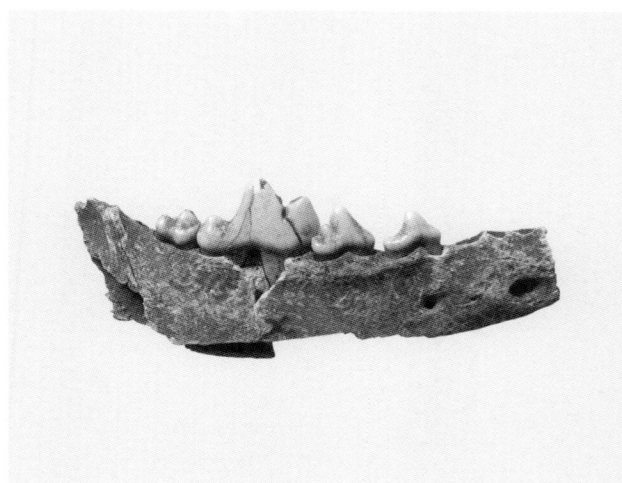

6. 狗右侧下颌骨（03T1-T2 ⑥：2314）

哈克遗址出土动物遗骸

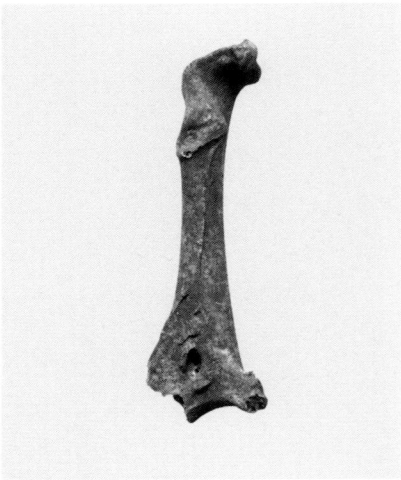

1. 马鸡喙骨内侧（03T1-T2 ⑤：545）

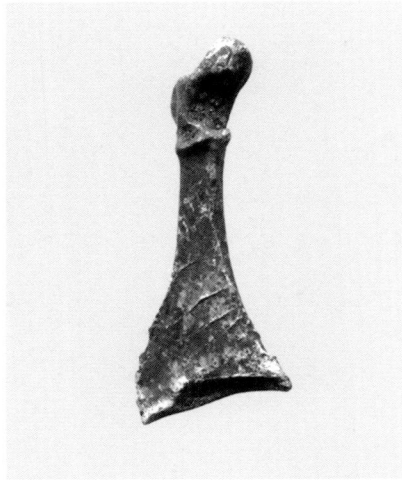

2. 隼喙骨内侧（03T1-T2 ⑦：1349）

3. 鸭喙骨内侧（04T5F1：A8）

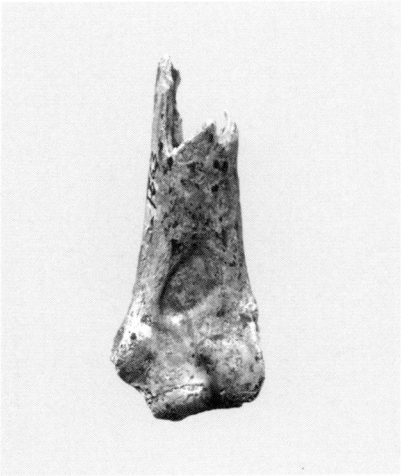

4. 雕左肱骨（04T5 ⑦：1663）

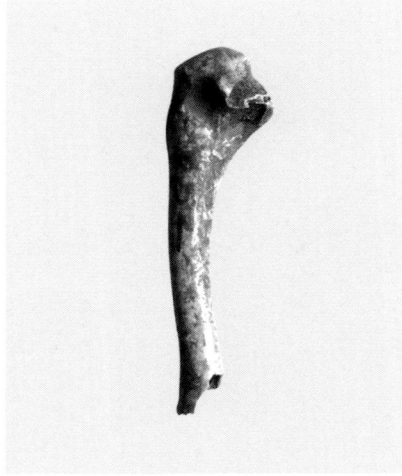

5. 雉肱骨（04T5-T6 ⑦：652，腹侧）

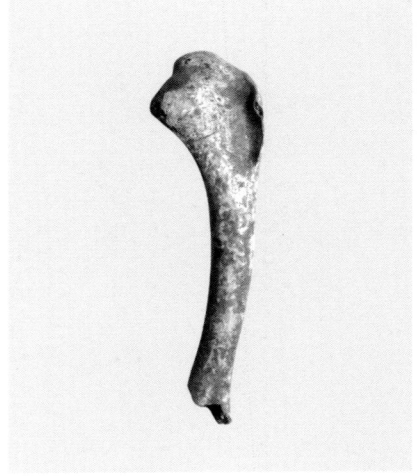

6. 雉肱骨（04T5-T6 ⑦：652，背侧）

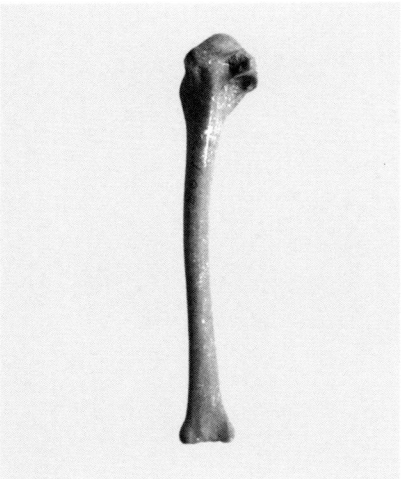

7. 鸟肱骨（04T5-T6 ⑦：644，背侧）

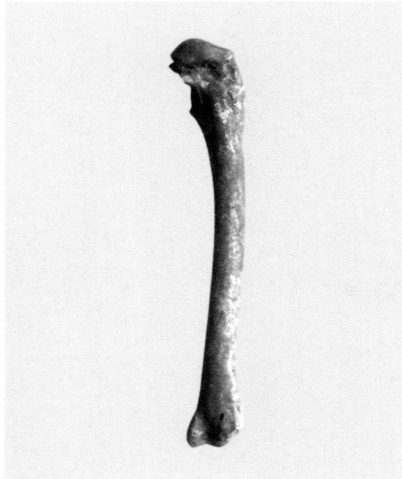

8. 鸟肱骨（04T5-T6 ⑦：644，腹侧）

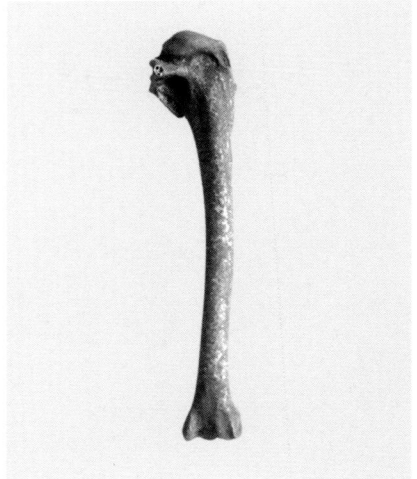

9. 鹭肱骨（04T5-T6 ⑦：636）

哈克遗址出土动物遗骸

1. 狍上颌骨（04T5-T6 ⑦：614）　　2. 狍髋骨（04T5-T6 ⑦：627）　　3. 野牛右侧上颌骨（04T5F1：A19）

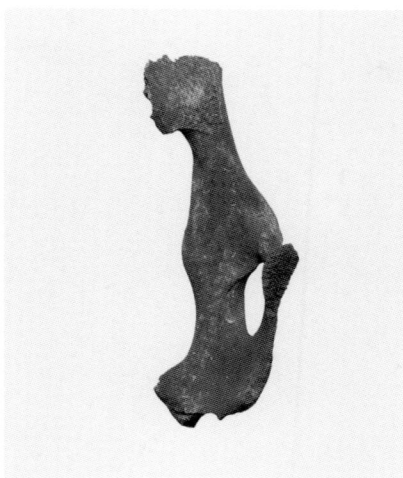

4. 黄牛左侧上颌骨（04T5F1：15）　　5. 羊右下 M2（04T4GH1：34）　　6. 猪左上 M3（03T1-T2 ④：2070）

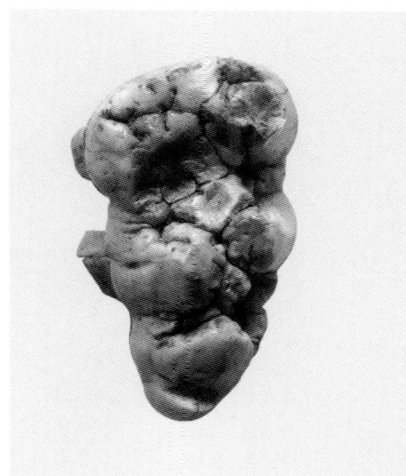

7. 野兔左侧下颌骨（04T1-T2 ⑦：325）　　　　8. 狐下颌骨（04T1-T2 ⑦：485）

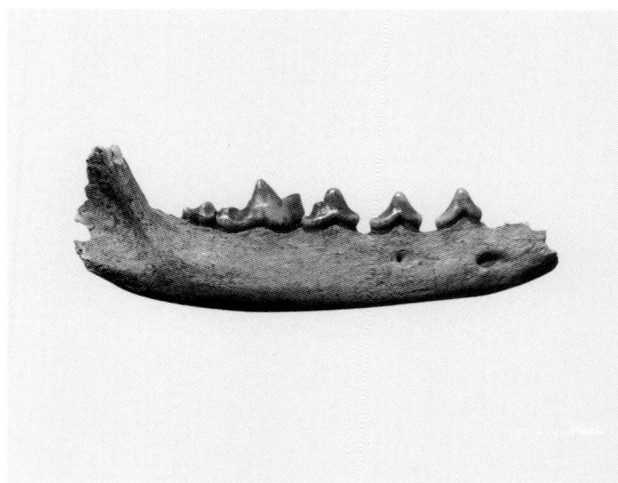

哈克遗址出土动物遗骸

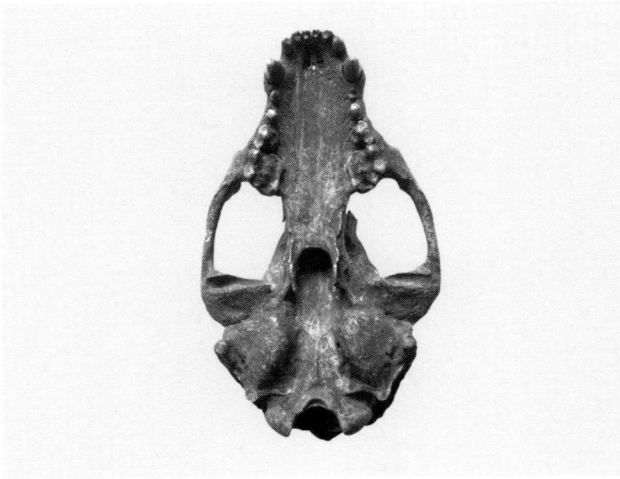

1. 狗獾头骨（03T1-T2 ⑦：2362）

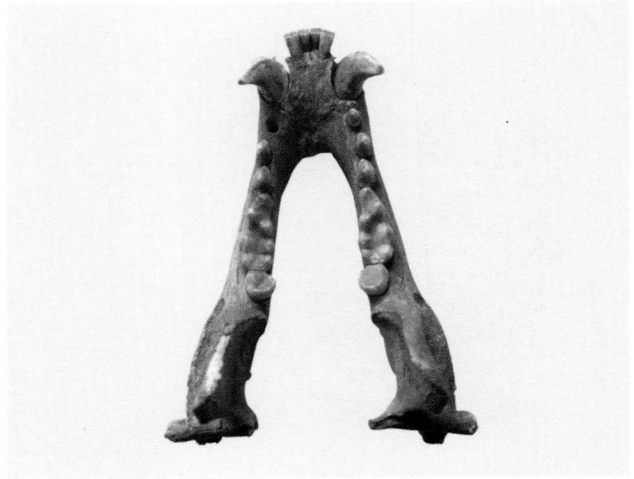

2. 狗獾下颌骨（04T5 ⑦ B：1715、1716）

3. 马跗骨等（04T5-T6X ⑥：389～401）

4. 狍角（04T3 ④：14）

5. 黄鼬左侧下颌骨（03T1-T2 ⑥：2293）

6. 狍右侧下颌骨（04T1-T2 ⑦：1353）

哈克遗址出土动物遗骸

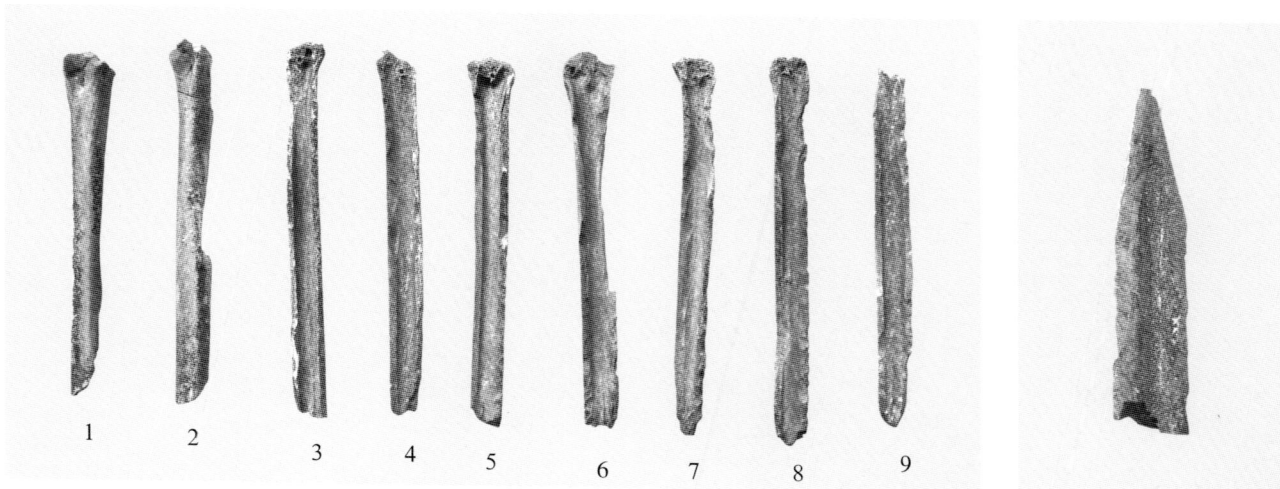

1~9. 狍跖骨骨片骨料（04T4M5：19~27）　　10. 骨锥残段（04T5-T6 ⑦：514）

11. 骨锥残段（04T5-T6 ⑦：605）　　12. 鹿角料（04T5-T6X ⑥：410）　　13. 狐犬齿穿孔牙饰（04T1-T2H4：20）

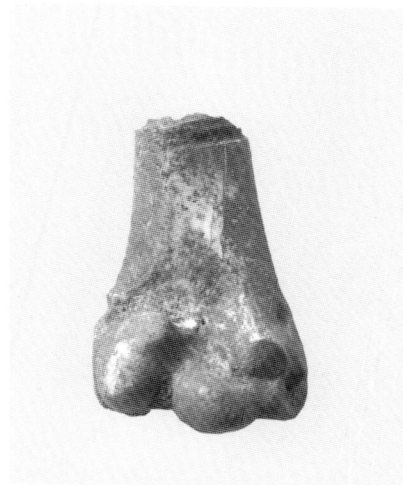

14. 鸭肱骨上端废料（04T5 ⑦：1047）　　15. 鸭肱骨下端废料（04T6 ⑥：541）　　16. 鹤胫骨废料（04T6 ⑥：496）

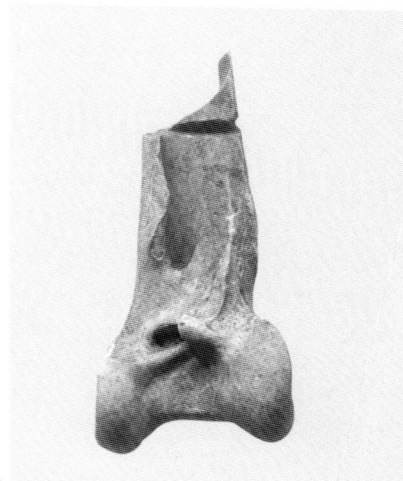

哈克遗址出土动物遗骸

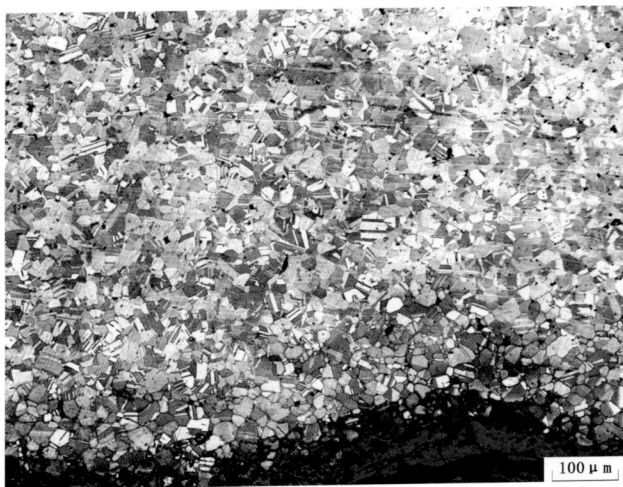

1. 青铜刀（04T5—T6X ⑥：658） 金相照片（侵蚀后）

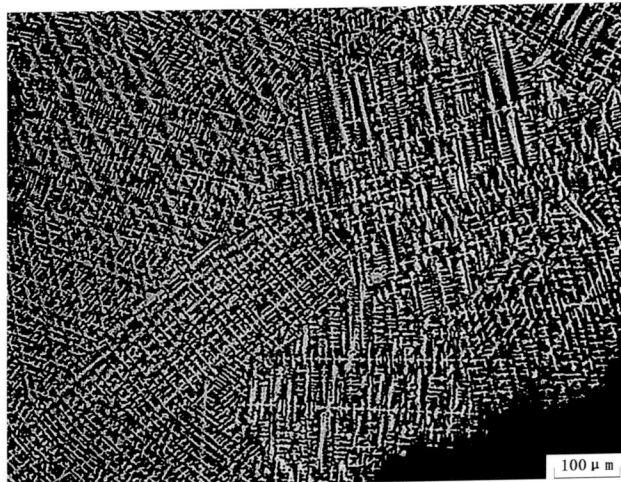

2. 征集青铜镞（04ZHJ：1） 金相照片（侵蚀后）

3. 铁鱼钩（04T5—T6X ⑤：657） 金相照片（侵蚀后）

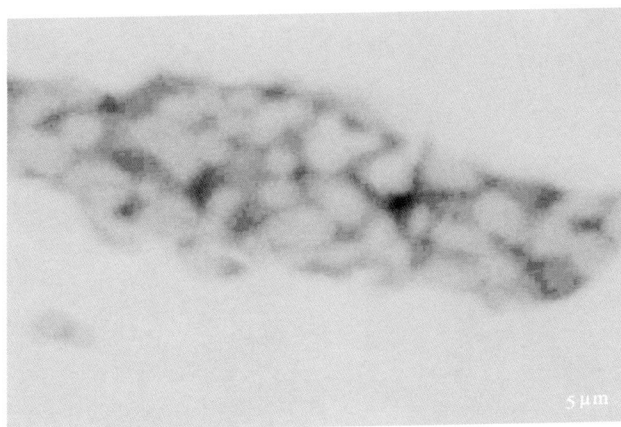

4. 铁鱼钩（04T5—T6X ⑤：657） 中的长条状夹杂物（扫描电镜背散射电子像，为氧化亚铁—铁橄榄石共晶）

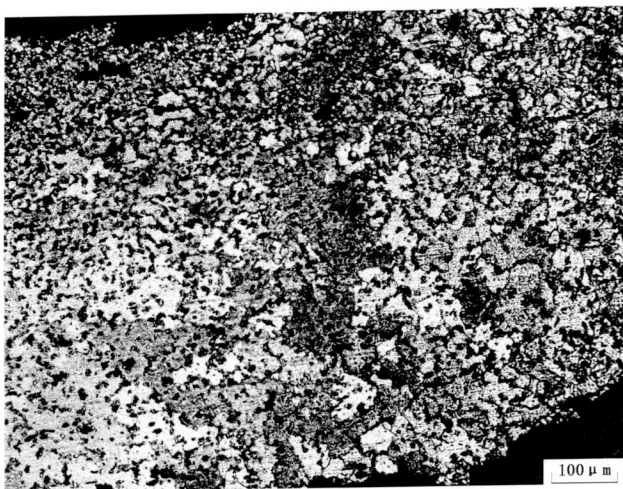

5. 铁鱼钩（04T1—T2 ⑥：779） 金相照片（侵蚀后）

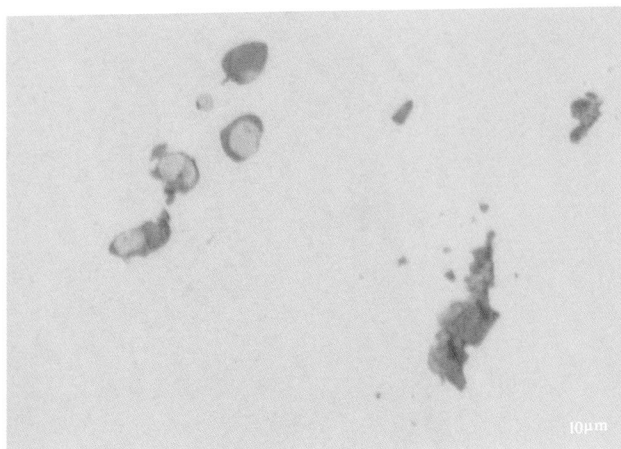

6. 铁鱼钩（04T1—T2 ⑥：779） 中的夹杂物（扫描电镜背散射电子像，为浮氏体—铁橄榄石共晶）

哈克遗址出土和征集金属器金相照片